U0116720

宗法宗族觀念

中國製造與創新的關鍵文化基因

王平　著

商務印書館

責任編輯　楊賀其

裝幀設計　麥梓淇

排　　版　肖　霞

印　　務　龍寶祺

宗法宗族觀念 —— 中國製造與創新的關鍵文化基因

作　　者　王　平

出　　版　商務印書館 (香港) 有限公司
　　　　　香港筲箕灣耀興道 3 號東滙廣場 8 樓
　　　　　http://www.commercialpress.com.hk

發　　行　香港聯合書刊物流有限公司
　　　　　香港新界荃灣德士古道 220–248 號荃灣工業中心 16 樓

印　　刷　亨泰印刷有限公司
　　　　　香港柴灣利眾街 27 號德景工業大廈 10 樓

版　　次　2022 年 11 月第 1 版第 1 次印刷
　　　　　© 2022 商務印書館 (香港) 有限公司
　　　　　ISBN 978 962 07 5937 6
　　　　　Printed in Hong Kong

目　錄

饒美蛟校長序

1960 年代初，西方經濟學界掀起了一股研究「落後國家」為甚麼在經濟發展上落後及如何追趕「先進」或「發達」國家的熱潮，於是誕生了一門新興的經濟學科，即「發展經濟學」（Development Economics）（或「經濟發展學」），這門學科一時成為了顯學。由於「落後國家」一辭在政治上不正確，後來聯合國以及其他國際機構和經濟學界均改稱為「發展不足國家」（less-developed countries）或「發展中國家」（developing countries），現在普遍的用辭為「發展中國家」，此用語是相對於「已發展」或「發達」國家（developed countries）而言。筆者在香港中文大學就讀經濟系本科時，已對「發展經濟學」這門學科產生了濃厚的興趣，當時這門學科在環球的經濟系已紛紛開設，中大也不例外。大學畢業後筆者獲得福特基金（Ford Foundation）獎學金，有機會到美國研究發展經濟學重鎮之一的范德堡大學（Vanderbilt University）攻讀，讀了一個經濟學碩士學位，而重點修習的科目即為「發展經濟學」。

過去，研究一個國家或地區（包括發展中國家）的經濟發展，主要是從經濟與社會的體制或結構來解釋經濟發展，特別是相關政策的推行、經濟變項的改變等各因素對經濟發展的影響。當然也有經濟學家和社會學者如赫根（E. Hagen）、侯力斯（B. F. Hoselitz）等從非經濟因素來探索發展中國家經濟發展的障礙，認為國家機構的僵硬、傳統的非理性價值觀等均不利於企業家精神的發揮，窒礙了相關國家的經濟發展。

上世紀 60 年代，因東亞國家或地區在經濟上的崛起，包括日本及南韓、台灣、香港和新加坡四個小型經濟體（即時人所稱的「四小

龍」）的高速經濟發展，使上述的假說受到了質疑。由於上述國家或地區均受到中國傳統儒家倫理思想的影響，因而在 80 年代引起了一些西方學者探索儒家倫理與經濟發展關係和興趣。他們認為，儒家的一些傳統文化觀如家族主義、和諧、敬重權威、群體取向、重視教育、謙虛、勤奮、自我抑制等是這些國家或地區高速經濟成長的主要推動因素。這些觀點可稱為「文化論派」或「後儒家假說」（Post-Confucian Hypothesis），主要代表人物為若干西方學者如伯格（P. L. Berger）、卡因（H. Kahn）及侯夫斯奈及卡特（R. Hofheinz and R. Calder）等。這個學派的觀點與韋伯（M. Weber）的理論相反。韋伯在《新教倫理與資本主義》一書中指出，資本主義興起的文化原因是其新教的倫理，兩者的相互關係產生了近代的經濟理性精神。他認為這種經濟理性主義（economic rationalism）不能在基督教文化以外的國家出現。韋伯在《中國的宗教》一書中又指出，中國之所以沒有真正走向資本主義，正是因為儒家思想不能誘導出這種近代的經濟理性主義精神，因為儒家是適應世界，而不是新教倫理揭示的理性統治世界。筆者最近翻閱一本影響深遠、由斯塔夫里阿諾斯（L. S. Stavrianos）所撰寫的《全球通史》（A Global History, 1999）一書，此書上冊最後一節《歷史對我們今天的意義》所得出的結論與上述相仿：「我想到儒家的順從思想是阻礙中國進步的根本，臣從君，子從父，妻從夫，這樣的思想是缺乏創新的。」

自從西方學者提出「後儒家假說」後，華裔學者參與討論的可說不計其數，包括余英時、杜維明、成中英、楊君實等著名的中國文史哲專家。筆者並非研究儒家思想的學者，但認為儒家倫理的一些特質如勤奮工作、工作紀律嚴謹以及講求和諧等對經濟發展確有促進的作用。事實上，儒家倫理與經濟發展的關係可以用驗證的方法來進行推測，一個研究方向是從微觀（企業）方面著手，搜集相關基本資料，驗證儒家倫理各項要素（如工作勤奮、注重工作紀律等）對企業組織效

率有否促進作用以及其相關程度。如果相關是正面的話，則「後儒家假說」可以得到部分驗證。過去已有台大心理系教授如黃光國等提供了部分微觀的驗證數據，但香港地區、大陸、新加坡及日本等地區的全面驗證仍有待展開。

不同的文化基因對一個地區或經濟體的不同影響已經得到公認，美國學者傅高義（Ezra F.Vogel）在《日本名列第一》（《JAPAN AS NO.1》）一書中對日本經濟起飛與日本特質文化之關聯的研究，得到多方面的關注。中國大陸在改革開放後的四十年間取得巨大的經濟成就，其中必然有其合理之處，包括中國的傳統文化對工業社會的適應能力。而對中國工業化發展的文化因素進行探索，也是當代學者的責任。

中國的宗法宗族文化源遠流長，雖然宗族的作用在中世紀的西方就已煙消雲散，但在中國卻富有影響地存續下來。本書作者王平畢業於山東大學中文系，對中國傳統古籍認識頗深，對中國的宗法宗族及其觀念的影響尤有深入的研究，且在嶺南大學修習管理碩士期間系統地將企業管理理論與宗法宗族思想觀念結合起來進行研究。王平可說是研究中國宗法宗族思想觀念與企業管理關係的第一人，他在 2002 年以此為內容通過了論文答辯，2003 年則以論文為基礎擴展內容出版了《宗法宗族思想觀念與中國私營企業管理》這本專著。王平是記者出身，現任中國評論通訊社的副社長兼《中國評論》月刊副總編輯、中評智庫基金會董事兼高級研究員。過去 36 年他接觸、採訪了大量特別是兩岸四地的政治、經濟、軍事、文化等不同領域的專家、學者，包括很多著名企業家，基本是與中國大陸的改革開放同步成長。由於他的職業本身就有利於長期關注國內外的政治、經濟，包括中國大陸的工業化發展，加上記者本身的職業訓練就是發現問題、尋找真相，逐步對宗法宗族觀念與中國的工業化發展包括中國製造與創新的關係

進行了系統的研究，並得出了相關結論。

對過去 20 年間，中國大陸經濟騰飛，其經濟總量在 2010 年已躍居世界第二，僅次於美國。如果以「購買力平價」（purchasing power parity, PPP）來計算，在數年前它已超越了美國而居全球第一。中國今日已成為全球最大的工業大國，它的創新力更令全球矚目。王平敏於思考，經過長時間的觀察、思索和分析，他認為今日中國工業化發展包括「中國製造」和「中國創新」的興盛「不是靠偶然的機遇，而是與宋以後普及型宗法宗族理論與制度、思想觀念與運作模式」息息相關。他努力搜集相關資料，進行整理和分析並加以印證。他認為中國宋以後普及型宗法宗族觀念「肯定能力，鼓勵競爭，推崇教育，推舉賢能」，特別是宗法宗族高度重視教育，為中國培育豐沛的優質人力資源提供了重要的文化基因，而中國大陸的整體科技教育亦已在趕超美國的進程之中。他又認為，中國大陸今日經濟發展和工業化成就，與中國大陸的國家治理能力有密切的關係，而後者與經推舉遴選的宗法宗族領導制相似，即「公推遴選的領導者被宗族賦權」是「集中民主制」的文化基礎。而上述各種優點聚合，為中華民族復興打下了堅實的基礎。

王平此次準備出版的《宗法宗族觀念：中國製造與創新的關鍵文化基因》一書結構嚴謹，內容新穎，是一本難得的好書，謹向讀者推薦。王君的專著出版在即，徵序於我，謹綴數語，是為序。

饒美蛟　謹識

香港中文大學管理系前講座教授、系主任

嶺南大學前副校長、現為榮休講座教授

2022 年 4 月 15 日

自 序

英國工業革命的成因是長期困擾學者的課題，探究中國工業化的成功之路，同樣不是一件容易的事。

新冠病毒超級疫情橫掃全球，各國各地政府應對疫情的策略特別是民眾對各種不同程度的限制性防疫政策的遵守與配合，非常直觀地展示了各地民眾的紀律性、服從性、集體主義與個人主義等文化基因的作用，抗疫手段則直觀地展示出各經濟體的創新能力；而各地民眾對教育的尊重程度所產生的人力資源培養、與各地特質文化相關的國家治理能力，也在這場與病毒的生死較量中得到充分展現。全球疫情防治過程中所凸顯的不同文化背景的作用，更進一步強化了筆者就文化基因對中國工業化發展包括中國製造與創新具有關鍵性影響的基本判斷。

筆者 2001 年 11 月在東京早稻田大學參加學術研討會時，日本學者提出中國即將進入「工業化爆炸階段」，當時筆者對他們使用「爆炸」這個詞是充滿好奇的，因為當時的中國剛剛被確認為「世界工廠」，真正的爆發還在十年之後。而在今天看來，日本作為亞洲最早實現工業現代化的國家，其學者對自身的工業化發展的經驗，特別是從量變到質變的臨界點頗有感悟，對中國大陸工業化進程的預見是令人嘆服的：中國如今能夠躋身世界政治和經濟舞台中央，與中國工業化發展包括中國製造和創新的興盛，或者說成功地邁進了對創新需求出現迅猛擴張的第二次工業革命階段有重大關聯。

從 20 年前聽到「工業化爆炸階段」這個詞句之後，筆者就一直觀

察與思考中國的工業化進程。當時中國大陸的白色家電等規模化、標準化工業產品的國際競爭力已經顯現，外資企業包括港資台資企業對中國大陸產業工人的讚賞，已經讓筆者比較明確地認識到「中國製造」的相關成就與宗法宗族觀念中包含的組織性、紀律性、服從性等文化基因有關。2003 年筆者出版《宗法宗族思想觀念與中國私營企業管理》一書，雖然表示相信宋以後普及型宗法宗族觀念中凸顯的肯定能力、鼓勵競爭，必定會有利於「創新」，但是在當時很難找到足夠的例證。而在中國的製造業增加值至 2022 年已經連續 12 年據於世界第一位的今天；在 2021 年全球專利申請的中國申請量連續三年保持世界第一的今天，筆者認為，解析中國工業化發展包括中國製造與創新的關鍵文化基因，包括與其相關的海量人力資源培養和國家治理能力，已經是合適的時機。

應該說，所有的發展中經濟體都希望成為工業現代化的經濟體，為甚麼中國大陸能夠在改革開放後的四十年，使一個原本「瀕臨崩潰的經濟體」轉變為一個世界第二大且有望成為世界第一大的經濟體？

從人力資源層面思考

為甚麼中國能夠為「中國製造」提供巨量非常吃苦耐勞的優秀產業工人？

為甚麼中國能夠為「中國創新」提供海量勇於另闢蹊徑、追求彎道超車的科技精英？

為甚麼中國大陸能夠在恢復高考之後短短四十年間培養了過億的專業人才包括世界最大的工程師群體，為「工業化爆炸階段」對技術創新需求的巨大增長提供豐沛的人力資源？

從制度層面思考

　　為甚麼在改革開放之初缺乏重商主義政府的狀態下，大量底層民眾能夠聯手抵禦政經風險參與非國有經濟，對中國大陸迅速重夯初始工業化基礎與迅速走過第一次工業革命進程貢獻良多？

　　為甚麼以「歷史的終結」名噪一時的日裔美國學者福山會在多年後修改其論斷，轉而強調國家治理能力的作用？

　　為甚麼「民主集中制」這種被一些西方國家大肆批評的領導方式，能夠被絕大多數中國民眾的接受，並上下配合形成強大的國家治理能力？

　　在中國的工業化發展獲得巨大成功，特別是「中國製造」和「中國創新」已經被世界高度肯定的今天，應該進行反思性的深入研究，除了中國共產黨在十一屆三中全會決定將工作重心轉移到經濟建設之上、全球化浪潮提供了良好的外部條件之外，中華民族自己本身有無特殊的文化基因加速實現了中國大陸初始工業化、第一次工業革命發展階段的成功？並襄助中國在第二次工業革命中的高歌猛進？

　　中國今天能夠「平視這個世界」，最大的依託乃是以政治、經濟、軍事、科技實力集中展現的綜合國力，而這個綜合國力建基於中國的工業化發展。筆者認為，以「中國製造」與「中國創新」之興盛為突出表現、以高度重視教育迅速培養各類人才和出色的國家治理能力為重要支撐的中國工業化發展的成功實現，與中國特有的歷史悠久、深刻影響中國民眾的思維與行為的宗法宗族觀念特別是宋以後普及型宗法宗族觀念有着密切關聯。

與人力資源相關聯

「中國製造」對中國大陸工業化迅速重夯初始工業化基礎和走過第一次工業革命進程非常重要，宗法宗族觀念有利於為標準化、規模化工業生產提供大量富有的組織性、紀律性、服從性與集體主義等文化基因的優秀產業工人。

宗法宗族觀念特別是宋以後普及型宗法宗族觀念中肯定能力、鼓勵競爭的文化基因，能夠隨着工業化提升特別是進入第二次工業革命階段迅猛擴張的創新需求，刺激大量人才專注於創新發展，使他們勇於另闢蹊徑，實現彎道超車。

而中國大陸在重夯初始工業化基礎與快速推動第一次工業革命發展進程的同時，能夠在恢復高考後四十年的時間裏迅速培養出大批專業人才，形成當今世界單一國家最大的工程師群體，為第二次工業化革命階段迅猛擴張的技術創新需求提供海量高品質的人力資源，與宗法宗族觀念特別是宋以後普及型宗法宗族觀念中高度重視教育並傾向於用知識與國家權力進行政經利益交換的文化基因有重大關聯；

與制度相關聯

利用宗親的高度信任共擔政治風險、聚合族眾財力形成經營規模，並在當時缺乏重商主義政府的嚴峻限制下分擔經濟風險，這種以命運共同體為執着信念的文化基因，對中國大陸迅速重新夯實初始工業化基礎發揮了重大作用。

出眾的國家治理能力與宗法宗族這個社會運行機制中早已存在的公推與遴選宗族領袖、強調威權管理的「初始民主集中制」模式，特別是中國主體民眾對這種模式的心理承繼和價值認同，有着密切的內

在關聯。

還必須強調的是，紀律性、服從性、肯定能力、鼓勵競爭等文化基因，會影響社會各個層面的民眾，不僅涉及個人的研發行為與競爭意識，也會通過受上述宗法宗族觀念影響的個人，影響政府以及各行各業的決策行為。

宗法宗族作為中國歷史發展中長期存續的一種社會運行機制，是理解傳統中國社會的核心因素之一。但是過往對於宗法宗族及其觀念，更多地是從社會學、歷史學或政治學、法學的角度進行研究與分析，很少系統化地將宗法宗族觀念這種存續超過三千年的文化基因，與中國的工業化發展包括中國製造與創新、人力資源培養與國家治理能力結合在一起進行研究，因為這需要跨學科的發現、發掘、分析與歸納。

幸運的是，當今世界成功實現了工業化的國家，都被研究者確認其獨有的特質文化發揮了重要作用。筆者亦相信中國大陸成功的工業化發展，並非依靠「誤打誤撞」，而是具有堅實的特質文化支撐。重義輕利、主要影響社會精英、強調理想與教化的儒學確實不能有效刺激市場經濟行為，宗法宗族的聚合則從一開始就將生存與發展放在最關鍵位置，與安全、經濟、政治等方面的利益追求相伴而生。而作為存續三千多年的社會運行機制，宗法宗族及其觀念在中國確實具有堅實的生存土壤和頑強的生命活力。

中國大陸的工業化發展，並未像其他工業化國家或地區那樣採取西方式的政體，竟然成功擊破了「歷史的終結」所下結論；大批率先吃螃蟹的人「摸着石頭過河」，竟然逐步獲得了希望民族富強但是沒有現成的經驗可以借鑑的國家權力的容忍、認同直至支持；一個曾經被認為文化土壤不適合資本主義發展的農業大國，竟然能夠在短短的四十年裏走完西方工業化國家數百年的歷程，成功實現工業化發展

包括中國製造與創新的興盛，這個過程本身就足以激發研究者的高度興奮。

　　中國偉大的工業化成就，突破了以往中國傳統文化不利經濟發展的認知，也因此出現了一些用西方觀點及傳統理論難以解釋的問題。筆者認為，撇開以西方政經體制與權力結構作為判斷標準，探求中國工業化包括中國製造與創新得以興盛的關鍵文化基因，是富含價值的研究領域。而對中國工業化的進一步發展乃至中華民族的偉大復興來說，也確實需要對一些以往不能精準解析的問題，尋求新的角度切入。

　　本書以《宗法宗族觀念 —— 中國製造與創新的關鍵文化基因》為名，是想表明中國的工業化發展包括中國製造與創新的興盛與宗法宗族觀念特別是宋以後普及型宗法宗族觀念這個文化基因有重大關聯，但絕對不是僅僅因為有了宗法宗族觀念特別是宋以後普及型宗法宗族觀念這種特殊的文化基因就具備了工業化成功的充分條件。這個興盛的局面，由多方因素促成，且相互支持合力向前。

　　筆者需要強調的是，系統化地將宗法宗族觀念特別是宋以後普及型宗法宗族觀念與中國的工業化發展包括中國大陸的製造與創新、人力資源培養與國家治理能力結合在一起進行跨領域的研究，是一種新領域的探索，難免很多疏漏，招致方家批評也在所難免。

　　需要讀者給予理解的是，本書雖然涉及宗法宗族知識與儒學知識，但其關鍵，既非對儒學典籍本身進行深入研究，也非對宗法宗族的歷史進行追根溯源，更非貶低儒家的價值觀，而是分別擷取要義，跨領域地解析與歸納宗法宗族觀念對中國工業化發展特別是對中國大陸的製造與創新、人力資源培養和國家治理能力的有利影響與重要價值；並希望從文化基因的角度對中國大陸的工業化發展能夠在短短四十年就取得舉世矚目的成就，尋求更為合理的解析。

　　特別需要強調的是，筆者並非想要否認儒學對中國社會包括宗法

宗族觀念的重要影響，而是強調兩者的功用並不相同：儒家學說強調理想與教化，宗法宗族觀念重在生存與發展，目標與功用的巨大差異必然導致關鍵作用的差別。

筆者將自己的最近二十年的思考奉獻給讀者，真心希望獲得專家學者的批評指正，更希望能夠誘發更多的智者，就宗法宗族觀念這種中國特有的文化基因對中國的工業化發展包括中國製造與創新的興盛之影響進行更加深入的研究，並在研究中進一步增強中國的文化自信。

2022 年 4 月 23 日於香港

第一章

探究中國製造與創新興盛的
文化基因意義重大

引言

中國大陸作為一個巨型經濟體，能夠在激烈的全球化競爭中持續四十多年保持高速增長並達致經濟規模世界第二，不可能僅僅依靠偶然的機遇。因此，探究中國工業化發展包括中國製造與創新興盛的關鍵文化基因，意義重大。

以「中國製造」與「中國創新」為代表的中國工業化發展的巨大成就，當然是多方面因素合力促成的，除了恰逢全球化浪潮這樣的相對短期的外部有利因素外，還必然有發展道路選擇、領袖戰略籌謀、特質文化襄助等相對深層與長期的內部有利因素。越來越多的學者，嘗試從不同的角度探究與解析中國大陸能夠在短短四十年間從「經濟瀕臨崩潰的邊緣」，以大約二十年左右的時間成功走過初始工業化和第一次工業革命階段，又在其後順利步入對創新發展需求大增的第二次工業革命階段並在 2010 年成為「世界第二大經濟體」的各種原因。這種探究與解析無疑是具有重要意義的，因為在全球化背景下試圖走上工業化道路的發展中國家並非中國一個，為甚麼中國大陸表現得最為成功？

筆者認為，中國在工業化發展的道路上之所以能夠高歌猛進，除

了天時、地利之外，中國還有「人和」的優勢——擁有十幾億人口和幾千年不間斷的文明，是一個三千年前就有着明確的「分工與協作」規章制度的宗法國家，而有序高效的「分工與協作」正是工業化社會的重要特徵。因此，面對當時的全球化大潮，「人和」因素中除了領導者的雄才大略與遠見卓識之外，中國民眾也應該存在着適應工業化發展包括「中國製造」與「中國創新」所需的文化特質，或者說擁有適應初始工業化與隨後的工業革命進程所需要的多種文化基因。而其中關鍵的文化基因，就是能夠最廣泛影響中國民眾的宗法宗族觀念。

一　中國實現工業化的文化基因需要研究與解析

從當今世界已經實現工業化的代表性國家看，一般都有特質文化支撐。因此，我們也應該對襄助中國工業化發展包括中國製造與創新的關鍵文化基因進行研究與解析。

中國製造與中國創新的巨大成就舉世矚目，中國大陸早在本世紀初已經被譽為「世界工廠」，到 2010 年製造業增加值首次超過美國成為全球製造業第一大國，2021 年中國有 220 多種工業產品據世界第一位，製造業增加值已經連續 12 年佔據於世界第一位。中國還是全世界唯一擁有聯合國產業分類中所列全部工業門類的國家。

特別值得強調的是，中國自 2019 年首次獲得專利申請世界第一之後，連續兩年蟬聯世界第一，其中 2020 年中國專利申請量以 68,720 件穩居世界第一。2 月 10 日，世界智慧財產權組織（WIPO）在日內瓦發佈的資料顯示，「2021 年，我國申請人通過《專利合作條約》（PCT）途徑提交的國際專利申請達 6.95 萬件，同比增長 0.9%，連續第三年位居申請量排行榜首位，共有 13 家中國企業進入全球 PCT 國際專利申請人排行榜前 50 位，較 2020 年增加 1 家。其中，華為以 6,952 件申請連續

五年位居榜首，OPPO 廣東移動通信（2,208 件）和京東方（1,980 件）分列第 6、7 位。」[1] 這說明中國創新不僅在近年表現突出，而且相當穩定，後勁十足。

其中，非國有經濟的表現非常亮麗：「在 1978 年剛開始改革時幾乎沒有私營企業；2018 年我國民營企業已超過 2500 萬戶，貢獻了全國稅收的 50％以上，創造的國內生產總值、固定資產投資以及對外直接投資均超過 60％，民營企業中的高新技術企業佔全國高新技術企業的比重超過 70％，民營企業城鎮就業人數佔全國城鎮就業人數的 80％以上，民營企業對新增就業貢獻率達到 90％。」[2]

無疑，如此亮麗的製造與創新成就正在接受世界豔羨的目光。筆者認為，一個巨型經濟體能夠在競爭中持續高速增長並達致「中國製造」與「中國創新」興盛，這種通過工業化所獲得的成就不可能依靠偶然的機遇；如同日本當年的高速成長有賴於「日本獨具一格的文化土壤」（傅高義語），中國能夠在工業化的道路上高歌猛進，也必定具有特殊的內在文化基因支撐。

中國大陸的經濟奇跡目前還相對缺少文化基因方面的解析。中國大陸的工業化發展包括「中國製造」與「中國創新」，有不少與西方的工業化不同的內涵與模式。2001 年筆者在撰寫《宗法宗族觀念與中國私營企業管理》時，中國大陸正值剛剛被冠以「世界工廠」頭銜的時候，亞洲唯一真正實現工業化的大型經濟體日本更是在那個時候不斷強調「中國威脅論」。從那個時候起，筆者就開始關注中國工業化發展與傳

---

1 《2021 年中國 PCT 國際專利申請再次蟬聯全球第一，華為連續五年位居申請人榜首》，2022 年 02 月 10 日。資料來源：國家智慧財產權局政務微信分享。

2 《為甚麼要毫不動搖鼓勵、支持、引導非公有制經濟發展？如何鼓勵、支持、引導非公有制經濟發展？》2019 年 12 月 27 日，共產黨員網。

統文化的關係。而當時的主流觀點，基本上還是認為「儒學有利東亞經濟發展」，並力圖從儒學中尋求「合理的解釋」。

筆者自 1999 年開始，陸續求教過一些學者並訪問過一些成功的企業家，希望通過他們瞭解更多的有關企業發展包括企業管理的訣竅。但是從得到的訊息看，當時的學者和企業家多數都沒有把中國經濟的發展，特別是中國突然從 1999 年的「嚴重缺錢」到 2001 年「錢突然多了起來」，包括之後對現有大部分工業化國家的迅速超越，與初始工業化、第一次和第二次工業革命這樣的概念聯繫起來；他們當時基本都感受到了中國經濟正在快速上揚，但是為甚麼會出現那種狀況，從理論上卻講不清楚。時任國務院發展研究中心市場研究所副所長陳淮在 2000 年 9 月表示，中國經濟正呈現「世紀拐點」：「中國產業結構的中心從能礦產業、原材料產業向製造業後移，從工業化初、中期形態向中、後期形態的進程已經開始。」[3] 但是在當時對於「拐點」的出現，「經濟學家仍在爭論，爭論的焦點是轉折、向好的基礎是否牢固，頗多的學者都在不厭其煩地向人們舉證貨幣供應量、國債增發餘地、社會收入水準、消費與儲蓄傾向、各項投資水準，以論述轉機是偶然還是必然。」[4]

從當時的觀點看，研究者多數通過觀察發現了具體產業的變化，但是很少能夠從工業化進程的角度，歸納出諸多具體產業為何「突然」變化。更是基本無人能夠系統解析甚麼是襄助中國大陸迅速走完初始工業化和第一次工業革命階段，進入創新發展呈現爆炸性增長的第二次工業革命階段的關鍵文化基因。

當然隨着時間的推移和研究的深入，有些觀點已經越來越具有說

3　《中國經濟正呈現「世紀拐點」》，陳淮，中國評論月刊 2000 年 9 月號 8 頁。

4　陳淮，同上，7 頁。

服力：「遵循英國工業革命同樣的『歷史邏輯』，中國的第一次工業革命也發源於鄉村，即 20 世紀 70 年代末和 80 年代盛開的鄉鎮企業——雖然這些企業在所有制上與當年英國的鄉村作坊完全不同（這正是麻痺和誤導經濟學家們的地方）。在中央一系列農村政策的指導下和各級地方政府的大力幫助和扶持下，這些鄉鎮企業由未受教育的農民構成、組織、管理。這些農民與他們 17-18 世紀的中國清朝祖先沒甚麼兩樣（可能除了沒有辮子以外）。有些經濟學家和經濟史學家過分強調正規科學知識（個體人力資本）在工業革命中的關鍵作用，把中國早年沒有成功在 17-18 世紀發展出英國式的紡織機和蒸汽機歸因於文化水準低下和缺乏現代教育的中國農民。但是，事實上也正是這樣一些農民在 20 世紀末親手點燃了中國的工業革命。」[5]

　　無疑，世界上很多國家都希望複製英國的工業革命，但是每一個國家的自然條件、文化特質、政治體制、擴張途徑各不相同，能否在存在很多不同的情況下實現工業現代化，長期以來都是學界難以清晰解答，但的確是值得研究與解析的問題。

　　而從中國大陸迅速走過初始工業化，然後快速完成第一次工業革命，並順勢引發對創新需求巨大的第二次工業革命，特別是與此同時培植了創新發展所必需的巨量優質人力資源，確實是在與英國當年明顯不同的「自然條件、文化特質、政治體制、擴張途徑」的狀況下實現的。不少專家學者對中國大陸經濟發展的奇跡讚嘆之餘，也認定中國的發展模式是難以模仿的。而難以模仿的原因，必定是存在於中國政府及其民眾之中的某些獨特性，也就是特質文化或特殊的文化基因。

5　《偉大的中國工業革命——「發展政治經濟學」一般原理批判綱要》，文一著，34頁，清華大學出版社 2021 年 1 月第 19 次印刷。相關《偉大的中國工業革命》引文皆與此同版。

從這個角度說，中國大陸的工業化進程，與英國工業革命雖有類似的階段，但面對不同的內外條件，更有不同的文化基因；特別是初始工業化階段中國大陸非國有經濟所面對的政治風險，與當年英國醞釀初始工業化階段所面對的重商主義的英國王權完全不同。因此，解析中國實現工業化的過程中文化基因所產生的作用，無疑是頗有意義的事情。

特質文化對經濟發展具有重要作用。獨特的文化基因，會對生活於其中的民眾產生獨特的影響，當然也包括特質文化對經濟思維與行為的影響。

偉大的德國學者韋伯認為：「成為教派成員意味着證明瞭個人在道德上 —— 特別是商業道德的合格性。這一點和一個『教會』中的成員身份形成了對照，一個人入了教會就是有了『出身』」；「由於道德過失被革出教派，就意味着在經濟上喪失了信譽，而且在社會上也將難以立足」[6] 很明顯，韋伯在這裏強點了新教這種西方特質文化對資本主義發端時期的重要性。其後他對世界宗教的經濟倫理進行深入研究，並得出了儒家倫理阻礙了中國的資本主義發展的結論。

從東亞經濟起飛並被高度肯定，經濟學、管理學研究者的目光就開始搜尋支撐東亞經濟奇跡的文化因素，傅高義的《日本第一》就是這個方面的名著。而日本之所以能夠在家電、電子、汽車等倚重規模化、標準化生產的製造業方面超越美國成為「第一」，傅高義認為與日本的文化特質有着很大的關係。他並強調「日本各種制度的好處，有許多是從日本獨具一格的文化土壤中產生的，與美國風馬牛不相及，不是簡簡

6　《新教教派與資本主義精神》，韋伯著。

單單地就可以學到手的。」[7]

上述兩位享譽世界的學者就特質文化與經濟發展之關聯的論述，清楚表明特質文化對經濟發展具有重要作用，這無疑對我們研究中國經濟發展與特質文化的關聯富有啓迪。

對一個巨型經濟體來說，中國大陸能夠在短短的四十年從「瀕臨崩潰的邊緣」持續高速發展成為當今世界的第二大經濟體，乃至於當之無愧地承擔起世界經濟發展主要引擎的角色，無疑是上個世紀後二十年至本世紀前二十年世界經濟領域的一個巨大奇跡。對於這個奇跡及其成因進行解析，也是每一個關注中國經濟發展、期待中華民族偉大復興的學者的現實責任。

那麼，襄助中國工業化發展包括中國製造與創新的特質文化，究竟是甚麼？

中國工業化發展應該受益於獨有的特質文化。當年東亞經濟起飛時，隨着以日本為領頭雁，「四小龍」及「四小虎」等為隨行的「雁形陣」的描述得到普遍認同，研究者們開始為這個陣列尋找一種內在文化的共同屬性。其中很多學者發現「雁形陣」的領頭雁日本與第一梯隊的「四小龍」—— 香港、台灣和韓國、新加坡，歷史上受中國文化影響較大，一般被劃入「儒家文化圈」的範圍。也正因如此，有不少東亞經濟的研究者將日本這個領頭雁和「亞洲四小龍」的經濟成就，特別是管理學方面的優點，較多地歸功於受儒家文化的影響。但是，有些學者對現象的歸納與儒學的要義出現明顯差異，並在「無解」的窘境下提出了「世俗化的儒家倫理」和「後儒家假說」這樣的令人迷惑的概念。當然，這種概念也受到了質疑。

---

7 《日本第一》，傅高義著，上海譯文出版社，2021 年 1 月第 10 次印刷，初版序言第 8 頁。本書相關《日本第一》引文皆與此同版。

傅高義認為日本「獨具一格的文化土壤」，對日本在很多方面能夠成為「第一」具有重大影響。而中國大陸在不同於傳統工業化國家的政經制度與市場環境下能夠走出一條成功的工業化發展道路，僅就此而言，就應該具有不同於西方工業化國家的特質文化支撐。例如，中國大陸的國家治理方式雖然備受一些篤信或崇拜西方政治體制與市場經濟的人的批評，但是不得不承認這種方式在面對人類重大危機時的優越性；而缺乏家國同構的歷史積澱，沒有家國情懷的滋養，沒有大一統的文化基礎，也是難以順暢地實行中國這種國家治理方式的。這種以中國的傳統特質文化為基礎的國家治理方式，也是很多西方學者認為「北京共識」難以廣泛推行的重要原因，而這也反證了特質文化對中國工業化發展包括中國製造與創新興盛之影響的特殊性。

　　不同的文化基因，會驅動民眾不同的思維與行為。我們不應該假設西方體制的先天優越，而是要分析每種體制建基其上的文化傳統，以及滲入民眾心中的文化基因對工業化發展的價值。

　　筆者認為，宗法宗族觀念特別是宋以後普及型宗法宗族觀念作為中國「獨具一格的文化土壤」或者說中國民眾的獨特文化基因，對中國大陸的工業化不斷晉級包括中國製造與創新的興盛，發揮了非常特殊的功效。

　　宗法宗族觀念對中國製造與創新的價值現已皆有充分的事實支撐。筆者在 1999 年開始研究宗法宗族觀念對企業管理的影響及 2002 年完成論文時，「中國製造」雖然開始受到世界關注，特別是在一些技術含量不算太高的規模化、標準化工業產品領域，已經具有較強的國際市場競爭力，但是當時在「中國創新」領域的確乏善可陳。

　　值得欣慰的是，筆者當時即認為宗法宗族觀念特別是宋以後普及型宗法宗族觀念具備有利於「中國創新」的「文化因素」——在 2003 年 7 月出版《宗法宗族思想觀念與中國私營企業管理》一書的時候筆者就

表示：「普及型宗法宗族思想觀念能夠在營造『利益同向』的基礎上維持相當強度的集體主義，有利於大量勞動力人口適應工業化社會的大生產；而普及型宗法宗族思想觀念之中鼓勵競爭、肯定能力主義的因素，又有利於一部分受教育程度較高、相信能力主義、追求個性張揚的人群適應後工業化社會或者第三次浪潮的要求」。「由於普及型宗法宗族思想觀念本身具有鼓勵競爭、肯定既成事實、肯定能力主義、重視教育的傾向，因此具有適應後工業化時代重視個性張揚且非常重視創新的文化因素，故而有望在合理的引導與整合之下，能夠基本滿足後工業化社會對人力資源、社會觀念等方面的要求。」「創新精神就會在中國人群體中充分醞釀，為中國人群體適應後工業化社會的要求營造條件。」[8]

在 2003 年之時，只能說「中國製造」正在崛起，對國外的先進技術大多還處在學習、引進、消化的階段，還缺乏足夠的證據印證宗法宗族觀念這個中國獨有的特質文化對中國創新的意義與價值。但是在中國的專利申請已經連續三年蟬聯全球第一、民營經濟和民營企業貢獻了中國當今「70% 以上的技術創新成果」[9]的今天，分析宗法宗族特質文化對中國創新的意義，已經有了足夠的事實支撐。

8 《宗法宗族思想觀念與中國私營企業管理》，王平著，300 頁與 306 頁，中國評論學術出版社 2003 年 7 月初版。本書相關《宗法宗族思想觀念與中國私營企業管理》引文皆與此同版。

9 2019 年 3 月 6 日，十三屆全國人大二次會議新聞中心記者會。國家發展和改革委員會主任何立峰答記者問，新華網。

二　設問與思考：宗法宗族觀念如何助力中國工業化

中國大陸能夠在四十年間迅速地從一個瀕臨崩潰的經濟體上升到全球第二大的巨型經濟體的位置，是多種因素產生的綜合作用。其中世界經濟發展階段、全球化的產業分工需求、中國政府的政策選擇、中國的人力資源包括人口與素質、傳統文化基因等，都是重要因素。僅從特質文化的角度看，甚麼文化基因才能最廣泛地影響中國的基層民眾？並在曾經存在巨大政經風險的環境中，有效催生、促進了中國大陸的初始工業化？

宗法宗族觀念與中國製造與創新的關聯，筆者已經設問二十年。早在 2001 年 11 月，日本早稻田大學亞太研究所的學者在東京舉行的《中華經濟協作系統》第七屆國際研討會[10]上稱，中國大陸經濟持續高速成長的時間將打破日本和四小龍曾經創造的持續高速增長的紀錄，且會繼續高速成長十年以上，並創下新的世界紀錄。筆者當時就考慮：這是一種偶然，還是一種必然？這種持續的經濟高速增長與中國的特質文化特別是宗法宗族觀念有無某種內在的聯繫？

筆者在 2003 年出版的專著《宗法宗族思想觀念與中國私營企業管理》中，已經對宗法宗族觀念與中國的工業化發展進行了預估：「日本的家族制度也曾經被當作是不適合民主發展的傳統文化而備受批評，也被當作封建制度的殘餘而受到批判。但是日本經濟的高速發展、特別是在大工業時代與大家族傳統相關的集體主義在日本經濟高速發展中的作用，後來得到比較廣泛的認同。特別是由於在工業化社會佔據文化優勢的歐美學者，對於日本經濟奇蹟急於尋找一種文化支撐，並將

10「中華經濟協作系統」由香港嶺南大學副校長饒美蛟講座教授和黃枝連教授提出，已經在中國以及台港澳地區和日本召開十多次研討會。

這種文化支撐與儒家和家族意識相聯繫，就直接推動了有關日本家族文化對企業管理之影響的研究。

那麼，宗法文化特質與中國經濟持續高速成長、逐步營造世界製造業中心，有無內在的聯繫，或者至少是作為一種重要而有益的文化助力？也就有了新的思維 —— 不同的文化特質是否足以影響一個以國家或地區為單位的大型經濟體，使之產生對不同生產力發展階段的高度適應呢？

假如這個命題成立的話，是否因為有着宗法宗族思想觀念的深遠影響，使得既具備了適度的集體主義、也具備了相當程度的個人主義因素的中國民眾，能夠更加適應目前這種既有對團隊精神要求較高的從農業社會向大工業社會的過渡、又有對個體創新能力要求較高的從工業化社會向後工業化社會過渡的混合型生產力發展階段呢？」[11]

隨着中國大陸人工、土地、環保和稅收成本的上升，不少製造業企業向成本更低的國家進行產業轉移。但是有不少將生產綫移至其他國家的投資者表示，他們在新的工廠遇到的不是技術問題，而是多數國家包括印度、菲律賓與越南的員工都沒有中國員工那麼「好用」，相對缺乏「組織性、紀律性、服從性」。那麼，是甚麼樣的特殊因素使得中國的產業工人相對而言更加適合規模化、標準化製造業對員工的要求？

顯然，「中國創新」正日益成為經濟發展的主導力量，而「中國創新」的成就也越來越受到世界的矚目。那麼，是甚麼樣的特殊因素，使中國民眾保持肯定能力、鼓勵競爭這種有利於刺激創新的傾向，從而推動中國的工業化發展包括中國製造與創新不斷地向着更高的層級突進？

11《宗法宗族思想觀念與中國私營企業管理》，王平著，22-23 頁。

全球化導致的產業分工與技術轉移是中國大陸推動工業化發展的有利外部環境，但是工業化進階的程度越高，對人力資源的知識水準的要求也就越高。新中國成立以來，教育為中國培養了 2.7 億接受過高等教育和職業教育的各類人才，其中絕大多數是在 1977 年恢復高考之後，僅用四十多年的時間就迅速培養的，總數超過兩億。而這個群體，為中國大陸的工業化發展包括中國製造與創新發展提供了充足且優質的人力資源。那麼，是甚麼樣的特殊因素促使絕大多數中國人哪怕是最基層的農民，「砸鍋賣鐵」也要讓孩子讀書？

曾經以「歷史的終結」一文聞名於世的日裔美國學者佛朗西斯·福山，在其斷言「自由民主與市場經濟，是人類意識形態演化的最終勝利者」25 年之後，轉而特別強調了「國家治理能力」。問題是，當今世界想要通過強化「國家治理能力」以高效發展的國家不在少數，但是就國家治理能力來說，擁有傑出的領導者當然是必不可少的，而同樣重要的則是需要被領導的民眾普遍具備與其領導方式高度適應的心理認同和價值取向，才會形成頻率相同的共振效應。正如新冠病毒威脅全球，大難當頭之時，每個國家和地區的領導者都想強化國家治理能力以控制疫情，但是並非每一個地方都可以做得到，關鍵在於廣泛的民眾配合；在巨大的威脅面前，生存權凸顯了其在普世價值中的地位；很多國家在病毒面前躺平，也是出於管治能力方面的無奈。那麼，是甚麼樣的特殊因素使得中國民眾更容易接受較為強勢的民主集中制領導，並合力形成更強的的國家治理能力？

筆者從心中凝結設問至今，已經有二十年的時間。而隨着「中國製造」與「中國創新」的成就傲然世界，已經應該對深刻影響中國工業化發展包括中國製造與創新的特質文化，進行一個粗略的歸納與闡述，以求拋磚引玉，誘發更多更深入的相關研究。

宗法宗族觀念富含中國工業化發展所需文化要素。在過去幾十年

的全球化進程中 [12]，承接產業轉移的國家眾多，為甚麼中國在大型經濟體中相對而言最為成功？其中必有從「獨具一格的文化土壤中產生的」「特質文化」發揮了重要作用。

筆者認為，中國大陸實現工業化高速發展稱得上「天時、地利、人和」：

天時：中國大陸改革開放的前三十五年，正趕上全球化的大潮，發達國家的產業轉移與分工，對中國大陸的工業化發展來說堪稱天時。

地利：日本、香港、台灣、新加坡等東亞經濟體在當時已經實現工業化或接近實現工業化，他們積極尋求產業轉移以期獲取更大的回報。中國大陸與上述經濟體同處中華文化圈，不僅有豐沛的勞力，還有龐大的潛在市場，無論在地理還是心理上都有相對的接近性，因此佔有地利。

人和：中國大陸在文革之後糾正了自己的政經莽撞，多代領導者的雄才大略為國家發展不僅設定了目標也開放了探索，並在第一次工業革命大約完成的時候將以往用意識形態排斥的私人經濟寫進憲法給予保護。且宗法宗族觀念使得中國民眾既有適應分工與協作的組織性、紀律性、服從性等高度有利於規模化、標準化製造業的諸多優點，也有肯定能力、鼓勵競爭等有利於刺激創新的特質；既能夠幫助基層民眾相互支持突破當時的政經風險迅速完成初始工業化，也能夠適應民主集中制的領導方式強化國家治理能力；同時，高度重視教育則在短短的四十年培養了大批專業人才包括當今世界單一國家最大的工程師群體，為第二次工業革命階段對科技創新的大量需求，提供了豐沛而優質的人力資源，這是人和。

---

12 經濟全球化的概念在 90 年代初得到認可，但具體的全球化行為的產生應該更早，目前並無精確統一的概念。

如果說天時是外因，地利是外因與內因的結合，那麼人和無疑源於內因。而在組成內因的諸多因素中，宗法宗族觀念無論對於中國製造、中國創新、人力資源培養還是國家治理能力，都有直接而廣泛的關聯，無疑佔據了非常重要的比例與關鍵地位。顯然，宗法宗族觀念特別是宋以後普及型宗法宗族觀念富含中國工業化發展所需的文化要素。

　　其中特別重要的，是宗法宗族觀念有助抵禦重夯工業化基礎時的政經風險，因為歷史上曾經作為「世界工廠」並成功實現工業現代化的代表性國家如英國、美國和東亞的日本，都是在重商主義政府的鼓勵與推動下實現的，而中國大陸的初始工業化階段，不僅缺乏重商主義的政府，且對非國有經濟特別是私營經濟來說，還是在冒着很大的政經風險特別是政治風險的狀況下偷步生長的。當時無論從政治的意識形態，還是通行的社會價值觀念，文革剛剛結束之時對非國有經濟特別是私營經濟等初始工業化的參與者們來說，都是高度不友善甚至敵視的。改革開放三年後的 1982 年初，著名的「溫州八大王」有七人入獄、一人潛逃，就是私營經濟當時所面對的政經風險的突出表現。而政治風險的全面解除則是在 2002 年中共十六大政治工作報告中才得到明確：「在社會變革中出現的民營企業、科技企業的創業人員和技術人員、受聘於外資企業的管理技術人員、個體戶、私營企業主、仲介組織的從業人員、自由職業人員的社會階層，都是中國特色社會主義事業的建設者。」就是說，直到中國大陸已經完成第一次工業革命，與非國有經濟相關的大量成員才在政治層面真正被承認為「中國特色社會主義事業的建設者。」

　　筆者認為，宗法宗族觀念作為文化基因，其中的命運共同體意識，有利於在當時的條件下強化非國營經濟從業者抵禦政治風險和聚合資本、抵禦經濟風險的能力，對中國大陸重夯初始工業化基礎，發揮了非

常重要的作用，對其後中國大陸順利走過第一次工業革命階段、順利走進第二次工業革命階段，意義重大。

而工業化發展離不開高素質的人力資源，特別是進入第二次工業革命階段，對創新發展的需求是「爆炸」性的，專業知識會超越資本成為第一重要的資源。應該說，無論「中國製造」還是「中國創新」，人才乃是第一位的。2021 年中國教育部官員表示「現在我國新增勞動力平均受教育年限達到 13.8 年，相當於已進入到高等教育階段，但 2020 年勞動年齡人口平均受教育年限為 10.8 年。」[13] 中國大陸在恢復高考後短短的四十年間培養了過億的高素質專門人才，形成了世界單一國家最大的工程師群體，中國已經從人口大國變成人力資源大國，為中國的工業化發展包括中國製造與中國創新，奠定了堅實的人力資源基礎。

那麼，是甚麼因素促使中國民眾高度重視教育？筆者認為，宋以後科舉制度成為基層社會向上流動的主要途徑，普通族眾可以通過科舉獲得皇權接納，並通過服務皇權而與政權體系實現利益交換。而宗法宗族為了生存與發展，有意識地培養宗族子弟修習作為科舉主要內容的儒學；宗族子弟在金榜題名後，不僅可以提升其在國家政權序列及所在宗族內部的地位，也可以強化所屬宗族的生存與發展能力。中國的科舉制度實行超過千年，使民眾篤信「萬般皆下品，唯有讀書高」，形成了對教育的高度尊崇的文化基因，這對中國大陸能夠迅速培養工業化發展所需的海量人才極其重要。對此相關內容，筆者將在第四章詳細解析。

13《我國勞動年齡人口平均受教育年限為 10.8 年，2025 年力爭提高到 11.3 年》，2021-04-01，《經濟日報》。

三　探究宗法宗族觀念對中國工業化的影響富有現實意義

　　以往學界對宗法宗族及其觀念的研究，基本上聚焦於社會學、歷史學或政治學、法學領域，但是筆者認為，作為一種存續長達三千年的中國社會運行機制，不僅現在依舊有宗族存在，其觀念更是對最大量的中國人群體保持深層的影響。因此，研究宗法宗族觀念特別是宋以後普及型宗法宗族觀念對中國工業化發展包括中國製造與創新的影響，無疑富有現實意義。

　　非國有經濟中宗法宗族及其觀念影響至今非常明顯。在 2002 年政治定性問題獲得解決後，早期的非國有經濟包括私營企業、鄉鎮企業隨着著越來越多的不同背景的資本介入，以及越來越多的企業成為上市公司，逐步改變稱呼為民營企業，對中國大陸經濟的影響當然也越來越大：「改革開放以來，在黨和政府的大力支持下，民營企業、民營經濟不斷發展壯大，在推動發展、改善民生、促進創新、深化改革、擴大開放等各方面都發揮了不可替代的重要作用。許又聲表示，這個重要作用可以用『56789』來概括，就是貢獻了 50% 以上的稅收，60% 以上的國內生產總值，70% 以上的技術創新成果，80% 以上的城鎮勞動就業，以及 90% 以上的企業數量。截至 2020 年底，我國民營企業已經達到 4000 多萬家，中國民營企業 500 強的整體規模和品質也都有了明顯提高。」[14]

　　而與此同時，「中國現有的 3000 多萬家民營企業中，家族企業佔了 80% 以上，其中 55% 屬於閩浙粵三省的宗族，中國民營企業的主要成就都是由這三省宗族所造就。如快遞行業的『四通一達』，都出自浙

14《我國民營企業達 4000 多萬家，中國民營企業 500 強量質齊升》，2021 年 6 月
　　30 日，北京日報用戶端。

江桐廬縣鐘山鄉的幾個村，他們都屬於同一個宗族，而他們將快遞行業帶起來後，也惠及了整個縣，桐廬縣 120 萬人，80 萬在幹快遞。浙江的其他行業，從溫州到義烏，這類情況，數不勝數。」[15]

而這種民營企業的發展狀態，與宗法宗族的留存形態有對應關係：「華南地區的村莊歷史較長，姓氏單一，宗族組織發達，社會規範完整，村莊內部社會關係緊密，社會結構與社會規範相互強化，形成了團結的村莊社會結構樣態；華北、西北地區的村莊多為宋元明時期移民形成的，少數幾個姓氏雜居，村莊封閉，地方規矩顯著，村莊內部派系林立，生產生活中分門分派現象突出，派系間競爭性強，形成了分裂的社會結構；而長江流域、西南地區和東北地區農村歷史較短，村莊規範發育不足，多姓雜居，村莊開放程度高，村內通婚多，地緣關係重於血緣關係，造成村莊內部社會關係渙散，形成了分散的社會結構。[16]

從上述引文可以發現，帶有濃重私有性質的民營企業在中國大陸的經濟發展中，當然也包括在以中國製造與創新為代表的工業化發展中，無論從數量上還是質量上，都具有巨大的影響力。而這些帶有濃重私有性質的民營企業，很多都與宗族的留存狀態相關。與之相對應，宗法宗族觀念對中國私營企業或者說民營企業等非國有經濟的影響力，確實具有不可忽視的重要作用。

當然，宗法宗族觀念的影響並不僅僅限於非國有經濟，還涉及國有經濟乃至政府機關的成員。我們必須承認，宗法宗族觀念特別是宋以後普及型宗法宗族觀念至今對中國人具有影響乃是一種客觀存在：

15《你還有你的宗族嗎？宗族意識在當代依然重要》，2019-4-8，由變革新力量發表於財經。

16《再論中國農村區域差異——一個農村研究的中層理論建構》，桂華、賀雪峰，2013.4，開放時代。

「古代宗族文化作為專制主義文化的一部分，對後世有着諸多不良影響。比如家長制的觀念和作風，任人唯親，家族小團體利益至上等等，這些在政權機關和人民群眾中都還有所表現。」[17] 在 2021 年的相關新聞報導中，也可以看到地方選舉需要注意宗族勢力的問題。正因為宗法宗族觀念在中國至今依舊對民眾的思維和行為方式產生程度不同的影響，因此就研究的角度來說，如果能夠比較準確地分析宗法宗族觀念特別是宋以後普及型宗法宗族觀念與中國的工業化發展包括中國製造與創新之間的關係，相信既具有指導「經濟基礎」的現實意義，又具有推進「上層建築」改良的長遠意義。

中國工業化發展需要探索特質文化的價值。中國對傳統文化的反思與清算，是在國家羸弱、飽受欺凌、無法應對西方工業化國家的堅船利炮的窘境中開始的，最後在滿清皇權分崩離析後，通過「打倒孔家店」而達到了高潮。而目的在於「救亡圖存」的反思與清算，在將原有的主導文化因素視如敝屣的時候，人們不斷從外部尋求救亡圖存的理論與路徑；但是由於全面否定中國的傳統文化，往往在倒洗澡水的時候把孩子也倒掉了。

宗法宗族觀念這種重要的特質文化，過往因為長期被當作「封建糟粕」，中國人往往不願意承認其對自己的影響。但是就四大文明中唯一沒有中斷的中華文明而言，我們對延續超過三千年的宗法宗族及其觀念的影響與作用是無法迴避的，也不應簡單否定，對其中有益的成分值得研究、挖掘與應用。

筆者相信，如同美國科技的強大與日本製造的興盛一樣，成功的背後都有堅實的特質文化支撐。中國大陸能夠產生與維繫大量起於基

---

17 《中國宗族》，馮爾康、閻愛民著，廣東人民出版社及華夏出版社，1996 年 7 月第 1 版。本書相關《中國宗族》引文皆與此同版。

層的經濟衝動，聯手抵禦、消減最初面對的政經風險，有效地加速重夯工業化基礎的進程，彰顯組織性、紀律性與相互扶助的集體主義精神，受益於宗法宗族觀念；也正是由於民眾具有肯定能力、鼓勵競爭的文化基因，激勵人們敢於打破現狀與差序，使包產到戶、鄉鎮企業、私營企業等有利經濟發展的行為，逐步得到政治認同與扶助；伴隨教育的發展，與引進來、走出去的開放性思維逐步建立，民眾的創新能力經歷了認同、肯定與鼓勵、推崇的發展，宋以後普及型宗法宗族觀念中有利創新的文化基因被刺激得空前活躍。而從上述現象看，探索宗法宗族觀念作為特質文化對中國工業化發展包括中國製造與創新的興盛的價值，無疑是非常需要的。

特質文化對工業化發展的「優劣」是相對的。筆者認為，特質文化的優劣是相對的，對工業化發展包括製造與創新的影響可能具有階段性；不同國家民族的特質文化對於經濟的影響，從「優劣」的角度上講也都是相對的，無論日本在製造業方面對美國的趕超，還是中國在製造與創新方面對日本和美國的趕超，都是如此：強調個性張揚促進了歐洲人對自然世界的認識，並為工業革命奠定了基礎；但是個人主義強盛的美英，在對集體主義、組織性、紀律性、服從性有着更高要求的標準化、規模化工業生產的競爭中輸給了日本，忠誠團結、重視合作、安守職分、精益求精等特質文化明顯的日本取代英美成為「世界工廠」；但是當工業化社會進入第二次工業革命階段或者說向後工業化社會發展時，日本企業那種具有明顯大家族特徵的論資排輩、安守職分，似乎又對後工業化社會或者第二次工業革命階段更為倚重的創新發展，有所鉗制。

我們不能斷言某一種特質文化在所有的生產力發展階段都能夠「最有利」於經濟發展，但是事實證明日本的大家族文化及其影響下的企業與員工，確實在規模化、標準化工業產品佔主流的時代具有明顯

的相對優勢，能夠超越紀律性與服從性較差、個人主義重於集體主義的美式文化及其影響下的企業與員工；但是在滿足越來越多的個性化服務要求及創新方面，日本大家族文化及其影響下的企業與員工，則似乎受限較大。說不定某一天，當個性化服務上升到一個全新的高度，很可能美式文化及其影響下的企業與員工，又能夠處在更加適合製造業需求和創新需求的有利位置。

宗法宗族觀念目前可能處在最為適應中國製造與中國創新的最佳階段。筆者認為，文化特質與生產力發展階段之間，可能具有一種「階段性相對適應」的關係。例如中世紀政教合一的黑暗被驅散之後，歐洲迎來了思想解放的光明，科學的基礎理論在那種思想高度自由、實驗設備尚不需要今天這樣的高度精密、歐洲各國間交往順暢、重商主義政府推動創新與追求財富的社會條件下，初始工業化得到了合適的發展土壤，也為更高層次的第一次工業革命奠定了基礎。那個時候，思想活躍與個體自由的歐美文化基因，非常適應初始工業化發展以及第一次工業革命的開拓階段。而當工業化進程發展到了更加重視規模化、標準化大生產的時代，富有組織性、紀律性、服從性，強調忠誠團結、重視合作、安守職分、精益求精的日本，相對而言更加適應這個發展階段，這也使得日本在那個階段生產的家電、汽車、鋼鐵等工業化產品獨步全球，不斷擠佔歐美工業化國家原有的市場。

筆者在 2002 年的論文中表示：「中國現在被認為是正逐步取代日本成為新的世界工廠，應該說其中除了日本經濟發展到一定程度導致成本過高之外，還有個性發展受較多約束、集體負責導致的個體創造惰性等深層文化因素。」而「中國人既有相當程度的忠誠、服從與集體主義精神，又能夠在很大程度上肯定個人主義、接受能力主義。」「本人認為，在目前的生產力發展階段，個人主義太強烈難以滿足工業化社會大生產的需要，集體主義太強烈也難以滿足後工業化社會對個體靈

性的要求，那麼由普及型宗法宗族思想觀念衍生出來的那些中國民眾的思維和行為特徵，也就是既有一定程度的集體主義、又有一定程度的個人自由的特徵，可能是最適合目前世界生產力發展的歷史階段的文化特質。」[18]

在筆者看來，特定經濟體的特質文化對於生產力發展階段的適應，沒有最好，只有更好。如果能夠釐清其中的關聯，無論對於研究還是實踐，都是具有重要意義的。

就是説，在中國製造與創新都已經取得巨大成就的今天，有必要進一步探討中國的特質文化對中國的工業化發展的深刻影響，其中必然涉及宗法宗族觀念特別是宋以後普及型宗法宗族觀念如何襄助中國的工業化發展包括「中國製造」與「中國創新」的興盛。

之所以說宗法宗族觀念可能處於適應目前生產力發展水平的最佳階段，還有一層意思：就是由於中國大陸教育的普及、人口的大範圍流動、計劃生育時代的一胎化政策、大規模城鎮化，不僅會導致具體宗族的流散，也會因為生存環境的巨大變化而流失宗法宗族觀念傳承的適宜土壤。所謂「代溝」就是觀念出現了差異與距離，例如很多人都覺得新生代缺乏老一代吃苦耐勞的品質。宗法宗族觀念的傳承如果持續弱化，未來中國工業化發展包括中國製造與創新的參與者，也必定在思維和行為上有所改變。筆者難以斷言其是好是壞，唯希望在創新需求越來越大的當今社會，中國的下一代能夠傳承命運共同體意識與紀律性、服從性、重視教育、肯定能力、鼓勵競爭等文化基因，在「中國製造」與「中國創新」的領域佔取更多的制高點。

18《宗法宗族思想觀念與中國私營企業管理》，王平著，嶺南大學，9-2002。

四　中國大陸工業化成就證明需要重新審視傳統文化

　　以往有關中國傳統文化與經濟關聯的研究，對中國的傳統文化特別是儒家思想是否能夠促進經濟發展，頗多爭執。儘管有些學者亦努力從儒家經典中尋找重視經濟的章句，但是以其「重義輕利」的根本價值取向來證明儒家思想有利經濟發展，確實比較難以「自圓其說」，因而備受質疑。而德國學者韋伯認為「儒家倫理阻礙了資本主義發展」，亦影響了很多學者。但是，既然中國的工業化發展包括中國製造與創新的興盛，以事實證明中國能夠實現高效的經濟發展；而在全球化大潮中希望實現工業現代化的經濟體絕對不止中國一個，為甚麼中國可以表現得如此出色？很明顯，是因為中國具有高度有利經濟發展的文化土壤。筆者認為，中國巨大的工業化成就，證明我們需要重新審視中國傳統文化的功用。

　　宗法宗族觀念不應繼續受限於社會學或政治學範疇。學界過往對宗法宗族理論與制度、思想觀念與運作模式的研究，比較集中於社會學、歷史學或者政治學、法學的範疇；即使涉及經濟領域，也很少深入探討其對經濟發展的深刻影響，更少從中國工業化發展包括中國製造與創新的角度研究其系統性的影響與作用。很明顯，作為一種存續超過三千年、深度影響中國社會的運行機制，因為中國近當代將其視為「封建糟粕」，而被嚴重低估了其重要性，當然也因此缺乏了研究、總結其作為關鍵文化基因有助於中國工業化發展包括中國製造與創新的吸引力。

　　「中國社會實際上存在着兩種運行機制，一是由國家或法律確認的維持體現新價值的法理機制；二是由宗族或村落維持的體現舊價值的禮俗機制或稱『民間法』。法理機制具有規範條理清楚、適用範圍廣、外在強制力強的特點，是一種帶有『公』的性質的深層規範，採用的是

一種壓制型方式。而宗族制度更多的是靠相關主體對該規範的普遍認可，靠情感、良心的心理認同和價值利益取向的共同性及社會輿論來維持。屬於一種『私』的淺層規範，採用的是一種補救型、自治型的方式。中國的宗族不僅僅是一般的血緣團體，他們是一些私法團體，宗族對『族人』的管理體現了一種『法』與道德並用的原則。它仍屬於法的一種形式。」[19]

作為深植於中國社會的重要運行機制，如果僅僅將宗法宗族理論與制度、思想觀念與運作模式作為一種學術領域的「歷史遺存」，無疑是大大低估了宗法宗族觀念對近代與當代社會民眾思維與行為的影響，這也會導致研究者在尋求一些社會現象的根源時，例如研究中國工業化發展包括中國製造與創新時，難以精準把握關鍵的文化基因支撐。在筆者看來，一種能夠存續超過三千年的社會運行機制，且至今屬於客觀存在，我們不應該限制自己的視角，主觀地將之縮限於社會學、歷史學或者政治學、法學的範疇。

為何選用「宗法宗族觀念」這個概念？本文之所以選用「宗法宗族觀念」這個概念，是因為制度意義上的宗法國家已經消亡，地方宗族也已經失去了政權的支持，但是宗法宗族依舊存在，其觀念更是可以通過家庭親友的言傳身教得以傳承。且宗法宗族觀念不僅存在於中國，即使在世界各地的華人社會也並不鮮見；我們從中國改革開放後，很多地方出現的華僑回鄉重建宗祠，以及遍佈世界各地的華人宗親會，就可略見一斑。

所謂觀念，是指人們對事物的主觀與客觀認識的系統化之集合體。人們一般會根據自身形成的觀念進行各種活動，並利用觀念系統（觀念

19《農村宗族問題與中國法的現代化》，田成有，《法律科學》1996 年第 2 期。

體系）對事物進行決策、計劃、實踐與總結等活動。對絕大多數人來說，觀念具有主觀性、實踐性、歷史性、發展性等特點。一種觀念的形成並非一日，其消亡一般也不會戛然而止。歷經超過三千年的薰染、浸潤、踐行，宗法宗族觀念已經成為最廣泛地流淌在中國人的血液之中的文化基因，對人們的思維和行為影響至深，也必然會對參與工業化發展包括製造與創新的中國民眾的思維與行為產生影響。

筆者認為，深入探討宗法宗族觀念對工業化發展包括中國製造與創新的影響，應該說有利於發現、歸納、總結發展經驗，促使中國的工業化發展迸發出更大的能量。

中國的工業化成就為重新探索傳統文化的精髓提供機遇。在由西方引領、信奉叢林法則的現實世界，人們經常是通過綜合實力來定位其文化價值。筆者在 2003 年出版《宗法宗族思想觀念與中國私營企業管理》一書的後記：《「金妝」的文化與文化的「精裝」》中，就表示：「在這個現實的世界，人們經常是通過現實綜合實力來定位其文化價值」……「文化力高度依賴於經濟力，強盛的綜合國力可以給某國的本土文化罩上耀眼的光環，形成『金妝』的文化。」「面對這種自身的成就和外來的讚譽，我們理應有新的思維 —— 不同的文化特質是否足以影響一個大型經濟體，產生對不同生產力發展階段的高度適應呢？假如這個命題成立的話，中國是否因為有着宗法宗族思想觀念的深遠影響，既有肯定競爭思想和能力主義、又肯定忠順義氣，既具備一定程度的集體主義、也具備了相當程度的個人主義因素的中國民眾，會否更加適應目前這種既有對團隊精神要求較高的從農業社會向大工業社會的過渡、又有對個體能力要求較高的從工業化社會向後工業化社會過渡的生產力發展階段呢？」……「我們既不必刻意自我標榜，也不必過度妄自菲薄。我們要從發展的角度或者說『與時俱進』來觀察傳統文化的現代性。」……「既不能因為目前的成就而全面推崇，也不能因為其封建痕跡而簡單否

定。我們需要的不是簡單地用經濟成就來『金妝』傳統文化，更重要的在於認識、分析、善用傳統文化的現代性，施以合理的『精裝』。

鴉片戰爭後多少飽學之士希望繼續弘揚傳統文化中的精髓，包括新儒家的領軍者們都希望發掘儒家的現代性。但是在民窮國弱的年代，這種努力雖然值得高度尊重，但是效果無疑是令人沮喪的，因為當時的經濟實力難以支撐優質文化所需要的基本體面。

幸運的是，中國大陸的工業化發展包括製造與創新的興盛，為重新探索中國傳統文化的精髓提供了機遇。筆者認為，中國工業化發展包括中國製造與創新的輝煌成就，不可能是單一因素產生的結果，不僅得益於中國豐沛而優質的人力資源、土地資源、制度優勢與國家治理能力，以及全球化浪潮、已有的工業化基礎、港澳台同胞及海外僑胞的支持與參與，還特別得益於宗法宗族觀念這種中國獨有的「特質文化」所塑造的「民眾特質」。應該說，宗法宗族觀念影響下「民眾特質」，是中國工業化發展包括中國製造與創新興盛的堅實地基：只有領導人的發展意志是不夠的，必須要有適應、認同其意志與領導方式的廣大民眾；只有國家推動實現工業現代化的意圖是不夠的，必須要有豐沛的能夠適應工業革命各個發展階段需求的優質人力資源。

從某個角度說，中國讓西方傳統霸權感到擔憂的競爭壓力，不僅來自於強有力的政黨領導所形成的組織動員能力，和巨大的人口紅利以及由此形成的龐大內循環市場，還有傳統文化影響下的民眾特質，包括相對歐美民眾更強的組織性、紀律性、服從性、忍耐性，和集體主義精神、權威約束力、家國情懷；尚有大量人口長期生活在物質短缺狀態下，所培養的以有限的條件爭取最大成果的毅力、沒有條件創造條件也要上的決心、長期反抗列強圍堵欺壓所培養的韌性；亦有受儒家等理想主義影響，能夠犧牲小我成就大我、為理想可以自我犧牲的奉獻精神。這些浸透在中國民眾血液中的文化基因，加上規模化、標

準化的製造業受益於全球化市場，和創新發展成為製造業核心的時代需求，刺激中國民眾不僅願意通過自我努力尋求創新突破，還習慣於通過分工與協作實現共同發展。

強調宗法宗族觀念是中國工業化發展包括製造與創新興盛的關鍵文化基因，絕非有意貶低儒學價值。中國三千年前就出現了結構嚴謹、分工明確、協作廣泛、獨樹一幟的宗法國家，而存續超過三千年的宗法宗族理論與制度、思想觀念與運作模式對廣大的中國民眾特別是基層民眾同時發揮着教化、引導乃至約束、管治的作用。客觀而言，宗法宗族及其觀念因為長期對數量龐大的民眾具有更為直接的約束與管治權力，比更偏重於針對知識精英進行理想教化的儒學，具有更為廣泛的基層社會影響力。

但是筆者必須強調，對宗法宗族觀念在中國工業化發展包括製造與創新方面作為關鍵文化基因所能夠發揮的作用進行剖析，目的絕對不是要貶低儒學對中國以及東亞社會的巨大影響，更不是想要證明宗法宗族觀念作為對中國人群體具有重要影響的特質文化，相對於美國文化、日本文化有多麼「先進」，而是希望解析宗法宗族觀念作為深刻影響中國人思維與行為的文化基因，對中國能夠成為世界工廠、在製造業部分領域領先世界、且在創新發展方面趕超世界先進水準，發揮了甚麼樣的作用？也是想要釐清過往對東亞經濟發展以及企業管理的研究中被「誤解」為儒家思想卻得不到合理解析，只能用「後儒家假說」或者「世俗化的儒家倫理」進行朦朧表述的問題。特別是對中國這個以往被視為「儒家倫理阻礙了資本主義發展」，但是改革開放四十年又恰恰以世界矚目的經濟奇跡證明了中國具備「促進發展」的文化土壤的經濟體而言，重新探索到底是哪些文化基因，支撐了中國大陸工業化的迅猛發展包括中國製造與創新的興盛，是具有重要的現實與歷史意義的。

就是說，辨析儒學難以支撐中國工業化發展包括中國製造與創新

的興盛，目的絕非刻意貶低儒學的價值與功用。特別需要強調的是，中國是不能缺乏理想教化的，否則就難有社會中堅的理想情懷。或者說，正因為有了儒家思想的利他，平衡了宗法宗族觀念的利己，達致了中庸。

以下釐清幾個可能受到質疑的問題：

第一，本書不是深入研究儒學與宗法宗族的專著，而是聚焦於宗法宗族觀念對中國工業化發展包括中國製造與創新的有利影響，從而探究中國工業化發展所依託的關鍵文化基因。對儒學和宗法宗族及其觀念都是採取「觀其大略」、「大道至簡」的方法進行比較及解析。

第二，強調宗法宗族觀念對中國工業化發展包括中國製造與創新有利，並非全面肯定其社會作用。對於一個久已存在的社會運行機制包括其觀念，如果不能納入法律的制約，亦很容易對社會秩序造成負面衝擊，包括容易形成以利益為導向的黑惡勢力團夥。就是說，我們不能因為其利，就放任其弊；當然也不能因為其弊，而否定其利。這個議題並非本書重點，所以不會就此仔細剖析。

第三，「中國製造」與「中國創新」是中國工業化發展的主要標誌，本書將之分開兩端，進行相對獨立的分析，主要是為了方便將這兩個領域與宗法宗族觀念進行更清晰的對應。從工業化發展的進程看，「中國製造」與「中國創新」是相互支持也相互制約的關係：沒有製造，創新的設想往往難以變為現實；而沒有創新，製造也難以提升到更高的水準。特別是涉及高科技的製造業如航太、晶片、人造太陽等高端研發與製造，在現實中其實是不可能簡單分離的。

第四，工業現代化涉及門類眾多，對工業革命的階段劃分也有不同。本書主要是分析宗法宗族觀念作為關鍵文化基因對中國工業化發展包括中國製造與創新的影響，重在解析這個對中國人群體影響深重的觀念體系，對中國人力資源的思維與行為的影響，包括對規模化、標準

化製造業的有利之處，特別是對創新發展方面的鼓勵與刺激作用，因為這是中國打破美西方封鎖，通過學習、模仿與自力更生、另闢蹊徑實現工業現代化包括彎道超車的關鍵。因此，本書並不涉及太多人工智慧、量子技術、生物技術、5G 技術、新能源、半導體、航太科技、裝備工業如高端機床的具體內容，只是側重於具有群體代表性的「製造」與「創新」兩個方面進行概述。

第五，宗法宗族觀念只是中國工業化發展包括中國製造與創新興盛的關鍵文化基因，而不是唯一。雖然宗法宗族觀念所擁有的分工與協作、紀律性、服從性、肯定能力、鼓勵競爭等文化基因有利於工業化發展，但是中國文化博大精深，筆者並不否認其他如法家、儒家、兵家、墨家等，亦有可能存在某些有利於中國工業化發展包括中國製造與創新的文化特質。

第六，中國大陸工業化發展的成就是很多因素共同作用的結果，絕非僅僅依靠特質文化就能夠實現，還有很多有利工業化發展的既有因素包括新中國建立初期蘇聯援建形成的一些重要工業基礎、完整的國防工業體系、大量的國企已經形成的工業化生產能力等等，這些已有的工業技術儲備在遇到合適的發展機遇後，對迅速提升中國的工業生產能力，及加速初始工業化和第一次工業革命進程，無疑非常重要。

第七，非國有經濟中的個體經濟、私營企業與鄉鎮企業，隨着企業制度的改革，逐漸都歸為民營經濟。特別是鄉鎮企業早期雖然是集體企業，但是逐步私有化。「1984－1994 年鄉鎮企業以年均 37.9％的速度增長……截止 2000 年底，鄉鎮企業『改制』已基本結束，95％的鄉鎮集體企業已消失殆盡。」[20] 宗法宗族觀念在此幾種企業中一直存在重

20《集體主義、鄉鎮企業與農村工業化》，吳一平，原載《財經科學》2005 年第 2 期。

要影響，但本書不就企業屬性做特別的區分與討論。

小結

特質文化或者說文化土壤對不同經濟體產生影響是公認的事實，而今「中國製造」與「中國創新」都有了足以影響當今世界的能力，對研究中國特質文化在這種能力形成的過程中所發揮的影響，也都有了堅實的支撐。儒學作為理想的教化工具，重義輕利的價值取向難以成為對利益追求和競爭發展的有力驅動，而宗法宗族作為存續三千多年、廣泛影響中國社會各階層民眾的社會運行機制，其觀念作為文化基因對廣大民眾至今具有重要影響。探究與解析宗法宗族觀念特別是宋以後普及型宗法宗族觀念自改革開放以來對中國大陸重夯工業化基礎、迅速走過第一次工業革命階段並順勢進入對創新需求大增的第二次工業革命階段，以及大量培育優質人力資源所發揮的重要影響，也就是深度解析宗法宗族觀念作為中國工業化發展包括中國製造與創新興盛的關鍵文化基因，富有現實意義。

第二章

假說與困惑 —— 辨析中國製造與創新的真正文化基因

引言

　　自日本戰後經濟迅速恢復並實現了長達二十多年的經濟高速增長，以出色的工業化成就成為當時的世界第二大經濟體，再加上東亞經濟雁形陣的出現，有些西方學者就把研究的目光投向東亞。其後一些學者的觀點都認為日本、亞洲四小龍以及中國的經濟成就受到儒家文化的重大影響。而特別需要註意的是，部分中外專家在研究過程中發現了一些不能用儒家觀點合理解釋的問題，但是苦於找不到更加適當的理論體系支撐，就以「後儒家假說」或「世俗化的儒家倫理」加以概況，帶有一定的「混沌」色彩。其實，儒家的「重義輕利」與資本的「逐利」，在本質上是對立的，儒家總體上是貶抑「逐利」的；儒家推崇的理想只是相對富裕，而非對財富的極大追求與享用，因此對經濟成果與創新發展缺乏強烈的內生心理驅動。中國（含台港澳）經濟發展的成就已經切切實實地展現在世人面前，如果德國學者韋伯所言：「儒家倫理阻礙了資本主義發展」非虛，那麼，甚麼才是真正助力中國工業化發展包括中國製造與創新興盛的關鍵文化基因？

一　他山之石，中外學者的「儒家困惑」

日本作為亞洲最早成功實現工業現代化的國家，長期引領東亞製造與創新並實現了對多數西方工業化國家的超越，吸引了眾多學者對其進行研究，其中包括傅高義的《日本第一》。因為日本、韓國、台灣、香港、新加坡等經濟體都被認為屬於「儒家文化圈」，因此有不少學者從儒家思想入手，對東亞經濟高速發展的文化因素進行研究。但是隨着研究的深入，就出現了某些難以用儒家學說解釋的困惑。

困惑之一，「後儒家假說」。西方學者 KAHN 提出的「後儒家假說」，認為與儒家意識形態有關的以下四項文化特質，對東亞社會中的企業組織及其他機構具有重要的正面影響，從而有利於這些國家（或地區）的經濟發展：

一，家庭中特殊的社會化方式足以增進節制、重視教育、學習技能，及對工作、家庭、責任的認真態度；

二，具有幫助所認同之團體的傾向；

三，具有階層感，認為階層是自然的而且是對的；

四，認為人際關係具有互補性，此種觀念與階層感配合之後，可以擴大機構或組織中的公平感。[1]

我們通過 KAHN 所總結的特徵，應該可以斷定這並不屬於典型的儒家文化特質，而是屬於非常明顯的宗法宗族的表現特徵與運作規範。相信這位西方學者也是在對東亞社會的企業組織及其他機構的深入研究過程中，發現了其中不少難以用傳統的儒家理念特別是孔孟之儒基

1　轉引自《世界發展：一九七九及以後》，《古代管理思想與中國式管理》，蔣一葦、閔建蜀等著，經濟管理出版社，1989 年第一版。本書相關《古代管理思想與中國式管理》引文皆與此同版。

本要義加以解釋的問題，才獨出心裁地創造了一個令人關注但是也令人較為費解的「後儒家假說」。

困惑之二，「世俗化的儒家倫理」。有西方研究者針對儒學與經濟發展的矛盾與困惑，提出了比較接近真相的觀點：例如 BERGER 認為，韋伯所說的儒家倫理，是指中國帝王時代儒吏與士大夫的一種意識形態，而非尋常百姓日常生活中所身體力行的儒家倫理。此中包含了重視紀律、努力工作、節儉和諧團結等價值與規範，以及對家庭無條件無保留的奉獻。而此一「世俗化的儒家倫理」，才是真正促進東亞社會經濟急速發展的主要原因。[2]

困惑之三，「儒家的假像」。台灣學者曾昭旭教授有關「儒家的假像」的觀點值得關注：「以父子倫為典範的中國傳統的社會結構本來想用父子間的愛來善化君臣間冷硬的權力關係（以道為政治之本），卻不料後來反而被君臣的權力所同化，使父子關係愈益威權化了。於是君王成為整個結構中的大父母，而原屬孝道的忠道，而凌越孝道而成為人民的最高德行了。因此，前述一切人際關係都向父子倫看齊，便都成為假像，而其實向君臣關係（權力）認同。

素為中國文化所重的親親之情何處去了呢？他既不能通過人的自覺以成為機構運作的主宰與動力，便只有委屈於龐大複雜的政治或家族結構之中隱忍陰暗地存在，與機構的無明慣性相和而形成中國傳統社會中最特殊的風貌。今日世上一般所謂中國式管理或日本式管理，其實指的便是這一風貌，它其實不是儒家而只是儒家的假像。」[3]

2　《海峽兩岸之企業倫理與工作價值》，鄭伯壎、黃國隆、郭建志主編，台灣遠流出版，1998 年，99 頁。

3　《新管理模式之探討》，曾昭旭；載《東方文化與現代企管》，霍韜晦主編，法住出版社，1993 年第 1 版 73 頁。

上述學者提出的「後儒家假說」「世俗化的儒家倫理」「儒家的假像」，無疑會令人產生困惑，筆者認為困惑主要來自三個方面：

　　第一，中國的儒家思想體系在宋代之後產生了很大的變化，宋以後普及型宗法宗族理論與制度、思想觀念與運作模式的變革亦是巨大，而西方有些學者往往是通過對儒學的早期形態也就是孔孟之儒、甚至是通過對日本儒家的認識來研究、判斷儒學對中國（含台港澳地區）的經濟發展包括企業管理之影響的；但是他們未必能夠清晰地瞭解孔孟之儒與宋代以後中國儒學的差異、以及儒學傳入日本後與中國本土儒學的發展差異，對宋以後普及型宗法宗族理論與制度、思想觀念與運作模式發生的巨大變化更是難以比對，因此在對東亞的經濟與管理，包括中國製造與創新以及國家治理能力的研究過程中，容易出現困惑或誤解。

　　第二，在中國存續超過三千年的宗法宗族這種社會運行機制，早在中世紀的歐洲已經消失，基本上只有研究歷史學、社會學或者政治發展史的西方學者，才會偶然關注被視為落後文明遺存的宗法宗族文化，西方經濟學者或者管理學者很難系統研究宗法宗族及其觀念方面的知識，更難將宗法宗族觀念與儒家思想區別開來。而由於特殊的社會環境和歷史原因，比如大陸長期實行、只是近年實現局部鬆動的戶籍管理制度、土地所有權形式等等，使得宋以後普及型宗法宗族觀念在大陸至今得到一定程度的傳承與延續，而這些觀念無疑會對中國的工業化發展包括中國製造與創新，以及企業的管理理念和方式，產生深刻的影響。而基於文化背景方面的巨大差異，對於較少有機會接觸宗法宗族理論與制度、思想觀念與運作模式的歷史沿革，也很難從現行體制中尋找宗法宗族觀念的制度支撐的歐美經濟學與管理學的研究者來說，的確比較容易造成一定程度的困惑或誤解。

　　第三，宗法宗族理論與制度、思想觀念與運作模式在宋代發生巨

大變化，宋以後普及型與盛行於漢唐的古典型頗有不同。而早期傳入日本並對日本的家族文化產生比較重要影響的是唐以前古典型宗法宗族理論與制度、思想觀念與運作模式，與中國本土存續至今的宋以後普及型宗法宗族理論與制度、思想觀念與運作模式有頗大的區別，且這種「似是而非」的狀況會導致中日在經濟行為包括組織管理方面的較大差異，而西方學者對這種差異一般很少涉獵，因此也會造成困惑或誤解。

儒學與宗法宗族觀念交織與扭結引發困惑。宗法宗族觀念與儒學的長期共存形成了相輔相成相異的交織、扭結甚至對立統一的關係：自漢代「罷黜百家獨尊儒術」之後，實現大一統的歷代皇權利用儒學作為選拔官員的工具，接受通經致仕並強調移孝作忠，實現了皇族與普通民眾之間「家—國」與「國—家」的利益互換；而部分宗族成員在儒學的治國平天下之理想與宗法宗族觀念的家族利益、個人利益等私慾的共同驅使下，為進入國家政權序列而努力研習儒學；他們在研習的過程中不僅本身接受了很多儒家思想觀念並將之引入自己所處宗族的運作方式和行為規範中，且結合宗法宗族的生存需要，最終通過無數細節不盡相同但在精神內涵方面大體類似的宗法宗族規範，形成總體上的宗法宗族理論與制度、思想觀念與運作模式；而宗族成員在追求進入國家政權序列的同時，也為儒學的發揚光大和儒家思想向全社會的擴散提供了宗法宗族實體，其間的相互關係無疑是相輔相成相異的。

也正是因為這種相輔相成相異的關係交織與扭結，如果不能仔細區分，就容易引發很多的困惑，以至於衍生出「世俗化的儒家倫理」「後儒家假說」「儒家的假像」這種比較混沌、令人費解的概念。

應該說，儒家思想對宗法宗族觀念的影響是很大的，甚至有些宗法宗族觀念與某些儒家觀點是比較類似的；但是，畢竟儒學在道德情操的塑造上更多地要求犧牲「小我」，為天下、皇權這個「大我」服務；

而宗族、家庭的生存需要又很現實地要求具體宗族或族眾個體首先保護「小我」—這種「利他」與「利己」、「重義」與「重利」的價值觀，決定了兩者的根本區別。

宗法宗族觀念與部分儒學觀點難以精準清晰剖離。這裏必須強調的一點是，宗法宗族觀念無論與早期的孔孟之儒還是後來的宋儒之間，部分觀點是難以精準、清晰剖離的。主要是因為儒家本身就是宗法文化的一種，孔孟之儒更是早期宗法文化的集大成者；而後世的宗法宗族規範及其思想觀念又大量吸收孔孟之儒、宋儒的精神內涵，且宋儒的幾位著名人物如張載、二程、朱熹等直接倡導、推動了對後世影響極大的普及型宗法宗族理論與制度、思想觀念與運作模式的重大變革，他們對儒學的一些創新理解也自然會部分地轉入宗法宗族觀念。而宗法宗族為了持久繁盛，往往是通過族人將對儒學的研習當作進入政權序列的工具，以期在得到皇權接納後獲取政經資源，強化宗族的生存與發展能力。在這種利益驅動下，宗法宗族對儒學的重視就融入家族規範之中，並在長期的磨合之中強化了儒家思想與宗法宗族觀念的交織、互補乃至相當程度的融合。

漢武帝時「罷黜百家獨尊儒術」，孔型宗法文化成為當時社會思想的主流；雖然各個朝代對儒家學說的尊崇程度不盡相同，但是由於歷代王朝特別是隋唐以後基本是利用儒家典籍來科舉取士，對儒學獲得社會的認同產生了直接而巨大的影響；反過來，由於儒家思想影響巨大且有利於皇權統治，連歷代皇帝為了爭取民心、順利實施統治，也不得不或真或假地、至少在表面上表示對孔子敬畏三分。所以，不論其對基層民眾的影響到底有多大，但是儒家思想佔據中國傳統精英教化之主流，當是不爭的事實。而這對宗法宗族理論與制度、思想觀念與運作模式產生相應的影響，就是必然的了。

比如，從兩漢開始直到魏晉南北朝，很多的豪門士族就是通過長

期掌握着對儒家經典的研習與解釋的特權或者優先權而維持其特殊的社會地位的，其家族也能夠因為歷代研習儒家經典而得到皇權與社會的認同，所謂「累世經學」和「累世公卿」，就是當時的一種政治現實。其後儘管因為隋唐開始科舉取士，豪門巨族難以壟斷對儒學的研修、解釋的優先權，但畢竟名門大族在這個方面的勢力還是很強。宗族是宗法宗族理論與制度、思想觀念與運作模式生存延續的載體，這些宗族對儒學的認知也很自然地滲透到宗族的運作方式之中。就是說，除非對儒家和宗法宗族理論與制度、思想觀念與運作模式都能有所瞭解，能夠從價值取態等根本差異入手，否則很難精準剖析宗法宗族觀念與儒學這種相輔相成相異的交織與扭結。

二 「世俗化」及「假說」與宗法宗族觀念相契合

困惑是思考的前奏，上述學者發現了儒家觀點難以精準解析的現象，就需要進一步探索他們提出的「文化特質」源自何處？

表面上看，並沒有一個通行全國的宗法宗族規範，各地聚族而居的宗族都有側重點不同的宗族規範，從一些著名的「家訓」我們很容易發現這一點；但是就宗族團結族人的方式和理念來說，各地不同宗族的規範則往往具有很多共通性。在家國同構的中國帝制社會，皇帝基本上就是擁有最高權力的大家長，利用皇權獨佔的政治、經濟、軍事控制權，科舉取士權和對儒家典籍的最終解釋權，將社會的分離力量削弱、壓制、排除，而其本人則基本不在上述規範的管轄之內。當然，宗法宗族作為社會運行機制的強化與削弱，也在很大程度上根據皇權的需要來調節。

《家規》與「後儒家假說」的對照與契合。我們在此處可以舉明朝萬曆徽州《休寧范氏族譜、宗規》中的《怡樂堂家規》為例，來對照前

面 KAHN 所總結的「與儒家意識形態有關的文化特質」。這樣我們就可以經由直接的對照，從而比較容易地理解這位西方學者所說的「後儒家假說」的內容，實際上是與宗法宗族觀念有着很密切的契合關係的。

范氏《怡樂堂家規》：

「通奉大夫盼雲府君手書家訓三章：凡為同居者，父子有親，兄弟有義，長幼有序，朋友有信，夫和妻柔，姑慈婦聽。士勤詩書，農勤稼穡，工勤造作，商勤經營。無好賭博，無好爭訟，無酖聲色，無惑異端。過失相規，患難相卹，強不欺弱，富不欺貧。家訓俱在，永不可違。幽有鬼神，明有法度，崇善抑惡，祖宗無私。

監事戒諭：凡吾門弟子，士農工商各勤其業，長幼內外各守其禮。苟或疏違，有家法在。

監家戒諭：凡為吾門女婦，孝順舅姑，和睦姒娌，善相夫子，勤理家園。若聽此言是為賢婦，不聽此言是為惡婦。

通奉大夫松林府君規戒四章：

連族屬：毋以爾我，而有疏規；兄弟之初，實為一人，氓之蚩蚩，乃協比鄰。

崇禮教：冠婚喪祭，古禮有章；蠢而佛老，惑世笙簧，毋蹈愚俗，而亂典常。

淑俊秀：讀聖賢書，儒為君子；三德俊明，乃稱良士，利用於邦，無累青史。

力本業：無沉於習，而有奢心；無惰四體，而趨於勤。登天瞭毛，我思古人。」[4]

如果我們以上述《家規》的內容，仔細對照前述 KAHN 總結的與

4　轉引自《中國宗法宗族制和族田義莊》，李文治、江太新著，社會科學文獻出版社，2000 年 4 月第 1 版。本書相關《中國宗法宗族制和族田義莊》引文皆與此同版。

儒家意識形態有關的四項文化特質，就很容易看出 KAHN 所說的「後儒家假說」，與上述宗法宗族家規在內容上的高度契合。如果用宗法宗族觀念來取代 KAHN 的「後儒家假說」概念，應該說並無大的矛盾。若加上范氏《繼善堂家規》，就更容易解釋階層感的問題：「訓男婦二條：凡為吾家子弟者，忠君孝親，敬兄愛弟，睦族卹鄰，修身善世閨閫如賓，風化是繫，勿聽婦言，傳之後裔」[5] 在這裏，家族中的父子、兄弟、夫婦的地位就有了比較明確的描述。

表 1　范氏宗法家規與 KAHN 之「儒家四特質」的比較

	KAHN 之四特質	范氏宗法家規之對應契合
第一條	增進節制	長幼內外各守其禮；無酣聲色，無惑異端
	重視教育	讀聖賢書，儒為君子；三德俊明，乃稱良士
	學習技能	士勤詩書，農勤稼穡，工勤造作，商勤經營。
	對工作家庭責任的認真態度	士農工商各勤其業，無沉於習，而有奢心；無惰四體，而趨於勤。
第二條	具有幫助認同團體之傾向	連族屬：毋以爾我，而有疏規；兄弟之初，實為一人。
第三條	具有階層感	長幼有序，夫和妻柔，姑慈婦聽。凡為吾門女婦，孝順舅姑，和睦妯娌，善相夫子。
	認為階層是自然的而且是對的	冠婚喪祭，古禮有章；毋蹈愚俗，而亂典常。忠君孝親，敬兄愛弟，勿聽婦言，傳之後裔。
第四條	認為人際關係具有互補性	氓之蚩蚩，乃協比鄰。過失相規，患難相卹。
	可擴大機構或組織中的公平感	強不欺弱，富不欺貧。毋以爾我，而有疏規。

　　而明朝萬歷江蘇海安虎墩崔氏的族約中，對「認同團體」和「階層

5　轉引自《中國宗法宗族制和族田義莊》，李文治、江太新著。

感」有着更為明白的規範：

「敦族義。凡宗族父兄子姪，雖曰人各有身，原其所至，皆先祖一體分來，安得便謂親盡服盡，遂不相連屬，若途人然。願族人體祖上屬望我後人之意，務要交相親睦，凡冠婚必慶，喪葬必助，貧病患難必相扶持周卹，比萃和氣於一族之中，不亦美乎。

敘倫理。人生所賴以立身者莫大於禮義，禮義莫嚴於名分，名分一踰，不可以和親睦族矣。凡我宗人，尊卑稱謂俱要明白，歲時拜賀慶吊會飲行走座次俱要守分，不得以富貴驕，不得以才能傲，有一於此謂之凶德，族長與眾戒論之。有不悛者是自暴棄不齒於族者，其母黨妻黨有礙者，俱不論已嫁女寧親，不得以客禮待之。」[6]

從上述對照的內容看，相信 KAHN 對東亞社會、企業組織以及其他相關機構的一些難以用正統的孔孟之儒來解釋的行為和思維方式，已經產生了困惑。但可能是出於對儒家思想的推崇，或者西方學者很少研究在歐洲歷史上早就已經消失的宗族文化，也難以研究宗法宗族及其觀念在東亞包括中國的深刻影響，特別是先入為主地認定了東亞深受儒家思想影響，因此就將那些難以用孔孟之儒解釋的思維和行為規範，籠統地歸納為「發展變化」了的儒家，提出「後儒家假說」。而所謂「假說」，就是指按照預先的設定對某種現象進行的解釋，是根據已知的事實或原理，對所研究的對象進行推測和說明。從這個角度看，另一位學者伯格（BERGER）所說的「世俗化的儒家倫理」，也有「假說」的成分。

大多數中國民眾受宗法宗族觀念直接影響而非儒學。西方學者之所以提出「世俗化的儒家倫理」及「後儒家假說」這樣的概念，是將宗法宗族理論與制度、思想觀念與運作模式與儒家思想兩個體系混淆了。

6　轉引自《中國宗法宗族制和族田義莊》，李文治、江太新著。

如果能夠瞭解到許多宋儒乃是宋以後普及型宗法宗族理論與制度、思想觀念與運作模式的關鍵制定者與推動者，在制定的過程中自然而然地會將一些宋儒觀點帶入其中，他們就可以比較容易地理解「世俗化的儒家倫理」──並非「儒家被世俗化」，而是宋以後普及型宗法宗族觀念中滲入了部分宋儒的觀點。這種狀況，對唐以前古典型宗法宗族理論與制度、思想觀念與運作模式的制定與推動，也是類似。因為任何社會規範的制定都是由當時代表上層建築的政府權力和知識精英主導的，無論唐以前還是宋以後宗法制度與觀念的形成、發展和變革都是如此。

但是從另外一個角度看，這些知識精英在農耕社會無疑是極少數，中國基層民眾更多地受到宗法宗族觀念的直接影響而非儒學。

孔子集大成的儒家在修身、齊家、治國、平天下方面無疑具有很多理想化的成分，希望人們培育更高層次的道德情操和胸懷。但是「大部分人的日常生活並不處於國家和天下的運作層面上，政治生活與他們的利益無直接關係，而且道德的知識化要求受教育者有一定的文化水準」，「大部分人只能以和自己利益貼近的且無需專門的文化教育就可習得的家族倫理為內心的道德規範體系，而家族倫理是一以『己』為核心的差序格局，即一由外向內推的『良心』遞增序列」[7]；而「以族類自我為本位在角色重疊的情況下，個體就將家、國、天下的序列顛倒過來，以差等格局去套從己到家、由家到國、由國到天下的序列。」[8]

很明顯，大部分中國基層民眾都是間接地通過「無需專門的文化教

---

7 《鄉土中國、生育制度》，費孝通著，北京大學出版社，1999 年 6 月第 2 次印刷。本書相關《鄉土中國、生育制度》引文皆與此同版。

8 《宗法中國》，劉廣明著，三聯書店，1993 年 6 月第 1 版。本書相關《宗法中國》引文皆與此同版。

育就可習得的家族倫理為內心的道德規範體系」，接觸其中隱含的一些儒學思想。更何況，「儒教本來是不依賴於深奧的理智，單純以實行為中心。從儒教這一本來面貌來說，被宋儒大大理智化和佛教化的儒教確實大大地改變了本來的面貌，它顯然已不是傳統的原來的儒教。從這一點來看，宋儒把本來是單純實際的儒教看作是相當理智和冥想的儒教，因而可以說在一定程度上把單純現實的儒教引向消極和冥想的儒教」[9]就是說，哲學意涵更濃的宋儒，使基層民眾距離儒學更遠了。而面對大量普通民眾並產生直接影響的，乃是宗法宗族觀念。

通過基本價值取向實現「度」的把握。我們在這裏需要說明的一點是，在判斷某一類行為特徵是以哪一種特質文化作為關鍵支撐的時候，一定要考慮此類行為的基本價值取向、行為目的、運作實體，以及此類行為在整體上顯示出的「度」的差別。特別是針對唐以前古典型宗法宗族理論與制度、思想觀念與運作模式與孔孟之儒，宋以後普及型宗法宗族理論與制度、思想觀念與運作模式與宋儒之間那種絞合扭結的密切關係時，就需要儘量避免直接針對某一單項行為進行性質判斷。

比如就階層感的問題，孔孟之儒和宋儒都強調維護尊長的地位，但是孔孟之儒講「親親尊尊」，而宋儒則強調「尊尊親親」。受孔孟之儒影響較大的唐以前古典型宗法宗族非常重視正統的血緣繼承關係，相對重視「親親以睦族」；而由宋儒的代表人物張載、二程、朱熹等極力倡導推動的普及型宗法宗族規範則傾向於弱化嫡長子繼承制度，更重視「尊尊以正族」。就是說，長期受儒家思想影響的宗法宗族理論與制度、思想觀念與運作模式，在「度」上是有所變化的。宋以後普及型宗法宗族理論與制度、思想觀念與運作模式較之唐以前，明顯具有更強

9　大隈重信（日）著，《東西方文明之調和》，卞立強、依田喜家譯，中國國際廣播出版社，1992 年第 1 版。本書相關《東西方文明之調和》引文皆與此同版。

的威權成份。

筆者認為，似乎一種比較宏觀、甚至邊緣模糊的性質把握或者基本的傾向性把握，更加有利於對某一類行為到底受儒家思想影響較重還是受宗法宗族觀念影響較重，加以基本的歸類或者說定性。

有些研究者誤將宗法宗族觀念當作儒家倫理。相關學者特別是那些研究東亞經濟發展包括東亞管理特點並試圖挖掘其文化支撐的歐美學者，對於在中世紀的歐洲已經失去社會運行機制作用的宗族，在二十世紀初的中國依舊能夠被完整保留，特別是其觀念對中國人的思維和行為模式至今還發生一定程度的影響，如果不是專門加以研究，一般是比較難以理解的。韋伯表示：「中世紀的西方，宗族的作用就已煙消雲散了。可是在中國，宗族的作用卻完完全全地保存了下來：它既是最小的行政管理單位，也是一種經濟合股方式。而且，甚至有了某種程度的發展，這在其他地方，甚至印度，都是聞所未聞的。」[10] 因為中國的宗法國家形態，在歐洲可以說是根本沒有就出現過：「宗法國家形態不是一種單純的由血緣關係構成的父系家長制宗族形態，而是用血緣關係來表達政治關係，用政治關係來再造血緣關係的家、國複合體」。[11] 而這種歷史文化的巨大差異，會導致很多西方學者對東亞經濟發展包括企業管理中的一些現象因為缺乏參照而難以精準地解析，只能以「世俗化的儒家倫理」或「後儒家假說」來進行相對混沌的歸納。某種程度上說，是誤將宗法宗族理論與制度、思想觀念與運作模式部分地當作了儒家倫理。

或者可以這樣說，一般意義的宗法宗族觀念對眾多的基層族眾來

---

10 《儒教與道教》，韋伯著，第四章「自治、法律與資本主義」，王容芬譯，商務印書館，2004 年。

11 《宗法中國》，劉廣明著，19 頁。

說，並不是以直接成文的方式對後代加以教育，而是通過言傳身教而世代相傳；宗法宗族觀念對他們的思維和行為影響甚巨，但是當事者因為從小遵循，長大後甚至渾然不知。而在這個過程中，由於制定宋以後普及型宗法宗族理論與制度、思想觀念與運作模式的精英群體主要是知識分子，其中有不少是熟讀儒家經典的飽學之士，因此宗法宗族觀念就很自然地吸收了一些儒家思想的精義。這種吸收，對不深入解析宗法宗族觀念的人，有些時候容易導致錯覺：因為看到宗法宗族觀念中含有某些類似儒家要義的因素，而完全將其歸結到儒家思想上去。實際上，儒學作為中國社會的思想教化體系，主要對統治精英影響巨大，但是對基層族眾的影響相對較小，屬於間接影響。儒學雖然是中國傳統精英文化的主流，但是並不代表中國傳統文化的全部。

三　儒家倡導「重義輕利」，宗法宗族利益優先

東亞屬於儒家文化圈是世界公認的現象，那麼，到底是甚麼因素使身處儒家文化圈的國家和地區，特別是中國與中國台灣的民眾，會在儒家對「重義輕利」觀念反復倡導的情況下，還是能夠對利益追求孜孜不倦，對創新發展、突破秩序保持足夠的動力與刺激？

因此，要解析宗法宗族觀念與儒學的交織扭結所產生的困惑與錯覺，就需要以「大道至簡」的方法入手，從根本的價值觀剖析兩者的區別。而「重義」與「重利」這兩種不同追求，就成為解析「真儒」與「假儒」，或者說解析「世俗化的儒家倫理」與「儒家的假像」的關鍵。

儒家的「重義輕利」與宗族的「謀利生存」大不相同。以筆者所見，儒家文化過去未能促成資本主義在中國的發展，現在也不可能對東亞的經濟發展發揮重要的促進作用。其中最為關鍵的，是儒家「重義」而「輕利」，這種高度理想化的價值觀的堅持，與資本極度追逐利益的天性

有着無法調和的根本性矛盾，與宗族的必須「謀利生存」大不相同。

就儒學價值觀的問題，著名的「孟子見梁惠王」是最典型的事例——王曰：「叟！不遠千里而來，亦將有以利吾國乎？」孟子對曰：「王何必曰利？亦有仁義而已矣。王曰：『何以利吾國？』大夫曰：『何以利吾家？』士庶人曰：『何以利吾身？』上下交徵利，而國危矣。」亞聖孟子的「義利之辨」，乃是正統儒家對「重義輕利」的典型取態。從「何必曰利？亦有仁義而已矣」就可以判斷，正統儒家對仁義的追求遠在對利益的追求之上；正統儒家的價值觀，與資本追逐利益的行為存在着根本矛盾。

而作為儒家思想集大成者的孔子也說「君子喻於義，小人喻於利。」雖然後世對此中的「利」字解釋不盡相同，但是對儒家「重義」而「輕利」的價值觀是有共識的。

孔孟之儒流傳兩千多年，絕對不可能在根本性的價值取向上具有相反的雙重性；即便是受教育程度不同的群體對儒學領悟的程度不同，也不會在基本的價值取向上，出現相反的結論。

但是對於具體的宗法宗族來說，絕對不能因為「重義」而「輕利」，否則會危及宗法宗族的生存。而「謀利」是宗法宗族生存與發展的關鍵；如果宗族不能生存，其他的理想教化則會因為「皮之不存」，即使「重義」也是「毛將焉附」？也正是因為宗法宗族存在「謀利」或者說「重利」的切實需求，在價值取向上與「重義」的儒學必然大不相同。

儒家理想與宗法宗族觀念的價值取向存在「利他」與「利己」之根本性差異。一些西方學者所總結的有關儒家是促進東亞、東南亞經濟高速發展的一種非常重要的文化基礎的觀點，如果就儒家的價值取向來看，這種結論無疑是很值得商榷的，至少是容易受到質疑的。相信這也是為甚麼 BERGER 強調韋伯所說的儒家倫理屬於「中國帝王時代儒吏與士大夫的一種意識形態」，而不是「尋常百姓日常生活中所身體力行的儒家倫理」。應該說，BERGER 對於兩者之間存在差異的感覺是

敏銳的，但是以「世俗化的儒家倫理」進行定義還是比較難以令人明晰的。筆者認為這是由於與儒家倫理交織扭結在一起的宗法宗族觀念，給研究者們帶來了困惑，使一些學者更多地注意到了兩者之間的相似性而將後者也歸結為儒家思想，卻沒有發現兩者其實在根本的價值取向上是有着方向性差異的，絕對不能混淆。

在筆者看來，儒家特別是孔孟之儒畢竟是帶有較多的理想成分，特別是「利他」的價值取向，典型如宋代名臣大儒范仲淹提煉出來的「先天下之憂而憂，後天下之樂而樂」。儒學更多地要求犧牲「小我」，為天下、皇權這個「大我」服務。但是宗族、家族的生存發展，很現實地要求優先保障「小我」，必然更多地採取「利己」的價值取向。就是說，交織扭結引起的誤讀是可以理解的，但是兩者在最終的價值取向上是可以分清的，因為兩者之間存在着「利他」與「利己」之根本性差異。

儒家思想「有利經濟發展」的觀點難以自圓其說。作為現代社會學的三大奠基人之一，韋伯犀利的眼光與過人的判斷值得我們重視：他在《儒教與道教》之中得出的結論就是，儒家倫理阻礙了資本主義在中國的發展。應該說，他的判斷是經得起推敲的。因為儒家的基本價值取向是「重義」而「輕利」，理想追求是「利他」，而資本的根本目標是追求利潤的最大化或者說追求「重利」，理想是「暴利」，此中無疑存在着根本的方向性差異，而且是難以調和的。

我們從中國歷史上受儒家思想影響將社會地位排序定為「士農工商」，就可以發現正統儒家對於追求「利己」的商人的貶抑。正如漢代大儒董仲舒所言「大富則驕，大貧則憂。憂則為盜，驕則為暴，此眾人之情也」。這說明，儒家對追求利己的商人在道德上是頗為擔憂的。[12]

12《春秋繁露‧度制》，董仲舒。

「儒家顯然欠缺利潤無限……近代資本主義的重大要素之一……的觀念。回顧那些基於東亞經濟成就而聲稱儒家倫理可以支援近代資本主義的論調，他們熱情地討論儒家的勤勞節儉、重視教育、紀律順從、家族傳統以及集體主義等，卻在最基礎的本質上，忽略儒家根本反對財富的享用化、不斷累積，以及利潤的極度擴張。」[13]

孔孟二聖對「義與利」的態度都明顯是「重義輕利」的，至少對於「義」的尊崇遠在「利」的追求之上。即使他們都有民本主義的精神，希望民有所享，但是基本上都是出於對社會既定階層與秩序的維護，而不是鼓勵超越，更不會讓「利」成為超越「義」所涉及的既定社會秩序的關鍵工具。從這個角度講，儒家思想無疑是不利於資本主義發展的。

之所以會出現「儒家思想有利於經濟發展」的觀點，一方面是一些執着於儒學在中華傳統文化體系中的高尚與正統，希望在新的歷史條件下尋求「儒學的現代性」或者「儒家的現代化」的學者，對儒家的某些觀點進行主觀引申；也有一些外國學者，對日本、韓國、台灣、香港、新加坡等經濟體，能夠屢創長時間高速發展的世界紀錄心生推崇，認為必定會存在某種共有的文化因素有利於上述地方的經濟發展，而這些經濟體又確實屬於「儒家文化圈」，因此主觀地認定這種經濟成果得到了儒家這種特質文化的支撐。實際上，此中的癥結，似乎在於復興儒學的理想追求，或者對於儒學推崇的先入為主，把儒家與資本的根本相反的價值取向問題淡化了，頗為牽強地以「君子愛財、取之有道」等觀點解釋儒家對財富的「不排斥」，以「小康」的期許當作資本的追求，從而主觀地將儒家思想劃入「有利經濟發展」的範疇。

筆者並非想要簡單地否定上述努力。但是在筆者看來，儒學由於

13《儒家財富思想與經濟發展》，葉仁昌，「中國傳統政治智慧的再發現」學術研討會論文，台大政治系主辦，2004 年 05 月 29 日。

在根本的價值取向上「重義輕利」——「儒家儘管提出了義利雙行、義利兩有、義利兩養、無利不生等觀點，但從總體思想傾向上還是主張重義輕利的價值觀，像孟子的『舍生而取義』，董仲舒的『正其誼（義）不謀其利，明其道不計其功』，朱熹的『不謀利，不計功』『必以仁義為先，而不以功利為急』等即是很好的表達」。[14] 主張把道德放在比財富更重要的位置，倡導平均主義，從本質上說當然不利經濟發展，因此也就不可能成為經濟發展的重要內在動力。儒學的理想儘管可以感化追逐利益的商人選擇投入社會公益、設立慈善基金回饋社會，但是逐利與行善兩種行為雖然可以同時存在於個體，根本的價值取向卻不可混為一談。

客觀而言，儒家思想有利於經濟發展難以自圓其說的。「儒家還是始終堅持將商業限定在所謂『通鬱滯』的範圍內，也就是只能調節多餘的生產。並不容許交易民生必需品以外的『無用之物』，更無法忍受一種以經營及操作市場、並努力擴張市場為專業的商業形式。」[15]「與從秦漢到明清兩千多年統治者實行重農抑商的經濟政策相適應，後世歷代儒家認為只有農耕才能創造社會財富，而商人只是分配和消費財貨，認定農本商末，從而使重農輕商成為儒家佔主導地位的經濟價值觀。」[16]

但是宗法宗族觀念有利於經濟發展則是非常合理的。因為對任何一個具體的宗法宗族來說，無論保護族眾、抵禦災禍，還是維繫宗族、權力傳承都離不開對「利」的追求，宗法宗族的首要追求是生存與發展，「利」則是宗法宗族生存與發展的關鍵條件。簡單地說，儒學教化

14《也談儒家的財富觀》，涂可國，2015-6-8，來源：山東社會科學院。

15《儒家財富思想與經濟發展》，葉仁昌，「中國傳統政治智慧的再發現」學術研討會論文，台大政治系主辦，2004 年 05 月 29 日。

16《也談儒家的財富觀》，塗可國，2015-6-8，來源：山東社會科學院。

可以褒揚「視金錢如糞土」，宗族運營則需要「以糞土換金錢」。

如果用現今戲謔的方式表示，就是宗族生存負責「賺錢養家」，儒家理想負責「貌美如花」。雖然宋以後的宗法宗族因為高度重視教育，支持族人後代通過學習儒家典籍進入仕途，且在這個學習的過程中會導致部分精英族人的思想受到儒家思想的影響；但是對多數人來說，參與科舉的目標中往往就包含了個人的「利」——「書中自有黃金屋、書中自有顏如玉」。而在面對宗法宗族的生存與發展的時候，更是要把「利」字放在關鍵位置，否則很難維繫一個宗族當前的穩定運行，與長期的生存發展。而這種對宗族之「利」的現實需要和主觀追求，無疑是有利經濟發展的。

儒家對商人及牟利行為長期採取歧視態度。古典儒學對於商賈無疑是鄙視的，孔子就認為「貴賤無序，何以為國？」「貴賤不愆，所謂度也」。由於孔子理想中的宗法社會、宗法禮儀本身就是分等級、有差序的，因此他同樣傾向於通過等級名份來規定消費檔次。據《禮記—王制》所言「諸侯無故不殺牛，大夫無故不殺羊，士無故不殺犬豚，庶人無故不食珍」，就很明確地規定了消費的等級差別。而在當時社會，商人處於社會的底層，其消費的檔次也是必然被規定得很低。且孔孟之儒一直對商人追逐利益是加以貶抑的，孟子所言「何必曰利，仁義而已矣」乃是儒家對「利」的最典型表述。很明顯，儒家對於「義」或者說「利他」理想的堅持是非常堅定的。

自秦漢以至隋唐，一定程度上受社會等級觀念包括儒家觀念的影響，商人以及商業活動都是受到社會的貶抑限制的。唐代大詩人白居易《琵琶行》中有名句「門前冷落鞍馬稀，老大嫁作商人婦」，證明當時的商人地位還是遠在士人之下。唐朝以前的很多著名政治家如陸賈、晁錯都極力強調國家需要「重農抑商」，以維持農業國家的穩定。長久以來，社會層級的分類都是士農工商，這一點在唐朝以前更加明顯。

應該說，儒家對於商人的貶抑，與早期宗法社會的等級構成有很大關係：既然社會是以血緣關係和政治關係來確定秩序，經濟關係作為血緣關係、政治關係的依附成分，導致財富的享有出現差別也就成為必然。作為儒家的一大分支的荀子，對此有着非常清醒的認識：「物慾多而物寡，寡則必爭矣。」因此他認為只有強調等級才能維持社會的穩定：「夫貴為天子，富有天下，是人情之所同慾也；然則從人之慾，則勢不能容，物不能贍也。故先王案為之制禮義以分之，使有貴賤之等、長幼之差，知愚、能不能之分，皆使人載其事而各得其宜，然後使穀祿多少厚薄之稱，是夫群居和一之道也。」[17]

儒家對商人的貶抑，部分源自其經濟行為可能對等級秩序與國家穩定造成的危害，從這一點也可以看出，儒家理想很難成為經濟發展的動力。但是宗法宗族出於生存與發展的現實需求，則很容易萌生通過經濟行為獲得生存優勢的內在動力。

「儒商」重在心理自許，並非行為準則。長久以來，西方世界對中國傳統文化的認知，更多地聚焦於帶有哲學意義的儒家思想。從外部世界往中國看，認為儒學作為深刻影響中國社會兩千五百多年的思想體系，必然全面影響中國人的思維與行為方式。如果不深究，這種觀點似乎並無不妥。也正因如此，無論中國大陸、香港還是台灣，都有不少儒家思想有利經濟發展包括企業管理的專著；也有一些西方學者的文章，認為儒家或者「世俗化的儒家倫理」有利於東亞國家和地區的經濟發展。

其實，中國歷來接受儒家思想真正影響的，主要還是社會精英群體。而在教育普及率極低的農耕社會，絕大多數人並無系統地修習儒

17《荀子・榮辱》。

學知識的機會，更多的人接受的是宗法宗族的管束與幫助——並在經歷管束與幫助的過程中接納與遵循宗法宗族理論與制度、思想觀念與運作模式；而宗法宗族的分工、協作、管理、營運、懲戒等，則通過生存需求或者說社會生活的現實需求，將宗法宗族的觀念與行為規範，逐步嵌入族眾個人的觀念之中。

中國在歷經新文化運動的反孔非儒思潮、打倒孔家店特別是文革之後，當今民眾對儒學真正能夠直接接觸的群體其實不大，所以「儒商」這個詞在更大程度上是指「受過教育特別是高等教育的人士參與商業活動」，並不能表明、也不會要求企業家或商人真的完全「按照儒家思想觀念經商」。從某個角度看，這反而印證了中國人骨子裏至今還是帶有對「商人」的一種心理歧視，也反映成功的經營者並不希望自己被當作純粹的商人看待，更希望被視為有知識、有情懷的高尚之人。史稱商代朝野重視經營，周邊國家將喜歡經營的商國人士稱為「商人」。周朝滅商之後，認為重視經商是導致商朝滅亡的關鍵，中國社會就開始貶抑「商人」。自漢代以降，農耕社會長期的社會排序是「士農工商」，「無商不奸」與「無奸不商」的觀念深入人心，「商人」一直處於四民之末。中國長期以來具有「官本位」的傳統，有能力的讀書人追求的是「學而優則仕」；而那些沒有能力參加科考或屢試不中的族人，宗法宗族往往會在考慮「養生而不至於辱先」的情況下退而求其次，讓其參與家族內或外的經濟事務。但是在「萬般皆下品、唯有讀書高」「不入仕則無以為士」的社會氛圍中，讀過書但是轉投經商者，更願意顯示自己擁有儒學的文化底蘊，通過自我期許以求在心理上提升自我定位，超越社會對「士農工商」的排序。

筆者曾經就「義利之辯」多方向儒學專家請教，有專家舉「君子愛財、取之有道」，也有專家舉出一些企業家捐贈財產服務公益的例子。但是筆者認為，不能否認部分成功的企業家或商人受儒家仁愛理想的

影響，願意以部分財富貢獻社會。但是首先，這種奉獻與經營獲利之間，並非一種必然的一體兩面：經營獲利行為是企業必須追求的結果，而奉獻社會則並非企業運行的必須，其結果更多地依賴企業主或商人的向善之念；更何況，向善濟貧並非儒家獨有，佛家更為突出。「愛財」一說，更是無法與儒家相合。所以，所謂「世俗化的儒家倫理」其實不是「真正的儒家」，「儒商」更多的是一種心理自許，而不是行為準則。

相關研究已經證明，人在很多時候具有兩面性甚至多面性。同樣一個人，在從事企業活動的時候是以宗法宗族觀念為主要文化基因，講求利益與威權；但是當他或她面對弱勢群體時，可以受宗教文化如佛教積德向善的影響，出資救濟窮困、捐施崇教。這兩種行為可以出現在同一個人身上，當今社會，這樣的人士不在少數。但是如果需要給某個人定性，關鍵還是要看其立身之本。

「逆向修行」只有少數意志堅毅者可以做到。儒學提倡的根本價值取向就是「重義輕利」追求「利他」。後世皇權因應統治的需求，通過對傳統儒家觀點的分別強化與弱化，要求人們通過對道德標準的修習而為皇權之「家國天下」克服私慾，使道德良心實現由內向外的轉移。這就必須有一個「逆向修行」過程，必須使外圈的道德約束高於內圈的個人利益。之後還需要長期的堅守自律的過程，使通過修習而形塑的道德良心在向外轉移的過程中沒有弱化。

但是，這明顯與以個體和家族為中心的利益佔有關係，存在難以調和的方向性矛盾，至少是有明顯的目標衝突的矛盾。就沒有接受過系統的儒家思想教育、沒有堅定的「克己」功夫的普通民眾包括很多商界成功人士來說，在宗法宗族觀念的影響下，道德良心都是由內向外逐次遞減的，私利的追求導致民眾取捨的序列，從儒家強調的天下—邦國—家，進行完全的顛倒，形成家—邦國—天下的序列，而且因為這個序列

很容易由於自私而「為自己可以犧牲家，為家可以犧牲族……」。[18]

我們不能否認中國歷史上確有很多先賢能夠做到「先天下之憂而憂，後天下之樂而樂」，具有高尚的「利他」情操。但是客觀而言，即使熟讀聖賢書，也無法真正完全做到「克己」的人還是佔絕大多數，否則歷史上也不會出現那麼多修習儒學並通過科舉進入國家政權序列的貪官汙吏了。而這與皇權強調、儒學教化所追求的國家優先的「大我高於小我」的目標，無疑是具有明顯的方向性差異或者說衝突。應該承認，「逆向修行」只有極少數意志堅毅者可以做到。

相比之下，普通民眾習慣的以個人或者小群體的私利為依歸的宗法宗族觀念，因為血緣等關係很容易找到現實的載體，從而在佔絕大多數群體的中國基層社會顯得更加具有生命力。

儒家觀點滲入宗法宗族觀念被視為「世俗化」。中國歷史上最典型的宗法國家西周建立於西元前 1046 年，而宗法宗族作為一種流傳超過三千年、對中國社會產生了巨大而廣泛的影響的社會運行機制，如何運行、生存與延續，沒有「私利」的追求是不可能做到的。無論兩漢魏晉的大族門閥對血統的堅持，還是宋以後的小型宗族開始強調可以由官位高的族人擔任宗子，都是一種追求「私利」以保障生存優勢的行為。這說明社會一方面存在對儒學價值觀的理想堅持，另一方面作為重要載體的宗法宗族也有其自身的生存需求。或者說，兩者在最終的價值取向上存在「利他」與「利己」之根本性差異，但是在社會運行中能夠「合作共生」，乃是相輔相成相異的對立統一。

應該說，正是由於部分儒家觀點滲入了宗法宗族觀念，給很多研究者特別是西方學者帶來了困惑，使一些學者更多地注意到了兩者之

18《鄉土中國、生育制度》，費孝通著。

52

間的共通性而將宗法宗族觀念簡單地全部歸結為儒家思想，對於難以合理解釋的部分則用「世俗化的儒家倫理」或「後儒家假説」來籠統概括，卻沒有發現兩者其實在價值取向上是有根本的方向性差異的。

四　宗法宗族觀念深受儒學影響，但絕不等同

雖然無論唐以前古典型還是宋以後普及型宗法宗族理論與制度、思想觀念與運作模式都與儒家思想聯繫密切，但是由於價值取向上的根本性差異，就必然引申出很多具體的行為差異。

宗法宗族觀念與儒學相互影響，但不能相互替代。筆者認為，有些研究東亞經濟發展包括企業管理的西方學者將早就存在於中國民眾之中的宗法宗族觀念當作「世俗化的儒家倫理」，或者以「後儒家假說」來解析，應該是一種尚未找出真正原因之下的不得已的「借代性概念」。因為宗法宗族及其觀念實際上是早於孔孟之儒而出現，並隨着社會經濟基礎的變化、同期儒家學説的變遷及其對宗法倫理的部分影響而傳承延續下來的；其在傳延的過程中受到多種文化因素的影響，不僅有孔孟之儒和宋儒的重要影響，甚至還有法家、佛教和道教的影響。但是生存與發展，始終是宗法宗族不可能完全跳出的界限。就是說，儒家重視理想教化與宗族追求生存發展，兩者的本質差異在於價值取向的不同，雖然在行為規範與道德倫理上具有不少重合之處，但是一者強調「利他」，一者追求「利己」，這種價值取向上的根本差異是最終要浮現出來的，也是影響行為個體最終的道德自律、行為規範的決定性因素。

例如，宋代倡導與成型的普及型宗法宗族理論與制度、思想觀念與運作模式，當時的大儒張載、二程、朱熹等都是重要的倡導者與制定者；其中家訓、家法、家規和族譜在制訂的過程中，其內涵的確會多方面吸收儒家思想。但是這畢竟只是多方面吸收，因此並不能說儒

家思想就是宋以後普及型宗法宗族理論與制度、思想觀念與運作模式的全部。或者說，在宗法宗族理論與制度、思想觀念與運作模式被知識化、成文化、系統化的過程中，儒家觀點被大量吸收，並深深影響了宗法宗族思想觀念；對絕大多數難以接受系統教育的民眾而言，儒家的影響是通過被吸納入宗法宗族觀念的儒學觀點，來實現間接影響的。而宗法宗族理論與制度、思想觀念與運作模式也通過宗法宗族這個實體的承載，在相當程度上幫助了儒家思想的傳揚，兩者相互契合、相互影響，但是不能相互替代。

之所以會提出「後儒家假說」「世俗化的儒家倫理」這樣的相對混沌的困惑概念，可能是相關學者沒有將主要功用在於理想教化的儒學，與重點在於維持宗族運作與生存的宗法宗族理論與制度、思想觀念與運作模式區分開來。

儒學注重理想教化，宗族重視運營生存。在農耕社會的古代中國，人們推崇「耕讀傳家」的理想生活方式。從中國人造句的習慣來說，「耕」在前，意味着首先要滿足物質層次的需求；其次是「讀」，這是精神層次的追求。某種意義上說，這暗合了辯證唯物主義哲學思想：「物質第一性，意識第二性，物質決定意識，意識是物質世界發展的產物，它是人腦對客觀事物的反映。」[19]

孔孟之儒以及宋儒，對後世來說更多地表現為一種教化體系，着重對修習者進行心靈塑造。表現在修習儒家經義者，通過修習儒家經義產生對自己的知識與道德的培養，「達則兼濟天下、退則獨善其身」，部分「通經致仕」者則有機會通過實施仁政來實現儒家理論中的部分理想。就儒家思想體系本身來說，理想的成分依靠教化形塑與培養，道德

19《馬克思主義哲學原理》。

的約束端賴個體自律與堅守，因此其影響力集中在社會精英群體；對於大多數未曾接受系統教育、甚至多數屬於文盲的普通民眾來說，儒學理想對他們則缺乏足夠的自覺約束。

對宗法宗族而言，最為重要的還是要將生存營運放在第一位，宗法宗族理論與制度、思想觀念與運作模式通過宗族這個實體，包括各種類似宗族的變體，對族眾進行規範與管理，則往往具有更為直接的強制約束力。歷史上，不僅唐以前豪門士族在當時具有組織、率領大量族眾進行分工與協作的能力，對社會的政治、經濟、軍事具有重大影響，清代的宗法宗族在基層社會的政權功能方面實際上還有所加強，成為皇權政治架構下的基層統治工具，具有一些基層政權的功能：可以用族規約束甚至審判宗族成員，其權力之大，可以將違反族規的人處以死刑。

如果說儒家思想是歷代皇權為了統治的需求而推行的教化理論，其功能更多地體現在強化社會精英對政權序列的認同與接受，並且塑造理想與追求的話，那麼宗法宗族作為相對獨立的社會運行機制，其功能更多地表現在維繫宗法宗族的生存、延續與發展。概略而言，儒學更加註重理想教化，而宗族更加重視運營生存，兩者的目標與功用並不相同。

皇權倡儒家，小民從宗法。西周這個典型的宗法國家，是以血緣關係表達政治關係，以政治關係強化血緣關係：帝王是通過「家國」的方式擁有國家的一切，「普天之下，莫非王土；率土之濱，莫非王臣」。其實從分封之時起，就展現出最高權力與基層管治的利益分配關係。沒有這種利益分配，就難以吸引諸侯對國家最高權力的服從與支持。而如果這種利益分配能力下降，如同周天子到後來自己實際控制的「王土」愈來愈少，最後幾乎無地可封，諸侯王的勢力坐大，周天子號令天下的合理性就會遭到挑戰，就會有挑戰者心存問鼎之念。

前事不忘，後世之師，造反起家奪取政權的新生帝王必須強化自己的權力合法性。漢代大儒董仲舒提出「君權神授」的觀點，高度有利於證明西漢王朝權力來源的合法性，而統一之後採取分封制度的西漢皇權也需要相應的等級制度維繫社會的穩定，因此自漢武帝開啓的「罷黜百家、獨尊儒術」也就順理成章。就是説，即使在西漢那樣的血緣與政體高度合一的狀態下，帝王家族還要通過強調「君權神授」的合法性以「天子」自詡，將帝王之家「化家為國」變成「家國同構」。

　　但是其後的歷代皇權如果僅僅聲稱「君權神授」，還是並不足以取得豪強與知識精英的真心認同，就會遭到「王侯將相，寧有種乎」的高度質疑。沒有利益交換就難以吸引社會精英對帝王家族的長期支持，從而也就難以通過較大數量的社會精英將「君權神授」這一關乎帝王政權安危的概念，向佔人口比例最多的社會下層放射。所以，皇權將儒學作為重要的教化工具，與知識精英合流成為社會管治力量，就成為一種有效的方式。所以，對皇權來説，推重儒學，是維繫有效統治的重要選擇。

　　歷史地看，雖然人們強調耕讀傳家，推崇書香門第，但是絕大多數宗法宗族，無論是漢唐豪族還是明清庶族，能夠通過儒學教育、達致克己復禮境界、遵從「移孝作忠」的精英人群畢竟還是少數，多數基層族眾所直接認同的還是「家族國」的排列，也就是「家」為先，「族」為後；再進一步，則是「家族」為先，「國家」為後。這樣就與皇權希望基層民眾忠於國家的目標形成了矛盾。而皇權正是通過對屬於宗族精英的受教育族眾的吸納，讓他們「學得文武藝，賣與帝王家」，由此進行利益交換：以皇權對宗族精英的政經權力的授與，來換取他們對君權的認同與支持，並通過他們的引導來掌控社會的底層。但是在倫理認同和利益爭取上，下層民眾在生存優先的目標之下，是很難將「公」字置於「私」字之上的。對基層民眾來説，他們更願意服從能夠給自己的生活帶來幫助，包括有能力對自己的過錯施加懲罰的宗族及其權力。

就是説，雖然皇權更願意倡導有利於統治的儒家思想，但是對普通族眾也就是「小民」而言，宗法宗族的具體規範也就是具有「法」的直接的硬性約束，才是他們更願意遵從的。

儒學在宋代之後進一步理想化，對普通民眾的的影響反而弱化。儒家思想中最為西方學者以及中國古代管理思想研究者推崇的主要是「和為貴」「仁者愛人」「忠恕」，以及「己欲立而立人，己欲達而達人」（《論語・雍也》）等等。從道德規範的角度說，這些觀點本身當然是值得推崇的，但問題在於，儒家提倡的一些需要嚴苛執着的逆向修行才能達致的克制功夫如「利他」，對於民眾到底具有多麼深刻的認知影響？對具體的行為個體到底有多大的道德約束力？而在將儒家思想反覆蹂躪了約一個世紀、絕大多數民眾對儒家理論已經相對陌生的近當代中國，此疑問更加強烈。

儒學在一些中國人群體中被奉為「儒教」。從字面簡單地理解，儒教就是以儒家思想為指導，尊奉孔子為先師教主的一個宗教信仰。筆者並非在這裏刻意要質疑儒教，而是就一般的信徒對具體宗教信仰而言，需要比常人具備更嚴的修行、更強的自律，否則也就難以將之作為一種信仰來加以尊奉。而儒學在中國這樣一個世俗化國家，正是因為被部分群體賦予了「宗教」的色彩，其對知識的要求、自我的約束和道德的堅守，就超過了絕大多數普通民眾的能力與需求，因而只能集中影響人數較少的精英群體。

應該明確的是，儒學發展到宋代以後，雖然哲學內涵大大加強，但是思辨、唯心、理想的成分也大大增加，反而距離現實生活越來越遠，對於具體行為個體的指導能力下降，特別是對那些受教育程度不高的個體而言更是如此。日本政治家、教育家、曾經的內閣總理大臣、早稻田大學的創校者及首任校長大隈重信認為：「總的說來，宋儒與其說是實行的，不如說是冥想的、學術的，甚至更傾向於禪學，這是不容

否認的；所以思想情感變得更為高遠，而實行不能輕易地跟上。再加上儒教的根本精神是為了指導複雜的人生，本來就有一種顯著的傾向，過於理想過於光明地主要僅高唱人生善美的一面。這種傾向到宋儒時更為嚴重。儒教的善美的精神由於過於偏重於善美，反而缺乏實際指導人生的力量。儒教的理想愈高，一般的人心離它愈遠。可以想像，數仟年來始終是用同一個儒教來統禦人心，已經嚴重地麻痹和萎縮了人心。因而儒教的生命對於一般人心已經逐漸變得無所謂了，其根本精神終於離一般人心愈來愈遠。儘管儒教直到最近（二十世紀初）仍是中國教化的淵源和權威，但它已經逐漸流於形式，儒教的生動活潑的精神已經消亡殆盡。」[20]

與宗法宗族觀念相聯繫，原始儒學或者說孔孟之儒以「仁義」為核心，「親親而仁民，仁民而愛物」[21]，家庭倫理的成分更為濃重，與民眾具體生活的結合相對緊密，對於當時的社會民眾具有較強的直接指導能力。相對而言，唐代及其以前的朝代屬於大型宗法宗族佔據主導地位的時代，可以說古典儒學與唐以前宗法宗族理論與制度、思想觀念與運作模式的結合比較密切，對行為個體的思維和行為所施加的影響也更加明顯。而在宋代以後，國家權力與儒家經典的部分重新闡釋結合得更加緊密，普及型宗法得到迅速發展；但是，由於宋儒的理想成分大幅增加、哲學意味加強、理論日趨艱深、悟性要求日高，其對具體行為個體的指導能力，特別是對佔據最大人口比例的中下層民眾來說，影響力反而大幅下降。

宗法宗族之「利己」侵蝕儒家之「利他」。相對於古典儒學強調「利

20《東西方文明之調和》，大隈重信，272 頁。

21《孟子》盡心章句上。

他」，宋儒更強調「存天理滅人欲」，進一步強化了理想追求與道德自律。但是，對比一些宋儒倡導的普及型宗法宗族理論與制度、思想觀念與運作模式來說甚至帶有相當程度的乖張——他們希望改變宗法制度中宗子繼承與祭祀的傳統方式，本身似乎就不算是「存天理」，至少是在一定程度上背離了孔孟之儒當年所極力維護的等級秩序；他們呼籲、強調讓進入國家政權序列、獲得政經權力的族人新貴出任宗子、族長，哪裏是「滅人欲」呢？就那些強調變革宗法制度規範的宋儒來說，這種變革雖然適應了宋代地主經濟的發展、科舉取士的完善和重興宗族的要求，但是這種變革對通過修習儒學並通過科舉進入政權序列的成功者來說，明顯是「利己」的行為，而不是儒學倡導與弘揚的「利他」。

與宗法宗族密切相關的問題是，當兩漢魏晉隋唐時代擁有政治特權的豪門宗族、士族、勛貴宗族，在大規模戰亂以及地主經濟的發展、特別是科舉取士制度日漸完善的衝擊下逐步失去由血緣、門第鋪就的「天然」舞臺之後，宗法宗族的生存就不能夠像已往那樣依靠特殊的政治安排來維持了。簡單地說，就是宗族的興盛與否，關鍵在於當代及其後代的持續努力，而不能長期依賴祖蔭。

從當時的社會現實看，隨着宋代地主經濟的興起與科舉取士制度的完善，社會財富就難以完全按照早期宗法國家劃分的等級來進行分配與享用，因此荀子的擔憂「物慾多而物寡，寡則必爭矣」就自然而然地出現了。雖然商人最初被規定的消費等級很低，但是擁有更多的財富必然使他們很容易突破這種限制；而在社會逐漸打破原有等級的狀況下，商人的地位就可能因而上升。

從宋朝開始，國家政權不再像已往那樣限制商業活動和貶抑商人，趙宋王朝本身就參與經商的活動，相信那是中國較早出現的「官商」。「宋王朝一改歷代抑商政策，停止頒發千篇一律的抑商詔令，對商賈的汙衊性待遇也於無形中消解。宋王朝不僅不歧視商人，而且自己也經

營商業，從而對商人利益儘力給予保護，嚴令禁止官吏的橫徵暴斂。這裏，宋人將抑商之策視作『殘民損國』之行為，可見商人地位之變化。」「宋代家訓《袁氏世範》不再強調『閉門為生』的傳統治家命題，而主張族中弟子，如不能習儒業，即可從事『農圃商賈技術』，以『養生而不至於辱先』。並認為商賈中人亦有『天資忠厚者』，故不反對人們通過『經營財利』而取得『厚利』。這就進一步說明了商業活動本身的道德性，從而打破了等級消費倫理的傳統教條」[22]

很明顯，我們從上述商人的社會地位在宋代的巨大變化，就可以認識到，宗法宗族觀念的變革進一步強化了宗法宗族追求的「利己」對傳統的僭越，不斷侵蝕儒家追求的「利他」與等級。

皇權與宗法宗族通過科舉利用儒學實現利益交換。「帝王之家」的「利己」是保障「家天下」的穩固，當然希望所有的臣民都能夠「移孝作忠」，這無疑與宗法宗族及普通民眾的「利己」難以完全同向，或者說有方向性差異。而從穩定皇權統治的角度看，就必須通過由上而下的政經權力分配實現「天與地」的利益交換，從而達致全社會政治與經濟等多方利益的妥協與平衡，而儒學就是其中的關鍵聯結。

由於中國在農耕社會接受系統教育的人群佔總體的比例歷來很小，雖然統治精英往往都是受教育者，對社會的政治、經濟、社會、文化等方面的影響很大，但是對於大多數沒有受到系統教育的普通民眾來說，因為有着宗族這個具有較強束縛力的實質載體，使得宗法宗族的制度、規範與觀念等，比精深的儒學理論更加容易與具體的族眾發生直接的關聯，因此相關規範或觀念也就更為容易被接受而流傳。

隋唐以前豪門巨族擁有政經特權，沒有家世背景很難進入皇權認

22《袁氏世範》卷二，袁采著；轉引自《宗法中國》，劉廣明著，309 頁。

同的政權序列。所以有「世胄躡高位、英俊沉下僚」的千古之嘆。那個時候，家世背景遠比接受教育重要，或者說教育對普通民眾的意義不大。但是自隋唐開始發展的科舉，不僅為中國領先農耕時代的科層制提供了高素質的官吏，更是為底層民眾或者說普通族人通過認真學習、努力競爭，進而實現向上流動開啟了大門。中國最著名的勸學詩「天子重英豪，文章教爾曹；萬般皆下品，唯有讀書高」精闢地描述了其中的利益關聯——皇權重視學而有成的英豪，個人接受教育通過科舉或舉仕得到皇權認同，皇權就會接納該人進入政權序列並配發政經利益。而儒家經典作為教育與科考的主要內容，乃是關鍵的媒介。

就是說，儒學作為隋唐之後科舉考試的主要內容，不僅使國家能夠通過考校考生對儒學的掌握進行人才選拔，讓相關研習者或考生由於「通經」而「致仕」，得到皇家授權進入政權序列；而「通經致仕」者作為研習儒學的受益者，主觀上更加願意高度肯定儒學的教化功用，並傾向於以儒學精義指導自己的行為如「移孝作忠」。

顯然，「學而優則仕」不僅讓「通經致仕」者在皇家的政權序列中獲得地位，也使他們提升了在所屬宗族中的地位，甚至在宋代以後能夠自己開宗立派——「自合立廟，不可使從宗子以祭」。而從統治的角度說，也等於給原本難以直接干涉宗族內部事務的皇權提供了一個契入的通道：皇家通過吸納這些通經致仕者進入政權序列換取了宗族精英包括領導者的「移孝作忠」。皇權與地方宗族雙方以儒學為紐帶進行利益交換，且通過這個交換，追求並實現了各自的目標。特別是宋代之後，當科舉考試成功者能夠獲得宗族內部的重要地位，並在族人中能夠享受唐以前古典型宗法宗族觀念盛行時代之普通族人難以獲得的「嫡親」才有的尊崇，甚至能夠享有「開宗立派」之榮耀的時候，他們對皇權的維護無疑要遠遠高於那些純粹通過血緣關係獲得宗族領導權的傳統宗子或族長。

或者這樣說，無論皇權還是宗法宗族及其族眾，都有「利己」的追求：皇權的「利己」是要求臣民為其「家國天下」服務，而宗法宗族及其族眾的「利己」重在生存與發展的需要。皇權與宗法宗族及其族眾的「利己」在利益主體上就有衝突，但是現實的政制安排又要求必須相互妥協。於是，皇權與宗法宗族及其族眾不同的「利己」追求，經由「學而優則仕」這個與儒學密切相關的途徑，通過研習儒學的宗族精英經由科舉考試進入政權序列，為皇權統治這個「利己」需求進行服務，而皇權通過分配政經利益與宗法宗族及其族眾的「利己」追求進行交換。這樣：

一、皇權「利己」的統治需求得到了滿足；

二、宗法宗族生強化生存與發展的「利己」需求得到了滿足；

三、科考成功的族人也因為獲得皇權分配的政經利益，使提升社會地位與宗族地位的「利己」追求得到了滿足；

四、儒學本身也通過宗法宗族的組織學習與宗族精英的修習傳承，在更強的傳播與影響方面得到了「利己」的滿足。

就是說，皇權與宗法宗族及其族眾都利用弘揚「利他」的儒學，實現了「利己」的利益交換。宗法宗族理論與制度、思想觀念與運作模式就在這種理想與現實的衝突中，與儒學的理想既維繫了相當程度的聯繫，也保持了一定的距離和差別。

五　宗法宗族觀念在中國基層社會可成為主導因素

從目前筆者所見的研究成果來說，有的西方學者以及中國兩岸四地的一些學者，已經在一定程度上感覺到了中國普通民眾的思維和行為特徵，與正統意義的儒家特別是孔孟之儒所強調的價值取向和行為規範之間，有某種程度的不協調，有的甚至具有明顯的矛盾。其實對中國

基層社會而言，宗法宗族理論與制度、思想觀念與運作模式影響至深，宗法宗族觀念在中國基層社會可成為主導因素。

西方學者的「後儒家假說」含有宗法宗族觀念。楊國樞和鄭伯壎等兩位學者在《對後儒家假說的一項微觀驗證》一文中總結道：西方學者所說的儒家倫理或思想，大致包括四類內涵：（1）家族主義方面，如家族至上、家庭責任、順從長輩等思想與觀念；（2）團體生活方面，如階層觀念、信服權威、強調團結、重視和諧、遵守規範、遵守紀律等思想與觀念；（3）工作取向方面，如重視教育、學習技能、工作勤奮、生活節儉等思想與觀念；（4）氣質特徵方面，如嚴肅鎮靜、謙虛自制等特質與性格。[23] 從這四類內涵可以發現，兩位西方學者將之全部劃歸儒家倫理明顯有些牽強。

筆者認為，宋以後普及型宗法宗族理論與制度、思想觀念與運作模式經過巨大變革，保留了部分唐以前宗法宗族文化的特點，同時又有非常重大的轉變，對中國民眾保持組織性、紀律性、服從性、忍耐性、忠誠性、團結性、約束力，以及順應當時的科舉制度、地主經濟和戰亂之後重建宗法宗族的需要，經宗法規範變革而突出的肯定能力、鼓勵競爭、推崇教育、突破既定格局、支持開宗立派、強化威權的文化特質，具有重大意義，其影響延續至今。如果將楊、鄭兩位學者的總結與前面的「家訓」內容相對照，我們就很容易發現兩位西方學者在「後儒家假說」中總結的「四類內涵」，與宋以後普及型宗法宗族規範的高度吻合，以及與傳統的孔孟之儒的某些出入。因此可以說，將那四類內涵完全歸結為儒家是比較勉強的，但是歸結到宋以後普及型宗法宗族觀念則是比較貼切的。

23「對後儒家假說的一項微觀驗證」，楊國樞、鄭伯壎；載《古代管理思想與中國式管理》，蔣一葦、閩建蜀等著。

宗法宗族觀念對中國社會影響深刻：無疑，前述西方學者提出的「後儒家假說」，是希望為他們在研究中察覺到的東亞經濟發展包括組織管理特徵，與孔孟之儒的價值取向與思維、行為規範的差異，尋求一種合理的解釋。其想法和思路無疑是很具有探索價值的，但是其提出的問題則令精通中文的學者也難以回答：楊國樞和鄭伯壎兩位學者對此也表示「至於這樣的儒家倫理或思想如何影響東亞各國的經濟發展，各學者的說法頗不相同，實難令人確知其影響的歷程。」[24]

　　應該說，研究東亞包括中國經濟現象及組織管理的西方學者，如果不對宗法宗族及其觀念這種以往長期被視為「封建糟粕」，且跟帶有哲學意涵的儒學相比有點「下里巴人」，主要被社會學、歷史學、政治學或法學所關注的社會運行機制抱有濃厚的興趣，就往往難以理解宗法宗族觀念對中國基層社會的深刻影響。

　　其實，宗法宗族理論與制度、思想觀念與運作模式雖然聽起來沒有儒學那麼「高大上」，但是作為一種具有三千多年歷史的社會運行機制，其影響力並不低於儒學，對中國基層民眾的影響更是超過儒學：「中國傳統社會中最重要的幾方面要素，包括儒家學說、倫理觀念等思想因素，以及外在的專制體制、社會等級制度，無不與宗族觀念、宗族制度密切相關。對於傳統社會的絕大多數中國人而言，宗族關係是人生中最主要的社會關係，一個人的生、老、病、死，生前的婚姻嫁娶、擇業謀生，身後的祭葬承嗣等等人生基本問題，大約沒有能脫離與宗族的關係的。就政治層面觀察，宗族制度與儒家思想結合，成為中國傳統文化的核心。宗法精神貫穿於中國古代及近代社會結構中，是維繫社會結構的紐帶，是穩定社會的因素，宗法觀念全面地支配着中國古代社

24「對後儒家假說的一項微觀驗證」，楊國樞、鄭伯壎；載《古代管理思想與中國式管理》，蔣一葦、閻建蜀等著。

會生活的方方面面。」[25]

　　或者正是因為有些西方學者先入為主且過度地執着於儒家文化對於東亞特別是中國民眾的思維和行為的影響，而沒有認清宗法文化的原型及其賴以存在的載體——宗法宗族，這個社會運行機制雖然受到儒家理論體系與價值規範的強力影響，但是並非將原型文化的基本元素完全揚棄，而是在生產力並不發達的農業文明時代，依據最能夠發揮宗法宗族之力量這一與個體生存最為密切、最易為宗族成員普遍接納的原則，來決定對理想與現實的取捨——對於絕大多數地處農村、較多地依賴自然條件生存與發展的宋以後普及型宗法宗族來說，似乎血緣、親緣、互助、位序與威權，乃是維持宗族團結與有效運作的最具實際意義的價值規範，而這正是宗法文化原型中的基本組成元素。如果從這個角度來理解現實社會中，中國絕大多數普通民眾的思維和行為特徵，與正統儒家特別是孔孟之儒之間的不協調甚至是有些矛盾，似乎比較容易得出合理的解釋。

　　西方學者探索東亞經濟的文化特質容易推崇儒學卻忽視宗法宗族觀念。有的西方學者將他們通過對東亞經濟以及東亞工業化發展與東亞相關組織的觀察與研究，得出的一些與傳統的孔孟之儒的價值取向和行為規範不合的現象，歸結為「後儒家假說」，或者「世俗化的儒家倫理」，實際上一方面有過度推崇儒學而被導入閉環的問題，另一方面是由於宗族在中世紀的歐洲就已經失去社會運行機制的作用，所以西方學者較難發現宗法宗族觀念對中國社會的深刻影響，難以認識到宗法宗族觀念在中國基層社會可成為主導因素。

　　首先是因為西方學者對於東亞經濟以及東亞工業化進程與東亞企

25《論宗族制度與中國傳統法律文化》，鄭定，馬建興，2006-04-26。

業相關組織的觀察與研究，主要以與西方工業化關聯密切的日本為基本
參照，並且以香港、韓國、新加坡、台灣等四小龍的經濟發展作為對
這種研究的呼應或者說印證；由於儒家思想對這些國家和地區的所產
生的文化影響已經獲得廣泛的認可，因此相關西方學者很自然地對上
述屬於「儒家文化圈」的國家或地區，用儒學對東亞經濟以及東亞工業
化進程與東亞企業相關組織的表現，進行傳統文化方面的推導與分析。
而日本古典儒學沉澱深厚，與儒學發源地中國亦有不同。

　　還有一個必須強調問題是，西方自工業革命特別是鴉片戰爭以來
用經濟、綜合國力塑造的長期心態優勢，不僅使得西方的政治家以及一
些政治學者對中國傳統文化包括傳統智慧缺乏深入的瞭解，也使得一
些西方研究東亞經濟或企業管理的學者比較難以潛心研究中國豐富多
元的傳統文化，特別是很容易忽略那種已經失去當今政權支持的實質
載體所依託的傳統文化。如同人們在日常的相互交往之中，能不能理
解對方的「潛台詞」往往決定着能否作出正確判斷，西方學者對中國文
化的理解在語言方面其實是處於劣勢的：中國以及港澳臺地區在向西
方學習的過程中培養了大量能夠以英文精準溝通的人士，但是發達的
歐美國家能夠用中文精準理解中國人的「潛台詞」的學者其實並不多，
很多美國的「中國問題專家」並不能直接精準地理解中文，而是根據翻
譯文獻瞭解與研究中國政經，對深奧多元、涉及廣博的中國傳統文化
的理解與研究就更加困難。而具體到宗法宗族理論與制度、思想觀念
與運作模式，牽涉頗多的中國傳統文化積澱，對很多外國學者來說，無
疑是大大增加了研究的難度。

　　美國的華裔漢學家王國斌（R.Bin Wong）就表示，「我們通常能夠
更多地談論一種西方的制度為何未在東方運作，而較少解釋東方的制
度為何運作」；「近來的研究著作，幾乎都以歐洲經驗為模式，以至於中

國國家幾乎成了反常的事例」。[26] 由此可以推論，作為發達國家的學者，對一個尊崇儒家的「異教」（西方很多學者包括傑出的德國學者韋伯都是將儒家當作一種宗教）國家，能夠從「儒教」入手研究在這種「異教」影響下的中國人的思維和行為特徵已經是相當難能可貴的了，忽視當今主要靠言傳身教來塑造價值取向和行為規範，進而形成實際的社會影響力並延續其生存力的宗法宗族觀念，也就不足為奇了。

由於東亞國家和地區傳統上受到源起於中國的儒家文化的影響，其中日本文化、韓國文化受到包括儒家文化在內的中華文化的影響更為深切，且日本是東亞經濟發展的領頭雁，也是以傲人的工業化成就、出色的企業管理、優秀的員工特質被西方世界關注的東亞經濟發展的絕對代言人，這樣，就很自然地導致一些歐美學者、也有部分亞洲學者，將他們對東亞經濟以及東亞企業與相關組織行為研究的一些結論，自覺或者不自覺地儘量與儒家文化掛鈎或聯繫。筆者認為，正是這種自覺或不自覺的掛鈎或聯繫帶有一定的主觀性，導致西方學者對東亞工業化成就與包括中國工業化發展的研究帶有了較多的執着成分。可以說，對東亞工業化發展的研究、探索與總結，有過度推崇儒學卻基本忽視宗法宗族觀念的問題。

其次，西方學者以不同的文化背景尋求中國傳統文化對中國工業化進程，包括企業管理與相關的組織行為、員工特質的影響，很容易對儒家文化特別是孔孟之儒「先入為主」；他們一般也不太可能懷疑作為儒家發源地的中國，其民眾受到的「儒家影響」會「不及」日本和韓國以及周邊的「儒家文化圈」內的國家和地區，因此也就自然地熱衷於從儒家思想中尋找中國工業化發展包括中國製造與創新的興盛、企業管

26《轉變中的中國 —— 歷史變遷與歐洲經驗的局限 》，王國斌著，李伯重、連玲玲譯，江蘇人民出版社，1998 年 12 月。

理、組織行為、員工特質等方面得到的特質文化支撐。

再次，因為宗法宗族這種形態，「早在中世紀的歐洲已經隨着城市經濟的逐漸興盛和莊園經濟的衰落而失去了任何社會意義」[27]，因此西方學者很容易忽略或者說對於中國社會的宗法宗族觀念難以接觸，並不瞭解中國特有的「宗君合一」的宗法國家形態、「家國同構」模式的長期存在，以及宗法宗族理論與制度、思想觀念與運作模式對中國民眾的廣泛而深刻的影響；也不容易接受這種貫穿中國從周朝以降存續超過3000 年的宗法宗族觀念，至今對中國人還有一定程度的影響的觀點。應該說，多數中外經濟學者、企業管理學者，目前對中國特殊的存續超過三千年的宗法宗族觀念較少關注，對其能夠對中國工業化發展包括中國製造與創新所能夠產生的影響，就更少深入研究。

第四是因為當代中國人在繼承中國近代反帝反封建的理想追求的基礎上追求現代化，特別是經歷文革這樣的對傳統文化全面碾壓的運動之後，在相當長的一個時期裏普遍推崇西方政治、經濟與文化的「先進性」，人們在這樣的大背景之下一般也不願承認產生於「封建」時代的宗法宗族觀念，依舊在中國人社會產生一定的影響並發揮一定的作用。在很多人的心中，「封建」往往就代表着保守和落後，所以對產生於三千多年前的宗法宗族觀念往往就沒有甚麼好感。但是正如哈耶克所說：「大部分知識的獲得 —— 我承認，認識到這一點讓我花了不少時間 —— 並不是來自直接的經驗和觀察，而是來自一個對通過學習得到的傳統進行篩選的不間斷過程，它需要個人承認並服從那些無法用傳統理性學說加以證明的道德傳統。傳統是選擇過程的產物，選擇對象

27《轉變中的中國 —— 歷史變遷與歐洲經驗的局限》，王國斌著，李伯重、連玲玲譯，江蘇人民出版社，1998 年 12 月。

則是那些非理性的，或不如說是『未經證明的』信念。」[28] 由於宗法宗族觀念的存續往往通過世代之間的口口相傳，其對於中國民眾的價值取向和行為規範的影響比比皆是，但是中國民眾自己卻往往難以覺察。而中國的經濟學者及管理學者由於宗法制度及宗法宗族本身已經失去現實的政權依託，因此也較少從宗法宗族觀念的角度來思考其對中國的工業化發展包括中國製造與創新及企業管理的影響。

由於上述四個方面的限制，就使得西方乃至本土的經濟學者與管理學者，很容易忽略宗法宗族觀念，而將影響中國的工業化發展包括中國製造與創新及企業管理的文化內核，限定在儒家倫理之中。筆者認為，這也是前述「世俗化的儒家倫理」「後儒家假說」等概念得以提出並被接受的重要原因。

西方對日本工業化之文化基因的研究是良好參照。當然，學者們對東亞國家經濟發展特別是對日本經濟發展、工業化進程中文化因素的研究，包括就日本特質文化對日本製造與創新之影響的研究，無疑為研究中國的傳統文化基因對中國工業化發展包括中國製造與創新方面的影響，建立了非常重要的參照系；沒有這個參照系，就難以通過對比更加準確地研究在中國存續超過三千年的宗法宗族觀念，對中國工業化發展包括中國製造與創新所產生的影響。

比如日本企業中的集體主義、強調和諧、大家族特徵、終身僱傭、以嚴格為底蘊的柔性管理等，與唐以前古典型宗法宗族理論與制度、思想觀念與運作模式具有比較相似的特徵。如果我們對照唐朝「九世同居」、族眾達九百人的張公藝家族，「集體主義、強調和諧、大家族特徵、終身僱傭、以嚴格為底蘊的柔性管理」的特點，幾乎可以一一對

---

28 《致命的自負》，哈耶克著，馮克利等譯，中國社會科學出版社，2000 年 9 月第1 版。

應；而高度忠誠、安守職分、集體決策、精益求精，亦與唐以前的大型宗法宗族頗有關聯。如此等等。但是，我們必須重視中日之間的文化差別，著名國際問題專家、國際法權威、美國紐約大學資深終身教授熊玠對筆者說，中日之間有着很多似是而非的東西，比如日本的企業真正像一個家族，上下左右之間如同父子兄弟，但是中國包括台灣的企業並不如此。而仔細分析這些差別，對於研究宗法宗族對中國的工業化發展包括中國製造與創新的影響，具有明顯的參照意義。

對此，本書將會專闢一章，參照傅高義的《日本第一》，將日本特質文化對其工業化發展的影響，與中國的宗法宗族觀念這個文化基因對中國的工業化發展包括中國製造與創新及企業管理的影響進行對比。

宗法宗族觀念在基層社會可成為主導因素。儒學長期佔據中國社會倫理道德體系的統治位置，着重於對精英群體的理想教化。表現在修習儒家經義者通過遵循儒家倫理產生對自己的道德約束，「學而優則仕」之後通過施政來實現儒家思想中的部分理想，惠及普儸大眾。但是，就儒家倫理體系本身來說，對普通民眾並沒有多少強制的約束能力。而宗法宗族觀念通過宗族這個實體，包括各種類似宗族的變體，相比於儒學的「柔性」教化而言，對族眾或後代則往往具有較強的「硬性」約束力。宋朝實現了從「唐以前古典型宗法宗族理論與制度、思想觀念與運作模式」到「宋以後普及型宗法宗族理論與制度、思想觀念與運作模式」的巨大轉變，打通了社會下層向上流動的通道，同時也使皇權更加便捷地向基層延伸。特別是到了清代，宗法宗族因為具備了部分國家政權性質的功能，對社會基層的管治能力實際上是加強了。

宗法宗族在社會基層組織的管治與司法功能方面的加強，與家國同構的皇權認識到宗族對於穩定皇權統治的重要性是分不開的。在宗法宗族發達的地方，由於地緣或者地方豪強的因素，宗法宗族變成

政治、經濟與部分司法的統一體。「宗法精神滲透於古代法律政治之中」。[29] 在清代，宗族成為皇權的基層統治工具，具有基層政權的功能與效力，可以用族規約束甚至審判宗族成員，嚴重者可以將違反族規的人處以死刑。這種管治與司法功能的增強使得宗法宗族對族眾的「硬性約束」能力大幅提高，相對於儒家思想的「柔性教化」，一定程度上使得宗法宗族觀念在基層社會可以成為主導因素。

當然，宗法宗族的管治與司法功能在清代的強化，與滿清皇權作為一個少數民族把持的國家最高權力認識到大量宗族對於穩定皇權統治的重要性是分不開的。這種強化雖然未必使通過血緣收攬族眾、和睦族群的功用提高，但是宗族上層對下層族眾的管治能力確實加強了。

宗法宗族及其思想觀念對中國基層社會的影響，是中國所有傑出的政治家都不會忽視的。正如孫中山所言：「中國人最崇拜的是家族主義和宗族主義，所以中國只有家族主義和宗族主義，沒有國族主義……中國人對於家族和宗族的團結力，非常強大，往往因為保護宗族起見，寧肯犧牲身家性命，」[30] 新中國的締造者毛澤東當年在湖南、江西進行調查後總結說「無論哪一縣，封建的家族組織十分普遍，多是一姓一個村子，或一姓幾個村子，非有一個比較長的時間，村子內階級分化不能完成，家族主義不能戰勝。」「社會組織是普遍地以一姓為單位的家族組織。黨在村落中的組織，因居住關係，許多是一姓的黨員為一個支部，支部會議簡直同時就是家族會議。」[31]

領袖人物之所以能夠成為領袖，與其擁有超越常人的洞察能力是

29《中國宗族》，馮爾康、閻愛民著。

30《三民主義民族主義第一講》，孫中山。

31「井岡山的鬥爭」《毛澤東選集第一卷》。

分不開的。我們通過孫中山和毛澤東兩位中國近當代偉人對宗族、家族影響的判斷，就可以得知宗法宗族觀念在中國社會確實能夠成為影響基層民眾的主導因素。也正因為如此，在中國的現代化進程中，我們有必要對其有利於中國工業化發展包括中國製造、中國創新、人力資源供給、國家治理能力的諸多因素加以歸納與分析。當然，我們應該首先瞭解宗法宗族觀念在中國的發生、發展與沿革，特別是「唐以前古典型宗法宗族理論與制度、思想觀念與運作模式」與「宋以後普及型宗法宗族理論與制度、思想觀念與運作模式」的變革與差異，以及這種重要變革對宋以後中國社會基層民眾所產生的巨大影響。

六　中國絕對不能沒有儒家的理想主義

戰國時代最為後世稱道的就是「百花齊放、百家爭鳴」，這個時代激發了思想的多樣性，儒家、道家、法家、墨家、縱橫家、名家、陰陽家、農家、雜家等，皆有理論也皆有信眾，不同的理論也為中國的傳統文化領域增添大量的有益基因。不同的理論之所以能夠得到某些群體的信任與支持，必定有其相應的效能，因此在探索不同理論或觀念對民眾的思維與行為之影響的時候，也就不必拘泥於漢代之後被定於一尊的儒家，否則難免有牽強之處。但是，筆者必須強調的是，本章剖析儒家與宗法宗族觀念的區別與差異，絕對不是為了貶低儒家的重要性。儒家思想對中國社會來說，堪稱撐起了理想的脊樑。

中國人的民族性偏重實際。就中華民族的民族性來說，如果不是有儒家思想長期據於社會教化的地位，其講求實際的特徵可能更加容易表現出來。也正是因為中華民族自古以來總體上對於現實功利高度關注，導致中國儘管具有五千年文明史和巨大的人口基數，卻沒有一個土生土長的居於統治地位的宗教體系，民眾對於宗教也缺乏感情和真誠。

應該說，是過度地講求實際限制了人們對宗教的情感寄託。

「我們的先人從來不是理想主義者，對他們來說，精神利益方面，一直是可多可少甚至可有可無的，像年三十夜裏揀來的兔子一樣。我們的先人是世界少有的現實主義者，現實到只要有飯喫就行，就不去作其他的追求。」[32] 實際上，對維護統治的皇權來說，「家國同構」中的「皇族利益」，實在是遠遠重要於用來教化知識分子和普通民眾的儒家「利他」理想的。宗法宗族觀念之所以可以在實際操作層面超越儒家的理想追求，影響佔人口比例最大的普通民眾，也是因為現實對理想的制約。

儒家撐起理想脊樑，宗族強化生存能力。對一個講求實際的民族來說，以甚麼來支撐理想，讓眼光放得宏大與長遠，就是一個必須解決的問題，否則這個民族就難以凝聚共同努力的方向。幸虧有了儒家，才有了「大道之行，天下為公」的理想，才有了「先天下之憂而憂，後天下之樂而樂」的情懷。

儒家的理想主義與使命感，從某種角度說是撐起了民族的脊樑。宋以後普及型宗法宗族理論與制度、思想觀念與運作模式的主要倡導者之一張載，同時也是當時的著名大儒。他提出的理想抱負集中在著名的橫渠四句之中「為生民立命，為天地立心，為往聖繼絕學，為萬世開太平。」後世知識分子以此自勉，對塑造高尚的人生理想、培植對社會的使命感與責任感，具有非常重要的影響。

而宗法宗族觀念，則對組織、維護普儸大眾的生存發展，具有凝聚力量、共同發展的作用，如同營造富有生機的生命體，作為承接理想翅膀的堅實載體。

理想與現實的矛盾在中國精英群體中能夠形成對立統一。作為民

32《中國傳統社會心態》，陸震著，浙江人民出版社，1996。

族文化基因，必須能夠影響廣泛的群體。儒學原本就是精英教育的組成部分，歷來在社會精英中傳承，需要較高的教育水準才能領會其精義。鴉片戰爭之後，在經歷中華文化的自我否定特別是打倒孔家店及文革之後，真正能夠從儒家思想入手修身齊家的人士少之又少，更不要說普通民眾。但是對大多數人來說，從小就受到家規、家法的訓誡與規範，遵守紀律、服從命令被長期要求，勤儉持家與認真學習也被從小教導。就是說，宗法宗族觀念從小就伴隨大量民眾的日常生活，對中國人群體來說，宗法宗族觀念無疑具有更加廣泛的影響，因此也當然具備條件作為中國民眾的重要文化基因。從這個角度說，宗法宗族觀念對中國工業化發展包括中國製造和創新的影響，也更為深刻。

深入研究中國經濟包括工業化發展的專家已經注意到了一些看似矛盾的現象：「中國許多地方政府和村鎮官員，一方面按照鄧小平式的的服務型領導風格行事，一方面也按照『見利忘義』的商人風格行事。他們有動力一年工作差不多 365 天。當然，很多人也從這種公共服務中接受或追求由企業甚至是跨國公司支付的賄賂和傭金。他們在毛澤東建立的政治體制下和鄧小平開創的實用主義觀念下，作為市場創造者（市場發酵的酶）所付出的辛勤和創造性的工作，卻讓中國將 16－18 世紀英國長達二、三百年的『自然』的市場發酵過程縮短到 10 年（即 1878－1988 年）。」[33]

這也是筆者為甚麼雖然讚賞當今中國不少企業家積極參與公益活動或者捐贈善款幫助弱勢群體的向善行為，但是並不能因此就認同「儒商」的稱謂。這些經濟領域的成功者或者受儒家影響，或者受佛家影響，確實會踐行善念；但其經營企業的根本途徑，並非建基在「利他」

33《偉大的中國工業革命》，文一著，57 頁。

的基礎之上。人本身就是複雜的，很多人都有兩面性，多種宗教如佛教等都可以感化追逐利益的商人選擇投入社會公益、設立慈善基金回饋社會。而宗法宗族觀念中的「逐利」，與儒家「天下為公」的理想，其實是可以在一個自然人的身上得到聚合，在個體上形成「對立統一」。

其實，可能正是儒家 —— 天下為公的理想主義，與宗法宗族觀念 —— 現實利益的追求在中國政經精英群體中實現了對立統一：沒有宗法宗族觀念鼓勵個體及團體競逐利益，社會就缺乏競爭與發展的活力；而沒有儒學對真善美和利他的追求，過份追求實際的精英群體就會缺乏兼濟天下的氣魄與擔當。兩者之間相益亦相損，具有對立統一的關係。

如果說宗法宗族觀念以其「利己」與實用激勵團體或個人的生存與發展，儒學則撐起了理想與公義的大旗。可以說，雖然鴉片戰爭之後無數仁人志士為了救亡圖存而否定傳統文化包括「打倒孔家店」，但是如果沒有建基於儒學理想的「大道之行，天下為公」胸懷，沒有「先天下之憂而憂、後天下之樂而樂」的情操，就沒有「天下興亡，匹夫有責」的道義擔當。

正如基辛格在《論中國》中所言：「中國人總是被他們之中最勇敢的人保護得很好」。從某種意義上說，儒家的理想與宗族的現實相輔相成，共同促進了中華文明幾千年富有生命力的生存與發展：儒家的理想教化養育了中國知識精英包括部分官員的「天下為公」的情懷，而沒有這種超越私利的情懷，很難有博大的胸懷、遠大的志向與宏大的視野，中國的改革開放就難以走上康莊大道；而沒有充分發揮宗法宗族觀念這個關鍵文化基因的功用，中國的工業化發展包括中國製造與創新則難以在短短的四十年裏取得如此巨大的成就。

「利他」表像與「利己」本質混雜容易引發困惑：對儒學來說，理想追求是最高目標；對宗族來說，生存發展是第一要務。儒家思想與

宗法宗族觀念從某個角度可以說是理想與現實的對立矛盾，但是在中國人的民族性中得到統一。而這種對立與統一的關係，從西方專家的角度是比較難以理解的：「我們當然可以假設這些領導人受崇高思想和民族主義精神所激勵，而不是只貪圖自身利益和個人所得。但這樣的思考方式超越了當代西方經濟學對人的經濟行為的基本假設。」[34] 或者，這從另外一個角度說明了，為甚麼有些西方專家會將原本屬於宗法宗族觀念的文化特質，歸結為「後儒家假說」或「世俗化的儒家倫理」，對宗法宗族觀念與儒學的相輔相成相異，產生難以解析的巨大困惑。

前面說過，「士農工商」的傳統社會定位使得商人在很長的時間裏都處在社會低層，這種社會定位使得物質財富超越很多儒生的商人，內心總是不平。而且，宋以後有些宗法宗族對學儒不成者也並不反對其參與商業活動，而其中有些經商成功者不僅難以忘記自己曾經修習儒學，在經商獲得較多財富之後更是希望提升自己的社會地位，因此更傾向於以「儒商」自許，商人捐納 —— 向國家捐納錢糧以取得爵位官職其實也是出於同樣的目的。即使是有些成功的宗族領袖從「利他」的角度出發，通過興辦族田、義莊等方式維繫宗法宗族的團結、教育與發展，但是「宗族內的成員並不總是利他主義者，他們往往有自己的偏好和目標，有利他主義動機的同時，也具有自利動機，他們也在關注自己的經濟和非經濟利益的最大化」[35]

「義利之辨」是儒者和商人之間不得不面對的問題，「重義輕利」的儒者想要賺錢，本身就要受到道德規範對靈魂的拷問。毫無疑問，以「重義輕利」的心態去經商，是難以成功的；但是如果以宗法宗族觀念

34 《偉大的中國工業革命》，文一著，54 頁。

35 轉引自《宗族網路與企業創新 —— 農村創業者先前經驗的協同與平衡》，董靜、趙策、蘇小娜，《財經研究》，2019 年第 45 卷第 11 期，140–152 頁。

對待商業行為，宗族生存與發展的現實需求促使宗族成員追求利潤，則屬於正常的經營心態。

在這種狀況下，可能更好的一個解釋就是，一個人在進行商業活動的時候所秉持的是宗法宗族觀念，追求「利己」；而在獲得利潤之後，在面對一些社會公益需求的時候，儒家的「利他」又發揮了作用。但是從根本上說，「利己」的商人屬性是第一位的。這種行為，在中國社會不少支持公益的成功商人身上得到體現，甚至在一些能吏貪官身上也得到體現。

可能以西方高度推崇私人財產的社會，這種既有儒家「利他」表像，又有「利己」本質，又或者說由於「儒家的真相」與「儒家的假像」相互參雜，確實容易讓西方學者產生某些困惑。

小結

儒學的「重義輕利」的價值觀以及貶抑商人、不贊同大量追求財富的基本取態，是不利經濟發展的，當然也就不會成為中國的工業化發展包括中國製造與創新之興盛的關鍵文化基因。但是中國社會另外一種存續超過三千年的社會運行機制——宗法宗族及其影響至今的觀念，其根本的價值取向是「利己」，乃是有利於中國的工業化發展包括中國製造與創新之興盛的關鍵文化基因。儒學注重理想教化，宗族重視運營生存；中國的工業化進程所涉及的是一個龐大的人力資源群體，這個群體對儒學接觸的比例甚小，但是受宗法宗族觀念影響的比例很大。當然也必須鄭重強調，分析與論述宗法宗族觀念對中國製造與中國創新的重要影響，絕對不是為了貶低儒學，而是為了釐清哪些文化特質在不同的現實條件下能夠發揮出哪些不同的作用。

第三章

宗法宗族觀念源遠流長
宋代巨變確立競爭原則

引言

早在距今三千多年前的周朝，中國就建立了典型的宗法國家，其設計之精、分工之細，在三千年前的農耕社會顯示了足夠的文化優越。周朝完善的宗法宗族理論與制度、思想觀念與運作模式對其後的歷代王朝都有深刻影響，幾乎從帝王到村民皆與之相關，宋代適應地主經濟及科舉取士所形成的宋以後普及型宗法宗族理論與制度、思想觀念與運作模式更是影響至今。也正因為如此，瞭解中國這個四大文明古國中唯一文明沒有被打斷的國家所特有的宗法宗族觀念，對理解當今中國的工業化發展包括中國製造與創新的興盛，無疑是具有實際意義的。

一　三千年前已經存在的宗法國家影響深遠

三千年前建國的周朝是典型的「家國同構」的宗法國家，我們熟知的孔孟二聖就分別生活在後半期的東周時代。雖然宗法國家的基本形態已經隨着帝制的退場而不復存在，但是宗法宗族觀念影響深遠。

孫中山毛澤東皆對宗族及其觀念問題高度重視。偉大的中國革命

先行者、「中華民國」和中國國民黨的締造者孫中山先生說過：「中國人最崇拜的是家族主義和宗族主義，所以中國只有家族主義和宗族主義，沒有國族主義。一般人民只有家族主義和宗族主義，沒有國族主義。中國人對於家族和宗族的團結力，非常強大，往往因為保護宗族起見，寧肯犧牲身家性命⋯⋯。這都是因為宗族觀念太深的緣故。因為這種主義深入人心，所以便能替他犧牲。」[1] 而新中國的締造者毛澤東在其著名的《湖南農民運動考察報告》中亦指明：「中國的男子，普通要受三種有系統的權力的支配，即：（一）由一國、一省、一縣以至一鄉的國家系統（政權）；（二）由宗祠、支祠以至家長的家族系統（族權）；（三）由閻羅天子、城隍廟王以至土地菩薩的陰間系統以及由玉皇上帝以至各種神怪的神仙系統 —— 總稱之為鬼神系統（神權）。至於女子，除受上述三種權力的支配以外，還受男子的支配（夫權）。這四種權力 —— 政權、族權、神權、夫權，代表了全部封建宗法的思想和制度，是束縛中國人民特別是農民的四條極大的繩索。」

　　孫中山和毛澤東兩位具有開天闢地之功的偉人，不約而同地對中國的宗法宗族及其觀念問題給予高度關注，已然表明宗族及其觀念問題對中國民眾的影響之大之重。

　　中國的宗法宗族及其觀念歷史悠久、源遠流長。在生產力低下的原始社會，華夏民族從氏族社會開始，為了強化生存能力就在自然環境與生產力的限制下有目的地選擇聚族而居。而宗法宗族「以血緣關係為基礎、以父系家長制為內核、以大宗小宗為準則、按尊卑長幼關係制定封建倫理」。[2] 漢朝人在《白虎通義》中解釋「宗」和「族」時說，「宗者，

1 《三民主義民族主義第一講》，孫中山。

2 《中國宗法宗族制和族田義莊》，李文治、江太新著。

何謂也？宗尊也，為先祖主也，宗人之所尊也」；「族者，湊也，聚也，謂恩愛相流湊也。生相親愛，死相哀痛，有會聚之道，故謂之族」。「宗」明確了根本源流，「族」維持了脈絡分支。[3]

　　宗法制度早於孔孟，對基層社會影響更強。中國真正有比較詳實的歷史記載的朝代始於周朝，西元前 841 年中國歷史有了明確而且連續不斷的帝王紀年。「周代的宗法制度已經相當嚴整，周初分封諸侯，立國七十，其中五十五國都姓姬，因此整個周朝，都像一個大宗族，天子就是大宗宗子，諸侯是小宗宗子，異姓諸侯，也基本通過婚姻關係納入宗法系統內，天子、諸侯、大夫之間，互稱伯、侄、舅、甥。君權從宗子擁有的父權而來，形成同構關係，所以中國人的政治關係，總是在宗法制度框架內。」[4]「具體的宗族往往在歷史的變遷之中完全消失，但是作為規範的宗法制度與思想觀念則通過對社會的適應，不斷對自己進行調整，幾乎貫穿中國整個有史記載的封建社會發展過程。即使今日，在宗法制度失去政權依託的情況下，中國人的思維和行為方式，還在許多方面受到宗法宗族思想觀念的影響。」[5]

　　因此，如果我們要探究宗法宗族觀念對中國的工業化發展包括中國製造與創新的影響，就需要瞭解宗法宗族理論與制度、思想觀念與運作模式的存續與變化，特別是其得以存續至今的歷史與現實的原因，以便我們精準解析那些被錯誤地歸結到「儒家」但實際上屬於宗法宗族觀念的行為特徵。

　　毫無疑問，儒家思想對於中國帝制社會的統治以及中國精英群體

3　《白虎通德論卷八 —— 宗族》，中國哲學書電子化計劃。

4　《整個周朝就是一個大宗族，這個框架一直延續到近代中國》，楊早講史，2016-06-22，發表於歷史。

5　《宗法宗族思想觀念與中國私營企業管理》，王平著。

的思維和行為方式有着極其重要的影響，但是細究起來，比完整意義上的儒家思想——孔孟之儒起源更早的宗法宗族理論與制度、思想觀念與運作模式，無論對精英還是普通民眾，可以說有着同樣甚至更為深刻而廣泛的影響。

宗法宗族理論與制度、思想觀念與運作模式存續數千年，對中國歷代王朝的統治至關重要；由於宗法宗族觀念是由數量眾多、長期在鄉土中國存續的載體——宗法宗族踐行與傳承，因此在幫助歷代皇權進行具體的基層管治方面，比儒家理想起到了更加直接而有效的作用。從某種意義來說，宗法宗族理論與制度、思想觀念與運作模式對於人口眾多的沒有機會接受真正意義上的教育的社會底層民眾的影響，甚至要超過以讀書人特別是知識精英為主要教化對象的儒家思想。宗法宗族觀念從周朝以降，經歷三千多年的不斷踐行、承繼與發展，很多觀念已經滲透到民眾的血液之中，由外在束縛逐步內化成一種自覺，成為時刻伴隨的精神血液，成為一種帶有遺傳性質的文化基因。

二　宗法宗族以血緣為紐帶崇拜祖先，有軍事化特徵

四大文明古國中唯一傳承至今的中國，傳說的歷史年代和具有文字記載的年代都非常久遠。宗法宗族在這個歷史過程中，將血緣與政治結合，「家國同構」存續了超過三千年。

宗族以血緣凝聚群體力量，帶有軍事化特徵。所謂「國之大事，在祀與戎。」祭祀能夠增強凝聚力，軍事則與安全相關。從史書可知，在西元前數千年包括氏族社會和夏商周時期，生產、生活工具的製造特別是金屬的冶煉都是非常困難的，人們在同自然抗爭的時候更多地是依靠群體的力量；而為了佔有或爭奪有限的可用資源，部族之間還會發生頻繁的戰爭，傳說中的黃帝大戰蚩尤、共工怒觸不周山等，就以神

話的形式反映了這種部族之間的征戰。在當時的條件下，通過血緣關係來凝聚群體力量就成為強化生存力、保持競爭力的最自然且直接的方式。

「宗族」除了明確血緣主脈的「宗」之外，「族」就是圍繞血緣關係所形成的力量。清代段玉裁《說文解字註》對「族」的註解是：「矢鏠也。今字用鏃。古字用族。」「從㫃。從矢。㫃所以標眾者、亦謂㫃旗所以屬人耳目。㫃旗所在而矢咸在焉。眾之意也。」

很明顯，無論聚集號召用的旗幟，還是戰鬥用的箭鏃，都有軍事特徵。這反映在當時惡劣的生存環境之中，除了生產自用的生活品需要族眾合力之外，還要應付部族之間的相互戰爭，因此部族帶有某種軍事組織的性質。無疑，在冷兵器時代特別是金屬冶煉不易的早期，戰爭多是依靠近身搏鬥，基本上是殺敵一萬自傷八千，因此誰能聚集更多的族眾，誰就會具有更強的生存能力。而這種族眾，又基本是以血緣關係為重要基礎進行集聚和維繫的。當然，部族之間的聯盟是另外一種聚集力量以期形成更大合力的方式。

中國的祖先崇拜，不同於西方的英雄崇拜。 人類早期在適應各種生存環境的爭鬥之中，必然會出現智勇超常的人物，以及很多遠古的人們難以用當時的知識解釋的自然現象；求生的欲望不僅導致他們對難以解釋的現象產生畏懼，也會誘發他們希圖由此而獲得幫助和庇佑，這就會逐步培育並最終形成英雄崇拜甚至迷信。

所不同的是，西方往往是將英雄加以神化，但是這類神話英雄最終卻遠離普通民眾，例如荷馬史詩中的眾多英雄，與其後人似乎沒有任何承繼關聯，這就導致西方人相對較少對自己的祖先加以誇耀；但是中國的傳統文化則是逐漸在歷史演進中，將圖騰崇拜轉化為祖先崇拜，將英雄與祖先重合了：隨着祖先的英雄化和神化，再進一步就將祖先崇拜發展為對於祖宗的尊崇，從而達到聚合血親、強化宗族的作用。

比如當今世上有很多自認孔子後代、曾子後代的，也有大量范姓民眾將宋代名臣范仲淹作為祖先崇拜、祭祀的。無疑，這種對傑出祖先的崇拜與祭祀，對其後人就有着聚合血親、強化宗族的作用。

這種逐漸形成的祖先崇拜，無論是為了炫耀自己的血統，還是為了祈求神靈的保護，虔誠與神秘合力演化出了眾多的禮儀、禁忌、規範。而這種禮儀、禁忌和規範等等經過長期積累，從祭拜神靈到祭拜宗廟，在孔子集大成的儒家學說成形之前，就已經形成了一套繁複而嚴格的宗法禮儀。況且中國的神靈往往是天人合一的，對於神靈和宗廟的尊崇，就直接造就了宗族領袖的權威。

宗法國家很早就有嚴謹的階層與傳承制度安排。隨着私有制的發展，氏族社會逐步解體；而當某個宗族、部族的力量壯大到一定程度的時候，通過戰爭等方式擴展了勢力範圍並令其他部族臣服，這個宗族的最高領導者就可以通過分派自己的血親分別管治相關地域，這就「化家為國」，逐步形成了宗法國家。

傳統意義上的宗族分為「大宗」與「小宗」，主要是從嫡庶定義的：「宗其為始祖後者為大宗，此百世之所宗也。」，「宗其為高祖後者，五世而遷者也，高祖遷於上，宗則易於下。宗其為曾祖後者為曾祖宗，宗其為祖後者為祖宗，宗其為父後者為父宗。以上至高祖皆為小宗，以其轉遷，別於大宗也。」[6] 嫡子屬於直系大宗，我們所熟悉的嫡長子繼承制就是這種制度安排，《紅樓夢》裏賈政正妻王夫人所生的賈寶玉，其地位遠高於趙姨娘所生的賈環，也是這種嫡長子地位高於庶子的制度規定的。

「宗法制的目的在於保持奴隸主貴族的政治特權、爵位和財產權不

6　《白虎通義》，卷八，宗族。

致分散或受到削弱，同時也有利於維繫統治階級內部的秩序，加強對奴隸和平民的統治。宗法制對後世產生了極大的影響，核心是嫡長繼承制，即正妻所生的長子為法定的王位繼承人。中國夏朝時就已確立王位世襲制，但也有『父死子繼』和『兄終弟及』的區別。商朝末年才完全確立了嫡長繼承制。西周一開始就確立了『立嫡以長不以賢，立子以貴不以長』的嫡長繼承制，從而進一步完備了宗法制。」[7]而「根據宗法制，『傳嫡不傳庶，傳長不傳賢』的精神，周王朝規定：只有嫡長子才是繼承王位或爵位的唯一合法者，庶子即使比嫡長子年長或更有才能，也無權繼承。」[8]

　　宗法國家及其宗族具有「投網結構」特徵。中國歷史上最具典型意義的宗法國家，也是最早具有翔實文字記載的封建國家，是三千年前建立的周朝，其在結構上是「宗君合一」的：由以血緣為脈絡的居於統治地位部族的「宗主」也就是封建宗法國家的「君」，將相應的土地分封給血親，讓他們擔任次一級的統治者，多稱做「諸侯」；而這些諸侯又進一步分封血親或家臣擔任「大夫」；大夫則可以再分封「士」，如此等等。這些分封基本以領地和勞動人口或者說是土地和奴隸為主要財貨，整體如同「投網結構」，最頂部的「天子」是網綱，向下通過不斷增加綱目擴大涉及的範圍，也因此可以像《尚書》所言「若網在綱，有條而不紊」。我們經常講「綱舉目張」，也就是根源於此。周朝是典型「家國同構」，也為後世皇權的權力架構或者說組織架構給出了範本。而這種封建宗法國家的「宗君合一」的結構，有着完整的理論與制度、思想觀念與運作模式，對後世垂範超過三千年，這種狀況對多數西方學者來

7　《西周宗法分封制詳解》，中小學教育網。

8　《西周宗法分封制詳解》，中小學教育網。

說是陌生的，因為宗族這種組織的作用在中世紀的歐洲就已經「煙消雲散」了。

當然，隨着秦朝統一中國，這種完整意義的「投網結構」就弱化或者說變形了；其後各朝代皇權分封的層級逐步減少，到後來因為政治統治的需要，往往有爵位而無封地，而皇權逐漸減少並最終消除了分封的關係。但是從皇權的角度講，「家國同構」的形態，一直延續到清帝遜位。只是到民國建立之後，隨着人們對皇權的否定和社會的民主發展，這種「家國同構」在政治載體上已經難以為繼。上個世紀除了蔣介石將「中華民國」的「總統」之位傳給兒子蔣經國之外，在中國的政治架構中，這種位居投網結構頂端之網綱的政治傳承方式已經成為絕響。

而目前對宗族的一般理解，是指中國地方上擁有共同祖先、相同姓氏、聚居一地或附近的人群。宗族可以包括很多的家庭並形成大的村落，有祭祖等共同活動；雖然難以保留歷史上的族田義莊，但是亦有宗族的公共財產以有利於團結和互助。歷史上，族眾個人及家庭通常依附於宗族，族眾通過宗族強化生存能力。而現今中國很多不同姓氏的宗親，依舊存續團結互助的功能；香港、台灣、澳門地區以及世界各地的大量宗親組織，亦明顯承載着互助相扶的功能。

三　宗法宗族力量歷史上長期影響國家政權

宗法宗族勢力之大、對中國歷史影響之深，是西方學者往往所難以理解的，因為宗族組織的作用在中世紀的歐洲已經基本消失了。對清代包括之前的中國而言，宗族力量在一定程度上是在國家制度之外的另一個穩定社會的體系或者說運行機制。

中國的宗法國家形態是家、國複合體。世界很多地方都曾經有過父系氏族家長制，但是很少能夠像中國的「家國同構」那樣，宗法宗族

作為一種社會運行機制存續超過三千年。「唐代以前，作為聚落的村落大體還是處於國家行政體制之外的。唐之後，村落才真正進入國家的治理體系中。在傳統中國的治理體系中，國家是直接面對單個家戶的，而不似西歐、俄國、印度等國家的治理，直接面對的是莊園或村落。」[9]

就是說，歐洲雖然有城堡、城邦等部分依靠血緣關係、宗族勢力來強化領主統治力量的現象，歷史上英、法、奧、俄等國家的皇室、貴族也曾經為了強化政治勢力而在不同時期進行過政治聯姻，但是這些舉措都屬於比較簡單的宗族權力擴展或者暫時性的政治姻親關係，無論這種西方社會的宗族形態能夠實際控制的地域範圍，還是其所能夠持續影響的歷史階段，特別是對歐洲社會發展所影響的深度，都是難以與中國這個早在三千年前就擁有完備的宗法宗族理論與制度、思想觀念與運作模式的宗法國家相比擬的：因為中國的「宗法國家形態不是一種單純的由血緣關係構成的父系家長制宗族形態，而是用血緣關係來表達政治關係，用政治關係來再造血緣關係的家、國複合體」[10]，這是血緣關係與文明進步交織形成的「國與家」的相互影響的特殊關係。

而且，「宗法國家形態只是先秦宗法形態的主導形式，和宗法國家形態同時並存的，還有宗法家族形態。在社會生活中，宗法國家形態幾乎是一個無所不在的力量，所以宗法家族和宗法國家幾乎是一個密不可分的關聯體，只是隨着核心王族向外輻射力的逐步減弱，宗法國家對宗法家族的影響才逐步減小，從而，離核心王族越遠，宗法家族的獨立性就越強，這就形成了一個多層次的宗法家族形態。」[11]

9　《中國村落的歷史變遷及其當下命運》，李飛、杜雲素，《中國農業大學學報（社會科學版）》，2015 年第 2 期。

10　《宗法中國》，劉廣明。

11　《宗法中國》，劉廣明。

唐以前宗族勢力對國家政權影響相對更大。中國三千多年的王權及皇權統治基本上都是採取「家國同構」的形態，家族勢力發展到一定程度就可能轉變為掌控國家的政治力量 —— 曹操以夏侯氏和曹氏兩個宗族的勢力為主幹形成了強大的政治、經濟與軍事集團，「挾天子以令諸侯」並最終以曹魏政權取代了劉漢王朝。除了我們通過《三國演義》而熟悉的曹仁、曹洪、夏侯惇、夏侯淵、夏侯德、夏侯尚等戰將之外，還有曹操的部將李典「合賓客數仟家在乘氏。……典宗族部曲三仟餘家在乘氏……遂徙部曲宗族萬三仟餘口居鄴」；許褚「聚少年宗族數仟家」[12]。這些宗族頭領，都擁有一定的軍事、政治與經濟力量，他們在輔助曹魏取代劉漢的過程中發揮了重要作用。

　　亦有論者指出，「從東漢中葉以後，世家大族憑藉強大的經濟實力和族大人多，在政治上進行角逐，首先『武斷於鄉閭』，控制基層政權，左右鄉里局勢，進而干涉郡縣吏治，稱霸一方」，「世家大族式家族制度，經過從三國西晉近百年的發展，到東晉南朝時已成為十分典型的中國封建社會中期的家族制度。原來控制西晉政權和控制東吳政權的幾姓十分顯赫的世家大族聯合起來把持着東晉南朝的各級政權，而眾多的地方世族普遍存在於鄉閭之間，橫行鄉里，魚肉百姓。東晉南朝的社會，就像一幅由大小世家大族織成的網，幾乎把所有的社會成員都網在其中，那種遊離於家族組織之外的人是很少的。」[13]而唐以前的門閥世族比較堅持嫡長子繼承制，官宦名流大都出自門閥世族，形成極強的門第觀念。

　　即使在相對統一與穩定的時期，大型宗族也可以對社會發揮重要

12《三國誌》，陳壽，浙江古籍出版社，2001年3月第2次印刷。

13《中國家族制度史》，徐楊傑，人民出版社，1992年版，第214頁。

影響。比如裴氏家族在歷史上名人輩出，其中「正史立傳與載列者，六百餘人；名垂後世者，不下千餘人；七品以上官員，多達三千多人。歷數其間，裴家先後出過宰相五十九人，大將軍五十九人，中書侍郎十四人、尚書五十五人，侍郎四十四人、常侍十一人、禦史十一人、刺史二百一十一人、太守七十七人，郡守以下則不計其數。裴家還多次與皇室聯姻，出過皇后三人、太子妃三人、王妃二人、駙馬二十一人。」這樣一個出過大量宰相、大將軍與後妃的顯赫宗族，對歷史的影響力量是可想而知的。特別是在總共有二百八十九年歷史的唐朝，與皇家李氏同屬關隴士族的山西裴氏在唐朝總共出了十七位宰相，平均十七年就有一位，其中包括盡心盡力削除藩鎮、力挽狂瀾平定淮西藩鎮吳元濟叛亂、維護唐朝統一、直接促成李唐王朝「元和中興」、號稱可以與唐初的名相魏徵相提並論的賢相裴度。[14]

化家為國，家國同構，血緣關係與政治關係相互交織。五代十國初期，黃巢舊將朱溫建立後梁，「朱有寧之妻泣訴於帝（朱溫）曰：『陛下化家為國，宗族皆榮寵』」[15]，就把這種「家」與「國」的政治轉變與擴展關係表述得非常清楚。

而明太祖朱元璋稱帝之後，除了立長子為太子之外，將次子封為秦王，主轄關中地區；將第三子封為晉王，主轄山西地區；第四子封為燕王，管轄現在的北京一帶；第五子則封為周王，管轄河南地區。這些受封為王者，都握有當地的軍政大權。朱元璋還有很多嬪妃所生的兒子，他們也在當時受封，為朱明王朝統轄的不同地區。農民出身的朱元璋，也是用血緣關係織就了朱氏王朝的權力網絡。而「朱元璋通過安排

14《中國國家地理雜誌》，馮蕙芷，2002 年 6 月號。

15《資治通鑑》，司馬光著，唐紀六十，後梁紀一。

88

兒女的婚事，與最早封的五位公爵全都結成姻親，通過血緣和姻親關係拱衛皇權。徐達、常遇春、李文忠、馮勝、鄧愈是當時明軍中地位最高的武將，而李文忠是朱元璋的親外甥，常遇春、徐達、馮勝、鄧愈的長女都嫁給了朱元璋的兒子。李善長是當時文臣中地位最高、最有影響力的大臣，他的兒子迎娶了朱元璋的長女成為駙馬。朱元璋和武將的聯姻遠不止最年長的幾位皇子，還有不少武將的女兒被冊封為正妃。楚王朱楨的正妃是定遠侯王弼之女，江國公吳良之女、黔國公吳復之女先後被封為為齊王朱榑的正妃，信國公湯和的次女是魯王朱檀的正妃，蜀王朱椿的正妃是涼國公藍玉的女兒，湘王朱柏的正妃是海國公吳禎的孫女，徐達的次女是代王朱桂的正妃，晉王世子妃是潁國公傅友德的女兒。此外，朱元璋還把自己的女兒先後嫁給一些武將的兒子，比如，朱元璋的女兒汝甯公主嫁給吉安侯陸仲亨的兒子，壽春公主嫁給潁國公傅友德的兒子，永嘉公主嫁給武定侯郭英的兒子。通過與功臣勳將聯姻，朱元璋加強對朝堂的控制。在解決皇權與相權的矛盾、皇權與軍隊的矛盾過程中，朱元璋始終牢牢掌握着控制權。」[16]

通過這種分封與姻親網絡，可以看到用血緣關係表達政治關係、用政治關係改造血緣關係的清晰痕跡，這也是宗法宗族轉化為封建皇權、對中國政治產生更加直接的歷史影響的典型例證。

宗法宗族通過血統形成了特殊的門閥制度：最具典型意義的「家國同構」政體 —— 其實在春秋時代就凋敝了，但是中國歷史上的大型宗族勢力無論在秦漢，還是在隋唐，都扮演了十分重要的角色；很多朝代興替中發揮重要作用的政治、軍事集團，都與大型宗法宗族有關。

周王朝實行規範的分封制度之後出現的家譜，在西漢得到復興；

16《朱元璋還和哪些功臣結了姻親？》，弋塵讀史，知乎。

因為譜牒對於當時的大型宗族具有擢升社會地位、肯定和強化家族特權的作用 —— 周王朝修撰家譜是為了明確分封過程中血統的結構，具有確定身份與地位的作用，周王朝宗族的「投網結構」使得人們很容易通過族譜來區分王族嫡系和支系。而到了西漢以後，雖然已經沒有八百年周朝王族特別是西周通過分封形成的完整、單純而清晰的「投網結構」來維繫全國的統治秩序，但是被當時認定為具有高貴血統的宗族依舊享有相當的特權，以一個一個規模較小的「投網結構」來發揮宗法宗族的影響力。

特別是魏晉南北朝時期，門閥士族形成了一個明顯擁有特權的特殊階層，直接影響着國家的政治和經濟命脈，普通民眾很難進入這個階層，即使具有突出的才能也比不上出身的優越，譜牒也因此受到更高的重視。所謂「世胄躡高位，英俊沉下僚」，門閥制度在當時已經成為破壞社會公平、阻礙社會發展、積聚社會矛盾的重要因素。

魏晉南北朝之後的人們雖然已經意識到門閥制度的劣質，很多出身庶族的俊傑包括很多通過戰功躍居高位的功臣對這種制度也曾經憤憤不平，但是一旦他們躋身特權階層，卻往往都會大修譜牒，炫耀自己的「顯赫家世」。實際上，能否證明自己的門第高低，在當時成為能否獲取和維持特權的重要手段。

唐太宗都要竭力擢高李氏皇族的血統地位。豪門宗族在隋唐時期依然具有相當高的社會地位與影響力，甚至威脅着皇家的尊嚴。有着鮮卑血統的唐太宗李世民曾經下令重修《氏族誌》，其目的在於擢高李氏皇族的血統地位。

但是主修《氏族誌》者「不識好歹」，還是將唐朝建立之前的一些名門望族列在第一等，以至於李世民竟以皇帝之尊不顧顏面地親自出面干涉，下旨痛斥第一稿的編撰者，並堅持將山東崔氏等原來的名門望族等級大大下降，把李氏皇族的氏族等級大大提高。後來唐朝還規定

當時的「七姓十家」不准通婚，主要目的就是為了抑制豪門宗族勢力對皇權、也就是皇帝本身所代表的「家國同構體」的威脅。

　　儘管唐太宗曾經力圖改變和壓抑以往遺留的宗族門第，但是難以做到「令行禁止」：很多傳統的名門望族即使已經敗落，甚至到了兒女婚嫁時要向親家大開獅子口多要彩禮的地步，還依舊要擺出一副出身不凡的架勢；而且，很多已有權勢的庶族地主、豪強權貴為了讓自己的血統能夠變得「高貴」，不惜花費重金與曾經顯赫的名門望族聯姻。在唐朝建立二百年的時候，公主徵婚竟然還會受到家道已經衰敗的舊有名門大族的冷淡。[17] 由此可見，名門望族在當時確有較高的社會地位與影響力。詩聖杜甫儘管窮困潦倒到「布衾多年冷似鐵」的地步，還是不忘經常誇耀自己所擁有的高貴血統，可見「血統」對當時人們的重要意義。

　　當然，我們從後蜀王建有一百二十個養子、後來宋朝趙匡胤通過泛血親化集聚力量稱帝，以及太平天國的天王洪秀全重用洪仁玕、洪仁達、洪宣嬌等族親，都可以發現宗法宗族對於中國歷史的影響。

　　宗法宗族得以延續的政治土壤一直相當肥沃。宗法宗族可以說是中國帝制社會中一種歷久不衰的社會運行機制；這種運行機制雖然總體上愈到後來距離政治中心以及政經特權愈遠，但是其對於管治當時的基層民眾，穩定整個社會，卻具有相當重要的作用 —— 在距今不遠的清代，宗法宗族作為社會的基層組織，曾經被皇權賦予一定的執法權，乃是滿清皇權對基層社會的管治鏈條上的重要一環。宗法宗族在清代獲得皇權支持，在基層社會管治方面擁有了某些類國家權力的成分，也直接強化了宗法宗族觀念在中國社會特別是廣大鄉村的擴展與強固，

17《中國宗族》，馮爾康、閻愛民著。

對其存續影響至今，加夯了相當厚重的歷史地基。

出於與自然和社會環境競爭的需求，和對祖先的敬仰特別是實現光宗耀祖的願望，依據血緣維護宗族、強化宗族的活動幾乎在任何朝代都存在，就使得宗法宗族能夠存續的政治土壤一直相當肥沃。其中在宋代適應地主經濟發展和科舉取士制度的完善，經變革所產生的普及型宗法宗族理論與制度、思想觀念與運作模式，對宋以後的中國社會堪稱影響巨大。

四　宗法宗族形態及觀念宋代巨變確立競爭原則

宗法宗族在不同的歷史發展階段，其形態、規範與觀念也是有所變化的。不僅有大型豪門宗族到普通庶民宗族的形態變化，更有宗子繼承制度的重大轉變，以及與之相關的觀念轉變。特別是在宋代，宗法宗族理論與制度、思想觀念與運作模式從古典型變成普及型，對後世包括當代具有深刻影響。

席捲全國的大規模戰亂使唐以前宗法宗族毀傷慘重，難以原樣修復。唐末黃巢「殺唐宗室在長安者無遺類」。[18] 再加上五代十國的戰亂，其中五十三年之間換了八個姓氏的十三個皇帝，而且這種不同姓氏的皇帝更換多是以生靈塗炭為代價的，致使唐末的豪門大族基本上凋零待盡，只能是「舊時王謝堂前燕，飛入尋常百姓家」了。其中前面提及的建立梁朝的朱溫（離開起義軍投降唐朝之後改名朱全忠），作為「農民出身的帝王根本不相信士族地主，對河東裴氏自然也沒有甚麼好感，九零五年，朱全忠操縱唐哀帝製造了誅殺裴氏的『白馬之禍』，裴樞等

18《資治通鑑》，司馬光著，唐紀六十，後梁紀一。

三十餘人被殺害後拋屍黃河。也許因為此次遭受的打擊過於鉅大，自五代以後，裴氏基本上消聲匿蹟了。」[19] 這個在唐朝曾經出過十七名宰相的顯赫巨族就這樣十分脆弱地在戰亂中衰敗，而當時的其他大型豪門宗族絕大多數也未能在五代十國的戰亂中倖免。

唐以前古典型宗法制度極為講究血統的正宗，強調種姓與門第，具有比較清晰的血緣脈絡及嚴格地按照嫡長子繼承制度來確定宗子。王國維在《殷周制度論》中表示：「所謂『立子以貴不以長，立嫡以長不以賢』者，乃傳子法之精髓，當時雖未必有此語，固已用此意矣。」《禮記・內則》言：「嫡子庶子只事宗子宗婦。雖貴富，不敢以貴富入宗子之家；雖眾車徒，舍於外，以寡約入。子弟猶歸器、衣服、裘衾、車馬則必獻其上，而後敢服用其次也。若非所獻，則不敢以入於宗子之門。不敢以貴富加於父兄宗族。若富，則具二牲，獻其賢者於宗子，夫婦皆齊而宗敬焉。終事而後敢私祭。」當時「廢長立幼」無論對王族還是對普通的宗法宗族來說，往往會遭到社會攻擊，且繼承者的法理地位也會受到嚴重質疑乃至挑戰。關於這一點，我們可以從大家熟知的《三國演義》中作為跨州連郡、擁有大量人口和軍隊的一方豪強的袁紹和劉表，都部分地因為廢長立幼而無法凝聚合力抵禦外敵招致敗亡；而善於用人的劉備明知嫡長子阿斗「扶不起來」但是依舊讓其繼承皇位，曹操最後也沒有將王位傳給素有才名且非常喜愛的第三子曹植，而是傳給長子曹丕，就可以確認嫡長子繼承制度在當時社會的重要影響。雖然《三國演義》的一些細節帶有很大的虛構成分，但是其描述也確實反映了當時的繼承制度。

而改朝換代的血腥戰亂，對和平時期聚集大量財富的豪門巨族衝

19《中國國家地理雜誌》，馮蕙芷，2002 年 6 月號。

擊最大。到了北宋時期，中原已經幾乎沒有甚麼傳承百年的簪纓大族了；加上地主經濟的興盛和科舉制度的進一步完善，想要根據古典型宗法宗族理論與制度、思想觀念與運作模式原樣修復唐以前的那種大型宗法宗族，已經缺乏合適的土壤。

純血緣定位難以滿足宋代小型宗族的收攏與存續需求。趙匡胤陳橋驛黃袍加身建立北宋，結束了唐末及五代十國時期各種勢力紛爭割據的狀態，戰亂逐步平息，社會在整體上重歸穩定，門閥意識抬頭，理學家們對宗法宗族的熱情迸發出來。程顥和程頤提出：「管攝天下人心，收宗族，厚風俗，使人不忘本，須是明譜系世族與立宗子法。」[20] 新型的宗法宗族理論與制度、思想觀念與運作模式在這種環境下逐漸孕育成型，有些宋儒甚至將宗法提高到天理的層次來加以推崇，逐漸形成了與國家制度並行不悖的宗族規範。

儒家思想在宋代理學家們的共同推動下發生了巨大變化，儒學的哲學意義大幅強化。而與此同時，由宋代學者包括當時的幾位大儒推動的宗法宗族理論與制度、思想觀念與運作模式的變革，對宗法宗族觀念來說堪稱是里程碑式的重大變革。

為了聚合在長期戰亂中星散的宗族，特別是為了團結、吸引大量沒有多少財產、但是小型宗族又需要他們的加入以強化人丁數量的普通族人，使其對宗族產生向心力，就要求宗族能夠為他們提供一定的經濟、安全方面的保障。在當時的條件下，短期內僅僅依靠耕種土地很難支撐這種聚族運作所需要的花費，只有那些或是出仕獲俸、或是經商聚財的宗族精英，才有實力動用權力或財資保障宗族運作所需要的開支。但是，具有這種聚族運作所需的政治、經濟能力的族人，在科舉

---

20 二程書。

制度已經比較完善、地主經濟迅速發展的歷史變化面前，卻不一定是傳統意義上的宗子，這就使宗族內部的地位與權力分配產生了矛盾：純粹的血緣定位，已經滿足不了宋代小型宗族的存續需求；為了宗法宗族的整體利益，只能「奪宗法」。

宗子繼承條件的重大變革對宗法宗族觀念影響巨大。宋代在照顧到變化了的地主經濟、特別是不否認族人可以通過個體努力獲得政經成就的基礎上，開始強調可以由官位高的族人擔任宗子。

唐以前宗子的地位高，或者說對祖先血脈的敬重超越一般的政經地位。但是很明顯，到了宋代，科舉成為選官取仕的基本方式，進一步增加了底層向上流動的機會，這就讓原本地位比較低下的族人可能通過科舉獲得皇權的接納，進而獲得皇權的政治、經濟利益分配，從國家層面來說其社會地位遠遠超越了宗子；如果要求他們跟在地位、能力和政經實力都較低的宗子身後祭拜祖先，對官場而言就很容易出現尷尬的局面，至少有失皇家顏面。

或者也正是考慮了那些得到皇權賦予政經地位的大臣所必須顧及的體面，包括他們對重建宗族的重要作用，二程才提出「奪宗法」，主張更加尊重官位高的族人，使他們不必以大臣的身份「尾隨」傳統意義的宗子參與祭祀活動。「宋代民間家族組織常常選立官僚地主為宗子（族長），形成以官僚地主為核心的宗族勢力。宋代以前的家族組織主要是按姓氏和門第論高下的世家大族，比較嚴格地按照嫡長繼承制選立宗子。但宋代的民間家族組織則不強調這一點，而更多地從地位、財力、才能等方面考慮，選立本族中地位、財力、能力等最高的官僚地主，這是因為宋代重新建立的民間家族組織，一般是由官僚地主宣導，然後經過修族譜、置族產、訂族規等過程而組成的。張載在立『宗法』上，雖然認為實行『大宗』或『小宗』法均可，但他更主張由有官職的族人當『宗子』來繼承祭祀。他認為如果嫡長子『微賤不立』，而次子為『仕

宦」，則不問長少，須由士人來當宗子，繼承一家的祭祀。」[21]「這樣宋人便不再教條地以血緣脈絡來認宗子了，張載主張由有官職的族人來承『宗子』之責。程頤兄弟則說得更明確，提出『奪宗法』，主張讓官位高的族人代替原來的宗子。他們說：『立宗必須有奪宗法。如卑幼為大臣，以今之法，自合立廟不可使從宗子以祭』。由此可見，『宗子』之標準發生了變化」[22]

之所以說宗子繼承制度變革對宗法宗族觀念影響巨大，是因為唐以前宗法宗族對嫡長子制度高度堅持，這種血緣定位所衍生的效果就是門閥制度，造成了「世胄躡高位，英俊沉下僚」的結果。「自宋代以後，白屋卿相是普遍現象，累世為官的世族基本不再出現，社會上存在一大批小有資產和知書達理的庶人之家。在這種情況下，宗法下及庶人表面上與經書相背，實質上卻正與其禮義相合。」[23]

宋代宗子繼承制度開始明確傾向於獲得官職的人擔任，而這些人往往是依靠能力通過科舉進入國家政權序列的，這就給中國社會肯定能力、鼓勵競爭創建了理論的基礎，給底層民眾的向上流動提供了實踐的通道，為經濟發展擴展了空間，對科技創新帶來了機遇，為社會活力的迸發點燃了導火索。

宋代的經濟基礎改變宗法宗族「上層建築」。宋以後普及型宗法宗族理論與制度、思想觀念與運作模式對宋以後的中國社會影響深重，實際上是經濟基礎改變了上層建築。

有觀點認為，「官員的選拔由分封制向選舉制度的轉變本身就體現

21《古代生活史——宗子（族長）》第 6 百科檔，2020-08-13，宋元文明。

22《宗法中國》，劉廣明著，77 頁。

23《宗法、喪服與廟制　儒家早期經典與宋儒的宗族理論》，林鵠，2015。

着儒家『賢者居位』的觀念，而漢代之後以儒家的原則作為選舉的標準則使儒學和權力，同時也就與利益有着直接的聯繫管道。吊詭的是儒家本身是維護等級制度的，但同時在儒家『賢者居位』的觀念下，這種等級並非是固定的，而是存在着雖然概率較小但是現實的上升通道，即科舉制度。這就意味着你想要改變自己的地位的途徑只有單一性的儒家『通道』。」[24] 但是在筆者看來，這並非儒家內生的吊詭，而是當時的社會現實對儒學的功能需求變了，在應用上也必然隨之改變：宗法宗族由於唐末大亂之後各地宗族生存繁衍的現實需求，「賢者居位」對儒家來說可能只是一種理想，但是對宗族來說則是一種必須。

儘管宋儒強調「存天理去人欲」，但是面對現實，生存與發展必須是優先考慮的問題：「理學家們在照顧到變化了的地主經濟、特別是不否認族人通過個體努力獲得政經成就的基礎上，開始強調可以由官位高的族人擔任宗子，宗子的繼承權不再僅僅限於血緣的正統，而傾向於他們在宗族之中政經實力的強弱。」[25] 就是說，面對變化了的經濟基礎，通過提倡應該由獲得政經成就的族人擔任宗族領導者包括宗子，就是在改造宗法制度的「上層建築」。

在地主經濟逐步侵蝕「普天之下莫非王土」的生產資料，與科舉取士取代門閥制度強化「率土之濱莫非王臣」的歷史背景下，宗法宗族理論與制度、思想觀念與運作模式在宋代產生重大變革是必然的；而這種重大變革，是宗法宗族適應變化了的歷史條件、重獲生機的關鍵，這使得宗法宗族理論與制度、思想觀念與運作模式得以從兩漢魏晉隋唐時盛行的特權性的、缺乏廣泛社會認同基礎、資源分配高度不均、社

24 《儒家制度化的形成和基本結構 —— 對於儒家的一種新的解釋方式》，幹春松，2003 年。

25 《宗法宗族思想觀念與中國私營企業管理》，王平著。

會向上流動通道極其狹窄的「豪門貴族」與「士族」宗法制度模式，也就是「唐以前古典型宗法宗族理論與制度、思想觀念與運作模式」，轉換為平民能夠相對公平參與的「宋以後普及型宗法宗族理論與制度、思想觀念與運作模式」。用馬克思主義的話說，就是「經濟基礎決定上層建築」。

實現這個堪稱動搖根本的重大變革並非易事，因為《禮記‧大傳》言：「立權度量，考文章，改正朔，易服色，殊徽號，異器械，別衣服，此其所得與民變革者也。其不可得變革者則有矣：親親也，尊尊也，長長也，男女有別，此其不可得與民變革者也。」就是說，連「正朔」與「服色」都是可以變革的，但是「親親」、「尊尊」、「長長」則不可變革。但是宋代宗法變革強化「尊尊」與弱化「親親」，特別是通過「奪宗法」衝破血緣定位包括超越「長長」，其實是變革了「此其不可得與民變革者也」的部分內涵。

宋以後普及型宗法宗族理論與制度、思想觀念與運作模式對後世的影響無疑是巨大而深刻的，削弱甚至否定純血緣繼承關係在宗法宗族內部的「特權」，使肯定能力、鼓勵競爭在宋以後的普及型宗法宗族內部逐漸演變成為權力獲取的主要途徑或方式。這一方面激勵了族人之間的競爭意識，另一方面也給宗法宗族的優勝劣汰與發展帶來了動力和活力。如今，「宗族共同體與其內各獨立家庭小群體之間，一直存在着此消彼長的關係。一方面，該村一直頑強地保留着同族共祭的習俗；另一方面，長久以來，維繫共同體的血緣尊卑長幼原則已被財富原則所取代。」[26]

宋以後中華文化輸出能力與移植存活能力下降。與宋儒在日本的

---

26 《黃河邊上的中國》，曹錦清著，上海文藝出版社，2000 年 9 月第一版。本書相關《黃河邊上的中國》引文皆與此同版。

影響不及孔孟所代表的古典儒學在日本的影響一樣，宋以後普及型宗法宗族理論與制度、思想觀念與運作模式在日本的影響，也不及唐以前古典型宗法宗族理論與制度、思想觀念與運作模式。

應該說，這種狀況與綜合國力有關，導致宋以後中華文化輸出能力與移植存活能力下降。

與日本企業文化的對照在第九章有詳細分析，此處不贅。

五　肯定能力、鼓勵競爭、推崇教育、推舉賢能澤被後世

宋以後普及型宗法宗族理論與制度、思想觀念與運作模式，放開了最為重要的宗子繼承制度，在宗族內部對能力的肯定逐步超越了血脈的禁錮，競爭的種子就從扭曲的掙紮中強化了自由的生長。科舉使得底層族人能夠通過學習不僅實現自下而上的階層流動，傑出者更是能夠光宗耀祖，甚至名垂青史，就使得宋代以後的民眾高度重視教育，這為人才培養提供了沃土。而宋代強化的威權因素，和自清代就已經存在的推舉與遴選族長等宗族領導人的方式，為中國實行民主集中制、強化國家治理能力奠定了基礎。

宋以後普及型宗法文化肯定能力、鼓勵競爭。發生在宋代的宗法宗族理論與制度、思想觀念與運作模式的重大變革，對後世中國民眾的肯定能力、鼓勵競爭、刺激創新具有極其重要的意義。

當土地兼併與土地私有不可抑制的時候，「普天之下，莫非王土」在某種程度上就成為一句空話。唐末戰亂黃巢率軍「殺唐宗室在長安者無遺類」，使得大量曾經擁有政經特權的豪門宗法宗族泯滅消亡，即使有少量遺存也已經失去維持政經特權的合法性與實力；特別是宋代以後科舉取士成為獲得皇權分配政經利益的主要管道，這樣宋代以後的宗法宗族就必須自行尋求經濟支撐，唐以前宗法宗族的同居共財及其

集體主義必然要面對財產差別和個人主義的衝擊。

　　某種程度上講，由於經濟的本身就帶有如何充分利用有限資源的含義，這樣就必然會產生競爭，並在競爭中出現財富多寡的差異。對於中國這個歷來人口眾多、耕地缺乏的農業國家而言，這種競爭就更加不可避免；而且圍繞土地這個最為重要的生產資料的競爭是一條主線，中國歷史上的很多農民造反都是因為土地兼併過於劇烈、社會底層集聚了大量無法生存的赤貧群體，才導致帶頭造反者能夠「振臂一呼響者雲集」的。

　　這裏需要對導致宗法宗族內部產生競爭意識、打破純血緣定位的嫡長子繼承制度的一個非常關鍵的因素加以強調，就是豪門宗族的政治特權以及與之相關的經濟特權在宋代消失。因為在兩漢魏晉隋唐時期，門閥世族、士族、豪強宗族擁有政治上的特權及與之相關的經濟特權，使得當時的宗法宗族將更多的資源投放在如何維持門第與政治特權上，血緣的純正被放在一個極其重要的位置。然而，隋朝開始的科舉制度為門閥特權的逐步削弱、競爭的逐步加強創造了條件。雖然在隋唐，一般只有士人可以參加科舉考試，而將工匠、商人排除在外，但是在士人階層通過考試這種相對公平的能力競爭型選仕制度進入國家政權序列，必然會對當時的門第觀念產生衝擊，更會在宗法宗族內部培植競爭意識，對純粹以血脈關係確定地位的嫡長子繼承制度必然產生漸進式的侵蝕。到了宋代，由於唐末及五代十國的戰亂等原因，一方面原本集聚較多財富的大型宗族因為是戰亂劫掠的重點對象而消失殆盡，另一方面通過攻城掠地的戰功獲得重權高位的悍將功臣們卻往往並非原先的士族，因此唐以前的豪門宗族所擁有的政治特權消失，加上地主經濟興起和科舉制度的完善，與政治特權相關的經濟特權也就是豪門宗族的經濟基礎亦隨之消融。

　　就宋代所面臨的歷史條件而言，宗法宗族理論與制度、思想觀念

與運作模式發生重大變革是適應變化了的歷史條件、重獲生機的重大發展，這使其能夠從兩漢魏晉隋唐時興盛的特權性的、缺乏長遠社會認同基礎的「豪門貴族」與「士族」宗法，也就是極其重視嫡長子繼承制度的古典型宗法宗族理論與制度、思想觀念與運作模式，轉換為更多平民參與的普及型宗法宗族理論與制度、思想觀念與發展模式。換句話說，在宗法宗族這個古老的通過血緣凝聚族人力量的社會運行機制中，已經出現了更多地肯定能力、鼓勵競爭的內在因素，其代表了宗法制度的未來運作趨勢；而正是這種普及型宗法宗族理論與制度、思想觀念與運作模式在宋代的出現，才使得宗法宗族可以不斷通過族人中傑出政經人才的努力來聚合、強化宗族力量。更進一步說，由於科舉制度的進一步完善，使愈來愈多的出身普通甚至底層的族人通過個人奮鬥進入國家政權序列、成為新的權貴；而這個巨大變革，為汰換原有的缺乏能力的宗族繼承與管理者、為新貴成為宗族領袖提供了理論根據，也為才能卓著者開宗立派提供了機遇。而這種機遇，無疑會激發更多的卓越族人謀求創新發展，實現超越。

競爭的一個必然要求是公平。宋以後普及型宗法宗族理論與制度、思想觀念與運作模式在新的歷史條件下通過變革族長乃至宗子繼承條件等古典規範，培植肯定能力、鼓勵競爭的心態之後，清代宗族通過帶有「民主集中制」特徵的推舉、遴選、公推宗族領導者的方式「選賢與能」，強化宗法宗族的治理能力，就成為必然。

宋代宗法變革促使民眾高度重視教育。宋代宗法變革的一個突出成果，就是底層族眾能夠通過科舉取士，不僅獲得皇權認同得到政經利益分配，在宗族內部的地位也能夠迅即得到提升從而「光宗耀祖」。程顥和程頤說：「立宗必有奪宗法，如卑幼為大臣，以今之法，自合立廟，不可使從宗子以祭。」就是說，普通族眾通過讀書學習可以大幅提升自己在宗族體系內的地位，這無疑能夠刺激普通族眾對教育的高度重視。

需要特別強調的是，張載、二程等大儒倡導推行的普及型宗法宗族理論與制度、思想觀念與運作模式之所以能夠風行天下，除了地主經濟發展、大型宗族式微、科舉制度進一步完善等原因之外，也與他們給身處社會底層的族眾提供了通過學習知識特別是儒學提升其宗族地位的機會有重要關聯。「光宗耀祖」是中國人普遍追求的人生目標，當學習能夠成為實現這個目標之有效途徑的時候，全社會對教育的高度重視，就是一種必然。

普及型宗法宗族理論與制度、思想觀念與運作模式在宋代的巨大變革，關鍵也還是有利於皇權的統治—— 通過科舉考試不僅為國家治理選拔了人才，且那些原本屬於基層族眾但通過科舉取士進入政權序列並獲得皇權的政經利益分配的新貴們，由於長期修習儒家經典，受儒家經典的影響會高度肯定「君權神授」且願意「移孝作忠」。而支持通經致仕者提升其在宗族中的權力與地位甚至開宗立派，就等於給原本難以直接干涉宗族內部事務的國家政權提供了一個契入的機會—— 皇權通過吸納那些通經致仕者進入政權序列換取了他們的忠誠和感激，當他們能夠獲得宗族內部更高的權力與地位的時候，他們對皇權的維護無疑要遠遠高於那些純粹通過血緣關係獲得宗族領導權的傳統宗子和族長。

就是說，通過政權序列的吸納和率族歸順，皇權與普及型宗法宗族理論與制度、思想觀念與運作模式之下的「新宗子」「新族長」之間，能夠實現利益交換，雙方在利益交換的過程中追求並實現了各自的目的。而儒學，則是這種利益交換的重要媒介。這樣，重視教育作為社會上下的共識，積澱千年就轉化成為中國民眾的文化基因。

就宗法宗族觀念中重視教育的文化基因問題，本書另闢一章加以分析，此處簡述不贅。

威權成份上升，有利提高國家治理能力：宋以後普及型宗法宗族理論與制度、思想觀念與運作模式的巨大變革中，除了改變宗子繼承

資格外，比較突出的還有威權的顯著上升。

「理學家所倡宗法尤重尊尊。首先強調父權和君權之同一性。……而張載則直接將君臣關係表述為宗法家庭家長和族人的關係，家長成為家族之君，以至於民間竟有『國有大臣、家有長子』之說。……顯著突出家長之權威……程頤則極力鼓吹家長之威嚴……因此，宋代以後的宗法家庭中『親親』幾乎喪盡，不聞『婦子嘻嘻』之聲，有的只是家長的呵斥和森嚴的等級，『尊尊』遮蔽了自然人性的慈愛和溫情。」[27]

在這裏，古典儒家所提倡的「親親尊尊」，到宋代明顯強化了「尊尊」，一定程度上是將孔孟之儒較為濃重的人本主義加以削弱，對威權成分則給予了大幅的提升。

而宗法宗族觀念中威權成分的提升，對於宗法宗族來說，無疑強化了族眾的紀律性與服從性。就其對後世的影響而言，配合推舉與遴選領導者這種「選賢與能」的方式，威權的強化便於組織主導者提升相關組織包括宗族的組織能力及管治能力。而民眾長期處於威權成分較高的狀態下生存，慢慢會積澱為習慣或者說文化基因，對威權的接受程度較高，較少對威權進行激烈的反抗。

宋以後宗法宗族觀念提升了商人的社會地位。當新的統治階層特別是皇權對於門閥制度不再支持，甚至排斥以往的特權階層之後，原先由門閥世族、豪強貴族、士族把持的取士制度包括隋唐科舉考試，在宋以後就進一步向庶族地主甚至社會地位更低的普通民眾開放。

由於國家官吏或者說新興政治權貴的來源更加廣泛，且除皇族之外的豪強宗族迅速弱化並失去了政治特權及經濟特權，面對這種狀況，就迫使宋以後的大量宗法宗族首先必須解決經濟問題以維持宗族的生

27《宗法中國》，劉廣明著，75–76 頁。

存。因為即使是「窮文富武」，啟蒙、研修、進京趕考等行為還是需要基本的經濟支撐的，因此與競爭不可分割的經濟就成為社會關注的焦點：「宋代家訓《袁氏世範》就不再強調『閉門為生』的傳統治家命題，而主張族中弟子，如不能習儒業。即可從事『農圃商賈技術』，以『養生不至於辱先』。並認為商賈中人亦有『天資忠厚者』，故不反對人們通過『經營利財』而取得『厚利』。」[28]

而「大儒王陽明在去世前三年，為商人方麟節菴寫了一篇墓表……這裏最重要的有兩點，：一，方麟棄舉人名份而經商，這意味着，方氏並不認為中舉高於商賈，成就觀念發生了根本性變化，商賈不僅具有自由人身份，而且商賈本身的地位再也不是卑下的了。二，王陽明提出了一個新四民論，認為『古者四民異業而同道，其盡心焉，一也。』這是托古改制，認為四民無高貴卑賤之分，四民在『道』的面前一律平等，這與他的『雖終日做買賣，不害其為聖賢』之說是一致的。這即是說，王陽明以他的心學為理論根據，將四民的工作都視作可達聖賢之道的事業，這也就充分地肯定了商業的價值，在『心學』的燭光中，商人終於從黑暗的非自由人的洞穴中走了出來，他們摘下了非道德的黑帽，堂堂正正地做起了買賣。」「明清之際，有人對社會階層重新作等級排列，何心隱在《答作主》中說：商賈大於農工，士大於商賈，聖賢大於士。」「到了清代，甚至有士不如商的說法。歸莊《傳硯齋記》為太湖洞庭山士商兩樓的嚴舜工所作，其中一段說：士之子恆為士，商之子恆為商。嚴氏之先，則士商相雜，舜工又一人而兼之者也。然吾為舜工計，宜專力於商，而戒子孫勿為士。蓋今之士，士主賤也，甚矣」。[29]

28《宗法中國》，劉廣明著。

29《宗法中國》，劉廣明著。

很明顯，宋以後宗法宗族的生存壓力，使宗族成員的經濟成就得到進一步重視；這種觀念的轉變，與孔孟之儒的「重義輕利」大不相同，對提升商人的社會地位是富有意義的，對於促進經濟發展無疑也是有利的。

總括而言，宗法宗族觀念中具備的分工與協作、組織性、紀律性、服從性與肯定能力、鼓勵競爭、推崇教育、民主集中制等因素，對於中國工業化發展包括中國製造與創新，具有非常重要的影響。對上述因素及其影響，將有獨立章節仔細分析。

六　西方對中國的宗法宗族觀念容易忽視

就工業化進程來說，無論發端還是成功實現工業化的經濟體，西方都領先東方。特別是鴉片戰爭之後，屬於農耕文明的中國在綜合實上被西方工業文明超越，處於「落後」狀態的中國文化自然處於被輕視乃至忽視的地位。加上西方社會在歷史上沒有出現過宗法國家的形態，亦無複雜的宗法宗族理論與制度、思想觀念與運作模式，且西方的英雄崇拜與中國的祖先崇拜亦大不相同，因此西方學者研究中國的工業化發展包括中國製造與創新，就很難與宗法宗族觀念相關聯。

中國的宗族存續狀態曾令西方偉大學者驚嘆：德國學者馬克斯・韋伯（Max Weber, 1864–1920）在上世紀初曾經對中國的宗法宗族形態保持之完整表示驚嘆：「中世紀的西方，宗族的作用就已煙消雲散了。可是在中國，宗族的作用卻完完全全地保存了下來：它既是最小的行政管理單位，也是一種經濟合股方式。而且，甚至有了某種程度的發展，這在其他地方，甚至印度，都是聞所未聞的。」「這一傳統主義的勢力，無論就其整體性來說，還是就其持續的時間而言，均勝過官僚體制，因為它卓有成效，並經常受到最緊密的私人團體的支持。」「氏族團結一致的抵抗，自然比西方自發形成的工會所發動的罷工，還要來得有威

力。因此之故，現代大企業所獨具的勞動紀律與自由市場的勞工淘汰，以及任何西方式的理性管理也遭到阻礙。」[30]

　　從對應時間上看，韋伯能夠相對直接瞭解的宗法宗族狀態，應當屬於清朝末年及民國初年的狀態。由於滿清皇權對宗族力量的扶持，當時的宗法宗族在基層社會的管治功能具有一定的國家權力的色彩。依照有關學者的研究，「清人家庭有如下特色：第一，清人家庭以小型家庭為主體，大家庭為數不多，但與直系家庭一起佔重要地位。第二，清人家庭觀念極強，反映了中國文化的傳統特色。第三，清代生產力水準與生產關係決定清人家庭規模，家庭規模則反映出清代社會經濟的狀況和性質。第四，清人家庭維持封建專制制度和穩定社會秩序，清政府支持父系家長的權力，通過家庭實現治理，家與國有着基本的一致性。」[31]而這種來自滿清皇權的持續二百多年的政權支持，無疑對於普及型宗法宗族理論與制度、思想觀念與運作模式對中國社會影響的深化，具有強力的促進作用；同時因為距今不遠，也就為宗法宗族觀念在帝制解體之後，能夠繼續長期對中國民眾的思維和行為產生影響夯築了堅實的基礎。

　　我們從韋伯的分析可以看到，他對中國當時的宗法宗族的印象非常深刻，甚至有些吃驚，而且很敏銳地認識到宗族力量對當時中國人社會的巨大影響。應該承認，一個外國學者在那個資訊遠沒有今天發達的時代，能夠清晰地認識到宋以後普及型宗法宗族理論與制度、思想觀念與運作模式對中國社會的巨大影響，可以說是足以令我們敬佩的事情。因為宗族的作用，早在中世紀的歐洲已經「煙消雲散」，到工業革命之

30《中國的宗教：儒教與道教》，馬克斯・韋伯著，簡惠蘭譯，遠流出版事業股份有限公司出版，1996 年 2 版 2 次印刷。

31《中國宗法宗族制和族田義莊》，李文治、江太新著。

後，當然早已是蕩然無存；而生活在交通、通訊、資訊都遠遠不及今日之發達的韋伯，能夠準確判斷宗法宗族及其觀念在中國社會的作用，實在是非常令人敬佩的。

儒學不利資本主義發展的判斷經得起推敲。韋伯研究、撰寫與出版《儒教與道教》的時代（1916 年），也正是滿清皇權剛剛退位、袁氏稱帝正在醞釀的時期。清代古典儒學的復歸包括對儒家「重義輕利」之價值觀的強調，無疑會影響韋伯對儒家價值觀的判斷。韋伯最知名的著作是《新教倫理與資本主義精神》，其中一個著名的論點就是清教徒的思想影響了資本主義的發展。而古典儒學「重義輕利」的價值取向，可能在古典儒學復歸的背景下顯得更為突出，這與追求利潤最大化的資本主義的確具有難以調和的矛盾。以新教倫理為參照，韋伯可能比較容易得出儒家思想不利資本主義在中國的發展的經典論斷。

韋伯在那個東西方交通艱難、資訊相對匱乏且流動不暢的年代，能夠敏銳地發現儒家思想不利資本主義在中國的發展，無疑是非常了不起的判斷。應該承認，儒學不利資本主義發展的判斷經得起推敲。

但是，韋伯對宗法宗族的運作分析並非毫無瑕疵，這可能與當時他難有足夠的資訊有關。比如他對宗法宗族的表述就有不夠精準的地方：「對身具經典教養的官員，最強而有力的對抗勢力便是無學識的老人本身。無論官員通過了幾級的考試，在氏族傳統固有的事務上，他必得無條件地服從全然未受教育的氏族長老的處置。」[32]

這樣的表述，可能是沒有注意到宋以後普及型宗法宗族理論與制度、思想觀念與運作模式，對唐以前古典型的巨大變革所帶來的宗子繼承與族長產生資格特別是權力分配的巨大變化；那就是自宋朝以後，

32《中國的宗教：儒教與道教》，馬克斯・韋伯著，簡惠蘭譯，遠流出版事業股份有限公司出版，1996 年 2 版 2 次印刷。

宗法宗族規範就不再像唐以前嚴格地遵守嫡長子繼承制度，特別是宗族權力不再理所當然地以血緣為主直接佔有，那些擁有政治權力的族人以及經濟上有所成就的族人，在宗法宗族內的地位大幅提高，或者權力超越宗子、出任族長，或者不再跟從原來族內的宗子祭祀而自行立廟。而清代擔任宗族領導者的人，很多都是經過公推或遴選的宗族精英，一般不可能是「全然未受教育的氏族長老」。

　　西方當代學者對宗法宗族觀念比較難以瞭解、理解與重視。西方在工業文明時代對農耕文明中國的超越，也使得當代西方經濟學者和管理學者較少對中國傳承千年的宋以後普及型宗法宗族理論與制度、思想觀念與運作模式給予足夠的關注，而先入為主地被名滿天下的孔孟之儒所引導，容易將宗法宗族觀念「強行」劃入「儒家」範疇。

　　從周朝這個典型的宗法國家開始，皇權以「天子」之名長期處於至高無上的地位，「君權神授」理論賦予皇權天然的合法性，「家國同構」與「宗君合一」則維繫了與西方世界相當不同的社會運營機制。但「實際上，西方的皇權從未神聖到被全社會頂禮膜拜的程度，它一直受到教權、封建權力的制約和挑戰。當中世紀結束後，皇權之光終於真的普照歐洲大陸時，資本主義的曙光也開始昇起來了，皇權已不得不為資產階級的權力和利益等世俗的東西服務。」[33]

　　歐洲早年雖然也可能出現類似「家國同構」小型政體，但是數量很大、體量甚小的城邦勢力很容易在相互的競爭包括征戰中崩解，也沒有中國那樣的皇權與宗法宗族在幅員遼闊、人口眾多的國家治理方面的深度結合。缺乏前人的歷史積澱，後人也就難以追尋。西方經濟學者與管理學者對於宋以後普及型宗法宗族理論與制度、思想觀念與運

33《中國的王權主義》，劉澤華著，上海人民出版社，2000 年 10 月第 1 版第 1 次印刷。

作模式難以給予足夠的重視，其中一個重要原因應該是宗法宗族在西方國家的運行機制中沒有得到充分發育；而缺乏歷史的榮耀，也會阻礙回溯的興趣。

但是由於東亞經濟的迅猛發展，特別是日本作為當時的「世界工廠」曾經有「買下美國」的氣勢（據估算當年東京 23 個區的地價總和甚至達到了可以購買美國全部國土的驚人水準），這樣的經濟成就使得不少西方學者不得不將目光投向日本以及同樣實現了經濟長期高速成長的亞洲四小龍，而這個區域恰恰屬於「儒家文化圈」。因此有的西方學者為了給東亞經濟的成就尋求「文化內核」或者說文化基礎，只能「另闢蹊徑」否定韋伯的論斷，其中 BERGER 就認為韋伯所言的「儒家」乃是封建帝王時代儒吏和士大夫的意識形態，而不是尋常百姓日常生活中所身體力行的「儒家倫理」—— 也就是他說的「世俗化的儒家倫理」，且認為後者易於形成一種良好的工作倫理，進而產生增進生產力的功能。筆者認為，韋伯的論斷自然經得起推敲，而如果將 BERGER 的「世俗化的儒家倫理」改為「宗法宗族觀念」，那麼其推理與論斷也就是正確的了。

七 宗法宗族觀念具有頑強的生命力

宋以後普及型宗法宗族理論與制度、思想觀念與運作模式雖然隨着清廷的退位而失去制度意義的合法性，但是其生命力無疑是頑強的。民國建立之後的軍閥混戰時期，宗族領袖繼續在一定程度上對鄉村治理發揮着作用，他們與各種不斷變換的政治與軍事力量打交道，在很大程度上維護着族眾與地方的秩序。

雖然新中國成立之後，宗法宗族在政治上失去了政權的依託，但是宗族並沒有消散，宗法宗族觀念依舊在高度穩定的戶籍管制與人口

大量繁衍中傳承，而在形態與運氣行上則適應變化了的政權。

「我國農村的宗法制度，作為一種傳承、積澱和整合了數千年的制度形態，由內部文化發展規律和經濟上的合理性所賦予它的巨大生命力，使曾經在這塊土地上發生的破壞性變革相形之下顯得如此渺小。事實上，它是一種『容納變遷的制度結構』，即是一種能不斷地容納各種內在於現代化過程之中的社會變遷的制度結構。進一步地說，宗法制度固然是在傳統社會中度過了黃金年代，自然經濟為它提供了適宜的土壤，但它也能在商品經濟中生存，與現代化接軌。」[34] 改革開放後，隨着私營經濟的發展與興盛，宗法宗族觀念得到了一定的修復性增強，很多地方興建祠堂、撰修族譜。直到 2021 年，還有筆者相識多年的學者在其老家修繕宗祠希圖光宗耀祖。

而「日本社會的變動說明，家族制度是一種能夠容納現代化持續變遷問題與要求的較有彈性的制度形態。家族作為一種在追求社會目標時動員社會資源和協調集體努力不可替代的組織將永遠存在。這給我們以啟示：我們農村的社會變革和現代化發展，不是要抑止和消滅宗法制度，而恰恰是要通過利用其積極作用來實現。」[35]

對於宗法宗族觀念緣何傳承影響至今，本書在第八章有詳述，此處不贅。

小結

宗法宗族及其觀念存續超過三千年，不僅歷史悠久，其發展變化

34《當代中國農村宗族問題研究》，李成貴，《管理世界》，1994 年 05 期。

35《當代中國農村宗族問題研究》，李成貴，《管理世界》，1994 年 05 期。

本身就已經證明了「與時俱進」的適應能力與生存活力。中國大陸能夠在改革開放的最初十年迅速重夯英國等早期工業化國家二三百年才完成的初始工業化基礎，然後又以大約十年的時間走完第一次工業革命階段，宗法宗族「追求社會目標時動員社會資源和協調集體努力不可替代」的能力，包括共同抵禦政治與經濟風險、集納宗族力量形成競爭優勢的作用功不可沒。筆者將在其後的章節，逐步分析宗法宗族觀念中涉及的組織性、紀律性、服從性、肯定能力、鼓勵競爭和重視教育、國家治理能力的文化基因，對中國的工業化發展包括中國製造與創新的影響。

第四章

宋以後宗法宗族高度重視教育
有利培養創新人才

引言

中國工業化發展包括中國製造和創新所獲得的傲人成就，離不開大批接受過基礎教育的優秀產業工人，當然更離不開巨量接受的高等教育的知識精英。毫無疑問，中國製造與創新能夠在短短的四十多年獲得如此巨大的成就，與中國大陸在幾乎相同的時間裏培養了數以億計的接受過專業教育的各類人才，能夠提供巨量優質人力資源有着高度關聯。

那麼，為甚麼中國能夠在短短的四十年迅速培養出巨量的優質人力資源？包括當今世界單一國家之中最大的工程師群體？

筆者認為，宗法宗族觀念中對教育的高度重視，是中國大陸能夠迅速且大規模地培養各類人才的關鍵文化基因，也是中國工業化發展包括中國製造與創新能夠迅速獲得巨大成就的關鍵。

一　天子重英豪，唯有讀書高

中國無論城市還是鄉村的孩子，到了入學年齡最經常聽到的父母叮囑，就是好好讀書。儘管很多中國人對自己國家的教育理念與方式方

法有諸多批評，包括有人認為應該讓孩子享受西式的「快樂教育」，但是一旦成為父母，那種不想讓孩子「輸在起跑綫」上的競爭就開始了。不論有多少社會輿論表示對中國教育狀況的不滿，沒有幾個父母敢於拿自己的孩子做試驗，讓他們在「快樂成長」的過程中落後於其他人。

中國航天員 —— 教育改變人生的啟示。以 2021 年 10 月 16 乘坐神舟十三號載人飛船升空並開啟了長達 6 個月的「太空生活」的三名太空人翟志剛、王亞平和葉光富為例：出生於黑龍江的翟志剛家庭貧困，靠母親早出晚歸在街上炒瓜子掙的錢上完初中，他不忍心再讓 60 歲的母親受苦，於是想要輟學分擔家庭重擔。但是一向溫和的母親對他輟學的想法大為生氣、堅決反對，逼迫他繼續學習。沒有母親的堅持，翟志剛基本上沒有成為航天員的可能，更不會成為中國第一個在太空出艙行走的航天員。出生於四川的葉光富同樣家庭貧寒，母親盡可能地多幹活供他上學。而他在報考空軍的時候，幾乎因為 50 元人民幣的餐旅費而放棄機會，是母親東拼西湊讓他前去報考。王亞平也是出身農民家庭，父母原本讓她考中專放棄大學夢（這或許與作為儒學發源地的山東農村當年對女性的才學期望值較低有關），是她自己堅持理想瞞着家人考上高中並最終進入飛行學院。「『神舟十三』的三人組都有一個共同點：他們都沒有顯赫的家世，甚至是貧困家庭出身，但他們都沒有放棄讀書這條路；也正是當年沒有放棄，讓他們獲得了『上天』的入場券。第七批女飛行員隊的隊長王貴全，曾解釋了大眾經常存在一種偏見：『不要認為招收飛行員只要身體好就行，她們這些人當時的高考成績也是超過重點本科線的。』再來看看他們耀眼的簡歷：翟志剛：碩士學位，專業技術少將軍銜。王亞平：碩士學位，大校軍銜。葉光富：碩士學位，大校軍銜。」[1]

---

1 《神舟十三飛天，3 名宇航員家境背景曝光，我頓悟了人生的 3 個真相》，特約作者 vijun，家庭雜誌全媒體，2021 年 10 月。

這三位中國航天員的成長對我們有一種啓示，就是教育改變命運。而 2022 年 6 月升空到中國空間站的三位航天員劉洋與陳冬無疑都是出身於普通家庭，蔡旭哲應該也不例外。是專業教育使他們具備了人生的光環。

最佳勸學詩出自詞作第一的宋代而非詩作第一的唐代。我們都知道「唐詩宋詞」，但是中國的最佳勸學詩，並非出自詩作第一的唐代，而是出自詞作第一的宋代。

中國人最為熟悉的勸學詩句，乃是北宋汪洙的「萬般皆下品，唯有讀書高」。但這兩句只是「果」，而「因」卻在第一句「天子重英豪」。

從這首最為經典的勸學詩，我們可以清晰地看到：為甚麼要好好讀書？讀書的好處由誰來給？答案也很清晰：天子重視學有所成的「英豪」，學生需要通過讀書成為「英豪」；皇權認同了某人的讀書成就（如科舉），就會接納該人進入政權序列並配發政經利益。而由於儒學乃是皇權選定的理論教化體系，讀書與考試的內容主要就是儒學。

宋代之後科舉制度進一步完善，基本上控制了官員的生成與升遷之路，出身底層的族人亦可以通過教育與科舉獲得向社會上層流動的機會，在獲得皇權認可之後獲得政經利益分配，這應該是中國宋代之後高度推崇教育的關鍵。

汪洙這首流傳千古、影響巨大的《神童詩》「天子重英豪，文章教爾曹；萬般皆下品，唯有讀書高」之所以出現在詞作第一的宋代，而不是詩作第一的唐代，並成為激勵社會上下努力讀書的強力興奮劑，與上述利益交換的制度化有直接的關係：因為唐以前特別是魏晉南北朝時期，出身門第往往比讀書更加重要，所以西晉詩人左思有「世胄躡高位，英俊沉下僚」的哀嘆。

而皇權本身為了將選仕的權力緊緊掌握，讓天下英才為自己的皇權服務，皇帝甚至直接號召臣民努力讀書，利用皇權的許諾，強力誘導

臣民讀書。如宋真宗趙恆的《勸學詩》：

「富家不用買良田，書中自有千鍾粟。

安居不用架高堂，書中自有黃金屋。

娶妻莫愁無良媒，書中自有顏如玉。

出門莫愁無人隨，書中車馬多如簇。

男兒欲遂平生志，五經勤向窗前讀。」

中國人經常聽到的一句戲文是「君無戲言」，身為皇帝的宋真宗不會像一般的騷人墨客那樣，閒來無事對讀書做一番感嘆。這首《勸學詩》其實也可以看作是趙宋皇權選擇人才及給中選者分配政經利益的重要宣言。

通俗一點說，宋真宗是在鼓勵天下學子為了自己的利益（權力、地位、金錢、美女）而學習，學習的內容主要是「五經」，皇權認同了個人的學習成就（如科舉）就會接納該人進入政權序列並配發政經利益。

宋真宗給臣民指示的途徑是非常明確的：個人經由接受教育、研習「五經」通過科舉或舉士得到皇權認同，從而獲得政經利益分配，而五經（儒學）就是個人、宗族與皇權之間的介質或紐帶。

所謂「詩言志」，上述著名勸學詩無疑是因為充分反映了社會共識才能夠以淺顯的語句傳頌千年。那麼，為甚麼上述兩首對歷代讀書人最有激勵作用的「現實主義」詩作，會出現在宋代而不是唐代？

宋代的「取士之道」與唐以前大不相同。不要說「世冑躡高位，英俊沉下僚」的魏晉時代，即使是唐代中葉之前，也有大量的豪門望族因為出身的優勢，就能夠累世為官；而寒門出身者即使頗有才能，要進入國家的政權序列也並非易事。

南北朝時期的「士」，往往並不是由皇權直接賦予的，地方勢力對於士的身份確定包括推舉，擁有很大的權力。而始於隋朝的科舉制度，

到宋朝已經非常完備，皇權逐步將士人身份的定義權與賦予權收歸朝廷；沒有國家權力的認定，沒有官職也就很難成為社會公認的「士」。就是説，隨着科舉制度的全面實行，漢魏晉唐精英進入國家政權序列成為「士」的途徑被極大地改變了，而科舉成為宋代入仕的最重要途徑。

唐末及五代十國的長期戰亂，使宋代幾無百年簪纓之族，漢魏晉唐豪門大族把持政經特權的政治土壤也已不復存在。

宋代對唐朝的科舉制度進一步改良，使科舉制度的公平性大幅提升。與出身相關的特權在科舉制度面前受到壓制，當朝重臣的子孫如果不能通過科舉考試獲得正途出身，往往也只能擔任中低階官員；即使是皇家的宗室後代，在數代之後就不能僅僅憑籍皇家血脈佔取官位，而要參與科舉考試。

科舉無疑是一種以競爭展示能力的方式，並且使知識精英逐步主導了宋代的官僚體系；這不僅使宋代底層精英獲得了向上流動的機會，也讓皇權因此獲得了權力向下延伸的機會。這種互動雙贏的利益交換，對其後的國家治理能力和民眾競爭心態的強化，都有非常重要的影響，並使推崇教育逐步積澱為中國人的文化基因。

皇權與宗法宗族利用儒學實現利益交換。由於中國在農耕時代歷來接受系統教育的人群佔總體的比例很小，雖然統治精英往往都是受教育者，對社會的政治、經濟、軍事、社會、文化等方面的影響很大，但是對於大多數沒有受到系統教育的普通民眾來說，因為有着宗族這個具有較強束縛力的實質載體，使得宗法宗族的制度、規範與觀念等，比深奧的「陽春白雪」—— 儒學理論更加容易與「下里巴人」—— 基層族眾發生直接的關聯，因此相關規範或觀念也就更為容易被接受而流傳。

漢武帝接受董仲舒的建議「罷黜百家獨尊儒術」，將儒家列為統治思想並壓制其他思想流派，並設立五經博士等，使通曉儒家經典成為漢魏晉唐時期國家選仕的重要途徑。而儒學「定於一尊」的特殊地位，在

當時的情況下，使得「儒學解釋權」也成為一種維護政治特權的資本。

　　隋朝開始的科舉考試動搖了門閥制度的根本。由於科考以儒學為關鍵內容，這種選拔官吏的競爭性制度不僅為國家選拔了知識型人才，也會讓研習儒學的考生由於「通經致仕」而得到皇家接納進入政權序列；而作為研習儒學的受益者，主觀上更加願意高度肯定儒學的教化功用且傾向於「移孝作忠」。通經致仕者不僅能夠獲得來自皇權的政經權力分配，也使他們提升了在所屬宗族中的地位，甚至在宋代以後能夠讓自己開宗立派 ——「自合立廟，不可使從宗子以祭」；同時，這也等於給原本難以直接干涉宗族內部事務的皇權，提供了一個契入遍佈各地的宗族勢力的重要通道：皇家通過吸納這些通經致仕者進入政權序列，換取了他們的忠誠和服務；宗族中的通經致仕者經由進入政權序列獲得了政經利益和社會地位，皇權與宗族及其通經致仕者雙方以儒學為介質或紐帶進行利益交換，並在這個過程中追求並實現了各自的目標。

　　特別是宋代之後，當科舉考試成功者能夠獲得宗族內部重要地位，並在族人中能夠享受唐以前的古典型宗法宗族時代普通族人難以享有的「嫡親」才有的尊崇，甚至能夠獲得「開宗立派」之榮耀的時候，他們對封建皇權的維護無疑要遠遠高於那些純粹通過血緣關係獲得宗族領導權的傳統宗子（或族長）。

　　正因為普通民眾可以通過修習儒家經典並參加科舉考試，與皇權實現足以改變人生的利益交換，宋代以後的宗法宗族較之唐以前明顯更加推崇教育。而宋代以後的大量私塾都由宗族興辦，着力培養族中天資聰穎、刻苦努力者，希望他們能夠通過科舉進入國家的政權序列。這樣不僅考取功名者個人能夠獲得豐厚的政經回報，包括提升其在宗族中的地位，也會為其所屬宗族的興盛提供機遇與支持。而在宋代皇權將選仕的權力全面收歸國有，且「不入仕則不足以為士」的社會共識規範下，經由宗族成員通過科舉進入國家政權序列，成為新的權貴並獲

得皇權分配的政經利益，就成為宗法宗族追求興盛的重要途徑，此即汪洙所言——「天子重英豪」。

二　宗法宗族高度重視教育存在重大利益驅動

宗法宗族對於教育的高度重視並非偶然，而是教育能夠為普通宗族帶來巨大的發展機遇，此中存在重大利益驅動：宋代皇權通過科舉將選仕的權力全面控制，因此經由宗族成員通過科舉進入國家政權序列，成為新的權貴並獲得皇權分配的政經利益，就成為宗法宗族追求興盛的最為現實的關鍵途徑。

科舉成為宋以後宗法宗族盛衰的關鍵。通過各種途徑實現宗族興盛，是每一個宗法宗族所追求的目標。除了血脈延續、人丁興旺，若想維繫、提升宗族在當時的社會地位及保障宗族的政經利益，則需要切實有效的手段或途徑。

漢魏晉南北朝時期一直到中唐，出身都是進入國家政權序列的重要甚至主要「證件」。而隋唐逐步推行科舉制度，為普通士人進入皇權控制下的國家政權序列逐步拓寬了通道。也正因為如此，宋以後的宗法宗族對族內子弟教育的重視程度遠超前朝，因為科舉不僅是提高和鞏固宗族之社會地位的重要手段，同時也是防止宗族走向衰敗的有效方法，可以說是宋以後宗法宗族盛衰的關鍵。「宋初諸帝提倡文學，廣開科舉，讀書風氣大開，士人紛紛應舉，經科舉起家而得官職，成為士大夫。北宋士族盡是新興，絕少源自唐代大族。從晚唐到北宋，名族貴胄為官者，由 76.4% 降至 13%；寒族為官，則由 9.3% 增至 58.4%。」[2]

2　《北宋士族：家族·婚姻·生活》，陶晉生，2001 年樂學書局出版

避居中國南方的客家祖先很多源自中原的書香門第，他們對讀書的重視就典型地反映了宗法宗族重視科舉考試的原因：「為環境所迫，必須識字讀書，以求向外發展。客家人經過顛沛流離的遊民生活，在棲息地又要與當地原居民進行強烈競爭，身處逆境，更知知識、學階、官階的重要性，知教育對維繫其家族、對仕途進取的重要性，為求發展，必須讀書。客家宗族重視提高族人文化素質，興辦族學。客家各姓宗族對『入仕』的重視和扶助，往往使該宗族同官僚士紳階層更緊密地聯繫在一起。凡登科入仕的族人，不僅自己春風得意，前途無量，而且還給家族帶來了政治上的權勢。在舊時，政治權勢往往伴隨着經濟利益，進而，整個家族得到光耀門楣的顯赫社會地位。宗族通過興辦族學，一方面對本宗族大部分子弟進行啟蒙基礎教育，提高了他們的社會適應力；另一方面又培養出一部分支撐宗族社會地位的士紳學子，維護了宗族的發展。」[3]

　　宗法宗族為了自身的生存發展大量興辦族塾。所有的宗族都有維繫與發展的需求，成為名門望族更是眾多宗族領導者的追求。但是畢竟科舉的直接結果是個體通過考試獲得皇權的接納而進入國家政權序列，並得到皇權分配的政經利益。而要想經由個體族人的科舉成功，進而提升宗族的力量與影響，促進宗族的發展，就需要宗族從基礎的教育做起，引導族人對教育給予足夠的重視，幫助宗族後代獲得更多的受教育機會。

　　「以四明或德興、浮梁諸家族的情況來看，北宋時即出現以學堂作為培育家族及鄉里士人的場所，增強科舉考試的集體競爭能力的場所，並藉此培養同學、同鄉情誼，作為日後在政壇上互相援引發展的基礎。

3　《客家人為甚麼那麼重視教育？這背後的緣由不得不讓人敬佩》，2021-03-09，梅州資訊，來源：客家聯盟。

家鄉是士族成長與開展人際關係的基地，但他們的目標則是在中央貢獻知識與能力。」[4]

　　宗族在中國南方客家地區的留存比較完整，而客家先民很多是因為躲避北方戰亂而從中原地區「南逃」的冠蓋之家，原本多有接受教育的機會，因而更富有重視教育的傳統。「古時，客家人為使族中子弟受到較高的教育，興建了許多由鄉族集資創辦的書院。許多家族還在縣、府、省城的『總祠』，除了奉祀祖先的牌位外，還為族中應試的舉人才子提供居留場所、提供膳宿之便。在客家地區，許多宗族往往用祠堂做學堂，而且每個祠堂都有公產，公產收入的相當數量用來辦學，學生讀書基本免費。許多宗族把辦學、獎學、鼓勵仕進的措施訂成族規，寫入族譜中，有力地促進了教育事業的發展。在鄉村裏，若出了秀才、舉人、進士（到現代則是大學生），不管是哪家，都被視為全鄉、全村的榮耀。在許多鄉、村也採取各種辦法，籌集錢、糧，用於資助學生和獎勵學生讀書。」[5]

　　「科舉制度下，要成為官員有賴教育，教育又仰賴於田地和財產。宗族擁有田產，收入固定，便可致力於教育，中舉機會就愈大，進士也愈多。如宋代休寧縣中中舉最多的是吳氏、汪氏、程氏，當地財產最多的也是這三個宗族。」[6]

　　當族眾都明白可以通過科舉使個人獲得皇權的政經利益分配，不

4　《科舉社會下家族的發展與轉變》摘錄自《宋代的家族與社會（修訂二版）》，黃寬重，東大圖書出版。

5　《客家人為甚麼那麼重視教育？這背後的緣由不得不讓人敬佩》，2021-03-09，梅州資訊，來源：客家聯盟。

6　轉引自《新安大族志與中國士紳階層的發展（800－1600年）》，Harriet Zurndorfer（宋漢理）著，葉顯恩等譯，載江淮論壇編輯部編：《徽商研究論文集》，安徽人民出版社，1985，282頁。

僅有利於整個宗族的興旺發達、也有利於個人在宗族內部的地位提升的時候，族眾也就非常支持利用宗族的合力興辦族塾，為族中子弟包括貧寒族眾的後代提供接受教育的機會。在很長的時間裏，由宗族合力興辦族塾，是宗族為族人後代提供教育資源的主要方式，此即汪洙所言──「文章教爾曹」。─

宗法宗族從精神與物質層面都鼓勵宗族子弟參加科舉。宋代名臣范仲淹年少時家境貧寒，在其通過科舉入仕並成為朝廷重臣之後，出資為族人設立「義莊」，由「義田」、「義宅」、「義學」三大部分構成，歷經後代增益延續 800 年，到清朝末年發展到擁有 5000 多畝土地。義莊以義米等物救濟貧窮族人，並為準備參加科舉的考生提供資助，以期他們出仕後回饋宗族。設立義莊，在某個角度說就是為了讓范氏族人能夠獲得更加穩定的生活，同時為宗族子弟特別是貧窮宗族子弟創造一個穩定的學習條件，以求范氏宗族能夠長遠興盛。

宋代以降，大量宗族興辦族塾，其中的重點就是讓宗族的貧寒子弟也能夠獲得良好的學習環境，鼓勵其中的聰穎之士爭取向上流動的機會。有的宗族還有明確的獎勵制度，如廣東南海關氏規定：（1）子弟參加縣級考試給錢 2 錢，府試 2 錢，院試（相當於省級考試）5 錢。縣試名列第一加銀 2 兩，前 10 名內給銀 1 兩；（2）考貢生時給銀 6 兩；（3）考中秀才進謁祖廟時給銀 10 兩，（4）考中舉人給銀 30 兩，解元（即舉人中的第一名）加倍。舉人進京考試給路費和考試用費 24 兩。（5）考中進士給銀 100 兩，會元（會試第一名）加倍。中狀元 200 兩。[7]

「為了鼓勵宗族子弟科舉中試，宗族從經濟上大力補給，以免族人因經濟困窘而不讀書，不參加科考。徽州宗族認為，三世無讀書，三世

---

7 《南海關樹德堂家譜》，轉引自《試論中國封建社會宗族的興盛與衰落》，王躍生。

無仕宦，三世不修譜，則為下流人。這樣，從明代嘉靖年間開始，徽州已是十戶之村，無廢誦讀。」[8]

而從科舉取士的歷史紀錄可知，往往財力雄厚、對宗族子弟的教育投入較多的宗族，通過科舉獲得成功的族人比例較高。這與宗法宗族通過經濟手段包括族塾鼓勵子弟努力讀書，並通過科舉的競爭獲得皇權分配的政經利益有很大關聯。如果社會有「三世無讀書、則為下流人」的共識，則必然會出現汪洙所謂——「萬般皆下品」的認知。

科舉成功者能夠瞬間提高政治、經濟與宗族內地位，吸引廣大基層民眾重視讀書。中國人非常熟悉的話是「十年寒窗無人問，一朝成名天下知」。科舉制度不僅使得出身普通甚至貧寒的族人能夠獲得進入國家政權序列的機會並獲得皇權的政經利益分配，宋代的宗法變革更使當時科舉成功的人士能夠在宗法宗族中獲取唐以前普通族人難以逾越的「立嫡以長不以賢，立子以貴不以長」的限制。

「宗族會將光宗耀祖的紳士記入家譜，確立他們在族內的模範地位。而這些擁有功名的宗族成員被推崇為族中領袖後，宗族建設活動便會蓬勃展開。譬如，清中期，羅奇英在考取舉人後，潛心整理族中譜系，組織第一次族譜編修。而石阡府知府羅文思則倡議要修建宗祠，宗祠的形制根據羅文思的官秩而定，在松溉獨樹一幟。通過讀書科考，羅氏族人還在地方建立起與士人交遊的網路，《松溉羅氏族譜》收錄不少達官顯宦為羅氏一族撰寫的序、行實錄及祝壽文，側面突顯出羅氏宗族的顯耀。正因為將族人所獲得的功名，轉化為了宗族自身的光彩，羅氏宗族在經歷重建後，才能綿延不衰。科舉制度將地方士紳、士紳背後的宗族及封建王朝上層意識形態整合在了一起。這一大背景下，宗

---

8 《宗族制度控制與社會秩序——以清代徽州宗族社會為中心的考察》，張金俊，
　《天府新論》，（成都）2010年5期第136頁。

族為了鞏固地位，自然會為族人提供教育機會。[9]

以儒學經典為主要內容的科舉，將個人、宗族、國家的利益串聯起來，為宋代以後的社會發展起到了巨大的作用。科舉對普通族眾改變命運如此重要，以至於宋代以後中國人普遍將寒窗苦讀作為一種美德加以頌揚，長久積澱，推崇教育也就融入民眾的血液，成為重要的文化基因。

正因為國家選仕途徑由唐以前的主要看出身，轉向以科舉選拔為主，教育與讀書人的地位在宋代得到了空前的提高，宋代文官的地位也明顯高於武將。也正是由於選官制度的巨大變化，宋代汪洙的《神童詩》才能夠成為讀書人引以自豪的心理支撐，此即所謂——「唯有讀書高」。其中，能夠瞬間提高讀書人特別是金榜題名者在當時社會包括宗族中的地位，讓他們感受宗族內外的榮耀，也是宣導和鼓勵宗族子弟努力讀書學習的重要方法。

三　高度重視教育有利中國大規模培養與集聚人才

社會發展離不開人才，中華民族能夠延續五千年文明而不間斷，且在歷經鴉片戰爭、八國聯軍入侵、抗日戰爭這樣的浩劫之後，還能夠頑強扭轉頹勢，與重視教育、鼓勵學習，能夠培養出大批有膽有識的能人志士有很大關聯。

宗法宗族重視教育對歷代皇權集聚精英具有重要作用。宋以後皇

9　《松滋羅氏族譜》，「勸學箴」，重慶：松滋羅氏宗祠影印道光十七年刻本，2017: 278. 轉引自《清季民初宗族教育理念的轉向——以松滋羅氏宗族為例》，作者：林夢月，四川大學，歷史文化學院。本書相關《清季民初宗族教育理念的轉向——以松滋羅氏宗族為例》引文皆與此同版。

權對科舉取士的認定與維護，不僅給出身底層的聰穎好學者提供了公平有效的競爭管道，也推動了當時社會形成推崇教育的風尚。這種社會風尚的形成，對中國宋代以後的歷朝歷代培養人才與集聚精英，都具有重大影響。而宗法宗族為了在新的風尚中爭取、鞏固與壯大力量，強化宗族子弟的教育，就成為一種宗族內部運作的必須。

前面提到的羅奇英曾寫過一篇《勸學箴》，規勸年輕學子重視學業，讀書勤勉才能金榜題名：「學未精休怪試官之無情，文若佳自有朱衣之暗點」。[10]「他明確地將『學』與科舉考試聯繫在一起，要求族人多讀聖賢六經，百家諸書，主要專攻『舉子業』，羅氏宗族對科舉的重視可見一斑。其不僅在族譜中專門表揚有功名的族人，還利用蒸嘗支持文教，賑濟士子，以『興學校而作育人才，助單寒而顯名科甲』」[11]

而「科舉入仕是徽州宗族教育子弟的重中之重。徽州宗族極力宣導和鼓勵宗族有才子弟參加科舉考試，科舉中試被視作仕宦正途。」[12]

可以說，正是遍佈中國各地的大小宗族對教育的高度重視，使得中國能夠通過開科取士不斷吸取社會精英，通過皇權賦予的政經權利創造向上流動的機會，維繫並促進了社會的發展活力，為中國在農耕社會長期領先世界創造了條件。如果沒有足夠的人才，僅僅依靠皇權的家族人才體系是無法維持一個人口眾多、幅員遼闊的帝國正常運行的。

重視教育使宗法宗族及其觀念對國家產生重大影響。對中國歷史影響極深的科舉始於西元 587 年，隋文帝正式設立科舉制度，一直延續到清朝末年（1905 年），合共持續了 1300 多年。

---

10 《清季民初宗族教育理念的轉向——以松溉羅氏宗族為例》，林夢月。

11 《清季民初宗族教育理念的轉向——以松溉羅氏宗族為例》，林夢月。

12 《宗族制度控制與社會秩序——以清代徽州宗族社會為中心的考察》，張金俊，《天府新論》（成都）2010 年 5 期第 136 頁。

科層製作為中國歷史上的一項重要政治制度，宋以後很大程度上是以科舉為依託的。根據統計及推算，北宋南宋合共通過科舉取進士和諸科總共約 11.5 萬人，政府官吏多數從這些精英中選拔。以「先天下之憂而憂、後天下之樂而樂」名垂千古、興辦義莊澤被族人開一代風氣、『腹中自有數萬兵甲』的范仲淹，還有着力變革的王安石等，都是通過科舉進入國家政權序列的能臣，在政治、經濟甚至軍事上發揮了突出作用。

　　隨着科舉取士成為進入國家政權序列最為重要的途徑，宗法宗族之間社會地位的高下不再像唐太宗重修《氏族誌》時所面對的山東名門高姓的「既定地位」，而是以科舉考試的成就作為重要標準：「宗族所培養出的科甲人才、入仕官僚的多少，是衡量的重要標準。封建時代，往往以此作為一個宗族是望族還是寒族的標準。所謂望族實際是指知名度高的宗族。而要躋身其中，就須有：一批知名人士來襯托、裝點。當時社會的知名人士就是生員、監生、舉人、進士，乃至翰林，是那些進入官場的人。」明代江蘇松江官僚顧國紳，「子孫數十人半列衣冠」，成為「一時之盛」。浙江海甯陳氏自明代中葉至清代道光年間經歷三百餘年，「子孫日益繁衍」，其中中進士者 31 人，榜眼 2 人，舉人 103 人，恩撥副歲優貢 74 人，徵名 11 人，廩生及監生近千人，宰相 3 人，尚書、侍郎、巡撫、藩臬 13 人，京官卿寺、外官道府以下名登仕版者逾 300 人。清代道光皇帝曾經頒佈過獎譽詔書，足見其『望族固久著矣』」。[13]

　　在明、清時期就有「非進士不得入翰林，非翰林不得入內閣」的説法。而宗法宗族成員經過科舉進入政權序列，獲得皇權賦予的政經權

13　轉引自《試論中國封建社會宗族的興盛與衰落》，王躍生，中國社會科學院人口研究所《中國人口科學》雜誌。

力，就可以運用權力、發揮能力治理國家，到一定的高位就能夠影響國家政治，其觀念也自然隨人而入。前面所說的范仲淹、王安石，都作為一時之選對宋代的國家治理發揮了重要影響。

湘軍作為摧毀太平天國的主要力量，受過教育的宗族力量產生了重要作用。擁有更多知識分子成分的湘軍，無疑在智力包括謀略方面較之以農民為主的太平軍更勝一籌；而通過宗法宗族強化的湘軍力量，又使得他們在為自己和宗族利益的拼搏中更為團結。湘軍的表現，也可以說是宗法宗族影響國家政治的例證。

重視教育是大量自費留學生出國深造的重要動因。鴉片戰爭之後，中國歷代仁人志士就開啓了「師夷長技以制夷」的歷程。在中國那個積貧積弱、四分五裂的艱難年代，希望通過接受西式教育獲取競爭優勢、施展抱負包括實現救國理想的，大有人在。而宗法宗族傳統上對教育的高度重視，也是大批中國學子自費留學的一種觀念驅動。

可能是近乎「同文同種」且通過改良了的君主立憲制實現了強國目標的原因，早期中國留學生到日本留學的數量最多：「粗略估計，從 1898 年至 1911 年間，至少有 2.5 萬名學生跨越東海到日本，尋求現代教育，為史上空前。這批留學生中，以學法政、醫科的居多。特別是法政類人數名列首位，隨便列幾個都是近代史上有名的人物，如周恩來、李大釗、陳獨秀、蔣介石、黃興等。」其中包括速成生、普通生、陸軍生、海軍生等。其中陸軍生「多數在日本陸軍士官學校接受初級教育。民國以後我國的軍界人士，多數是從這所日本陸軍士官學校畢業。第一期至第三十期，共有 676 名中國留學生畢業；其中僅第六期就有 198 人。蔣介石是第十期畢業生」[14]。

14《中日之間：「要記仇，也要知仇」》，2016-11-11，新加坡眼，發表於歷史。

中國真正開啓大規模海外留學，特別是到當時被視為科技最為先進的美國留學，乃是在中國大陸實行改革開放之後。1978 年 3 月 18 日，鄧小平在全國科學技術大會開幕式上說：「任何一個民族、一個國家，都需要學習別的民族、別的國家的長處，學習人家的先進科學技術。我們不僅因為今天科學技術落後，需要努力向外國學習，即使我們的科學技術趕上了世界先進水準，也還要學習人家的長處。」改革開放後，中國留學生無論出國率還是歸國率都創造了中國的歷史最高紀錄。

在 1977 年恢復高考之後的很長一段時間，大學生被視為中國大陸的「天之驕子」，而其中能夠到國外留學的更是被視為精英中的精英。「1980 年，還在北京大學讀大三的 22 歲青年易綱被派往美國學習經濟及管理，初到時，他揣着 2 美元，一邊留學一邊靠給學校食堂洗盤子賺生活費。」他後來擔任了中國人民銀行行長。

隨着中國大陸經濟的日漸提升，有能力將孩子送到發達國家接受教育的家庭越來越多；不僅出國留學的大學畢業生越來越多，比較富裕的家庭甚至願意讓未成年的孩子從中學就到海外留學，以求盡早接受西方教育。中國大陸逐漸變成了世界最大的留學生輸出地，「2019 年度我國出國留學人員總數為 70.35 萬人，較上一年度增加 4.14 萬人，增長 6.25%；各類留學回國人員總數為 58.03 萬人，較上一年度增加 6.09 萬人，增長 11.73%。」[15]

改革開放初期出國留學的少，學成歸國的更少，輿論曾經高度擔憂精英外流。「2002 年，也就是中國被世界貿易組織接納的次年，出國與歸國人數之比一度達到了 6.94：1，也就是說，每 7 名中國留學生

15《2019 年度出國留學人員情況統計》，2020–12–14，來源：教育部。

中僅有 1 人回國！」[16] 但是隨着中國大陸在世界政經體系的地位大幅提升，和吸引海外留學歸來人才的政策配套，比例越來越高的海外留學生選擇回國，如今據統計已經接近 80%。「1978 至 2019 年度，各類出國留學人員累計達 656.06 萬人，其中 165.62 萬人正在國外進行相關階段的學習或研究；490.44 萬人已完成學業，423.17 萬人在完成學業後選擇回國發展，佔已完成學業群體的 86.28%。」[17]

毋庸置疑，中國大陸的工業化發展包括製造與創新能夠在短短的四十年獲得如此巨大的成就，與大批留學精英選擇回國就業或創業有很大關聯。中國如今在很多領域如超級計算機、北斗衛星導航、天眼、量子通信、5G 技術等方面能夠躋身世界一流，與大量擁有留學經歷的科技精英的加入有很大關聯：其中有很多「頂尖的學術帶頭人。國際著名的結構生物學家施一公、高能物理王貽芳、人工智慧甘中學、新藥研製丁列明……他們的回歸為國家各個領域的發展作出了顯著貢獻。數據顯示，中國科學院院士中的 81%、中國工程院院士中的 51%、國家重點項目學科帶頭人中的 72%，均有留學經歷。」[18] 中國科學技術協會主席、曾任科技部部長的萬鋼，也是從德國學成的博士。

大概這個世界上沒有哪個國家能像中國一樣從宏觀的政府到微觀的家庭，都對年輕一代的教育如此重視，這在很大程度上得益於宋代以來在科舉取士制度的誘導下，遍佈中國大地的宗法宗族及其族眾為了強化各自宗族的實力與聲望，高度重視對族眾後代包括地位低下的族眾後代進行教育。中國大陸留學生在最近四十年之所以能夠有如此之

16《1978–2018：四十年中國人赴美留學史》，來源：齊魯博士論壇。

17《2019 年度出國留學人員情況統計》，2020–12–14，來源：教育部。

18《中國留學生 —— 走向世界，改變中國》，中國文化研究院，2019 年 6 月 20 日。

高的出國數量，除了經濟提升的支撐之外，其中兩個重要的原因，就是家庭竭力支持、國家積極鼓勵。而這兩個原因，都離不開宗法宗族觀念中高度重視教育的文化基因。筆者的一個親戚，二十年前曾經為了孩子到加拿大留學，不惜四處借貸，甚至賣掉自己僅有的房子，也要交上昂貴的四十多萬人民幣學費，令人唏噓，也令人感慨。

中國已經從人口大國變成人力資源大國。中國對教育的重視，從政府到民間是有着絕對的共識的。當中國大陸從文革的政治狂熱中回歸理性，對教育的高度熱情立刻從全大陸上下迸發出來。

中國「已建成世界規模最大的高等教育體系……『211 工程』『985 工程』『2011 計劃』『雙一流』等重大專案先後實施，我國高校在全球的排名位次整體大幅前移，高校產出了一批具有國際影響力的標誌性成果。」「70 年來，教育為國家培養了 2.7 億接受過高等教育和職業教育的各類人才。……教育為國家現代化建設提供了源源不斷的人才和智力支撐。」「2020 年，全國共有普通高等學校 2738 所。其中，本科院校 1270 所（含本科層次職業學校 21 所）；高職（專科）院校 1468 所。各種形式的高等教育在學總規模 4183 萬人，規模居世界第一。」[19]

1977 年中國大陸恢復高考後的前幾批大學生曾經被視為改革開放初期的「天之驕子」，當時的大學生意氣風發、胸懷天下，基本上是「皇帝的女兒不愁嫁」。這一方面反映了社會發展對人才的渴求，另一方面也反映宗法宗族觀念中重視教育的文化基因重新迸發巨大活力，人們在文革那樣的摧殘文化的運動之後依舊相信「萬般皆下品，唯有讀書高」。

工業化發展離不開高素質的人力資源，特別是進入第二次工業革命階段，對創新發展的需求是「爆炸」性的，專業知識會超越資本成為

19《高等教育這百年》，中國教育網，2021-06-30，中國教育線上。

第一重要的資源。應該說，無論中國製造還是中國創新，人才乃是第一位的。「在人才方面，報告認為中國有着『無與倫比的人才和資料庫』。在斯坦福大學的機器閱讀理解國際挑戰賽中，中國團隊經常佔據前五名的位置，包括第一名；在世界最著名的中學生電腦科學競賽：國際資訊學奧林匹克競賽中，中國人贏得了 88 枚金牌，美國人贏得了 55 枚。中國擁有世界上最大的國內市場，中國的科學、技術、數學、工程（STEM）學位元的本科畢業生是美國的四倍，預計到 2025 年，畢業的 STEM 博士人數將是美國的兩倍。相比之下，美國本土人工智慧博士的數量自 1990 年以來都沒有增加。」[20]

教育部發展規劃司司長劉昌亞 2021 年表示「現在我國新增勞動力平均受教育年限達到 13.8 年，相當於已進入到高等教育階段，但 2020 年勞動年齡人口平均受教育年限為 10.8 年。」[21]

中國大陸在恢復高考後短短四十年培養了兩億多專門人才，形成了世界單一國家最大的工程師群體，中國已經從人口大國變成人力資源大國，這為中國的工業化發展包括中國製造與中國創新，奠定了堅實的人力資源基礎。

四 重視教育使宋代獲得巨大創新能力

宋代開始高度推崇教育，其直接結果就是倡導了競爭意識，培養了大量知識型人才，促進了宋代社會的高度繁榮，對於突破現狀、刺激

20 《哈佛報告對比中美六大新興技術發展現狀》，秦中南、龍坤，軍事高科技線上，2022-01-07。

21 《我國勞動年齡人口平均受教育年限為 10.8 年 2025 年力爭提高到 11.3 年》，2021-04-01，《經濟日報》。

創新，具有非常重要的影響。這些人才並不僅僅限於通過科舉進入政權序列的管治人才，還有大量人才通過其他領域展現其能。

中國古代四大發明中的三項與宋代密切相關。中國古代的四大發明中除了造紙術相傳是由東漢時期的蔡倫改良之外，指南針、火藥、印刷術等三項影響世界的發明都是確立於宋代。

1044 年出版的北宋曾公亮等人的《武經總要》，其中描述了用人造磁鐵片製作指南魚的方法：「用薄鐵葉剪裁，長二寸，闊五分，首尾銳如魚型，置炭火中燒之，候通赤，以鐵鈐鈐魚首出火，以尾正對子位，蘸水盆中，沒尾數分則止，以密器收之。用時，置水碗於無風處平放，魚在水面，令浮，其首常向午也。」

朱彧在其 1119 年發表的《萍洲可談》中，率先具體提到利用指南針在海上航行。1123 年宋朝派遣使臣取海路出使朝鮮，《宣和奉使高麗圖經》記載用水浮指南針導航：「是夜洋中不可住，維觀星斗前邁。若晦冥，則用指南浮針，以揆南北」。

火藥也是中國古代的四大發明之一，對推動後世的經濟、軍事發揮了重大影響。雖然有觀點認為火藥源起中國煉丹術，且在唐朝已經有所記載，但是真正廣泛用於軍事還是在宋代。曾公亮等人在 1044 年出版的《武經總要》裏已經對火藥配方進行明確的書面記錄，且有類似砲彈的霹靂火球，以及類似空爆彈的竹火鷂甚至水雷。宋朝在大約 12 世紀中期已經研發出火銃這樣的單兵火器，後世很長時間都在使用，甚至還有連發式火銃。

北宋畢昇發明的膠泥活字印刷，與中國一直到 1980 年代尚在使用的中文鉛字印刷，在原理上是基本一致的。沈括是第一位精準描述活字印刷全過程的學者，在他寫於 1088 年的著作《夢溪筆談》中描述了畢昇製作字形、撿字排列、印刷，並在印刷後拆解留待再用的方法。這項發明對於知識傳播具有重大意義，也可以說，宋代文明之所以能夠

被後世視為中華文化的高峰，與活字印刷能夠大量地將已有知識完整準確地大量複製，並迅速傳遞到各地重視教育的宗族、積極尋求知識的學習者手中，有着非常重要的關聯。

宗法宗族高度重視教育對創新發展具有重要作用。宋代的人文鼎盛以及中國古代四大發明中的三項與宋代密切相關，都屬於廣義的創新發展，這在很大程度上與當時的宗法宗族高度重視教育、肯定能力且鼓勵競爭有關：

一、只有宗法宗族充分認識到教育對宗族生存與發展的重要作用，才願意聚合財力支持宗族後代廣泛學習；

二、只有教育得到了廣泛重視，才可能培養大量的知識人才；

三、只有掌握知識的人多了，其中的傑出之士才能進行各種各樣的發明創造，如當時領先世界的造船技術、製瓷技術，還有冶煉技術等等；

四、宋以後普及型宗法宗族因為規模較小，難以維持唐以前大型宗族內部的精細分工與協作，以往大型宗族遵行的「安守職分」，在受教育群體增加的情況下，「同場競技」的難度加大，對科技、工藝的創新發展與另闢蹊徑，就有了更強的刺激與追求；

五、印刷術的發明使得知識的傳遞效率大為提高，更多的人能夠通過活字印刷產品迅速而準確地分享當時的知識包括技藝；

六、我們有理由相信，宋代的發明應該遠不止《武經總要》和《夢溪筆談》中記載的發明創造，可能還有很多發明被歷史特別是大規模戰爭淹沒。

宋代的科技創新與發展直接影響到明代初期，《明史·鄭和傳》中記載：「永樂三年六月，命和及其儕王景弘等通使西洋。將士卒二萬七千八百餘人，多齎金幣。造大舶，修四十四丈、廣十八丈（約 146.67 米長、 50.94 米寬）者六十二。」而宋代領先世界的造船技術，例如不

僅可以建造漕船，還能建造座船、戰船、運兵船，甚至據估計能夠建造承載千噸的海船，無疑是給明代鄭和下西洋建造的超級艦隊奠定了技術基礎。

應該說，宋代人文鼎盛，科技創新興盛，與宋代的宗法宗族理論與制度、思想觀念與運作模式較之唐以前發生巨大變化有密切關聯。科舉制度的完善不僅克服了魏晉南北朝時期門閥制度「世冑躡高位、英俊沉下僚」的積弊，由科舉誘發與刺激的宗法宗族對教育的高度重視，特別是宗法宗族觀念中肯定能力、鼓勵競爭的因素得到大幅增強，對科技發明與創新發展產生了重要的刺激與推動作用。

中國曾經在包括數學在內的很多基礎科學與應用科學領域領先世界。有觀點認為中國「有技術、無科學」，其根據只是以西方工業革命之後的歷史為參照。中國古代科學技術曾經長期領先世界，天文、數學、物理、化學、生物、地理、農業、醫學、機械、建造、冶金等等，不管是在基礎科學，還是在應用科學上都曾有大量驕人成就。宋代崇寧二年刊行的李誡創作的《營造法式》是北宋官方頒佈的建築設計與施工的規範書或者說工具書，堪稱中國古代最完整的建築技術書籍。在當年能夠出版這樣的專業書籍，涉及計算、材料等諸多方面的知識，當然不可能「無科學」。

按照西方科學的觀點，數學是最重要的基礎科學。而數學，正是中國古代最為發達的基礎科學學科之一。

據考證，甲骨文的數字已是十進位，並有位置值制的萌芽。殷末周初就已經具備了簡單的勾股知識。周公制禮中數學成為貴族子弟教育中的「六藝」之一。最晚在春秋時代，人們已能熟練使用具有位置概念的十進位制這種最先進的記數法，已有九九乘法表、整數四則運算等，並使用了分數。

戰國時期的百家爭鳴給數學的發展提供了更加自由的空間，形成

了「九數」即數學的 9 個分支：方田、粟米、差分、少廣、商功、均輸、盈不足、方程、旁要（後擴充為勾股），這就形成了中國傳統數學的基本框架。《周髀算經》《九章算術》等著作對後世影響頗大。據相關資料，在東漢末年到魏晉時期，曹魏劉徽撰《九章算術註》，總結並發展了《九章算術》早在編纂時代就已經使用的出入相補原理、截面積原理，以及齊同原理與率的理論，以演繹邏輯全面證明了《九章算術》的公式和演算法，奠定了中國傳統數學的理論基礎。而南北朝時期的數學家祖沖之推算的圓周率是在 3.1415926 和 3.1415927 之間，遠早於西方。祖沖之和他的兒子祖日恒還通過計算得到了球的體積公式。

盛唐無疑是中國生產力大發展的時期，自然科學的基礎在繁盛的經濟支持下得到進一步發展。北宋秘書省在 1084 年刊刻了漢唐九部算經，這是世界上首次印刷數學著作。宋代還專門設有算學博士。

除了數學這樣的基礎科學，中國在工程技術方面的成就也令人驚嘆。戰國時期的李冰主持修建的都江堰，工程涉及水文、地質、建築、計算等多個學科的專業知識，且歷經二千多年至今仍舊對成都平原的繁榮富庶發揮重要作用，堪稱世界水利工程史上的奇跡。應該說，中國古代科學技術除了四大發明外，在冶金、機械、建築、農學、醫學、數學、物理、化學等方面也取得過極其輝煌的成就。

東漢張衡發明渾天儀、地動儀，他對月食等天文現象的的清晰解釋非常超前。祖沖之（429–500 年）在天文方面，他提出了當時先進的歷法「大明歷」，還算出地球繞太陽一周所需的時間是 365.24281481 日，和現在經由精密儀器測定的數據 365.2422 日，精確到小數點後三位。以當時的計算條件，這實在是了不起的成就。[22] 元代郭守敬（1231

22《中國古代數學》，郭書春，2019 年 11 月 19 日。

年–1316 年）在天文、水利上的發明、創造，都異常可觀，他對地球繞日一周的時間測定，其精確度與實際值僅差 26 秒，與現行公曆一致。而支持日心說的義大利數學家、宇宙學家布魯諾，卻於 1600 年被燒死。

2002 年在湖南里耶古井內出土的竹簡，記載了完整的九九乘法表口訣，令人驚奇不已，領先世界約 600 年。明代朱載堉著有《算學新說》《嘉量算經》《律曆融通》《圓方勾股圖解》等。其在《律呂精義・內篇》卷一中詳細介紹了「十二平均律」的演算法以及所得數據，這個結果並非僅僅是作為一個音樂家就可以獲得，必須有精深的數學知識。據說此律傳到西方後，西方著名音樂家巴赫根據這一理論，製造出世界上第一架鋼琴。

東漢末的華佗，堪稱歷史上有記載的做麻醉手術的第一人。明代萬曆二十三（1596）年在南京正式刊行李時珍的《本草綱目》，載藥 1892 種、附藥物圖 1109 幅、方劑 11096 首，乃是世界藥物學的寶典。歷史地看，中醫長期面對瘟疫的挑戰，在防治瘟疫方面有獨到的理論與經驗。從 2003 年來勢洶洶的非典型肺炎，到 2019 席捲全球，造成上億人感染、百萬人死亡的 2019 冠狀病毒，中醫在預防與治療方面都展示了特殊的功效。而這種特殊的功效，使當今很多中國人在生命受到嚴重威脅的情況下，重新認識及理性看待近一個世紀以來被西醫嚴重壓抑、差點被取締的中醫。國家最高領導人更是慧眼獨具，把中醫擺到重要的國家發展戰略之中。

從化學的角度講，晉代煉丹家葛洪是有史記載中，最早發現化學反應可逆性的人，他當年用於溶解黃金的金液方，至今為世界化學家所應用。

北魏賈思勰在 6 世紀就對肥效和農業輪作制做了明確闡述，而英國的綠肥輪作制到 18 世紀才開始推行。

北宋沈括堪稱科學奇人，在其 1088 年的著述《夢溪筆談》中記載

了當時大量的科技成就，是世界上第一位準確地描述地磁偏角（即磁北與正北間的差異）的人，還做了聲學共振實驗，創製的十二氣歷，對照當時的世界，無疑是非常先進的科技創新。

上述歷史證明，中國人從不缺乏科學創新意識與科技創新能力，只要有合適的土壤，創新的種子就會發芽。而宋代普及型宗法宗族理論與制度、思想觀念與運作模式的巨大變革，特別是其中肯定能力、鼓勵競爭的因素，作為刺激中國人產生創新追求的文化基因極其重要。

五　中國科技斷崖式下跌，歷史難以還原其真

既然中國宋代在科技水準的不少領域都能夠領先世界，直到明代鄭和下西洋乘坐的遠洋艦船的製造技術水準還遠在歐洲之上，為甚麼到了清代就迅速變得如此落後？正如著名的李約瑟之問「儘管中國古代對人類科技發展做出了很多重要貢獻，但為甚麼科學和工業革命沒有在近代的中國發生？」

中國古代只有經驗科學的論斷值得商榷。一直到十六世紀之前，中國的整體科技水準遠在歐洲之上，據有關資料，從西元 6 世紀到 17 世紀初，在世界重大科技成果中，中國所佔的比例一直在 54% 以上，而到了 19 世紀，驟降為只佔 0.4%。[23] 有觀點認為，中國古代的經驗科學很發達，但是缺乏近代實驗科學。

所謂經驗科學，系指偏重於經驗事實的描述，長於明確具體的實用性的科學，一般較少抽象的理論概括性。在研究方法上，以歸納法為主，帶有較多盲目性的觀測和實驗。一般科學的早期階段，多屬經驗科

23《科學私房課第八十八講 李約瑟之謎》，張斌，2020 年 10 月 22 日。

學。亞里斯多德就主張「經驗論」，認為人必須以感官經驗為基礎發展知識。這樣的論點後來成為「經驗主義」，很多數西方科學家都強調：只有感官所感受到的經驗才是實在的。

實驗科學則是在設定的條件下，用來檢驗、驗證或質疑某種已經存在的理論，可以通過控制變量產生不同的結果，關鍵是依賴可重復的操作，並對結果進行邏輯分析。如果重復得出預料中的結果，就有很大可能確定實驗正確。

筆者認為，從前述中國古代科學的廣泛成就看，不可能僅僅是經驗科學發達，經驗的不斷積澱與實證的反復提升必然具有實驗科學的成分。而現實中，很多科技成就都是從偶然甚至意外中發現，實驗也並非和經驗截然分離。

其實我們在這裏應該強調一下，很多以「科學之名」否定中國傳統文化包括中醫的人，本身對「科學」的理解就是錯誤的 —— 科學強調預測結果的具體性和可證偽性，但是「科學」本身並不等同於絕對的真理，而是在現有基礎上通過探索包括試錯不斷地接近真理；且在某個階段獲得的「正確結論」，很可能在技術驗證能力提高之後被否定。以中醫為例：「成書於戰國晚期的《黃帝內經》是中醫學理論的經典，為中醫學理論發展的方向和道路奠定了基礎，其後各代的醫書都是沿着這一方向和道路發展的。成書於漢代的《神農本草經》是我國現存最早的藥物學專著，此後很多朝代都有醫學家對中醫藥學進行科學的總結。明代李時珍是集大成者，他的《本草綱目》對世界醫藥學和生物學都作出了重大貢獻，達爾文在自己的名著《人類的由來》中也引用了李時珍《本草綱目》的材料。」[24] 很明顯，長期的試錯與糾正就體現了科學精髓。

24《中國古代科技》，香港教統局，2002 年。

中醫從傳說中的「神農嘗百草」開始，其發展本身就展示了醫科的不斷探索與總結，這種試錯與糾正的過程就體現了「科學」的神髓。但是很多人就是直接把「科學」的方法或過程簡單地當做了「正確」，認為「不科學」就是「不正確」。而「科學」本身更在於發現錯誤，在排除錯誤中尋求「正確」。

在筆者看來，既然我們今天認同中國宋代的科技水準在當時的世界整體上處於領先地位，且作為西方科學重要基礎的數學，也一直是中國長期保持領先的領域，應該說當時的智者並非僅僅注重經驗科學——這裏有一個需要辨析的問題，就是我們不應該簡單地認為中國重文輕理，不重視科學。而對於中國早期的科技成果也不應該簡單地將之劃分為以歸納法為主、難以重復驗證的經驗科學，更不應該簡單地因為缺乏史料就否定中國的實驗科學。

認為中國古代只有經驗科學的論斷，是值得商榷的。我們應該從歷史的角度，分析中國曾經領先的早期科技：

一是有沒有被記載下來？

二是記載下來有沒有傳播開來？

三是記載下來有沒有流傳後世？

四是科技知識傳承有沒有被強力破壞？

五是科技發展有沒有被刻意限制？

傳播困難與皇權刻意毀棄都有責任。首先，古代的文化傳播能力較為低下，科學技術領域的成果無法像今天這樣，只要技術公開，全球幾乎可以同時分享科技進步的成果。以手抄的方式進行傳播，無疑是非常緩慢的。而北宋雖然發明了膠泥活字印刷，但是刊行理論書籍，特別是刊行至今也不太可能成為暢銷書的科技理論著作，是需要很高的發行成本的，恐怕也不是一般人能夠負擔。

其次，就涉及科學技術的書籍而言，經歷《永樂大典》《古今圖書

集成》《四庫全書》等的編撰，雖然錄入的著作很多，但是因此而人為銷毀的書籍也很多。《永樂大典》遺失殆盡自不必說，據記載，《四庫全書》存書 3475 部，79070 卷；而僅僅保留書名但是被銷毀的書竟然有 6766 部，93556 卷。[25] 被銷毀的書籍總數據稱有一萬三千六百卷，十五萬多冊。且除了焚毀書籍，還系統地銷毀明代檔案，清廷存留的明代檔案僅三千餘件，估計被清廷銷毀的明代檔案不少於 1000 萬份。就是說，清朝統治者為了盡力消除中原文明對一個少數民族政權的不利影響，除了針對知識精英發起了超過 150 次的文字獄之外，還採取了遠比「焚書坑儒」更加嚴厲的文化破壞手段。不可否認，滿清皇權對中原文明包括主要由漢人掌握的科技文明的摧殘是極其嚴重的。

大規模戰亂與滅絕性殺戮，科技傳承難免遭殃。十六世紀之前中國的整體科技水準遠在歐洲之上，那麼為甚麼中國的科技發展會在高度領先的狀況下斷崖式下滑？

筆者認為，這與宋代之後北方遊牧民族兩次大規模入主中原，有很大的關聯。大規模戰亂對人們的生命和財產產生的巨大破壞，當然也包括科技人才、科技知識、科技設備與科技平台的喪失。

我們先從一個偶然的考古發現談起。1970 年 10 月在陝西西安南郊何家村也就是唐代長安城興化坊內發現了一處唐代窖藏。在兩個高 65 厘米、腹徑 60 厘米的大甕和一件高 30 厘米、腹徑 25 厘米的大銀罐中，考古確認有金銀器皿 271 件，銀鋌 8 件，銀餅 22 件，銀板 60 件，金銀銅錢幣 466 枚，瑪瑙器 3 件，琉璃器 1 件，水晶器 1 件，白玉九環蹀躞帶 1 副，玉帶胯 9 副，玉鐲 2 副，金飾品 13 件。另有金箔、麩金、玉材、寶石及硃砂、石英、琥珀、石乳等藥物。

---

25 《乾隆修《四庫全書》究竟是修書，還是在毀書？》，寢言說歷史，2018 年 10 月 15 日，發表於歷史。

據公開資料，這批窖藏的金器總重量達 298 唐大兩（唐一大兩約為 45 克），銀器總重量為 3900 唐大兩。僅黃金和白銀本身的價值和玉帶胯，就值 3830 萬錢。據《新唐書·食貨誌》記載：天寶五年「斗米之價，錢十三」——就是說，3830 萬錢可購米近 300 萬斗，約相當於 15 萬男丁一年向唐朝政府交納的租粟。從銀餅中有開元十九年（西元 731 年）的紀年，因此基本上可以判斷這批寶物與 755 年的安史之亂有關。

從這批價值連城的「何家村窖藏」可以看出，每逢大規模戰亂，人們為了輕裝逃命，連巨額財富都無法隨身攜帶，當然也就很難攜帶記載科技知識的書籍，以及可能體積和重量都不易運輸的科技設備、製造工具。

大規模戰亂往往伴隨劫掠與殺戮，逃難者需要盡量輕裝才有利於遠行避禍。而掌握科技知識的群體，一般不可能是整天為三餐忙碌的平頭百姓，但是作為腦力勞動者卻往往又是應對戰亂與逃難的弱者，對抗惡劣環境的生存能力遠不及平素吃苦耐勞的體力勞動者。就是說，無論是掌握科技知識的人員，還是傳播科技的書籍，還有與科技相關的重型設備、裝備製造工具，都非常容易成為大規模戰亂的犧牲品，淹沒於歷史的塵埃之中。

中國歷史上規模較大的人口滅殺事件，都是戰爭造成的。中國歷史上十四次人口大滅殺，對科技無疑具有毀滅性的打擊。例如安史之亂之初的西元「755 年，全國有 5292 萬人口，到 760 年，全國人口僅餘 1699 萬，損失率 68%」。[26]

唐末黃巢從西元 875 年舉兵，到 884 年戰死，前後十年，轉戰十二省，揮兵 15000 餘里，席捲中國經濟、文化最發達的地區，號稱殺

26《中國歷史上十四次人口大滅殺》，2008 年 09 月 25 日，新華網。

人 800 萬（西元 760 年唐朝人口約 1700 萬），當時有一句俗語：「黃巢殺人八百萬 —— 劫數難逃」。其中黃巢的軍隊對唐宗室、公卿士族等大開殺戒，「殺唐宗室在長安者無遺類」。[27]

「最保守的估計，中國金境和宋境內至少被屠殺了 6400 萬人，這還不包括蒙古帝國在西夏的種族滅絕行為中喪失的黨項族人民。另據《紫山大全集》卷 ——《效忠堂記》的數據，元滅宋之年南宋全境有戶 1174.6 萬戶，1122 年全國人口 9347 萬，到元初 1274 年，人口 887 萬，損失率高達 91%。」

滿清入關也是中國歷史上一次巨大的生命浩劫。大屠殺的死難人數可能過億。「從李自成起義到吳三桂滅亡，明末清初國內混戰 54 年。明末全國人口為 1 億，到清世祖時全國人口只剩下 1400 萬人了。銳減 80% 多，損失人口 8000 多萬。」[28]

我們從上述大規模戰亂特別是兩次相對落後的遊牧民族對先進文明在人口上的滅絕性殺戮，可以想像會有多少科技人才、科技記載、科技設備在戰亂中「灰飛煙滅」。在巨量人口被消滅的狀況下，即使有客家人那種大規模的南遷逃亡，原本在總人口中佔有比例就比較少的精英科技人才，能夠生存下來的數量必然很低；而戰亂之中最重要的錢財都能夠如同「何家村窖藏」那樣埋藏地下而無法隨身攜帶，以致千年之後才偶然被發現，那麼逃難之時有幾個人能夠隨身攜帶沉重的科技書籍與科技研發必不可少的各種設備呢？儒家經典可以經由背誦複製，即使錯背了一些字，依舊可以「微言大義」；但是科技著作就很難經由記憶進行複製，往往是「差之毫釐，謬之千里」；而很多科技如果缺少

27《資治通鑑》，司馬光著，第 254 卷，唐紀七十。

28《中國歷史上十四次人口大滅殺》，2008 年 09 月 25 日，新華網。

了和平時代科技設備的積累與進步，包括當時的「裝備製造業」的積累與進步，在那個科技知識傳承不易的時代，也必然給科技進步帶來巨大阻礙。

世界四大古代文明中的三個——美索不達米亞、古埃及、古印度，其實最後都可以說在外族入侵下被終斷的。所以，我們在感嘆中國科技從高度領先到斷崖式下降的同時，應該考慮包括遊牧民族入主中原如蒙元和滿清所進行的滅絕式殺戮，以及大規模戰亂如安史之亂、黃巢興軍對當時民眾的大規模殘害。在那種人口大比例消失甚至遭遇滅絕性殺戮的改朝換代戰爭中，科技的「斷崖式下跌」是無可避免的。

遊牧民族武力征服中原但對科技的認知相對落後。筆者認為，遊牧民族入主中原，由於基礎教育的不足，雖然看得到中原民眾在文明程度包括文化、科技與工藝上的領先，但是未必能夠真正意識到工匠們所掌握的技藝，是建立在甚麼樣的基礎之上。

首先聲明一點，以這個角度觀察與分析遊牧民族入主中原帶來的負面效果，並不是為了否定元代和清代的歷史價值。

宋朝 1271 年被元朝消滅，中國堪稱也是進入了文明最為「黑暗的中世紀」——缺乏基礎文明教育的遊牧民族蒙元入主中原，雖然通過戰爭認識到了某些與軍事相關的技術如火砲對於攻城掠地是非常有用的，金人、蒙古人也曾經大量劫掠、遷移、吸納他們認為有用的工匠，甚至對相關技術與工藝加以改良，但是對於科學理論研究與技術之間的關係，則很難深入理解。金元王權對待工匠的取態，確實是只重視「經驗科學」，比如製造冷兵器。他們未必能夠深刻認識，製造一把好的軍刀，從探礦、選礦、冶煉到鍛造，是一個系統工程，需要理論與研究的支撐才能保障水準與持續提升。元朝對於火器以及造船業等戰爭武器較多繼承乃至發展，火器還在征服西域的過程中發揮過重要作用，但是對具體技術與工藝的重視並不代表對其背後的理論支撐能夠給予同樣

的尊重。正因為缺乏對科技理論的認知，也就難以持續培養這個方面的人才；而缺乏基礎理論支撐的技術無疑是難以順利傳承的，更不要說進一步的深入發展。科學與技術的積累與發展，需要不斷彌補短板，僅僅注重技藝的層面顯然是不夠的。

我們現在回過頭來看，始於 1127 年的南宋，在 1279 年為蒙元所滅。而這個時段，歐洲規範化教育開始興起 —— 義大利在 1158 年成立了歐洲歷史上的第一所正規大學—波侖亞大學，其後，歐洲各地相繼出現了許多大學，如 1160 年成立的巴黎大學、1167 年成立的牛津大學、1209 年成立的劍橋大學。眾多大學在歐洲各國之間建立起重要的傳播知識和交流科學技術的專門學術機構，為歐洲科學與技術的迅猛發展，包括為後來的初始工業化和第一次工業革命奠定了重要基礎。而哥倫布 1492 年發現新大陸、麥哲倫在 1519 年－1521 年率領船隊完成環航地球，這些地理大發現讓歐洲國家的權力擁有者，也可以說一批重商主義的王權，普遍認同先進科技對掠奪財富的重要性，因此他們能夠從國家戰略及王權利益的層面善待科學與技術，主觀上對科技明顯具有支持與推動的意願。

應該說，兩次遊牧民族入主中原，疆域是得到了大規模的增加；但是對科技文明的落後認知，使得中國「大而不強」，以至於後來難以應對歐洲工業革命帶來的西方入侵。

少數民族入主中原的皇權高度重視壓制與防範，主觀上傾向於遏制科技進步。中國的科技水平整體上在宋朝滅亡以後明顯落後，與兩次遊牧民族征服中原之後高度重視壓制與防範在人口上佔絕大多數、在文明上佔絕對優勢的中原漢民族有很大關係。

蒙元與滿清入主中原，乃是遊牧少數民族或半遊牧半農耕少數民族依靠武力，征服了一個人口基數遠比自己大得多、文明程度遠遠領先自己的漢民族，因此，壓制與防範就成為維繫蒙元與滿清皇權的重

要手段。據不是很精確的統計，滿清入關之時人口不超過60萬，面對的是數量百倍於己、以漢人為主的關內人口；而清代人口最多時達到四億，純粹的滿族人口只有幾百萬。

就是說，少數民族雖然通過武力入主中原，如何保障不被佔人口絕對多數的漢族推翻，乃是蒙元和滿清皇權最為關心的存亡問題；與這個核心利益相比，其他問題都在其次。因此，其穩固統治的關鍵，就是不能讓被征服的人口基數龐大的漢民族，形成有效的反抗力量，其中就包括不能讓漢人繼續擁有領先於蒙滿民族的科技，一個必然的結果是對漢民族施行高壓與歧視政策，並在主觀上傾向於限制科技的研發。

蒙元皇權將文明程度最高的南人踩在社會最底層，阻礙了科技進步。元朝將當時的民眾劃分了四個等級：蒙古人、色目人、漢人、南人。蒙古人享有政治、經濟和法律上的相應特權，乃是「國人」；「色目人」則為較早歸順蒙古的西域各族，以及中亞甚至東歐各族，政治地位次於蒙古人；「漢人」乃是金朝所統治的各族人民，包含女真、漢人、契丹、高麗等族，蒙元將之皆列為漢人；南人則是南宋治下的漢人民眾包括大量南遷的中原知識精英，他們處於社會的最低一等。問題在於，歷史上因為躲避戰亂，「南人」恰恰是當時中國文明程度最高的群體。

從西晉末年五胡亂華，中原士族南逃避禍，中原文明隨着縉紳、士大夫的避亂南方已在當地生存發展；其後還因安史之亂、唐末戰亂及之後的五代十國，也導致大量知識精英南遷；再有就是宋高宗在臨安建都的南宋，也吸引知識精英大量遷移南方。應該說，元朝將擁有當時最先進文明的「南人」視為最低一等，本身就是想通過高壓與歧視簡單粗暴地把維繫統治放在了最高的位置；而在歧視、壓制與防範最優質人才、排斥先進文明的同時，也就排斥了科學與技術。蒙元堅持維護文明落後群體的特權，最終的結局只能是失敗，退回大漠。

每當中原地區處於戰亂之時，都會造成大量知識精英南逃。這些

知識精英在難逃的過程中，失去的不僅是家園，還有大量承載知識的書籍，包括涉及科技的書籍與相關資料，當然也包括科技研發必不可少的相關設備。同時因為逃難之後首要的問題是生存，活下去的壓力也會造成很多知識精英不能再把精力聚焦於科技的研發。且由於當時的知識傳播能力不強，進入書籍記載的科技知識本就不多，原有的科技知識積累不僅會因為戰亂對民眾的大量殺傷而失傳，科技知識的記載也很容易消失在戰亂的烽火、逃亡的路途之中。在那個生產力不夠發達、知識傳播也相對困難的中古時代，很多科技研發設備在毀壞之後，由於設計、工藝、材料等方面的限制，也很難迅速復原。而由於元朝在入主中原後設置的身份制度，使得擁有當時最高文明卻身處最低階層的「南人」，必須花費最大的精力維持生存而不是潛心耗費精力財力的學術，科技的發展必然處於一個較低的水準。

滿清皇權刻意壓制漢人思想、限制漢人掌握超越滿人的武器，遏制了科技發展。滿清皇權吸取蒙元帝國拒絕漢化、野蠻高壓而最終被逐出中原的教訓，積極汲取中原文化，但是為了保障統治還是要賦予滿人足夠的特權，並嚴厲壓制漢人的思想、限制漢人能夠掌握的武器裝備：各地的行政長官以滿人為主，即使能力不濟也要堅持這種制度安排；大興文字獄，對任何抵制清朝統治的思想苗頭給予殘酷鎮壓；在裝備上差別待遇，最好的武器必須由八旗兵使用，以保證滿人在軍事上的優勢；以修撰典籍的名義銷毀對清廷不利的書籍包括文獻，而扼殺不為滿人掌握的科技創新就成為一種必要。

滿清時代並非沒有科技人才，例如：「在康熙時期，有一個十分好鑽研和發明的人叫做戴梓，當時他做出的火槍就號稱能百步穿楊，威力巨大。而後來接觸到了荷蘭向康熙進獻的一批蟠腸鳥槍後，更是研製出了能 28 連發的連珠火銃，這可比火槍厲害多了。據記載：該槍形似琵琶，銃背就是彈夾，兩個銃機相互銜接，扣動扳機彈藥自動填裝，同

時擊發另一個銃機中的彈藥。」[29]

康熙「力圖防止以漢人為主的漢軍及民間擁有超過八旗的火器技術和火器裝備。在康熙的想法中，八旗需要掌握最精良的火器，對漢軍綠營形成武器上的優勢，才足以防止與控制可能的反叛，鞏固清朝的統治。」「各地漢軍綠營只可以使用次一等的火器，如鳥槍、抬槍等小口徑火器。」乾隆甚至希望「各督撫不動聲色，將鳥槍改為弓箭」。「從此百年間，火器技術不僅未再向前發展，甚至有所倒退。而同時期世界各國的技術發展卻一日千里，徹底將清朝甩在後面。鴉片戰爭時期，迫於現實壓力，清朝各地大造火炮用於抗擊英軍，但造出來的火炮品質不僅不如康乾時期的火炮，甚至連明朝的火炮也比不過。更有甚者，為了抗擊英軍侵略者，各地清軍居然挖出了明朝遺留的老式火炮使用，實在讓人感到無奈。」[30]

軍事工業往往代表着尖端科技，滿清最有雄才大略的康雍乾三朝對待先進武器的態度尚且如此，其後守成的清帝就基本上不可能重視科技，或有心無力。

很明顯，對於蒙元和滿清這樣的以人數較少的遊牧民族身份入主中原的皇權來說，第一要務是如何壓制比自己在文明上先進、在人口上眾多的以漢族為主的「異族」力量。僅從維繫皇權統治本身來講，這當然無可厚非；但是從中華民族的科技發展的角度看，當然是產生嚴重的遏制作用：這給西方列強圍獵、瓜分中國埋下了禍端——以農耕文明的軍事技術對抗代表當時工業文明最高水準的大英帝國的堅船利炮，鴉片戰爭的失敗就是一種必然。

29《中國不僅發明了火藥還造出了世界第一把機關槍，卻因康熙而被扼殺》，紅8紅麻花，2017年12月31日，發表於歷史。

30《清代火器發展衰落的根本原因》，李夢陽，發表於冷兵器研究，2016-10-10。

鄭和航海與造船資料詭異消失，恐非特例。鄭和七下西洋的無敵艦隊詭異地徹底消失：不僅實體被消滅，連相關檔案也消失得無影無蹤。

　　至今，有關鄭和寶船的描述基本出自野史：「顧起元的《客座贅語》卷一中有《寶船廠》一條，內載：『今城之西北有寶船廠。永樂三年三月，命太監鄭和等行賞賜古里、滿刺諸國，通計官校、旗軍、勇士、士民、買辦、水手共二萬七千八百七十餘員名。寶船共六十三號，大船長四十四丈四尺，闊一十八丈；中船長三十七丈，闊一十五丈。』《明史·鄭和傳》中記載與此大致相同：『永樂三年六月，命和及其儕王景弘等通使西洋。將士卒二萬七千八百餘人，多齎金幣。造大舶，修四十四丈、廣十八丈者六十二。』成書最早的《瀛涯勝覽》也有同樣記載，而作者是隨船的翻譯，應該是可信的。但是折算成今天的公制，最大的船長約 150 米，寬約 61 米，排水量約在 2 萬噸以上，相當於一艘航空母艦。寶船的主桅桿高達 72 米，相當於 24 層樓房那麼高（按每層高 3 米計算）。這些數字實在令人難以置信，木材能否製造成這麼大的帆船？木質帆船能否承受洋面上的狂風巨浪？僅以風帆為動力能否推進這樣的龐然大物？這需要多大的風帆？9 桅 12 帆需要多少人來操作？這樣大的船如何入港靠岸？據雍正《崇明縣誌》記載，永樂二十二年（1424 年），鄭和遠航歸來，由於船大吃水深，竟進不了浩蕩的長江。」[31]

　　鄭和寶船設計圖的徹底消失，不僅使後人無法得知以當時的科技如何建造可以容納兩千人的超級戰艦，也使《明史·鄭和傳》中記載的萬噸巨艦面對質疑時，尷尬無語。

　　當然，「鄭和留給我們最有價值的是他的極具遠見卓識的名言：『欲

---

31 轉引自《鄭和下西洋最後的謎團：是誰下令銷毀了那支三寶太監的無敵艦隊》，偏見和誤解，2017-05-10，發表於歷史。

147

國家富強，不可置海洋於不顧。財富取之海，危險亦來自海上。……一旦他國之君奪得南洋，華夏危矣。我國船隊戰無不勝，可用之擴大經商，制服異域，使其不敢覬覦南洋也……，就憑他說出了這句至理名言，他就是我國睜開眼睛看世界的第一人。」[32]

更值得思考的是，鄭和航海與造船資料詭異消失，而且消失得乾乾淨淨，恐非特例。與之相關的天文、水文、航海、艦炮技術，可能都一併受到牽連。加上滿清在其後對科技的排斥，《四庫全書》編撰時銷毀的書籍，也很可能包含了部分涉及科技的書籍，現在只能用「扼腕嘆息」「思之極恐」來描述了。

「看不到」並不意味着「不存在」，中國古代絕非「有技術、無科學」。自從鴉片戰爭之後，中國部分知識精英將自己的傳統文化從天上踹到地下，不分良莠，雖然目的是為了救亡圖存，但這種方式本身就是「不科學」的。

源自西方的科技由於能夠可重復地展示結果，在當時的條件下能夠更好地通過直觀驗證顯示成效，因而獲得廣泛推崇。但是正如希臘神廟中那句令人尋味的話「認識你自己」，人類對自己的認知遠遠不足，因此在實證科學的語境裏，很多看不清的「科學」都被直接冠以「不科學」而簡單否定。僅以中醫為例，西醫是看到甚麼治甚麼，而明代名醫王應震有言：「見痰休治痰，見血休治血，無汗不發汗，有熱莫攻熱，喘生毋耗氣，精遺勿澀泄，明得個中趣，方是醫中傑。」簡單而言，僅憑看見甚麼治甚麼，不是好醫生。

其實，看不到並不意味着沒有，現在看不到並不代表將來也看不到，這才是科學的態度與追求。筆者 2001 年採訪香港科技大學創校

---

32 轉引自《鄭和下西洋最後的謎團：是誰下令銷毀了那支三寶太監的無敵艦隊》，偏見和誤解，2017-05-10，發表於歷史。

校長吳家瑋，他跟我說了一個例子讓我一直記憶猶新：納米技術當時剛剛興起，全球都在力爭做出最細的納米碳管。之前日本 NEC 公司的納米碳管領先世界，而科大的一個教授利用石墨的縫隙做出了當時最細的單壁納米碳管。但是因為太細，該校當時的儀器看不到，也就得不到認可。直到科大從德國引進了一個專門做電子顯微鏡的博士，他將這個教授製造的納米碳管拍攝出來，這個教授就成為了新的世界記錄創造者。這裏必須強調的是，雖然是電子顯微鏡證明了這種創紀錄的納米碳管的存在，但是沒有電子顯微鏡，並不意味着這種納米碳管就不存在。這在一定程度上反映了科技本身的進步與局限：西醫對看得見的細菌，治療效果極佳；但是對看不清的病毒，則療效明顯不如中醫。

有人認為，科學與技術是兩個層次的問題。中國不缺技術，但是沒有科學。其實這樣說並不公允：明朝初年的造船工匠不可能在沒有足夠的理論與技術儲備的情況下，僅僅依靠臨時拍腦袋和個人經驗就憑空造出世界第一的遠洋巨艦的，其結構、承載力、抗風浪能力、對火砲後坐力的承受、材料等等，都是需要精準計算的；如果沒有一般性理解的「科學方法」，僅僅靠個體的經驗承繼，是不可能做到的。

鄭和寶船及其相關技術消失得極其徹底，以至於一向注重歷史記錄的中國，竟然無法準確地知道鄭和寶船的精確尺寸，只能從野史中查證與推測。而製造堪稱當時的「航空母艦」的寶船圖紙，更是無影無蹤。或者，正是這種難以解析的狀態，就是「李約瑟之問」的答案 —— 明代皇權主動銷毀造船檔案，清代又銷毀巨大數量的明代檔案，其中難免涉及包括造船技術在內的諸多科技知識，只是在今天，由於缺乏文獻與實證，無法回溯、還原與驗證而已。那麼，伴隨領先世界的造船技術消失的，到底還有多少令人嘆息的被保障皇權統治的目的所扼殺的科學理論與技術？應該說，這就是「李約瑟之問令人關注的原因，也是消失了

的科技歷史文獻已經無法回答的問題。

制度性的禁錮，有時對創新與發展的壓制比技術本身的限制要嚴重得多。必須明確的是，創新需要得到利益的持續支援。在當時的皇權與族權的雙重統治下，如果創新者能夠得到皇權賦予的政治權力與經濟保障，能夠得到族權提升的宗族地位與經濟支援，就是有效的獎勵與刺激。反之，就必將產生抑制。從這個角度看，明清之後的科技因為得不到皇權的支持，失去了政經利益的支撐，就會使得通過科技創新獲得利益的通道被阻塞。如果皇權為了自身的安全考慮，刻意打擊創新的意願，科技創新的道路就必定是坎坷的。

很大程度上，制度性的禁錮，對創新與發展的壓制比技術本身的限制要嚴重得多。從這個角度說，宋代宗法制度變革中肯定能力、鼓勵競爭、推崇教育、支持打破既定秩序，進而刺激創新，對宋代的科技創新與發展，確實具有非常重要的正面推動作用。而中國的改革開放，使得宗法宗族觀念中肯定能力、鼓勵競爭、重視教育的文化基因得以迅速煥發出強大力量：數量巨大的人才梯隊，加上創新在中國得到了市場利益的強力刺激，也就充分調動了全社會成員的創新熱情，這對中國在第二次工業革命階段產生巨大的創新能量至關重要。

科舉取士與內容綁定儒學變相抑制科技人才的培養。任何有限的社會資源在分配比例上，都有此消彼長的關聯，人力資源也是一樣。由於自漢代以降直到清代，取士與科舉都綁定儒家經典；我們必須承認，這種國家政策的穩固傾斜，也變相抑制了中國的科技發展。明代成化年間開始的八股取士，更進一步加強了這種抑制。

首先，漢代董仲舒「罷黜百家，獨尊儒術」，朝廷取士就與儒學緊密相連；而宋代之後更加完善的科舉制度也是以儒學為核心內容。而長期將儒學作為作為皇權與民間進行權力交換的關鍵介質或紐帶，必然導致人力資源主要投放在儒學修習上。

其次，現代社會都明白「科技是第一生產力」，但是當時的皇權將取士的途徑主要放在科舉上，必然讓當時社會的大量聰穎之士高度重視科舉，並將時間和精力集中在儒學修習上，客觀減少了對科技發展的關注。

再次，長期的儒學修習自然會影響觀念，雖然後人對「子不語怪力亂神」有不同的理解，包括孔子不談論精怪、和鬼神（亦有不同解釋者）。孔子亦表示「素隱行怪，後世有述焉：吾弗為之矣」;「敬鬼神而遠之」。但是對科技探索而言，無疑需要足夠的想像力甚至離經叛道，因此科技探索容易被視為「怪力亂神」而受到歧視與貶抑。

正如德國學者韋伯所言：「儒家倫理阻礙了資本主義發展」，從某個角度說，這種阻礙並不僅僅是思想觀念上的，還有社會資源如資本與人力資源分配上的阻礙。

六　重視教育的文化基因，為民族復興夯實人力資源基礎

中國的工業化發展包括中國製造和創新在很大程度上是以美國為標桿的，而人才的培養在其中扮演重要角色。筆者認為，宗法宗族觀念中重視教育的文化基因，為中國實現民族復興夯實了人力資源基礎。

很多人讚嘆鄧小平推動改革開放的豐功，其實沒有足夠的人才，改革開放祇能是低層次的行為，很難適應對創新發展要求更高的第二次工業革命及其後的發展階段。而在 1978 年 12 月的十一屆三中全會決定把全黨工作的重點和全國人民的注意力轉移到社會主義現代化建設上來的一年半之前，也就是 1977 年中，他就拍板恢復高考，這同樣是一個影響深遠的偉績，這等於是為中國大陸的改革開放包括工業化發展所需的人力資源，開啓了洶湧澎湃的智力源泉。

美國工業化歷史包括教育的滯後與趕超值得參照。我們現在經常

看到一些「自我批判」的文章，說中國的工業化發展包括中國製造與創新，更多的是抄襲而不是科學的貢獻。在筆者看來，自省是好的，但是也不必過分自我苛責。如果我們參照美國工業化初期的教育狀況，還有其後美國對英國的趕超，就明白並不需要過分的「自慚形穢」。

日本在七、八十年經濟表現極佳包括在製造業的很多領域實現了對美國的趕超時，曾經被美國的一些觀點批評為只會模仿與抄襲，但是對人類的科學發展貢獻不多。在中國大陸成為世界工廠以至於中國製造獨步全球、中國創新開始影響當今世界的時候，這種原本對日本的批評，也就很自然地轉移到中國頭上，一些哈美的公知更是不遺餘力地批評中國對「基礎科學」沒有貢獻。

其實美國成為工業化國家也曾經走了同樣的路，「Charles Morris 同樣敏銳地指出，美國在 19 世界下半葉的崛起直至趕上英國並非一開始就源於其先進的技術。甚至美國在 19 世紀 80 年代取代英國成為世界工廠之時也是如此。整個 19 世紀美國在煉鋼和幾乎任何其它以科學為基礎的工業領域都是英國的學生。即使到了 19 世紀 80 年代，當美國已經完成第一次工業革命，開啟第二次工業革命，建成了世界上最大的鐵路網路，並超越英國成為『世界工廠』的時候，高等教育和純科學研究與當時的歐洲，尤其是英國、法國和德國相比仍然相當落後和原始」。「美國物理學會第一任會長和同時代最出色的美國科學家之一，羅蘭德，在 1883 年的學會年會上公開抱怨美國的極其落後的高等教育和大學的科學研究水準：『我面前放着一份教育局專員 1880 年的報告。按照這個報告，美國一共只有 389 所，或大約 400 所，自稱為學院和大學的高等研究機構！其中三分之一稱自己為大學，而在這些所謂的大學中，有一所只有兩個教授和 18 個學生，還有一所有 3 個老師和 12 個學生！然而這些並非只是個別情況，因為有太多小小的學校稱呼自己為大學。一個有 500 名學生的大學實際上只有高中水準。每個這樣的

大學都有所謂的教授，但是他們實際上只有中學老師水準。在美國的物理學領域，目前還沒有發表或出版過或可能出版任何一本高於基礎讀物水準的書。』」[33]

　　此處之所以大段引述文一教授對美國當年科技與教育狀況的陳述，其實就是想要説明，改革開放初期的中國科研與技術水準的確遠遠落後於美國。筆者當年的第一個工作單位花費大量外匯購買了兩台 IBM 中型計算機，當時被視為至寶；當時雖然中國大陸已經造出了每秒運算達 1 億次以上的銀河機，但是據說不夠穩定。但是今天，當中國大陸的太空探索取得巨大成就、高鐵領先全球、橋樑製造驚豔世界、超算屢屢領先，這種質疑的聲音明顯在降低，取而代之的是有些無賴的「中國威脅論」。中國的高等教育和基礎科研的整體水準目前雖然距離美國可能還有一定的差距，但是隨着中國經濟的發展，對教育與研發的投入越來越多，加上中國大陸現在每年高考錄取大約 1000 萬人，而從各種專科以上學校畢業的青年人在 2022 年已經超過 1000 萬，可以直接超越很多國家的現有人口。正確的方向選擇、有為的政府支持、巨大的經費投入和龐大的專業群體，加上強大完整的工業體系，未來超越美國絕對是可以努力的方向。其實從日本近二十年幾乎年年獲得諾貝爾獎，就展示了這種滯後與追趕的關係。

　　「就像美國在 19 世紀是英國最好的學生並最終超過了他們一樣，中國今天也是美國最好的學生。最令人恐懼的事情其實並不在於中國有多致力於『竊取』美國技術，就像當年美國致力於『竊取』英國技術一樣，而在於中國對製造業的熱情和美國當年是多麼地相似。在整個 19 世紀世紀甚至 20 世紀，美國沒有產生康得和黑格爾那樣的哲學大

33《偉大的中國工業革命》，文一，147 頁。

師，牛頓和達爾文那樣的科學巨匠。但在完成第一次工業革命並開啟了第二次工業革命之後，美國就產生了愛迪生這樣的發明家和卡內基（Andrew Carnegie）、福特（Henry Ford）、摩根大通（J.P. Morgan）、洛克菲勒（John D. Rockefeller）和范德比爾特（Cornelius Vanderbilt）這樣的工業巨頭。對美國而言，19 世紀末和 20 世紀初是一個『需要巨人並能夠產生巨人的時代』（恩格斯，《自然辯證法》，Friedrich Engels, Dialectics of Nature, Moscow, 1974, p. 20）。」[34] 筆者相信，中國已經並正在經歷與當年美國學習英國時類似的工業化進程，且中國已經出現華為、正威集團、吉利汽車、比亞迪、青島海爾等出色的企業，也出現了任正非、王文銀、李書福、王傳福、馬雲、馬化騰、張瑞敏等傑出的企業家。美國其實沒有必要心胸狹隘地指責中國，甚至對美國來説，也是應該佩服中國通過學習實現吸收和超越的巨大努力的時候了。

筆者認為，對於中國製造與創新，既不要過度地驕傲自滿，也不必妄自菲薄。中國大陸在改革開放後才開啓的重夯初始工業化基礎和跨越第一次工業革命階段的道路走得已經算是相當順暢，即使在第二次工業革命階段遭遇個別發達國家的惡意阻撓與無情打壓，也是競爭過程中的一種必然——沒有人想被超越。對美國來説，「美國保持第一」當然比「中國爭取第一」更加重要。因為美國一旦失去第一，其建基其上的美元霸權等「巨額虛擬資產」就可能崩解。因此，當與中國的競爭已經進入到必須一分高下的「極限相持」階段，美國很可能走到不擇手段的地步——面對生死存亡，相信叢林法則、缺乏「仁義禮智信」之文化底蘊的一些美西方政客與資本，不會真正把道義放在心上。

當代美國著名華裔科學家：折射文化基因重要性。學者沈登苗對

34《偉大的中國工業革命》，文一，153 頁。

「63 位當代最著名的美籍華裔科學家」的來源和家庭背景等進行統計學意義的對比，發現一個非常值得重視的現象：美國作為世界科學中心，既然「華裔科學工作者能在美國如魚得水，那麼，土生土長的美籍華裔比外來華人移民不是更能成為著名的科學家嗎？」但是統計的結果顯示：「63 位著名的美籍華裔科學家，既不是以土生土長的、具有中國血統的美國人為主體，更不是以其它國家赴美定居的華人佔優勢，而幾乎是清一色的從中國（含港、台、澳，下同）去的知識移民及其後裔。」

這篇於 2021 年 7 月發表在「北美華人世界」的文章稱「在 63 位美籍華裔科學家中，有 60 人是中國去的知識移民（大都是留學生或訪問學者轉變）。

其中，來自大陸的 26 人（全部是 1949 年前出去的，其中 1 人在南非讀完本科後赴美）；台灣的 23 人；香港的 8 人（內有二人 1950 年由大陸來港）。另由紐西蘭、加拿大轉道的各 1 人，另 1 人（張永山）何時何地赴美不詳。在美國出生的只有丁肇中、朱棣文、錢永健等 3 人。其中，丁肇中是 1934−1935 年其母王雋英與父丁觀海留學美國時懷孕的。丁父先期回國，其母 1936 年生下丁肇中，並於三個月後獨自把他帶回中國。此後至二十歲前，丁一直生活在中國。

真正在美國土生土長的僅存朱棣文、錢永健倆人。而朱棣文的父親朱汝瑾、錢永健的父親錢學榘（錢學森的堂兄弟）都是上世紀三四十年代留美，後在那裏定居的科學家。

概言之，63 位著名的美籍華裔科學家，幾乎全部出自從中國去的知識移民及其後裔。」「在 60 個非美國出生的美籍華裔科學家中，他們的出生地分佈如下：中國 52 人，佔 87%；台灣 5 人；香港、澳門、新加坡各一人。」

這說明，他們的『根主要在大陸。且他們的祖籍，多數屬清代教育

發達的州縣，又幾乎都出自書香門第或有產者家庭。」[35]「何以詮釋土生華裔幾乎『全軍覆滅』這一客觀事實呢？我們認為，如果從世界人才史特別是中國人才史的角度去探究，這一疑團並不難揭開。據筆者對我國宋以降，尤其是明清的專家學者研究中發現了兩個規律性的東西。

一是明清的專家學者集中產生在教育發達的地區。一個縣級以上教育發達地區的形成，一般需要上百年以上的積累；一個地區在文化上升過程中，出的人才類型先後常常是科舉人才→仕宦人物→學者；一個地區從教育勃興到著名學者的產生往往需要幾百年的時間。

另是學者一般產生在前人已為他創造了條件的書香、富貴或破落之家，幾乎沒有其他家庭。無數的案例表明，一個學者需要一個家庭或家族數代人、上百年的接力，且多數人需要父系、母系雙方的接力。這種接力，既是經濟的積累，更是文化的薪傳；既是先天、遺傳的，更是後天營造的，包括人脈的構建。

在中國封建社會，一個赤貧之家的男孩，通過他本人的努力可以致富，也有可能成為軍事家、文學家、藝術家、政治家，甚或謀求霸業，唯獨很難成為學者尤其是著名的學者。『一代難以成為學者』是本人對中國歷史上的著名學者（包括六百多位中國現代科學家）三十年觀察的結論。」[36]

這裏特別要提及中國著名的錢氏宗族：祖先是五代時期吳越國國王錢鏐。前面說到的諾貝爾化學獎得主錢永健是錢學榘的兒子，而錢學榘是錢學森的堂弟⋯⋯錢永健的哥哥錢永佑是神經生物學家，兄弟

---

35 63 位現當代最著名的美籍華裔科學家 竟無一人美國土生土長》，沈登苗，「北美華人世界」2021 年 7 月。

36 《雙重斷裂的代價：新中國為何出不了諾貝爾自然科學獎獲得者之回答（之一）》，沈登苗，載《社會科學論壇》2011 年第 6 期。

倆都在十幾年前當選美國科學院院士。錢家大約是出院士最多的家族，僅無錫錢家便出了 10 位院士和學部委員 —— 台灣中研院院士錢穆，中科院院士錢偉長、錢鍾韓（錢鍾書堂弟）、錢臨照、錢令希、錢逸泰以及江陰錢保功，中國工程院院士錢易（錢穆長女）、錢鳴高，中科院學部委員錢俊瑞。……錢穆，近代中國最重要思想家之一，他捍衛的是中華民族傳統中的精粹；錢玄同，「五四」新文化運動猛將，反對文言文，力倡白話文，鼓吹民主和科學；錢鍾書，他的《管錐編》和《圍城》在他活着的時候已成為不朽之經典；錢學森，兩彈一星總設計師，極大地提升了中國的國防力量……同樣令人驚奇的，是錢氏家族的傑出父子檔：錢基博、錢鍾書父子，錢玄同、錢三強父子，錢穆、錢遜父子，錢學榘、錢永健父子……[37]

　　我們從這裏可以清晰地看到，高度推崇教育的文化基因，在中國社會的發展中持續而頑強地發揮着肯定能力、鼓勵競爭的作用。即使在文革那種公然打倒「反動學術權威」的年代，中國的父母對孩子經常講的一句話還是要好好學習，知識分子家庭更是如此。1977 年恢復高考後的前幾屆大學生，家庭出身中父母識文斷字者的比例較高，這與他們的家庭教育有很大關係。而根據上述對 63 位著名華裔科學家的數據統計，明顯看出中國本土推崇教育的文化基因，對產生著名科學家的重要性。

　　當然，所謂「一方水土養一方人」，基因會隨着環境的變化而改變，當生存的土壤或者說生存的環境發生巨大變化，這種基因被轉變的可能性也明顯存在。我們從這篇對 63 名美國著名華裔科學家的數據統計，或許能得出某種啟示，就是一旦脫離原有的文化土壤，例如早期移民美

37《輝煌的錢氏家族》，南方《人物週刊》，2009。

國的華裔，其家庭對學習的重視程度，以及個人對學習的追求，可能都有所下降。

有鑑於此，我們也應該對中國產生優秀學者的幾率充滿信心。相信隨着中國國力的顯著提升，理論研究和創新發展的能力都會得到大幅強化，中國學者摘取諾貝爾獎的時代必然會到來。

小結

宋代科舉取士制度的完善，使教育不僅成為底層民眾向上流動的通道，也成為宗法宗族生存與發展的重要因素。而宗法宗族及其族眾對教育的推崇，不僅為當時的社會提供了更多的知識分子，也作為宗法宗族觀念的重要組成部分，並經過千年積澱成為中國民眾血液中流淌的文化基因。歷史地看，由於宗法宗族在宋以後高度重視教育、肯定能力、鼓勵競爭，有利培養創新人才，而其後的中國社會亦因此從不缺乏對創新的追求與能力培養。如果不是遇到兩次文明程度相對落後的遊牧民族統治中原的歷史問題，特別是蒙元與滿清皇權為了統治需求而輕視乃至刻意壓制科技創新與應用，中國的科技水準不應該在宋以後出現斷崖式下跌。而中國大陸在改革開放後重視科技的國家政策與有利科技發展的環境，與宗法宗族重視教育的文化基因相呼應，已經迸發出巨大的創新能量，對中國的工業化發展包括中國製造與創新發揮着重要作用。

第五章

宗法宗族觀念影響中國人
在工業化中的思維與行為

引言

　　中國的宗法宗族及其觀念擁有三千年以上的漫長歲月，其文化內涵也經歷了持續的變動與發展。而作為浸潤在宗法宗族文化中的中國民眾，在長期的教化、引導與塑造之下，其思維與行為必定會受到相應的影響。作為帶有軍事性質的組織，早期即具有組織性、紀律性、服從性、集體主義等特質，且在三千年前立國的周朝就設計了規模宏大的分工與協作的社會運行系統。宋代宗法巨變，宋以後普及型宗法宗族理論與制度、思想觀念與運作模式保留了部分唐以前古典型宗法宗族及其觀念的特點，同時又有非常重大的變革與發展，對後世中國民眾的組織性、紀律性、服從性、忍耐性、忠誠性、團結性、約束力、分工與協作、集體主義，和肯定能力、鼓勵競爭、支持打破現狀與開宗立派，以及高度推崇教育，和通過推舉與遴選宗族領導者並賦予威權這種傳統的「民主集中制」以強化國家治理能力，都具有非常重要的影響。很多中國人習以為常的思維與行為特徵，深受宗法宗族觀念這個重要文化基因的影響，對中國的工業化發展包括中國製造與創新，具有非常關鍵的作用。

一　宗法宗族及其觀念具有適應工業社會的九大特質

宗法宗族以血緣為紐帶，崇拜祖先，早期具有軍事組織的特徵。所謂「國之大事，在祀與戎。」祭祀能夠通過祖先崇拜增強宗族凝聚力，軍事則與安全相關。由此積澱而成的宗法宗族觀念具有諸多特質，與工業社會的基本特徵——分工與協作相關的，則有九大特質。。

宗法宗族及其觀念的組織性。一般而言，組織是由若干個人的個體或群體，在一定的環境中為實現某種共同的目標，而按照一定的結構形式與活動規律結合起來的社會實體。宗法宗族則在相當程度上是通過血緣與親緣的結構形式，為實現更大的合力，以追求政治、經濟、安全等方面的更大效益而結合起來的社會實體。

特別是在農耕時代，個體的力量在自然世界面前相當弱小，因此，如何將宗族成員組織起來，為了生存與發展的目標而共同努力，就成為一個非常重要的現實需求。對於宗族成員而言，難免各有自己的利益關切，簡單的合作是難以實現集體力量的最大化目標的，必須依據一定的組織原則，力求強化宗族成員之間的利益關聯，使成員願意為了宗族利益包括名譽貢獻自己的一切所能。而族眾若能對照組織起來的宗族行為及其影響，確實感受到或認知到這種組織方式能夠超越自己的個體力量，則會逐步強化對宗法宗族這個組織系統的忠誠，不僅願意跟其他族眾相互合作，而且會在相互間產生高度的信任。

而當這種組織能力被宗族成員廣泛認同，且經過長期的傳承之後依然顯示效力，宗族成員對宗法宗族這個組織的指令與目標其實就有了內在遵從，並從孩提時代就逐步塑造自己對組織的認知與接受。而這種對組織的認知與接受，會自發規範個體的行為符合組織的要求，使其行為帶有組織性特徵。

也有學者認為：「宗族組織源自宋代。唐代的士族、門閥累世為

官，生於士族就註定當官，但宋代在科舉制度下，任何家族都難以長期掌權，進出統治集團有快速的循環，家族驟起驟落，並不穩定。宋代士大夫看到個人力量不足恃，為自己及子孫打算，乃試圖透過組織親屬族人，建立能維持久遠的宗族，提倡宗法、祠堂、族田、族學、族譜、族長、家法等等，成為以後八個世紀常見的親屬制度。就歷史情況來講，明代中後期值得註意的現象，就是宗族不斷被組織化，即不斷被共同體建構化。建構具體途徑主要是修族譜、建祠堂，特別是跨生活共同體的觀念 —— 共同體的出現，在府、省裏成為普遍現象。」[1]

筆者認為，宗族作為農耕社會早已存在的社會單位，「組織」形態必然是早已存在的，不可能到了宋代才出現。但是可以說，對後世影響巨大的宋以後普及型宗法宗族及其觀念，其符合近當代組織定義的特徵得到了強化。

宗法宗族及其觀念的紀律性。從「族」的本義分析，既有象徵旗幟的部分，亦有象徵兵器的「矢」。就當時處於農耕社會的氏族而言，生產力的低下與生存環境的惡劣，使得經由血親聚合起來的氏族本身帶有很強的軍事組織的意涵。如何更加有效地組建與統領一個帶有軍事功用的組織，紀律就是必不可少的，組織成員的紀律性也就是需要認真塑造的。

從後世的定義看，紀律是指為維護集體利益、保證工作進行而要求此集體的成員必須遵守的規章與條文。而紀律性，則是指遵守這些規定或條律。

對宗法宗族的生存、發展與運行來說，越是艱苦與危險的環境，越顯出聚族合力的重要性。東漢末年戰亂頻仍，曹操的部將李典「合賓

---

1 《打開中國文化的獨特性》，《光明日報》，2019 年 3 月 16 日。

客數仟家在乘氏……典宗族部曲三仟餘家在乘氏……遂徙部曲宗族萬三仟餘口居鄴」；許褚「聚少年宗族數仟家」。[2]「部曲」在東漢末年帶有很明顯的軍事性質，當時的民眾生處亂世，生存成為第一要務，宗法宗族的軍事特徵就凸現出來。而作為存在於帶有明顯軍事性質的宗族中的成員，其紀律性經過不斷強化，也必然會成為一種生存習慣。

我們都知道「軍令如山」，也就是說，紀律性對一支軍隊的戰鬥力具有極其重要的作用。遠的不說，抗美援朝戰爭中，中國人民志願軍能夠在軍事裝備與技術遠遠落後於美國的極端不利條件下，最終能夠迫使美國在平等的停戰協定上簽字，高度的紀律性乃是關鍵因素。例如著名的長津湖之戰，在零下四十度的蓋馬高原，志願軍 20 軍 58 師整整一個連的百餘名官兵，呈戰鬥隊型散佈，全部凍死在冰天雪地裏，但是他們每個人都手持武器面向前方，成為著名的「冰雕連」。對於以這種方式消逝的諸多生命當然值得嘆息，但是如果沒有高度的紀律性，是難以訓練出這種令人肅然起敬的軍隊的。

與此相對照，美軍一個黑人連在朝鮮戰爭第二次戰役中被志願軍第 39 軍 116 師 347 團包圍，33 人被擊斃，還有 115 名黑人士兵投降，這是志願軍第一次也是唯一一次整建制俘虜美軍連隊。「美國黑人連被俘的消息驚動了美軍高層。美軍 25 師師長基恩立刻向美國防部建議調整黑人在編制中的比例。後經美國國防部長馬歇爾上將批准，美軍宣佈了一項改編計劃：解散黑人步兵二十四團。……不僅如此，五角大樓還對美軍編制從法律上做了重大修改，形成了今天美軍黑白人種混合編隊的體制，至今美軍依然把黑人與白人混編，不再出現單純的

---

2 《三國誌》，陳壽，浙江古籍出版社，2001 版。

黑人部隊。」[3]

就是說，宗法宗族的軍事性質使得很多族眾從小就受到遵守紀律的訓導與規範，而隨着印象的加深，紀律性也就能夠逐步內化為一種心理特徵或者說內在基因，並在行為中表現出來。

宗法宗族及其觀念的服從性。宗法宗族以血緣關係為基礎，早期宗法制的核心是嫡長子繼承制。在「禮崩樂壞」之前，宗子的地位極高，族中其他成員即使是豪富，也不敢僭越。宗法宗族的等級制度不僅表現在社會地位方面，甚至在很長的時間內，對婚姻等問題都有重要影響，不同等級間的婚姻甚至是被禁止的。長期的等級制度也就塑造了宗法宗族觀念的一個顯著特點，那就是尊卑與服從。

在生產力低下的農耕社會特別是在三千年前，無論通訊與交通都不可能像今天這樣暢達，很多部族都處在「山高皇帝遠」的狀態，因此宗法宗族需要着力培養族眾的服從性，否則將難以組織有效的宗族力量形成戰鬥力，也就難以達到聚族而興的目標。

按照現代定義，服從是按照社會要求、群體規範或他人意志行事而放棄自己意見的社會心理現象。這種行為一般來自外界的影響，帶有被迫性，並不完全是個體自覺自願的。

對於一個宗族來說，只有維持等級與權威的認同，才能保證宗族的良好秩序與平穩運作。那麼對於等級與權威的服從，就成為宗法宗族必須高度重視、着力維持的關鍵要素。對很多中國人來說，從小就在家中父母、社群長輩的諄諄教導下，習慣了對父母及長輩的服從；儘管他們對有些問題會有不同看法或觀點，但是這種不同看法或觀點往往在強勢的家教面前選擇改變自己。而這種服從性作為文化基因，

---

3 《朝鮮戰爭，美軍黑人連向志願軍投降，迫使美國修改法律，沿用至今》，網易號，2021-01-20，來源：和他去遠方。

久而久之就會在少兒的成長過程中逐步生成一種心理規範，在他們進入社會之後，順暢地轉變為對上級或權力的尊重與服從。

宗法宗族及其觀念的忍耐性。 規模化、標準化製造業的一個顯著特徵就是無休止的重復，很多人都看過卓別林的無聲電影《摩登時代》，那種長時間的枯燥、單調、機械的流水綫作業，考驗的不僅是產業工人的技術，還有過人的忍耐力。

「三來一補」的「三來」是指來料加工、來樣加工、來件裝配，「一補」則是指補償貿易，這是 1978 年在廣東創立的一種企業合作貿易形式，也是中國內地改革開放之初最為人們所熟知的企業經營形式。從那個時候開始，大量的打工仔、外來妹雲集珠三角，有的台灣製鞋工廠作為勞力密集型企業曾經雇用約十萬大陸員工。當時被外商包括港商、台商看重的，除了低廉的工資、廉價的土地之外，很重要的一個因素就是中國員工的忍耐性很強，對加班趕工等額外增加的勞動能夠比較容易接受。即使後來逐步實現產業升級，像富士康這種大型現代化代工企業，還是注重培養員工高度的服從性與忍耐性，才能保證產品的品質穩定，特別是在工廠需要加班趕工時能夠準時、保質完成訂單。

所謂忍耐性，一般是指行為個體把痛苦的感覺或某種情緒抑制住，盡量不使這種情緒表現出來，或者盡量減低表現的程度，並能夠在困苦的環境中堅持下去。宗法宗族為了提高管治能力，平時就比較注重對宗族成員的組織性、紀律性、服從性的塑造；對於個體來說，這個塑造過程往往帶有一定的強迫性質，至少對個體的自由選擇有較強的規範。從這個角度說，宗法宗族觀念在平時的教化與運行之中，也在很大程度上塑造着族眾特別是少年族眾的心理承受能力。中國人經常引用孟子的話「故天將降大任於斯人也，必先苦其心志，勞其筋骨，餓其體膚，空乏其身，行拂亂其所為，所以動心忍性，增益其所不能」。這種對於環境或者說外來壓力的承受能力，在宗法宗族日常的管理之中會逐漸

傳遞給宗族成員特別是後代，在相應的條件下經過長期的規範化適應就會轉化為較強的忍耐力，並成為完成枯燥性甚至厭惡性工作的重要支撐。

宗法宗族及其觀念的忠誠性。宗法宗族是通過血緣與親緣的聯結，為實現更強的綜合競爭力，以追求政治、經濟、安全等方面的更大效益而結合起來的社會組織；且氏族或宗族在很長的一個歷史時期明顯帶有很強的軍事組織的意涵，因此如何培養、根植宗族成員對組織的忠誠性，對強化宗法宗族的綜合競爭力是必不可少的。

忠誠的對象可以是具象的人或組織，也可以是非具象的理念。但是一個關鍵的標誌就是，個體即使處於不利的環境下，還能夠繼續堅持認同並捍衛自己的忠誠對象。宗法宗族為了鞏固、發展與壯大宗族力量，最長效的方法並非依靠高壓式的命令，而是要讓族眾從內心深處認同宗族對自己的重要性，使宗族成員在宗族面臨挑戰乃至危機之時，能夠捍衛宗族的利益，包括犧牲自己的個人利益甚至生命。

沒有忠誠，也就無所謂奉獻和犧牲。所以，宗法宗族為了生存、發展與壯大，培養族眾對於宗族的忠誠是非常重要的。而宗法宗族經過對族眾的長期教化與培養，在強化族眾的忠誠性方面是頗有效果的：「中國人最崇拜的是家族主義和宗族主義」「中國人對於家族和宗族的團結力，非常強大，往往因為保護宗族起見，寧肯犧牲身家性命，像廣東兩姓械鬥，兩族的人，無論犧牲多少生命財產，總是不肯罷休。這都是因為宗族觀念太深的緣故。因為這種主義深入人心，所以便能替他犧牲。」[4]

宗法宗族及其觀念的團結性。宗法宗族以血緣為紐帶，盡可能廣

---

4 《民族主義》第一講，孫中山。

泛地團結與之相關的個體，以形成人力資源優勢，包括規模與精英優勢。無論唐以前古典型宗法宗族，還是宋以後普及型宗法宗族，宗族的一大功能就是「團結族眾」，「管攝天下人心，收宗族，厚風俗，使人不忘本」。[5] 曹操以曹氏和夏侯氏兩個宗族為基本盤，形成了曹魏強大的軍事力量。我們僅從《三國演義》的武將，就能印證宗族勢力在曹魏政權中的重要性：曹氏家族中有曹仁、曹洪，下一代還有曹彰、曹真、曹休，夏侯氏家族則有夏侯惇、夏侯淵、夏侯尚、夏侯德、夏侯蘭以及下一代的夏侯霸等。這些武將在曹操麾下各自領軍，他們多有自己的宗親和部曲。當眾多大小宗族團結在一起，並作為某支軍隊的中堅力量嚴格執行自上而下的指令，這支軍隊在整體上就容易形成更為強大的力量。

所謂團結，就是以共同的利益與目標凝聚相關成員的一種意識，亦可以通過相近的利益將不同群體聯結成具有共同目標的合作方。《白虎通‧宗族》言：「族者，湊也，聚也，謂恩愛相流湊也。上湊高祖，下至玄孫，一家有吉，百家聚之，合而為親，生相親愛，死相哀痛，有會聚之道，故謂之族。」

對宗法宗族與個體之間的團結來說，既有宗法宗族的主動吸納，也可以有個體的主動投靠。唐代以前的社會相對而言更加重視出身門第，成為名門望族的一員往往比個人的能力更加重要，因此個體主動依附豪門大族的心態更為強烈。例如唐朝令狐淘擔任宰相後，很多人投奔其門下，以至於有的姓「胡」的人，也冒充與「令狐」同宗。唐代詩詞名家溫庭筠為此戲謔到：「自從元老登庸後，天下諸胡悉帶令。」而泛血親化是中國壯大宗族勢力的另一個重要方式，「初，唐末宦官典兵者多養軍中壯士為子以自強，由是諸將亦效之。而蜀主尤多，唯宗懿等九

5　二程書。

人及宗特、宗平真其子；宗裕、宗鐵、宗壽皆其族人；宗翰姓孟，蜀主之姊子；宗範姓張，其母周氏為蜀主妾；自餘假子百二十人皆功臣，雖冒姓連名而不禁婚姻。」[6] 就是說，為了團結更多的力量以強化宗法宗族的力量，宗法宗族本身也是非常努力地吸納異性子弟並通過賜姓，在主觀意識上將異姓子弟的「非血緣關係」轉化為「準血緣關係」，而經過數代的繁衍與教化，就可以順利將「非血緣關係」轉換為「血親認同」。例如建立後唐的李存勖，與其父李克用原本都是本姓朱邪的沙陀人，他在獲得統治地位後登基稱帝，建都洛陽，延續唐朝國祚，定國號為大唐（史稱後唐），尊唐高祖、唐太宗為祖先，這可以說是「非血緣關係」轉換為「血親認同」的典型例證。

經歷唐末黃巢縱橫十二省殺人如麻，加上五代十國的大規模頻繁戰亂，趙匡胤建立宋朝之時，兩漢、魏晉、隋唐那種大型宗法宗族已經基本不存在了；宋代科舉制度的完善又使得社會精英進入國家政權序列的機會向社會底層延伸，任何家族都難以長期掌權，所以聚合全族力量為可能出現的精英提供接受教育的機會，也是一種「團結族眾」的具體表現。

「如族規家訓實際上是用於應對社會矛盾進行社會治理，這種治理形成了一種特別有利於共同體形成的觀念，就是調解貧富貴賤的矛盾。族規家訓裏面反復強調富人要幫窮人，士大夫不要瞧不起老百姓，要互相幫助。這個倫理問題我覺得既是一種建構，也是實體性的，從前過分強調階級鬥爭的時候，把這個說成是地主階級抹殺階級性的一種手段，現在來看不完全是這麼一回事。跟這種倫理相聯繫的，還有一些實體性的建構方式。我們明顯可以看到宋以後特別是明清時代強調共有經

6　《資治通鑑》，司馬光，後梁紀二。

濟的發展，強調宗族慈善事業，墳山、義田、救濟，都是宗族建構共同體努力的方向，雖然對它們的成效可以繼續討論，但宗族建構途徑是朝這方面展示的。」[7]

就是說，無論唐以前古典型還是宋以後普及型宗法宗族理論與制度、思想觀念與運作模式，團結性都是宗族所追求與維持的。

團結性對中國製造與創新無疑是重要的。工業化社會所要求的分工與協作離不開團結，而在知識爆炸的今天，創新對知識聚合與跨學科的依賴更加顯著，單槍匹馬的創新模式已經很難成功，團結協作甚至已是一切事業成功的基礎，個人只有依靠團結的力量，把個人的願望和集體的目標結合起來，才能超越個體的知識和能力局限，通過協作集納更多的知識、觀點與技術支撐。在這個知識密集的智能時代，沒有團結就很難適應時代發展的需要，也很難在激烈的競爭中立於不敗之地。只有通過團結與協作形成合力，才能實現宏大的目標。

宗法宗族及其觀念的集體主義精神。我們經常接觸到的集體，除了現代意義的組織、企業之外，往往還有經濟共同體、生活共同體、村落共同體以及觀念共同體等：「共同體涉及兩種理解。生活共同體是一種理解，這種理解是實體化的。生活共同體基本上屬於聚族而居，村落共同體，或者是說某一個房支或服內確實在一起生活，有親戚關係，平時生活上互相幫助，有來有往。還有一種是更大量存在的觀念共同體，特別表現在聯宗文化上，如修大通譜很多就是觀念上的。我們大家生活在各地，誰也不認識誰，但我們是一個姓氏，是一個得姓之祖的子孫，是共同體。觀念共同體的重點是建構性，宗族的建構會對整個所謂的中華民族，對國族的建構產生聯繫性。就歷史情況來講，明代中後期

---

7 《打開中國文化的獨特性》，《光明日報》，2019 年 3 月 16 日。

值得註意的現象，就是宗族不斷被組織化，即不斷被共同體建構化。」[8] 而這種共同體的出現，就會有「集體」的概念，並逐步培養出與其相關的集體主義，例如個體利益服從集體利益。

相對而言，宗法宗族更容易形成「經濟共同體」「政治共同體」與「命運共同體」「觀念共同體」，以強化共同抵禦外部風險的能力：「早在明清以後，宗族就開始呈現作為一個政治共同體的特徵，這可以從各宗族的《族規》《家規》的制定中看出，如江蘇海安崔氏《族約》『宣聖諭』條，族人要『教訓子孫，各安生理，毋作非為』；要『悉心向善』，做『盛世良民』。河南安陽馬氏《條規》：『庶民得安田裏，皆官法有以鎮撫保護者也，宜如何遵敬奉守』。為了使族人遵守國家法紀，有的族姓還規定要族人學習律例，據江西瑞金鍾氏《家規》：『首重談法』，要『歲時在祠與族人講習律令』」[9]「以上事例可見，各姓所定族規，已把遵守法紀作為重點，這表明宗族在發揮一個撫育贍養、死喪相助、患難相恤的血緣共同體作用的同時，也開始發揮一個政治共同體的作用。」[10] 筆者認為，宗族作為政治共同體的特徵並非明清以後才出現，從典型的宗法國家周王朝出現，宗法宗族所表達的政治共同體特徵就非常清晰。而宗族最初的形態，無疑是生命共同體，其後則在共同利益的基礎上可以衍生安全共同體、經濟共同體、命運共同體、政治共同體等複合結構。

筆者九十年代中後期曾經有機會在天津一帶採訪鄉村選舉，由於當地很多村落都是以一個大姓為主，選舉基本上是由大姓把持，帶有明顯的宗法宗族痕跡，這類大姓屬於血緣、生活、觀念、利益交織的共

---

8 《打開中國文化的獨特性》，《光明日報》，2019 年 3 月 16 日。

9 《中國宗法宗族制和族田義莊》，李文治、江太新著。

10 《宗族是血緣共同體亦是政治共同體》，陸緋雲，2002 年 4 月 5 日，《世紀中國》。

同體。這種共同體村落，很難像美歐以城邦為基礎形成的公民社會那樣透過一人一票的選舉方式將村鎮的政治、經濟權力交給一個與當地大姓的血緣、利益關聯不深的人；換一個角度說，血緣共同體和經濟共同體在合適的條件下，很容易在中國的鄉鎮聚合成為政治共同體。而這種村落通過政治共同體形成的集體主義，往往對當地民眾具有更大的強制性。

上述各種「共同體」其實都是在利益與觀念相互認同的基礎上產生的，其中宗族這個由血緣扭結而成的生命共同體在利益與觀念趨同的狀態下，無疑是最容易形成相對強固的集體主義的。而這種集體主義對於團結利益相關者非常有效，能夠誘發族眾對宗族利益的忠誠與堅持。中國大陸的初始工業化與第一次工業革命時期，很多人之所以能夠團結起來，冒着政治和經濟的風險，迅速走完上述兩個階段特別是第一階段所遭遇的坎坷之路，集體主義精神無疑發揮了重要的作用。

宗法宗族及其觀念的約束力。與儒學以教化為主的「軟約束」不同，宗法宗族通過具體的族規、家法，對族眾進行「硬約束」。「用嚴格的宗規族訓去約束族人。封建時代許多宗族都制訂了條文詳細的祠規、宗訓，此以戒諭族人，維護宗族整體的利益。而宗規族訓的核心內容是三綱五常等封建倫理，以此將族眾放置在一個秩序固定的框架中，不可有絲毫逾越。這種狀況在世家大族中表現最突出。」[11]

很明顯，族規需要有足夠的約束力才能產生理想的效果。「宗族制訂族規、家範，闡述做人道理和行為規矩。諸如職業的選擇，四民之外的行當不准介入；良賤不能通婚；綱常倫紀的遵守；族人間糾紛由祠堂調處，不許擅自告官；參與宗族活動，違反者處責；信仰、娛樂活

11《試論中國封建社會宗族的興盛與衰落》，王躍生，《社會學研究》1991.2。

動的選擇，不得有悖倫理；族人不得做違法的事情。對行為失範的族人制定成套的處分辦法，有體罰、罰款和精神懲罰的記過；開除出宗，不許進祠堂上家譜；處死——打死、活埋、沉塘；以宗族的名義將族人送官究治。」[12]

「如果宗族成員有偏離或違反族規家法的越軌行為，徽州宗族大多要予以懲罰。懲罰的種類，大致有警示類、身體類、財產類、資格類、鳴官類等。警示類的懲罰主要是訓斥，其主要目的是希望不孝不悌的宗族成員改過從善，不再做不良之事。身體類的懲罰包括罰跪和笞杖。罰跪是一種比較輕的體罰，地點在家中或祠堂。笞杖則要在祠堂執行，這可以對族人起到強有力的警示作用，使得心懷不軌者望而生畏。財產類懲罰大致包括罰銀和罰物兩種。如果罰銀，少則一錢，多則一兩不等。胙肉是維繫族人血緣關係的一種物質形式，罰胙是較為嚴厲的精神懲治手段。不光如此，罰胙之後還要記錄在癉惡區上。資格類懲罰包括革出祠堂和以不孝論，這是對族人的身份不予認同的問題。革出祠堂就等於開除了祖籍，這是對族人的嚴厲懲罰。不孝是封建社會的大罪。如果有悍妻、傲婦蔑視舅姑、恣肆忤逆者，徽州宗族就會以不孝論之，這是對族人最嚴厲的懲罰和最大的精神折磨。『鳴官』類懲罰，即上告給官府，由官府來實施的懲罰。若遇到族人不守法，觸犯國家刑律時，一般『鳴官而抵於法』，把犯罪之人交給官府，經由官府裁決。官府通常都會照辦，這些族人便會受到國法的懲處。」[13]

醫學上有一個名詞叫做「行為矯正」，屬於針對心理問題的干預方

---

12 《清代宗族的社會屬性——反思 20 世紀的宗族批判論》，馮爾康，《安徽史學》2012 年第 2 期。

13 《宗族制度控制與社會秩序——以清代徽州宗族社會為中心的考察》，張金俊，2012 年 7 月 28 日，來源：《天府新論》（成都）2010 年 5 期第 134-138 頁。

式，也是對錯誤行為進行分析與矯正的心理科學。很明顯，人類能通過學習與訓練獲得良或不良的行為模式，而行為矯正的目的，就是幫助並改變不良的行為方式，建立良好的行為模式。從這個角度講，就很容易理解，為甚麼我們很多人早在進入小學開始正規的讀書寫字之前，就不斷被告知甚麼可以做，甚麼不可以做。久而久之，我們就能夠逐步形成約束自身行為的潛意識，預先衡量放任的後果。

宗法宗族作為中國社會延續數千年、影響深遠的社會運行機制，在與皇權實行利益交換的過程中，部分地行使了地方政府的權力，不僅可以對一些不端的行為給予勸解，亦可以用族規家法對犯規族眾進行懲罰，甚至有對嚴重違反族規者處死的權力。這種權力對族眾而言，無疑具有很強的威懾力。也正是因為在長期的歷史發展過程中，以族規家法形成對族眾的硬約束，逐步內化為一種遠較儒學教化更為強硬而有效的約束力。而這種由宗法宗族及其觀念產生的約束力作為一種文化基因會影響族眾的思維與行為，在族眾參與相關組織行為如企業生產時，企業制度對員工的約束力就相對較強。

宗法宗族及其觀念的分工與協作。中國之所以能夠在農耕社會長期領先世界，很大程度上與中國很早就形成了規模龐大、系統嚴密、規範有序的分工與協作有關。

早在三千多年前，最為典型的宗法國家周朝，社會分工就已經非常明確。例如，《周禮・大宰》擔負的一部分權責就是「以九職任萬民」，即「一曰三農，生九穀；二曰園圃，毓草木；三曰虞衡，作山澤之材；四曰藪牧，養蕃鳥獸；五曰百工，飭化八材；六曰商賈，阜通貨賄；七曰嬪婦，化治絲枲；八曰臣妾，聚斂疏材；九曰閑民，轉移執事」。而所謂「飭化八材」的「百工」就是利用各種原材料製造器物，也必然涉及大量民眾的分工與協作。平日裏就忙到「一沐三握髮，一飯三吐哺」的周公旦，就是當時的大宰，類似今天的國務院總理，作為天官之首，

如果不善於處理分工與協作，是難以勝任的；同樣，如果僅僅靠個人才能而沒有將規模龐大的分工與協作制度化，也是難以對周天子治下的百業萬民實行有效管理。

無論周天子的家國，還是大宗小宗，由於日常活動涉及生產、分配甚至軍事行動等諸多方面，整體組織就不可避免地涉及分工與協作，無非是複雜程度、規模大小有所不同。無論是宗法宗族的最高領導者還是最基層的族眾，在宗法宗族的日常分工與協作中，都會主動或被動地選擇自己所擔當的角色；而經過長期的積累，對分工與協作的認同與參與，就逐漸從習慣積澱成為一種文化基因。而這種基因就使得受到宗法宗族觀念影響的民眾在進入社會組織包括企業之後，對參與分工與協作堪稱是「無縫對接」，具有非常默契與順暢的適應性。

現代工業社會的基本體制就是分工與協作，而中國三千年前就已經存在的精細分工與協作，無疑在文化基因上是高度適應工業化的觀念需求的。

二 宋以後宗法宗族觀念凸顯肯定能力鼓勵競爭意義重大

中國社會學研究中的多數意見，都認同宗法宗族及其觀念是理解傳統中國社會的核心因素之一。但是自鴉片戰爭以來對傳統文化的反思與批判，往往將宗法宗族及其觀念劃歸「封建落後」，很少發掘其中的積極因素與現代意義。筆者認為，宋代宗法宗族理論與制度、思想觀念與運作模式的巨大變革，通過變革宗子繼承條件，倡導「選賢與能」，凸顯了肯定能力、鼓勵競爭的因素，對宋代及後世追求打破現狀、開宗立派，包括後來的推舉與遴選宗族領導者，都產生了重大影響。而肯定能力、鼓勵競爭對於中國進入第二次工業革命階段的創新發展、彎道超車，無疑是非常有利的文化基因。

宋代宗法制度大變革有利解決社會階層固化的結構性問題。由於唐以前宗法宗族理論與制度、思想觀念與運作模式對於等級觀念例如豪門望族的重視程度比較高，在很長的時期裏存在「世胄躡高位，英俊沉下僚」的結構性社會問題。這個結構性問題導致社會階層的固化，使社會發展失去了活力，想要追求社會發展就需要這種固化結構的崩解。而宋以後普及型宗法宗族理論與制度、思想觀念與運作模式在新的歷史條件下所發生的巨大變化，對宋以後一直到現代都具有重大的影響，特別是在肯定能力、鼓勵競爭、突破既定格局、支持開宗立派、重視教育、強化威權等方面，以及到清代較多採用的通過推舉、公推或遴選確定宗族領導者的初級「民主集中制」方式，對中國人群體的思維與行為，持續產生着重大影響。

唐末與五代十國的長期戰亂使當時社會的大量民眾流離失所、攢聚山野，當趙匡胤發動陳橋驛兵變黃袍加身之後，對於趙宋皇權來說需要儘快安定社會、理順臣民，因此程頤與程顥提出「管攝天下人心，收宗族，厚風俗，使人不忘本，須是明譜系世族與立宗子法。」[14] 但是，在新的社會條件下收聚宗族，就要求宗法制度適應變化了的宋代社會，包括科舉制度完善與地主經濟興起。而要改變唐以前存續約兩千年的宗法宗族理論與制度、思想觀念與運作模式，無疑是一件「動搖根本」的大事，所以必須從理論上對這種巨大的轉變給予合理的解釋，並隨行新的建構。

於是當時的政治精英就開始嘗試理論上的突破，如對宋代新型宗法宗族理論的構建具有重要影響的張載就表示「譬之於木，其上下挺立者本也，若是旁枝大段茂盛，則本自是須低摧。又譬之於河，其正流者

---

14 二程書。

河身，若是涇流氾濫，則自然後河身轉而隨涇流也。宗之相承固理也，及旁支昌大，則須是卻為宗主。至如伯邑考又不聞有罪，只為武王之聖，顧伯邑考不足以承太王之緒，故須立武王。所以然者，與其使祖先享卿大夫之祭，不若享人君天子建國，諸侯奪宗，亦天理也。」

程顥和程頤兄弟則更加明確地說：「立宗必有奪宗法，如卑幼為大臣，以今之法，自合立廟，不可使從宗子以祭。」[15]

很明顯，宋代宗法宗族理論與制度、思想觀念與運作模式的建構者們，在變化了的經濟基礎包括科舉制度面前，努力從「自然的天理」與「歷史的例證」中尋求改變宗族承繼與等級關係的合理依據。他們的其中一個重要目標，就是必須消除「世冑躡高位，英俊沉下僚」的結構性社會問題。而達致這種目標所產生的重要影響，就是對能力的肯定。

宋以後宗法宗族及其觀念更加肯定能力。宋代大儒在建構新的宗法宗族理論與制度、思想觀念與運作模式時，無論張載還是程頤和程顥，他們都把肯定當世的能力放到了重要位置。張載說：「至如人有數子，長者至微賤不立，其間一子仕宦，則更不問長少，須是士人承祭祀。」[16]這等於改變了代表宗族地位與權力的主祭人員身份，使以往血脈關係起關鍵作用的宗子繼承權力被撬開了一個巨大的縫隙。

宗法制度從氏族社會的父系家長制演變而來，唐以前的的宗法宗族觀念高度堅持血緣及與之相關的等級，「傳嫡不傳庶，傳長不傳賢」是其重要特徵。如果讀過《三國演義》就知道，當時的繼承權主要是由出身而定。對掌控一方的豪傑來說，嫡長子繼承制並非僅是「家事」這麼簡單，因為血緣及與之相關的等級關係在當時能夠外化為政治、經

15《二程集》，1981，中華書局。

16《張子全書》，卷四。

濟、軍事的權與利。劉表集團在荊襄的基業，因為蔡氏宗族暗箱操作「廢長立幼」「廢嫡立庶」，得不到廣泛的支持，最終劉琮被曹操輕易剪除。而劉禪雖然長期被視為「扶不起的阿斗」，但是作為嫡長子順利繼承劉備的江山，佔據西蜀皇位四十餘年。這種描述雖然來源於歷史小說，但是確實反映了唐以前古典型宗法宗族制度在宗子繼承方面的典型特徵。

張載主張「更不問長少，須是士人承祭祀」，實際上就是變相否定了從周朝以降延續近兩千年的「嫡長子繼承制」這個宗法制度的核心因素，把宗族成員在當時所能展示的能力放到了最為重要的位置。

無疑，張載的這種理論突破了唐以前宗法制度的禁區，適應了當時的社會變化特別是地主經濟興起與科舉制度完善的現實需要。隨着時間的推移，唐以前在宗族內部地位最高的宗子逐漸失去了對宗族事務的主導權，到清代時宗族的權力已經主要轉移到主要由「公推」「公舉」「遴選」產生的族長手中。

由推選產生族長，最主要的參照是能力。湖南零陵龍氏《家規‧慎族長》從正反兩方面講解族長應具備的條件：「族長之立，必擇齒德兼優者以為之，庶足以勝任而無弊。蓋優於齒則諳練多端，事無輕舉；優於德則端方自處，品自超群，以正己者……凡我族人必慎簡正直、明決、老成、可法者，以樹族中坊表，或釋疑難於庭內，或講禮於祠堂，俾子孫久仰儀型，則族長之為益，豈有窮哉？」[17]

從高度堅持由血緣綁定宗法宗族內部的等級地位，到肯定能力對宗族內部領導者的遴選更為重要，對宗法宗族理論的構建而言無疑是一個巨大的突破，這種肯定能力的傾向一旦從理論上被加以肯定，就為

---

17 引自《清代宗族的社會屬性 —— 反思 20 世紀的宗族批判論》，馮爾康，《安徽史學》2012 年第 2 期。

族眾通過競爭提升自己在宗族內部的等級地位創造了條件。

宋以後改變宗子特權地位明確鼓勵競爭。顯然，肯定能力就需要進行能力比較，而對能力的比較所帶來的一個直接後果，就是鼓勵競爭。

雖然宋代的宗子依舊享有部分特權，「北宋前期，宗子禁止參加科舉，皆由國家授官，坐食俸祿而不任事。」「神宗熙寧二年（1069）宗室改革，允許宗子通過應舉入仕。至南宋，宗子可以通過三種考試途徑獲得科舉出身，一是有官鎖應，二是無官應舉，三是宗子取應試（相當於特奏名，合格第一名即可參加文舉正奏名殿試）。……宋代有官鎖應、無官應舉宗子一律『別試別取』，即單獨參加科舉考試，不與普通舉子同場，解試、省試的錄取比例比普通舉子要高，宋代宗子應舉錄取比例高於一般舉子。」[18]

科舉堪稱中國農耕時代最為公平的能夠讓普通平民進入國家政權序列、實現向上流動的考試。宋代科舉水準的不斷提升，也在於對其公平性不斷改善。「南宋以後，朝廷在保留『別試別取』舊制的同時，鼓勵宗子與普通舉子混同省試。」「至南宋中後期，出現了專門從事舉業的宗子族群，其中不少宗室舉子雖一舉、二舉不能登龍門，卻不善罷甘休，一而再、再而三地在科舉道路上衝刺。與平民一樣，科舉已成為宗子進入仕途的最重要途徑。」[19] 從上述針對宗子參加科考的漸進式變化過程看，宗子在科舉道路上受到的特殊關照越來越少，慢慢地趨於通過個人能力公平競爭。

如同張載所言：「宗之相承固理也，及旁支昌大，則須是卻為宗

18《宋代登科總錄與宋代科舉政策變化研究》，周佳、汪瀟晨、平田茂樹，浙江大學學報（人文社會科學版），2016, 47(1): 42–55。

19《宋代登科總錄與宋代科舉政策變化研究》，周佳、汪瀟晨、平田茂樹，同上。

主。」[20] 就是說，以往主要依靠血緣關係確定宗族內等級地位的制度安排如宗子繼承權，在新的宗法宗族理論或者說規範下，普通宗族成員在相關領域的成就特別是政治領域的成就，都可以幫助其在宗族內部實現等級與地位的大幅提高。很明顯，宋代科舉制度的逐步完善，不僅為原本身處宗族底層或者說社會基層的平民提供了獲取皇權認同並獲得政經利益分配的機會，也為他們在宗族內部提升地位提供了途徑。

毫無疑問，當科舉考試作為橫亙在考生面前的一個同等高度的障礙的時候，誰能夠成功翻越、繼續前行，就明確需要「兄弟登山、各自努力」了。而這種超越了世家豪門特權、端看個人修為的競賽，除了促使讀書人為了魚躍龍門而拼力讀書、思考、練習之外，更在其修習的過程中培植了競爭的觀念——科舉是個獨木橋，只有加快步伐超越同儕，才有可能在成千上萬讀書人共同參與的競賽中獲得佳績，成為國家政權序列的成員。

而隨着參加科舉的宗族成員在獲得皇權認同並獲得政治權力與經濟利益的分配，隨即在宗族內部得到超越傳統宗子的地位提升，且「不入仕則無以為士」漸成定論，自然會強化所有宗族成員對通過學業競爭不僅能夠獲取個人利益，也能夠光宗耀祖的共同認知。這種認知經過長期積澱與踐行，就會自然而然地培植競爭意識，並將競爭意識內化為文化基因，而對公平競爭的踐行與競爭意識的積澱與內化，自然會逐步影響遍及中國各地的宗法宗族的權力結構。「族長之選任，除依行輩年齒遞推外，要皆以聲望素孚者為合格；設有數人之行輩年齒聲望俱尊者，則以抽籤法定之，然亦有不論行輩年齒而以年力強壯能理事之人充當族長者，且因族眾繁多或推選三四人者，柳州屬之羅城有此習；有因

20《張子全書》，卷四。

178

家產殷實藉子弟之勢力強充族長者，桂林屬之中渡有此習；更有因功名顯達例選任為族長者，泗城屬之凌雲有此習。」[21] 上述幾種選任方式，無疑帶有明顯的肯定能力、鼓勵競爭的因素。

　　宋以後宗法宗族鼓勵突破既定格局改變現狀。歷經長期大規模戰亂之後，趙宋皇權需要通過宗法宗族這個傳承已久的社會運行機制穩定社會，而宗法宗族面臨的生存條件又已經不同於漢唐之時，因此打破過往的宗法制度限制，就成為一種必然。而當時要想打破自周朝已經完善並傳承約兩千年的唐以前古典型宗法宗族理論與制度、思想觀念與運作模式，需要有足夠合理的理論鋪墊包括重新解析，才能實現對現狀的突破。

　　唐以前古典型宗法宗族理論與制度、思想觀念與運作模式高度重視以血緣為脈絡塑造的等級關係。如《禮記・內則》記載「嫡子庶子只事宗子宗婦。雖貴富，不敢以貴富入宗子之家；雖眾車徒，舍於外，以寡約入。子弟猶歸器、衣服、裘衾、車馬則必獻其上，而後敢服用其次也。若非所獻，則不敢以入於宗子之門。不敢以貴富加於父兄宗族。若富，則具二牲，獻其賢者於宗子，夫婦皆齊而宗敬焉。終事而後敢私祭。」很明顯，這是南北朝時期走向門閥制度，造成「世胄躡高位、英俊沉下僚」的理論與制度根源。

　　張載與二程對宗法宗族等級的新設計，非常重要的一點就是突破由血緣框定宗族地位的既往格局。為了證明其合理性，張載甚至擡出周朝的開國君主以印證變革的合理性與合法性：「至如伯邑考又不聞有

21《廣西民事習慣報告書》，廣西官書局宣統三年（1911）編輯出版。轉引自《試論近代廣西宗法文化的變異性表現及其批判繼承》，錢宗範，廣西師範大學學報：哲社版 1997 年 11 期。本書相關《試論近代廣西宗法文化的變異性表現及其批判繼承》引文皆與此同版。

罪，只為武王之聖，顧伯邑考不足以承太王之緒，故須立武王。所以然者，與其使祖先享卿大夫之祭，不若享人君天子建國，諸侯奪宗，亦天理也。」[22]

「奪宗法」的目的從根本上說，就是鼓勵突破既往宗法制度的限制，讓更優秀的族人改變既定格局獲得宗法宗族內部的地位上升。這種以「肯定能力」為基礎的「奪宗法」在相當程度上打破了血緣等級在傳統宗法制度中的壟斷性地位，使得普通族眾能夠通過能力的培養與展示，直接而明確地追求宗族內部的地位與權力。

由於宗法宗族制度涉及的並非僅僅是一種單純的血緣共同體，其在設計之初就被賦予了權力等級的重要意涵，所以打破既往的宗法宗族制度格局或者說理論限制，改變宗族領導權的權力結構，就意味着一定範圍內政治與經濟權力的重新分配。

這種政治與經濟權力的重新分配，對於原本處於基層或者地位較低的族眾而言，無疑是一種非常強烈的誘惑；而當能力的高低被宗法宗族普遍接納為政經權利重新分配的關鍵依據時，追求的理想就有了明確的目標，競爭的欲望就會被充分激發出來，追求開宗立派就會成為欲望的自然延伸，而另闢蹊徑就很容易變成展示特殊能力、快速實現理想的競爭方式。

宋以後宗法宗族及其觀念支持開宗立派。為了適應宋代已經改變了的社會基礎，程顥和程頤兄弟明確表示：「立宗必有奪宗法」[23]這裏的「奪」是很值得琢磨的一個字，既有「奪」門而出、衝開束縛的意思，也有「改變」的意思。《論語·子罕》有言：「三軍可奪帥也，匹夫不可奪

22《張子全書》，卷四。

23《二程集》，1981，中華書局。

志」，意思是軍隊的首領可以被改變，但是真正男子漢的信念與志向不會改變。

就是説，面對宋代已經變革了的經濟基礎，要想達到「管攝天下人心」的目的，就要對唐以前古典型宗法宗族理論與制度、思想觀念與運作模式進行「改變」。其中的一個關鍵之處，就是要「如卑幼為大臣，以今之法，自合立廟，不可使從宗子以祭。」[24]

中國人歷來重視「開宗立派」，能夠「開宗立派」的人都是在某個領域有超卓表現、能夠領袖群倫的俊才；一般人能夠達到「光宗耀祖」的程度已經是很不簡單，能夠實現「開宗立派」自然能夠使其獲得非同凡響的社會地位。而按照二程所言，只要能夠進入國家政權序列成為「大臣」，即使該人以前的身份屬於「卑幼」，也不能再「屈居」宗子身後參與祭祀，而應該自己「立廟」。這就大幅提升了「大臣」，也就是通過科舉等途徑獲得皇權分配政治與經濟利益，並在政權序列獲得較高地位的族人，在其原本宗族中的地位。

「開宗立派」既可以通過同場競技的方式，在一個相同的領域通過精益求精等方式達到傲視同儕的程度，作為某個領域的集大成者而引領宗派；也可以在一定的基礎上避開既有途徑的硬撼性競爭，如我們經常講的「彎道超車」，通過另闢蹊徑的方式成為某個領域的開創者。而通過自身努力能夠被允許對唐以前古典型宗法制度與理論由血緣框定宗族地位的既往格局實現突破，無疑對中國人在宋以後通過競爭實現社會地位大幅提升的主觀欲望，給予了極其強力的刺激。

中國人對於「開宗立派」的熱衷追求，與宋以後普及型宗法宗族理論與制度、思想觀念與運作模式中能夠迅速地通過肯定能力、鼓勵競

24《二程集》，1981，中華書局。

爭進而實現打破既定格局、實現大幅超越有很大關係。這在很大程度上塑造了宋以後普及型宗法宗族觀念影響下的中國人思維與行為與唐以前古典型的不同。宋以後普及型宗法宗族觀念降低了唐以前古典型宗法宗族觀念所強調的「安守職分」，更希望通過迅速的突破實現理想抱負。影響所及，掌握技藝或富有創見的才智之士，更願意選擇不同的路徑實現對現狀的超越，而不是在原有的框架內苦苦積累、慢慢上升。從積極的角度看，這有利於參與競爭者積極尋求創新的路徑和提高發展的效率，非常有利於中國工業化發展進入第二次工業革命階段後對於創新的需求。

宗法宗族理論與制度變革為宋代社會帶來巨大活力。宋以後普及型宗法宗族理論與制度、思想觀念與運作模式的重大變革，影響是全方位的，等於是在原有的古典型宗法規範的基礎上，配合宋代地主經濟發展與科舉制度進一步完善的需要，給當時社會的基層民眾大規模開放了向上流動的管道，也因此給宋朝社會帶來了巨大的活力。宋代能夠在經濟、哲學、科學技術、文化藝術等領域獲得巨大成就，與宗法宗族理論與制度、思想觀念與運作模式的巨大變革中所包含的肯定能力、鼓勵競爭、突破既定格局、支持開宗立派、重視教育有很大關聯。

宋以後普及型宗法宗族理論與制度、思想觀念與運作模式的重大變革，並非僅僅對宗族內部的一般性結構進行調整，還對中國社會發揮着無形與有形的整合功能。這種變革能夠通過整合宗族資源強化教育、鼓勵基層族眾積極參與科舉、通過肯定能力與鼓勵競爭推動宗族競爭力的提升、通過鼓勵打破既定格局而誘導新生力量積極努力優化宗法宗族的權力結構、通過鼓勵開宗立派強力刺激底層民眾積極向上流動爭取皇權更多的政治與經濟利益分配，進而促使全社會形成創新發展的活力。恰如余英時所說：「科舉不是一個單純的考試制度，它一直在

發揮着無形的統合功能，將文化、社會、經濟諸領域與政治權力的結構緊密地連繫了起來，形成一個多面互動的整體。」[25]

宋代宗法文化的重大變革，最重要的是為當時的中國民眾突破了承襲兩千年的純血統論的強大心障，讓出身底層的人才更容易建立起對能力主義與競爭意識的信心，讓以往為出身所困的智識之士能夠擺脫固化社會的束縛脫穎而出。這種巨大變革，不僅對當時的社會具有積極意義，對後世的中國民眾也具有非常重要的作用。從西元 960 年宋朝建立，至今跨越千年，由宋以後普及型宗法宗族理論與制度、思想觀念與運作模式所引起並強化的肯定能力、鼓勵競爭，支持突破既定格局與開宗立派，重視教育以及強化威權等文化特質，已經逐步內化為中國民眾的文化基因。

三　宋以後宗法宗族觀念強化威權

宋代在大規模戰亂之後，如何儘快地「管攝天下人心」，是趙宋王朝鞏固皇權統治的需求。但是面對傳統宗族由於全國範圍的長期戰亂而流散各地、「幾無百年簪纓之族」的現實問題，如何「收宗族」就是一個重大的政治與社會問題。

宗族流散、譜系喪失，缺乏威權則難以「收宗族」。宗法宗族原本就是以血緣為核心形成的等級組織或團體，並通過血緣脈絡塑造的等級，外化為權力等級與利益分配。在宗族流散、譜系喪失的狀態下，權力與利益如何在新的族人聚合中進行分配，就是牽頭「收宗族」者必須認真考慮的問題。

25《試説科舉在中國史上的功能與意義》，余英時，《二十一世紀》網絡版，總第 43
　　期，2005 年 10 月 31 日。

即便是同姓之族，在族人流散、族譜喪失的情況下，如何在聚合之時重組權力架構，也不是一件容易的事。例如「舊時王謝堂前燕」的王家，既有太原王氏，也有琅琊王氏。琅琊王氏在「衣冠南渡」後被稱為「第一望族」，整個家族在東晉、南朝共出過九位皇后和七位駙馬。而太原王氏在魏晉至唐朝都非常顯赫，族人之中俊才頗多。但是大規模戰亂造成的宗族流散，即使是同為望族，在族譜喪失的情況下重新聚合，也必須在權力與利益的分配上相互平衡才能達到「收宗族」的目的。

　　而在皇權需要通過「收宗族」以「管攝人心」穩定社會的政治需求下，宗族內部若因為權力與利益分配而長期爭執，顯然不符合皇權統治的利益，因此更傾向於用「快刀斬亂麻」的方式解決紛爭；如同「杯酒釋兵權」的強力且快速的障礙解除，對宗法宗族的重新聚合與重組，也需要更多的強制性以求快速有效地消除紛爭，威權強化也就成為一種必然。或者說，在當時宗族散亂的狀態下，沒有足夠的威權，就難以強勢整合、收族尊君。

　　這裏需要明確的是，唐以前宗法宗族規範中相對更加重視正統的血緣繼承關係，更加重視以血緣關係為基礎建立起來的等級差序，傾向於採取「親親以睦族」的方式進行宗族管理。因此我們就更容易理解唐以前大型宗族的有關記載：「鄆州壽張人張公藝，九代同居。北齊時，東安王高永樂詣宅慰撫旌表焉。隋開皇中，大使、邵陽公梁子恭亦親慰撫，重表其門。貞觀中，唐太宗特敕吏加旌表。麟德中，高宗有事泰山，路過鄆州，親幸其宅，問其義由。其人請紙筆，但書百餘『忍』字。高宗為之流涕，賜以縑帛。」[26]

　　一般來説，對古典型宗法宗族觀念影響巨大的古典儒家有更強的

26《舊唐書，卷一百八十八，列傳第一百三十八》。

人本主義精神，如《孟子 • 盡心上》「親親而仁民，仁民而愛物」；《孟子 • 盡心下》則有「民為貴，社稷次之，君為輕」，所以「親親」在古典型宗法宗族觀念中相對於「尊尊」是處在較為優先的位置，宗法宗族的威權性相對較弱。

　　雖然也有觀點認為：「魏晉以降，尊尊精神式微，親親精神張顯。表現在家族關係上，是母系尊序的調升，表現在社會關係上，則是尊父與尊君的爭辯。親親精神彰顯，固然是魏晉時代政權轉易頻仍，百五十年間帝脈七十二易。政治既不可為，世代相續的名門大族則益發繁興，家規譜牒的編纂，增強了親親觀念，使人在動盪局勢間把生命信念轉繫於家族價值。」[27] 但筆者認為，由宋儒的代表人物二程、張載、朱熹等倡導推動的宋以後普及型宗法宗族規範，順應變化了的宋代社會特別是盡快實現「收宗族」以「管攝人心」穩定社會的政治目標，需要變革沿襲已久的唐以前古典型宗法宗族理論與制度、思想觀念與運作模式。而這對於傳承已經兩千年的古典型宗法宗族及其觀念的「動搖根本」的變革，一方面要面對傳統宗法宗族理論層面的反對，另一方面在收聚因戰亂而流散無序的宗族時，也必須面對政治權力與經濟利益重新分配所必然產生的具體爭拗。因此，強化威權以求迅速達成共識，就成為一種有效的管理宋以後新型宗法宗族的方法。

　　「親親尊尊」轉「尊尊親親」對威權具有重要影響。我們在這裏需要說明的一點是，在判斷某一類行為特徵是依靠哪一種特質文化作為基本支撐的時候，一定要考慮此類行為的基本價值取向、行為目的、運作實體，以及此類行為在整體上顯示出的「度」的差別。特別是面對普及型宗法宗族思想觀念與孔孟之儒、宋儒之間這種絞合扭結的密切

27《「親親尊尊」二系並列的情理結構》，張壽安，來源：哲夫成城，2019-07-15。

關係時，就需要儘量避免直接針對某一單項行為進行判斷。本人認為，似乎一種比較宏觀、甚至邊緣模糊的性質把握或者說基本傾向性把握，可以大致地對某一類行為到底受儒家思想影響較重還是受宗法宗族觀念影響較重，加以基本的歸類或者說定性。

比如就階層感或者說威權成分的問題，孔孟之儒和宋儒都強調維護尊長的地位，但是孔孟之儒講求「親親尊尊」，而宋儒強調「尊尊親親」。與孔孟之儒相對應的唐以前古典型宗法宗族規範，在非常重視「無爭議血緣繼承關係」的基礎上，更加重視「親親以睦族」；而由宋儒的代表人物張載、二程、朱熹等倡導推動的普及型宗法宗族規範則傾向於弱化甚至改變嫡長子繼承制度，在肯定能力、鼓勵競爭的同時弱化了「無爭議血緣繼承關係」，為了強化管治就更加重視「尊尊以正族」。

很明顯，受孔孟之儒影響更深的唐以前古典型宗法宗族觀念所提倡的是通過「親親」達致「尊尊」，但是宋朝變革形成的普及型宗法宗族觀念卻是通過「尊尊」來規範「親親」。而「親親」與「尊尊」的關係問題，就對宗法宗族觀念的影響來說，這個順序的變化非常重要：因為宗法宗族及其觀念中的威權因素，對後來的中國基層社會有着巨大的影響。

威權因素清代大幅提升影響延續至今。宋代對宗法宗族理論與制度、思想觀念與運作模式的變革，對於後世的家族運作目標與方式有着很大影響，特別是這些目標並非完全依賴儒家理想而生存。也正是因為宋以後普及型理論與制度、思想觀念與運作模式的確立，使得宗法宗族在宋以後的帝制社會特別是在基層，繼續擁有相當重要的結構性地位。

而其中有關「尊尊」的相對強化和「親親」的相對弱化，對那些可以對一地一族產生決定性的影響的宗族精英來說，在心態上更加容易接受並極其願意弘揚之，這也就為後世的「威權」管治、包括華人企業的「威權管理」奠定了基礎。因為無論是威權管治還是威權管理，都是

以強調「尊尊」為基礎的，是「威權」優先於「親親」的具體表現。在當今的中國人社會，這種威權心態並非主要來自古典儒家的思想教化，特別不是主要來自於人本主義比較濃厚的孔孟之儒。

而在清代，滿清皇權由於是以一個文明程度相對落後的少數民族入主中原，對治下佔絕對多數的「非我族類」必須採取高壓統治；從一開始充滿血腥的「留髮不留頭、留頭不留髮」，到統一全國後規定滿人特權，都是充分發揮威權的力量。而為了儘快將管治的權力延伸到廣袤的中國鄉村，且需克服滿人整體受教育程度嚴重不足、管治人才奇缺的弱點，滿清皇權明智地給各地的宗法宗族賦予了部分類似地方政權的法定管治權力。這一方面通過間接管理強化了清廷對地方的統治，一方面通過給鄉紳賦權贏得了地方宗族領導者的歸順。而清代皇權對宗法宗族在管治權力方面的大幅提升，亦強化了宗法宗族及其觀念的威權成分，有利於威權的影響延續至今。

四　推舉遴選宗法宗族領導者與國家治理能力的強化

中國綜合實力的迅猛崛起，促使當今世界重新思考與評價中國特質文化的能量與價值。前面說過，1989 年初日裔美國學者福山發表的《歷史的終結》曾經成為西方體制完勝的時代名論。但是二十年後他在《政治秩序和政治衰敗》一書中強調了「國家治理能力」。福山雖然沒有明說，但是很多專家都認為他強調的「國家治理能力」主要是指中國。而西方世界對中國的批評中，其中重點涉及「民主集中制」這樣的明顯與西方不同的制度設計，並將之簡單地歸結為共產主義。其實，這種制度設計的根源並非外來，而是深深地根植於中華傳統文化之中，與清代宗法宗族領導者的產生方式頗有近似之處。

「民主集中制」在宗法變革中萌芽與強化。中國自西元前 841 年開

始，都以編年的形式對歷史上的相關重要事件，進行了明確的記載。可以說，近三千年以降，中國都是以一種「投網結構」來治理國家，自上而下分層分系管理，即所謂「綱舉目張」；社會自下而上，則帶有明顯的「由分散而有序集中」特徵。而其中的「民主」成分，在唐以前古典型宗法宗族的具體運作中較弱，後來則隨着宋代宗法變革，肯定能力、鼓勵競爭、選賢與能，社會底層的向上流動逐步強化了「民主」的成分。宋以後的宗法宗族在宗子、族長的權力與義務方面逐步轉向選「賢與能」，具備了今日之「民主集中制」的雛形。

西方輿論經常批評中國政體的「威權」成分。其實如果真正瞭解中國特有的宗法宗族文化，特別是宋以後普及型宗法宗族理論與制度、思想觀念與運作模式，我們很容易發現「民主」的萌芽，與「集中」的關係。「一般來講，各宗族都會通過宗族大會制定宗族法規，宗法族規是由宗族內部成員共同協商一致達成的，對宗族內部的全體成員產生約束力，是解決宗族內部糾紛的重要依據。」[28]雖然中國的「民主集中制」與西方一些國家推崇的民主選舉並非一致，但是差異並非評判優劣的標準，我們應該更多地以實際的成就，特別是以能夠使最廣泛的民眾真正獲得實際的利益作為評判的標準。宗法宗族文化是一種伴隨中華文明共同走過三千多年歷史的特質文化，不僅對具體的自然人具有深刻影響，對建基其上的組織及其管理方式，或者說是「上層建築」，也必然有着深刻影響。「民主集中制」有其深厚的社會基礎，而「集中」與「民主」相互結合，經過宗法宗族長期的具體運作，亦逐漸沉澱成為一種文化基因。「民主集中制」在中國易於實行的關鍵，在於佔絕對主體的民眾對此有着堅實的心理認同和價值利益取向的共同性，我們從清代包括族

28《我國清代的宗族調解制度》，北京法院，2020-12-13。

長在內的宗族領導者的產生方式中，就可以清晰地看到這種「民主集中制」的產生與運行方式。

遴選與公舉是宗法宗族運行機制中突出的民主元素。在變革宗子繼承制度之後，選賢與能在宗法宗族的運行機制中日益佔據重要地位，到後來遴選、公舉與公推等方式逐步成為產生宗族領導者的主要方式：「族長的產生，通常是實行遴選公舉方法。在清朝人撰寫的文獻裏，講到族長及其助手的產生，常用『遴選』、『公舉』、『擇』、『推』等詞語，從而得知清朝人使用遴選公舉的方法產生族長及其助手。」[29]

「從東南的長江中下游到華北平原、西北黃土高原的宗族多是採取遴選公舉的方式，產生祠堂族長。遴選，是在一定範圍內選擇族長，在公舉過程中，無疑族尊、紳衿起主導作用，但是眾多族人的意願也會被容納進去。

被遴選的族長需有德才條件。湖南零陵龍氏《家規‧慎族長》從正反兩方面講解族長應具備的條件：『族長之立，必擇齒德兼優者以為之，庶足以勝任而無弊。蓋優於齒則諳練多端，事無輕舉；優於德則端方自處，品自超群，以正己者……凡我族人必慎簡正直、明決、老成、可法者，以樹族中坊表，或釋疑難於庭內，或講禮於祠堂，俾子孫久仰儀型，則族長之為益，豈有窮哉？』[30]族長的條件集中在年齡和品德兩方面：年長，經驗豐富，處事明達，不致有誤；有德，能正己而後能正人，因以禮律己、律人，乃能服人，令賢者振奮，愚者畏懼，宗族振興，貪圖私利的族長不能用。由此可知族長的條件以德劭、年尊、公正、才能為主，其實尊崇老年，也是因其閱歷（即經驗）與能力有同樣

29《清代宗族的社會屬性──反思 20 世紀的宗族批判論》，馮爾康。

30 零陵《龍氏六續家譜》卷首下《家規》，民國十年敦厚堂木活字本。《清代宗族族長述論》，馮爾康，江海學刊，轉引自中國人民大學書報資料中心，2009 年 02 期。

價值。」[31]

　　族眾遴選與公舉的領導者被宗族賦權。宗法宗族是需要領導者進行有效管理的，而被遴選、公舉或公推出來的領導者，在上任之後就具有了宗族賦予的管理權力，且權力相對「集中」掌握在被選定的宗族領導者手中。當然，宗族對於選出的宗族領導者，也有相應的權力限制與問責。

　　其中族長被賦予權力：「族長者，為族眾所推舉，以主持合族之事務者也。」[32]

　　而族長被賦權之後，就有了「集中管理」的責任與權力：「族中公務之執行，族長有督飭之責；關於族眾之賞罰，族長有主持之責；族中若有公事會議，族長有事先召集之權；臨事有裁決之權，或有倉猝之事發生，雖可由族眾自行集會，亦必通知族長；族中若與他族爭訟，首以族長出名，或族長年高步履不便，始另議一人代之；族人若有爭訟，由族長秉公剖析，俟調處不諧，始向官府控訴是非，各屬中公同之習例。」[33]

　　當然，這種「集中」的權力並不是無約束的，亦會有相應規定對族長做出限制，實現「責、權、利」相結合：「族長多以尊卑充當其經理公務，恒給以相當之報酬，罕預訂罰規者，或有侵蝕公款等弊，由族中臨時酌議，除革退族長外，大都僅負賠款之責，惟桂林屬之臨桂，有終身不許族中事務之罰則，慶遠屬之宜山，有加賠償之罰則，

31《清代宗族的社會屬性 —— 反思 20 世紀的宗族批判論》，馮爾康。

32《廣西民事習慣報告書》，轉引自《試論近代廣西宗法文化的變異性表現及其批判繼承》，錢宗範。

33《廣西民事習慣報告書》，轉引自《試論近代廣西宗法文化的變異性表現及其批判繼承》，錢宗範。

190

是為特例。」[34]

　　宗族領導權力的產生方式對國家治理能力富有影響。「以血緣關係為紐帶的宗法等級制度構成了我國古代社會的基礎，貫穿於我國古代社會歷史，尤其在清代進一步發展完善。在清代，各宗族成為清代社會的基本單元，對社會生活各方面發揮重要作用。為了維護宗族的穩定、發展、和諧，各個宗族都會制定宗族法規，推選出族長，成立宗族事務管理機構，負責宗族事務的日常管理，宗族法規則規定了宗族事務管理機構的管理人員選拔標準和產生程式。總的來說，品德、輩分、齒數、能力、財力及文化水準，是大多數宗族選擇本族機構成員的標準。清代各宗族重視家長、族長的地位，當宗族內部成員發生衝突或糾紛時，宗族調解的調解人往往是宗族族長或者宗族事務管理機構成員。」[35]

　　王滬寧教授在上個世紀九十年代曾經對當代中國農村威權關係中的重要角色族老進行了分析，他根據族老地位的不同將之區分為四種類型：一是榮譽型族老：享有一定的地位和威望，對族內一些事務有發言權；二是仲裁型族老：享有一定的地位和權威，擁有一定權勢，在村落家族中起到調節作用；三是決策型族老：他們擁有相當的實質性權力，享有較高的地位，對族內重大問題能做出決定；四是主管型族老：他們擁有大部分的實質性的權力，享有最高的地位。四種類型中，仲裁型模式最為多見，決策型模式較為常見，主管型族老日漸減少。他認為，族老在傳統宗族中享有絕對的地位和權威，在當代宗族中雖然還

34《廣西民事習慣報告書》，轉引自《試論近代廣西宗法文化的變異性表現及其批判繼承》，錢宗範。

35《我國清代的宗族調解制度》，北京法院，2020-12-13。

存在，但已發生了變化；這種變化反映了社會演進的方向。[36]

應該說，由於宗法宗族失去了政權的支持，宗族領導者的管理權總體上確實是不斷弱化的。但是通過「民主」推舉與遴選領導者並接受帶有較強威權因素的「集中」領導，則是中國人社會普遍存在的一種文化基因。這種「民主」與「集中」的結合方式，或者說宗族領導權力的產生方式，對中國擁有更強的國家治理能力具有重要影響—— 這種權力產生的方式對於大量民眾而言，是如同文化基因般留存於思維與行為之中，使得大量的人們能夠習慣性地配合較強的威權管理，從而形成強大的國家治理能力。而強大的國家治理能力，也是中國大陸能夠在短短的四十年裏從一個「瀕臨崩潰」的經濟體，通過工業化發展包括中國製造與創新的興盛，迅速成長為世界第二大經濟體的重要因素。

如果從這個角度看，我們就比較容易理解為甚麼中國民眾比較適應「民主集中制」這種選擇管理者的方式，以及通過遴選、公舉或公推選出領導者之後容易接受其管理的心態。具體到企業管理，則更容易理解為甚麼「在富士康工作，絕對的服從是員工必須學會的第一條紀律。富士康總裁曾說，一個領導者必須有『獨裁為公』的堅定信念。」[37]

西方缺乏理解「民主集中制」的文化基礎，「民主集中制」的雛形早就在宗法宗族的運營中萌生。如果我們仔細品味宗法宗族的上述制度或規範，撇開血緣因素，這種宗法宗族領導者的推舉、遴選、公舉與日常運作，與「民主集中制」高度契合；這對深受宋以後普及型宗法宗族理論與制度、思想觀念與運作模式影響的現代甚至當代中國民眾來說，其實是從小習以為常的一種生活方式。族眾作為推舉、公舉的參與者，無

36 《當代中國村落家族文化 —— 對中國社會現代化的一項探索》，王滬寧著，上海人民出版社，1991，p279。

37 《富士康：世界工廠體系下中國工人的困境》，潘毅，《經濟導刊》2014 年 06 期。

論對當選者本人，還是對當選者擔任宗族領導者後的發號施令，族眾作為參與者本身就對這種日常伴隨的生活要素具有習慣性適應，不存在文化基因高度排斥的問題。但是這種方式如果移植到西方社會則可能會產生嚴重的「水土不服」，因為西方社會民選制度形成的基礎與中國不同，西方的英雄崇拜與中國的祖先崇拜也不相同；因為西方既無「家國同構」的宗法國家形態，更無宗法宗族觀念這種特殊的文化基因。

外國有些國家的政客包括一些學者對中國大陸政體實行的「民主集中制」頗多批評。其實，如果撤除制度競爭的惡意攻擊，則更多的是囿於對中國宋以後普及型宗法宗族理論與制度、思想觀念與運作模式瞭解不足。從民主的角度看，「宗族的事務，族長最有發言權和處斷權，然而在其行施權力以前，需要有族規、祖訓的依憑，另外常常還有族人會議、房長會議的議決，族長不便也不得違礙。族人會議是宗族生活的普遍現象，是一種客觀存在，以『合族公議』、『集眾合議』、『族眾公約』、『祠規合議』之說屢見於清人文獻。」；而從集中的角度看，「宗族要求族人尊敬族長，服從其指導，以便有效處理族務。」[38] 就是説，從宗法宗族的發展歷史看，「民主集中制」的雛形早就在宗法宗族的運營中萌生，所謂「族長之立，必擇齒德兼優者以為之」就是一個「民主」選舉的過程，與經驗有關的「年齡」與品性有關的「德操」乃是關鍵條件；而當選出族長之後，就需要令行禁止，就是「集中」。而中國政體其實在某種程度上延續了這種宗法宗族的遴選、推選、公舉和管治方式。但是，對於刻意批評擁有更強的國家治理能力的中國大陸的西方輿論來説，中國大陸實行的「民主集中制」在他們口中就被貶抑、醜化成了「專制」。

---

38 《清代宗族族長述論》，馮爾康，江海學刊，引自中國人民大學書報資料中心，2009 年 02 期。

就制度而言，沒有最好，只有更好。中國大陸的「民主集中制」在很大程度上保障了方向的把握與執行的效率，中國大陸的綜合國力包括生活水準在短短四十年獲得了質的飛躍，這就從根本上證明了含有宗法宗族觀念這種文化基因的「民主集中制」，無可否認具備適應中國的文化傳統、有利提高政府治理能力的優點，相信這也是以《歷史的終結》聞名世界的美國日裔學者福山，為甚麼會在之後的研究中對自己當年的結論進行調整的原因。

其實，西方國家通行的民主選舉方式，到了東方也明顯具有水土不服的問題。記得中央黨校的一位教授曾經撰文說，西方的民主制度移植到東方如印度和台灣地區，都帶有某種程度的「扭曲」。在筆者看來，這種「扭曲」的根源，在於不同國家或地區都擁有自己的傳統特質文化，東方的民眾對於如何把握自己的選票受本身特質文化的影響，不可能完全按照西方社會根據西方的特質文化所塑造的選舉文化，確定東方的權力歸屬。

五　宋以後宗法宗族把教育當作生存與發展的關鍵因素

伴隨宋朝科舉的制度化愈加強固，宗法宗族對教育的高度重視，對後世乃至今時今日的中國人依舊影響巨大。中國大陸能夠在短短四十年的改革開放中獲得舉世矚目的成就，與中國民眾和中國政府高度重視教育有很大關聯。

宗法宗族觀念在改革開放後的初始化工業革命階段和第一次工業革命階段，都發揮了團結起來共同抵禦政治風險與經濟風險的重要作用。而受宗法宗族觀念中高度重視教育的影響，中國大陸自 1977 年恢復高考以來對教育投入的巨大熱情與資源已經得到了回報：中國大陸進入第二次工業革命的「工業化爆炸階段」，對創新發展的需求也有了

爆炸性增長，而中國目前已經擁有數以億計的接受專業教育的人才，如今每年新增勞動力中有千萬大專院校畢業生，這為第二次工業革命所需的專業勞動力和創新能力，奠定了雄厚的人力資源基礎。

對此已經在第四章仔細分析，此處不贅。

小結

中國的工業化發展包括中國製造與創新，給當今世界帶來一種值得深入研究的課題。每一個民族的特質文化，都會對其自身發展產生深刻影響。而中國存續超過三千年的宗法宗族作為一種社會運行的重要機制，其觀念中的組織性、紀律性、服從性、忍耐性、忠誠性、團結性、約束力、分工與協作、集體主義，和肯定能力、鼓勵競爭、支持突破現狀與開宗立派的因素，以及高度推崇教育，和通過推舉與遴選宗族領導者並賦予威權這種傳統的「民主集中制」以強化國家治理能力，經過長期的歷史積澱已經成為文化基因，深刻影響着中國人的思維與行為。而上述文化基因，對中國大陸快速走過初始化工業發展階段與第一次工業革命階段，並順利進入第二次工業革命的「工業化爆炸」階段，都具有重要意義。

第六章

宗法宗族觀念緣何成為
中國工業化關鍵文化基因

引言

　　宋以後普及型宗法宗族理論與制度、思想觀念與運作模式不僅保留了部分唐以前宗法宗族文化的特點，同時又具有非常重要的變革與發展。宗法宗族觀念流傳至今，不僅使得中國民眾具有參與規模化、標準化工業生產所必不可少的組織性、紀律性、服從性、忍耐性、忠誠性、團結性、約束力，以及較強的集體主義精神等文化基因；且因為在宋代宗法重大變革中凸顯了肯定能力、鼓勵競爭的文化基因，支持打破現狀甚至開宗立派，使得中國民眾的創新意識具有源源不絕的內在動力；特別是高度推崇教育的文化基因，使中國大陸在短短的四十年裏培養了過億的接受過專業訓練的人才，能夠在進入第二次工業革命階段或者說「工業化爆炸階段」後依舊可以持續提供海量的優質人力資源，並在資訊化與智慧時代進一步增強製造與創新的實力；而承繼遴選與推舉宗族領導者這種傳統的「民主集中制」，中國民眾在文化基因上比較容易接受威權成分較強的領導方式，則能夠達致國家治理能力的整體提升。上述文化基因對中國民眾思維與行為的規範與塑造，使得中國民眾對於工業社會的分工與協作，具有很強的適應性，對包括

中國製造與創新在內的工業化發展大有裨益。而特別需要強調的是，宗法宗族觀念在中國大陸改革開放初期從事非國有經濟具有很大的政經風險之時，能夠團結、聚合族眾共同抵禦政治風險與經濟風險，對中國能夠在改革開放初期缺乏對市場經濟的理論建構與法律保護及政策支持、非國有經濟的政治前景充滿風險的不利狀況下迅速走過初始工業化階段和第一次工業革命階段，起到了非常關鍵的作用。

一　工業社會體制與宗法宗族運營具有共性 —— 分工與協作

「工業社會的基本社會體制和社會治理體制就是分工協作」。[1]而宗法宗族作為一種「以血緣關係為基礎、以父系家長制為內核、以大宗小宗為準則、按尊卑長幼關係制定封建倫理」[2]而形成的聚集型社會群體，它是依據一定的原則組織起來並開展活動的，其組織原則之中就包含分工與協作。

中國三千年前已有非常系統精密的社會分工與全方位大規模協作。有學者指出：「一個龐大的、有組織的、無暴力的、無欺詐的、講信用的、和統一整合的市場的存在，是規模化大批量生產方式和勞動分工的前提條件。那些沒能成功創造出一個能支撐規模化生產方式的、政治上穩定的、統一大市場的國家，只能永久停留在一個自給自足的小農經濟水準和馬爾薩斯均衡上。無論聯合國、IMF、世界銀行和發達國家如何援助和提供基金支持，如何搞『茉莉花』革命和『阿拉伯之

1　《分析社會及其治理的分工—協作體制》，張康之，2017 年 01 月 09 日，來源：《國家行政學院學報》。

2　《中國宗法宗族制和族田義莊》，李文治、江太新著。

春』，這些國家也無法實現工業化。」[3]

其實中國早在三千年前的周朝（約起於西元前 1100 年）這個典型的宗法國家時代，就已經形成系統的精細分工與規模化協作，涉及門類眾多：當時的「大宰」是輔佐國君治理國家的百官之長，相當後代的宰相、現在的總理。依《周禮‧天官‧大宰》所載：「大宰之職，掌建邦之六典。以佐王治邦國。一曰治典，以經邦國，以治官府，以紀萬民；二曰教典，以安邦國，以教官府，以憂萬民；三曰禮典，以和邦國，以統百官，以諧萬民；四曰政典，以平邦國，以正百官，以均萬民；五曰刑典，以詰邦國，以刑百官，以糾萬民；六曰事典，以富邦國，以任百官，以生萬民。」再深入細化，《周禮‧大宰》規定的權責之一就是「以九職任萬民」，即「一曰三農，生九穀；二曰園圃，毓草木；三曰虞衡，作山澤之材；四曰藪牧，養蕃鳥獸；五曰百工，飭化八材；六曰商賈，阜通貨賄；七曰嬪婦，化治絲枲；八曰臣妾，聚斂疏材；九曰閑民，轉移執事」。而所謂「飭化八材」的「百工」就是利用各種原材料製造器物，據《荀子‧王制》記載，「論百工，審時事，辨功苦，尚完利，便備用，使雕琢、文采不敢專造於家，工師之事也。」這裏的「工師」是主要是指從農業生產中分離出來的工匠及其相關人員。

還有與醫療有關的，在那個時代已經精分為五類：

「醫師：掌醫之政令，聚毒藥以共醫事。凡邦之有疾病者、疕瘍者造焉，則使醫分而治之。歲終，則稽其醫事，以制其食：十全為上，十失一次之，十失二次之，十失三次之，十失四為下。

食醫：掌和王之六食、六飲、六膳、百羞、百醬、八珍之齊。凡食齊視春時，羹齊視夏時，醬齊視秋時，飲齊視冬時。凡和，春多酸，

3 《偉大的中國工業革命》，文一著，24 頁。

夏多苦，秋多辛，冬多鹹，調以滑甘。凡會膳食之宜，牛宜稌，羊宜黍，豕宜稷，犬宜粱，雁宜麥，魚宜菰。

凡君子之食，恒放焉。

疾醫：掌養萬民之疾病。四時皆有癘疾，春時有痟首疾，夏時有癢疥疾，秋時有瘧寒疾，冬時有嗽、上氣疾。以五味、五穀、五藥養其病。以五氣、五聲、五色視其死生。兩之以九竅之變，參之以九藏之動。凡民之有疾病者，分而治之；死終，則各書其所以而入於醫師。

瘍醫：掌腫瘍、潰瘍、金瘍、折瘍之祝藥劀殺之齊。凡療瘍，以五毒攻之，以五氣養之，以五藥療之，以五味節之。凡藥，以酸養骨，以辛養筋，以鹹養脈，以苦養氣，以甘養肉，以滑養竅。凡有瘍者，受其藥焉。

獸醫：掌療獸病，療獸瘍。凡療獸病，灌而行之以節之，以動其氣，觀其所發而養之。凡療獸瘍，灌而劀之，以發其惡，然後藥之、養之、食之。凡獸之有病者、有瘍者，使療之；死則計其數以進退之。」

與酒有關的，分兩大類：「酒正：掌酒之政令，以式法授酒材。凡為公酒者，亦如之。辨五齊之名，一曰泛齊，二曰醴齊，三曰盎齊，四曰緹齊，五曰沈齊。辨三酒之物，一曰事酒，二曰昔酒，三曰清酒。辨四飲之物，一曰清，二曰醫，三曰漿，四曰酏。掌其厚薄之齊，以共王之四飲、三酒之饌，及後、世子之飲與其酒。凡祭祀，以法共五齊、三酒，以實八尊。大祭三貳，中祭再貳，小祭壹貳，皆有酌數。唯齊酒不貳，皆有器量。共賓客之禮酒，共後之致飲於賓客之禮；醫酏糟，皆使其士奉之。凡王之燕飲酒，共其計，酒正奉之。凡饗士庶子，饗耆老、孤子，皆共其酒，無酌數。掌酒之賜頒，皆有法以行之。凡有秩酒者，以書契授之。酒正之出，日入其成，月入其要，小宰聽之。歲終則會，唯王及后之飲酒不會，以酒式誅賞。

酒人：掌為五齊三酒，祭祀則共奉之，以役世婦。共賓客之禮酒、

飲酒而奉之。凡事，共酒而入於酒府。凡祭祀，共酒以往。賓客之陳酒亦如之。漿人：掌共王之六飲水、漿、醴、涼、醫、酏，入於酒府。共賓客之稍禮。共夫人致飲於賓客之禮清醴醫酏糟而奉之。凡飲，共之。」

　　還有掌管當時的奢侈品的「玉府：掌王之金玉、玩好、兵器，凡良貨賄之藏。共王之服玉、佩玉、珠玉。王齊，則共食玉。大喪，共含玉、復衣裳、角枕、角柶。掌王之燕衣服、衽席、床第，凡褻器。若合諸侯，則共珠盤、玉敦。凡王之獻金玉、兵器、文織、良貨賄之物，受而藏之。凡王之好賜，共其貨賄」。[4]

　　上述內容只涉及當時社會分工的極少部分，但是這說明在三千年前的周朝這個典型的家國同構的宗法國家，已經出現了涉及人員眾多、非常系統化的的精細分工。既然三千年前的周王朝已經系統化地對社會不同的人群進行了大規模的精細分工，就意味着大量參與精細分工者已經不可能也不需要在日常的生活資料如飲食的生產方面依賴自給自足，不同分工之間的規模化協作就是必不可少的。

　　而且在禮制森嚴的那個時代，物品的互市並不是任意而為的。《禮記・王制》曰「有圭璧金璋，不粥於市；命服命車，不粥於市；宗廟之器，不粥於市；犧牲不粥於市；戎器不粥於市。用器不中度，不粥於市。兵車不中度，不粥於市。布帛精粗不中數、幅廣狹不中量，不粥於市。奸色亂正色，不粥於市。錦文珠玉成器，不粥於市。衣服飲食，不粥於市。五穀不時，果實未熟，不粥於市。木不中伐，不粥於市。禽獸魚鱉不中殺，不粥於市」。當大量的產品被禁止入市買賣，那麼宗法國家的組織系統之內的相互協作就成為一種必然。而這種分工與協作，與工業社會的基本社會體制和社會治理體制具有內在的近似。

4　來源：中國哲學書電子化計劃。

作為宗法國家的周朝需要精細分工與維持營運，同樣，諸侯國也需要類似安排，只是規模相對較小。而大型宗法宗族為了提高勞動生產率、避免重復性勞作的浪費，根據宗族組織本身的特點與需求實行內部分工與協作、避免無效勞動或者說提高有效勞動，乃是必要的組織與管理方式。例如東魏、北齊時，劉氏、張氏、宋氏、王氏、侯氏幾個大宗族，「一宗近將萬室，煙火連接，比屋而居」。[5] 如果與當今的企業管理相聯繫的話，正是因為「一宗近將萬室」，大量的族人必然涉及如何管理與如何提高整個宗族生產效率的問題；除了做為類軍事集團的組織、訓練、協同甚至作戰之外，還涉及宗族內部的財富分配、農耕勞作、奢侈品生產等，只有合理的分工、有效的協作與嚴謹的管理才能強化整個宗族的生存與發展能力。

即使是小型的家庭與家族，農耕時代的分工與協作也是必要的：「農業社會中，不僅需要鄰里在生產、生活和娛樂上的『守望相助，疾病相扶』，由此發展出聚族而居的村莊來；而且家庭內的家務合作也十分重要，所謂『男耕女織』，椿米織布，都是需要有很多人合作才容易完成的家務，因此，四代同堂的大家庭的普遍存在，既具有功能上的合理性，又受到文化上的鼓勵」。[6]

當一種制度長期規範人們的行為，這種受規範的行為將慢慢變成一種習慣。而這種習慣經過長期的傳承與積澱，會在適當的時機產生遺傳基因式的變化，形成特定群體的文化基因。三千多年以降受宗法宗族及其觀念影響的中國民眾，由於從小便生活在這種特殊的文化氛圍之中，富有組織性、紀律性與服從性，習慣於分工與協作，因此在滿

---

5 《通典》卷3，《食貨‧鄉黨》。

6 《中國農村傳統大家庭制度的解體過程》，老田，《三農中國》總第五期，湖北人民出版社2005年版。

足現代工業社會的分工與協作方面，具有很高的契合度與相容性。

有專家在論述中國大陸的工業化發展時，特別提到「三點被西方經濟學忽略的因素：

第一，政治穩定和社會信任。

第二，統一大市場。

第三，市場監管。

「正是因為沒有意識到這三個高昂社會成本的存在，和只有組織起來的國家才能夠去克服這些成本，使得很多國家被攔在了工業革命的門外。」[7]

奇特的是，如果分析上述「三點被西方經濟學忽略的因素」，可以發現三千年前典型意義的宗法國家周朝，卻能夠滿足這種條件，無論「政治穩定和社會信任」「統一大市場」還是「市場監管」，周朝在某種程度上都具備。雖然生產力水準與當今不可同日而語，但是至少從周朝開始，崇尚大一統的中國在上述三個方面，基本上在每一個生存期超過兩百年的朝代，都能夠滿足上述三項條件。無疑，這三項條件的三千年傳承，也會對中國的管治文化產生深刻影響。

宗法宗族具備組織規範與管理能力。「任何組織的存在不可能沒有一定的組織規範。家族的組織規範就體現為包括成文和不成分的族訓、家訓、戒條、族範、宗規、族約等規定。族規規定家族成員的權力和義務、家族組織和活動方式，它不僅是族民行為的準則，也是宗族組織活動的規範。」[8]一個典型的宗族有族長、族眾、族譜、族產、族規等。正是族譜、族眾、族規、族產及族長的組織化、系統化或者說有

---

7 《那些工業化失敗的國家缺了甚麼？》，文一，清華大學，2017 年 9 月 19 日發佈。

8 《家族的變遷與村治的轉型》，項繼權，《中國農村研究》2001 年卷，華中師範大學中國農村問題研究中心。

序的組織與管理，維繫着中國無數大大小小的宗法宗族的存在和運轉。而滿清皇權賦予宗法宗族部分類似地方政權的法定管治權力，更進一步強化了宗法宗族對佔當時絕大比例的農業人口的組織與管理能力。

「明清時期，國家在民間普遍推行宗族法，作為控制社會的重要手段，結果造成了民間社會一定程度的自治化。……這也是發生在體制之內的宗族法效用。清政府對徽州鄉村社會的法律控制，主要是依靠徽州宗族組織在鄉村社會普遍推行宗族法來實現的，這就是國家控制鄉村社會的宗族法路徑依賴。同族權控制一樣，宗族法必須事先獲得政府的認可和支持。」[9]

而「清代的徽州宗族組織是一個具有濃厚政治性質的基層社會組織，發揮着維護鄉村社會秩序、進行思想教化、承擔賦役的政治治理功能。清政府對徽州鄉村社會的政權控制，主要是通過徽州宗族組織對鄉村社會實行族權控制來實現的。宗族中的精英分子擁有文化，掌握鄉村社會的話語權，對於文化和教育的佔有，使得其集教化、倫理、法規、祭祀、宗族、一切社會職責與權力為一體，成為鄉土社會的實際權威。」[10]

很明顯，宗法宗族在距今不遠的滿清時代，承擔了部分國家基層政權的功能，特別是對鄉村社會的組織與管治功能。宗法宗族涉及的組織及管理，已經不僅僅涉及宗族內部的祭祀、調濟、教育、勞作分工，還承擔了納稅、治安、調解、懲戒等諸多方面的政府職能。如「宗族制訂族規、家範，闡述做人道理和行為規矩。諸如職業的選擇，四民之外的行當不准介入；良賤不能通婚；綱常倫紀的遵守；族人間糾紛由祠

9　《宗族制度控制與社會秩序——以清代徽州宗族社會為中心的考察》，張金俊，《天府新論》（成都）2010 年 5 期。

10　《近代紳士：一個封建階層的歷史命運》，王先明，天津人民出版社，1997。

堂調處，不許擅自告官；參與宗族活動，違反者處責；信仰、娛樂活動的選擇，不得有悖倫理；族人不得做違法的事情。對行為失範的族人制定成套的處分辦法，有體罰、罰款和精神懲罰的記過；開除出宗，不許進祠堂上家譜；處死——打死、活埋、沉塘；以宗族的名義將族人送官究治。」[11]

就是説，宗法宗族在明清以降的發展中，由於承擔並強化了部分國家機器的功能，無疑具備了很強的組織規範和管治能力。而這種強化，無疑對宗法宗族觀念在當今民眾中的存續，具有重要影響。

宗法宗族管理與企業管理頗為相似。我們在前面說過，宗法宗族本身就是依據一定的原則與規範建立起來的組織，其本身的運行就需要有效的管理。宗族的規模可以很大，「漢入屠蜀城，誅述大將公孫晃、延岑等，所殺數萬人，夷滅述妻宗族萬餘人以上」。[12] 就是説，僅僅為了摧毀一個地方宗族勢力，就殺戮其宗族姻親超過萬人。而東魏、北齊時，劉氏、張氏、宋氏、王氏、侯氏幾個大宗族，「一宗近將萬室，煙火連接，比屋而居」。[13] 這說明在中國唐以前的歷史上，萬人以上的宗族是為數不少的。雖然宋以後的宗族規模相對縮小，但是無論大小，都不能離開有效的組織管理，否則不僅難以發展，還可能逐漸被社會淘汰。

宗法宗族在清代還承擔了納稅、治安、調解、懲戒等諸多方面的地方政府職能，而正是這種具有公權力特徵的宗族管理，使得宗法宗族觀念很容易適應現代企業管理。所謂「公權力是為維護和增進公益而設的權力。……合法的公權力本質上是一定範圍內社會成員的部分權利

11《清代宗族的社會屬性——反思 20 世紀的宗族批判論》，馮爾康，《安徽史學》
2012 年第 2 期。

12《後漢書·志·天文上》

13《通典》卷 3，《食貨·鄉黨》

的讓渡，或是說一定範圍內社會成員的授權」。而帶有公權力性質的管治職能，不僅保障了宗法宗族的日常運作，還通過對族眾的長期浸潤，使得族眾在心理上對於接受「類公權力」的管治，積澱成為一種自然的習慣延伸。「村莊正是解決國家不能解決，家庭又解決不了的公共事務的重要單位，但村莊作為一個基本的認同和行動單位，並非自然而然形成的，而是兩方面規範共同作用的結果，一方面是硬規範，如族規家法，鄉規民約等；另一方面是軟規範，如儒家倫理，村莊輿論等。無論硬規範還是軟規範，都是以個人義務為本位的規範（習慣法，地方性知識），這些強有力的規範發揮作用的結果，就是血緣性和地緣性的村莊成為了傳統中國農民認同和行動的一個基本單位，成為農民身體無意識的一部分，成為強有力的地方共識。」[14] 如果與企業的組織管理相聯繫的話，就是無論對企業的管理者如企業主，還是被管理者如企業員工，宗族組織的管理與被管理，對企業組織的管理與被管理在心態上的過渡，都可以是非常自然與平順的，較少因為企業管理的「非公權力」性質，而導致矛盾與摩擦。

　　這種宗法宗族管理與企業管理頗為相似甚至是高度契合的狀態，對於企業組織運行來說，無疑是降低了員工與企業之間的磨合成本，或者說提高了企業效率與競爭能力。改革開放後中國大陸的鄉鎮企業、私營企業迅速興起，很多鄉鎮企業、私營企業都有宗族或家族的背景。「從歷史的視角看，這種『中國式』的農村工業化實質上與英國工業革命前夕發生在 17–18 世紀的歐洲大陸，尤其是英國的『原始工業化』（proto-industrialization）浪潮一脈相承，具有相同的機制和規律。」「這種根基於農村的原始工業化是引發工業革命所必須的程式，因為以規

14《農民行動邏輯與鄉村治理的區域差異》，賀雪峰，《開放時代》2007 年第 1 期。

模化生產為特徵的工業革命，哪怕是符合『比較優勢』的勞動密集型產業，需要一個深入和大型的市場來使得進一步的勞動分工和大型工業組織有利可圖；這反過來需要依靠草根群體的充足的高收入（工資）和購買力，需要在不破壞糧食安全的情況下，吸引大量的『以食為天』的自給自足的分散的農民個體投入到以分工協作為特徵的製造業生產中。因此，在開始階段，大面積使用農村剩餘勞動力和農民的閒置時間來『就地』生產原始的低附加價值勞動密集型原生工業品，並通過遠距離貿易來賺錢，是一種十分經濟、有效和自然的方式來發酵市場、培育企業家、發展供應鏈和商業配送網路、提高農村和城市商業化對日常製造品的需求和生產力、提高農民收入、產生地方政府收入用於本地基礎設施建設，並最終啟動工業革命的訣竅。」[15] 這個觀點是參照英國的工業化路程進行分析描述的，但是其中一些特殊的中國因素值得加入，那就是宗法宗族及其觀念中早就存在的分工與協作、組織與管理，與企業的組織與管理高度契合：在宗法宗族的組織動員能力之下，習慣於分工與協作的族眾可以在不必「依靠草根群體的充足的高收入（工資）和購買力」的條件下，利用宗親的互信互助與忠誠團結匯聚資金，且能夠「在不破壞糧食安全的情況下，吸引大量的『以食為天』的自給自足的分散的農民個體投入到以分工協作為特徵的製造業生產中」。因為宗法宗族觀念可以在一個較大的群體之內，引導諸多個體在參與製造業內的分工與協作的同時，在工業製造與糧食生產之間相對自然而順暢地進行分工與協作。

宗法宗族由於具有較強的組織與管理功能，其運行方式其實在很大程度上與企業的運營頗為類似，甚至在權力上超越現代的企業管理。

15《偉大的中國工業革命》，文一，31–32頁。

例如:「徽州宗族法的調整範圍涉及宗族的全部生活領域，如尊卑秩序、財產關係、婚姻繼承、祖先祭祀、偷盜閒遊等。宗族法的執行者是以族長為核心的房長和鄉紳，另外有家佐、監視、掌事等人輔助。如果遇到難以裁決之事，或訴於文會，或訴於官府。在執行宗族法時，堅持以教化為主，教化與懲罰相結合的原則。」[16]

「祠堂不僅是一種符號，更是宗族團結和宗族權力的象徵。族譜的主要作用是維繫宗族血脈清晰。……在長期的歷史過程中，徽州宗族成員多把族規家法潛移默化了。徽州宗族族法家規中還有加強自身組織控制和發展的條文，它能保障宗族組織的穩定和良性發展，甚或拓展宗族的生存空間。」[17]

應該說，受宗法宗族觀念的影響及宗法宗族很早就已經存在的分工與協作、組織與管理之影響，中國民眾與企業管理具有非常明顯的內在契合，這是中國大陸的鄉鎮企業、私營企業在改革開放初期的初始工業化和第一次工業革命階段，能夠迅速發揮高效、獲得成功的重要文化基因。

宗法宗族的生存發展與企業經營在競爭觀念上契合。毫無疑問，宗法宗族作為以血緣為紐帶形成的團體或組織，從一開始其目的就包含了強化生存能力的競爭。無論是組織起來強化進攻與防禦能力，還是根據需要進行分工與協作以提高生產效率，都是要在當時的環境中爭取更好的競爭優勢。

有學者說:「中國鄉村各村落內，農戶之間一直存在着競爭與合作。競爭不僅在各宗族之間，也存在於同宗的各家之間，甚至存在於分

16《明清徽州社會研究》，卞利，安徽大學出版社，2004，216-261頁。

17《綜合研究宗族制度控制與社會秩序 —— 以清代徽州宗族社會為中心的考察》，張金俊。

家析產的兄弟之間。競爭的主要對像是土地。村落內部『階層』劃分的標準，其實是家庭勞動力與家庭耕地的比例。」[18] 一定程度上講，由於經濟的定義本身就是如何充分利用有限的資源，這樣就必然會產生競爭，並在競爭中出現財富積累的差異。對於中國這個歷來人口眾多、耕地缺乏的國家，這種競爭就更加不可避免；而且圍繞土地資源的競爭是一條主線，中國歷史上的改朝換代很多都是因為土地兼併過於劇烈、社會底層集聚大量無法生存的赤貧群體，而導致帶頭造反者能夠「振臂一呼響者雲集」的。

還有一個非常關鍵的導致宗法宗族內部強化個體競爭意識、打破純血緣定位的宗子繼承制度的因素，是豪門宗族的政治特權以及與之相關的經濟特權在宋代消失。因為在兩漢魏晉隋唐時期，門閥士族、豪強地主擁有政治上的特權並派生出經濟特權，使得他們較少擔憂宗法宗族維持生計的問題。隋朝開創科舉制度，為特權的逐步削弱撬開了裂隙，為競爭的逐步加強提供了誘因。雖然在隋朝、唐朝，只有士人可以參加進士考試，而將工匠、商人排除在外，但是出身較低的士人能夠通過競爭而在取士制度上獲得相對公平的待遇，必然對社會的整體競爭意識產生影響，也必然會給純粹以血緣關係確定宗族地位的宗子繼承制度及族長的產生方式帶來漸進式的侵蝕。到了宋代，由於唐末戰亂、五代十國紛爭等原因，一方面原本集聚較多財富的大型宗族容易作為掠奪的重點對象而消失殆盡，另一方面通過攻城掠地的戰功獲得重權高位的將臣們往往並非傳統的名門望族，因此唐以前的豪門宗族所擁有的政治特權消失，由政治特權派生的經濟特權也就隨之消融。

可以說，無論唐以前還是宋以後的宗法宗族，其競爭性一直都是

18《黃河邊上的中國》，曹錦清。

存在的。只是由於宋以後的競爭更加傾向於個體與個體之間的競爭，族眾的「個體化」競爭遠遠大於唐以前的「集體化」競爭。但是很明顯，這兩種競爭並非相互排斥的，只不過強弱有所調整：唐以前的宗法宗族競爭雖然集體的意味更強，但是其中亦包含優秀的個體對「集體」的重要性；而宋以後宗法宗族更加依賴優秀個體的競爭，但是從族塾、田莊對底層族眾教育的支持，就包含了集體對「個體」參與競爭的重要性。

就是說，宗法宗族的生存性競爭與企業的經營性競爭在理念上是高度契合的，對於中國民眾順利接納企業競爭的理念，是有正面作用的，能夠在相當程度上減少觀念衝突導致的磨合成本。

宗法宗族觀念內化，孕育適應工業化社會的思維與行為。宗法宗族觀念之所以能夠成中國製造與創新的關鍵文化基因，在中國大陸的初始工業化階段以及其後的第一次工業革命和第二次工業革命階段發揮重要作用，與宗法宗族觀念內化到能夠影響民眾的思維與行為有很大關聯。

「在傳統的宗族制度中，宗族制度作為促進人們之間協調的規則。它的重要功能就是為人們提供了一種框架或模式，在這個框架裏，人們可以相互影響。它的運作體現了倫理的作用或對倫理的依靠。通過依靠世代相承的血緣系譜關係來界定族內嚴格的社會規範和權利與義務，長幼尊卑各司其職，默守着本家族的道德規範和清規戒律，皆不得逾越本分。若有逾越或違背，就要受到家族的制裁，在族人的眼中，族長就是法官，族規就是國法，所謂『正以家法』，宗族就是通過族長和其他長老的權威，通過非正式的規則包括倫理規範、價值取向、道德、習慣等文化性因素的作用有效地協調和控制着族內的摩擦糾紛，實現對家族成員的行為約束。因而宗族這種特殊的制度適應了特定的經濟關係和人文環境，鑄造了超穩定的社會系統，生長在這一特定文化土壤上

的人們共用着它所載的資訊，並內化為人們的價值選擇。[19]

宗法宗族作為一種歷史悠久的組織形態，在中國民眾中發揮的作用是巨大的。「20世紀前，典型的家族通常具有族譜、族祠、族規、族產及族長。家族不僅是一種血緣共同體，同時也是利益共同體、政治共同體和文化共同體。基於共同的血緣關係，家族成員組織起來以維護家族的利益。這在族際之間、家族與國家交往中表現的更為明顯。為了家族的利益，家族成員可以與其它家族械鬥，可以集體到官府請願和申辯，甚至抗爭。尤其是在社會動盪之時，家族成員常常會聚族以自保。不僅如此，家族承擔着一定的政治和行政的功能，最為突出的宣傳綱常倫理，調解家族內部矛盾，代徵國家稅賦等等。」[20]就是說，宗族以血緣為紐帶，具有組織起來維護與追求利益的功能，其組織性、紀律性、服從性、威權性、分工與協作的特質明顯存在。

很明顯，改革開放初期中國大陸大規模的初始工業化，無論私營企業還是鄉鎮企業，特別是其中的初始製造業，大多與固定的土地、熟人社會及人身依附關係有關，宗法宗族觀念往往是生存在一個相對固定的土壤上的民眾的共用文化環境。當這些資訊「內化為人們的價值選擇」的時候，這個群體往往會出現某些思維與行為的共性。而這些深受宗法宗族觀念影響的共性表現到思維與行為上，大量富有組織性、紀律性、服從性、威權性、忍耐性等文化基因的產業工人，無疑有利於規模化、標準化製造業佔比較高的初始工業化階段及第一次工業革命階段的工業生產能力的提高。當而宋以後普及型宗法宗族觀念中肯定能力、鼓勵競爭、高度重視教育等因素，則對步入第二次工業革命階段所需的創新發展極為重要。可以說，宗法宗族觀念的內化，使中國民

19《農村宗族問題與中國法的現代化》，田成有，社會史哲，2009.10。

20《家族的變遷與村治的轉型》，項繼權，政治哲學，2009.10.01。

眾的思維與行為蘊含了適應工業化社會的部分有利因素。

二 宗法宗族及其觀念的多種特質有利強化「中國製造」

在工業化進程發展到一定階段特別是在規模化、標準化製造佔據重要地位的時候，對員工的集體主義、組織性、紀律性、服從性、忍耐性、忠誠性、分工與協作等方面的素質要求較高。而宗法宗族本身就是一種以血緣強化利益關聯的組織，帶有一定的軍事組織的性質，從一開始就承擔着對族眾安全保障、生產促進、能力提升、生活優化的責任與義務。這種組織的責任與義務涉及到每一個成員，經過長期的發展與演化，就形塑出我們在前面說過的組織性、紀律性、服從性、忍耐性、忠誠性、團結性、約束力、分工與協作、集體主義等諸多文化特質。而源於宗法宗族觀念的上述特質，使得中國員工在文化基因上具有適應標準化、規模化製造業的良好條件。

西方學者注意到了宗法宗族觀念對經濟行為的影響：楊國樞和鄭伯壎等兩位學者在《對後儒家假說的一項微觀驗證》一文中總結道：西方學者所說的儒家倫理或思想，大致包括四類內涵：（1）家族主義方面，如家族至上、家庭責任、順從長輩等思想與觀念；（2）團體生活方面，如階層觀念、信服權威、強調團結、重視合諧、遵守規範、遵守紀律等思想與觀念；（3）工作取向方面，如重視教育、學習技能、工作勤奮、生活節儉等思想與觀念；（4）氣質特徵方面，如嚴肅鎮靜、謙虛自制等特質與性格。兩位學者還表示「至於這樣的儒家倫理或思想如何影響東亞各國的經濟發展，各學者的說法頗不相同，實難令人確知其影響的歷程。」[21]

---

21 楊國樞、鄭伯壎，《對後儒家假說的一項微觀驗證》。

很明顯，上述兩位專家以「後儒家假說」之名所列舉的西方學者所講的「四類內涵」，並非真的是「儒家倫理或思想」，其內容更多地屬於宗法宗族的運行理念與規範。這說明，有不少西方學者都已經注意到了中國宋以後普及型宗法宗族理論與制度、思想觀念與運作模式中的諸多特質，對經濟活動包括企業管理所產生的有利影響。只是由於「中世紀的西方，宗族的作用就已煙消雲散了。可是在中國，宗族的作用卻完完全全地保存了下來……這在其他地方，甚至印度，都是聞所未聞的」[22]，而儒家的名聲在世界上又如此之大，所以有些西方學者將宗法宗族的制度、觀念與模式，誤信為「儒家」了。

組織性紀律性服從性更加適應規模化、標準化製造。有專家言：「從前現代化時期延續下來、並已深深溶入民族靈魂中的文化價值觀沒有得到改變。兩千多年來，起源於血統、身份的儀式、宗教、倫理以及法律等自成體系的社會價值觀早已成為民族精神，廣大農民的宗法思想更是根深蒂固，要改變這種源遠流長的文化價值觀，並不是幾場『運動』就能奏效的。」[23]

如前所述，宗法宗族作為一種血緣聚合體，是依據一定的原則組織起來存在並運營的，屬於一種結構比較緊密的社會組織；超過三千年的存續與發展，在中國人心中所形成的宗法宗族觀念，自然就有相應的集體主義、忠誠度、較強的集團約束力，以及組織性、紀律性、服從性、團結性、忍耐性等文化基因，使得中國員工對於工業化發展進程中至今佔據重要地位的規模化、標準化工業生產能力，就有較高的適應性甚至契合。而宗族的結構要素族眾、族長、族產、族規與運行模式，

22《中國的宗教：儒教與道教》，馬克斯・韋伯著，簡惠蘭譯。

23《現代化的陷阱》，何清漣著。

近似於員工、企業領導者、企業資產、企業規則與企業運營的組合，本身就基本具備了滿足工業化社會特別是規模化、標準化工業生產能力所要求的多種要素。很明顯，宗法宗族觀念作為「深深溶入民族靈魂中的文化價值觀」，有利於中國大陸在改革開放後迅速跨越初始工業化階段；而面對迅速增大的工業化規模，亦能夠及時提供大批適應第一次工業革命階段所需的優質人力資源。

世界著名代工企業富士康是規模化、標準化工業製造的代表，其流水綫對員工的紀律性、服從性與忍耐性，可以從「富士康詩人」許立志的詩中得到印證——《我就那樣站着入睡》：「車間，流水線，機台，上崗證，加班，薪水⋯⋯我被它們治得服服貼貼，我不會吶喊，不會反抗，不會控訴，不會埋怨，只默默地承受着疲憊⋯⋯為此我必須磨去棱角，磨去語言，拒絕曠工，拒絕病假⋯⋯多少黑夜，我就那樣，站着入睡。」《車間，我的青春在此擱淺》：「流水線旁，萬千打工者一字排開，快，再快，站立其中，我聽到線長急切的催促，怪不得誰，既已來到車間，選擇的只能是服從」。[24]

在這裏，筆者不對這種規模化、標準化製造業的勞動強度進行評論。但是很明顯，上述幾首詩，真切地反映了中國員工在紀律性、服從性與忍耐性方面的特質，也對為甚麼說「中國員工是世界最好的員工」給出了註腳。當然，詩人最後跳樓而亡，令人唏噓。

紀律性服從性與威權對提升製造業競爭力非常重要。中國自 1978 年開始的改革開放，就初始工業化進程而言，學習、引進、消化、吸收、模仿與超越，是製造業發展與提升的主綫。在中國大陸重夯初始工業化的起步階段，遍佈中國各地特別是浙江、福建、廣東等省的宗法宗

24《許立志詩歌選 19 首》，中華作家網 2021 年 6 月 3 日。

族更是與當時遍地開花的私營企業和鄉鎮企業聯繫緊密，很多後來的著名家族企業都是在家庭或家族承包的基礎上發展起來的。製造業需要大量的產業工人，特別是大量從事勞動密集型工作的工人，枯燥、單調以及超長時間的的流水綫勞作，對員工的組織性、紀律性、服從性、忍耐性要求頗高。這些產業工人無論在私營企業、鄉鎮企業還是國營企業，絕大多數來自社會基層包括宗法宗族觀念比較深重的村鎮，而中國經歷文革包括「批林批孔」運動，他們從小的生活氛圍不可能被儒學包圍，但是在日常生活中卻經常受到父母的言傳身教以及耳濡目染，宗法宗族觀念自然會逐漸浸潤入心，成為一種自然的心理狀態。

中國大陸能夠在一些規模化、標準化的製造業領域如白色家電率先通過市場競爭追及甚至超越日本，固然與中國的人口紅利、當時的土地成本和環保成本有關，但是也與宗法宗族觀念有關。因為在「宋以後普及型宗法宗族觀念」的影響下，中國民眾相對而言保存了不及日本但是高於歐美的集體主義精神、忠誠度，以及較高的組織性、紀律性與服從性、忍耐性；而宋代以後大幅強化了的「威權」作用，對中國在規模化、標準化製造方面的發展是大有幫助的——原本含有貶義的「威權」在執行企業規範方面的作用是顯著的，特別是在面對原本習慣於「大鍋飯」的「綱紀廢弛」的一些國企員工時，也展現了某些具有「褒義」的效力。就是通過較強的「威權」管理，配合經濟手段，可以大幅提高紀律性、服從性、忍耐性，從而增強「集團的約束力」。可以說，紀律性、服從性、忍耐性與威權對提升企業的規模化、標準化工業生產能力非常重要。中國大陸能夠在短短的二十年由重夯工業化基礎到被譽為「世界工廠」，並逐步展示「中國製造」的實力，上述紀律性、服從性、忍耐性、威權性等特質文化發揮了重要作用。

絕對的服從是富士康員工必須學會的第一條紀律。世界最大的代工廠富士康在中國曾經雇用了百萬員工，而「在富士康工作，絕對的服

從是員工必須學會的第一條紀律。富士康總裁曾說，一個領導者必須有『獨裁為公』的堅定信念。」[25]。富士康的巨大成功，固然與其經管理念有重大關係，但是能夠雇傭到大量受「宋以後普及型宗法宗族觀念」影響，本身具備較強的組織性、紀律性、服從性、忍耐性，能夠比較順利地接受「獨裁為公」這種典型的「威權管理」的大陸員工，也是富士康這種規模化、標準化的代工製造企業，在明顯具有「持續性枯燥」性質的工作狀態下，能夠長期保持高效的非常重要的元素。可以與此相對照的是，富士康雖然已經在美國設廠，但是想找到大量類似富士康在中國大陸聘用的「絕對服從」的員工則並不容易。而作為一些台資及日資的製造業轉移地，印度工人被認為過於隨性，單位時間的生產效率遠不及從事同樣工種的中國員工，且難以保證員工的穩定性包括出勤率；而越南工人經常團結起來對抗投資者，相對而言比較難以管理，也就降低了勞動生產率。「對照中國目前在製造業方面的出色表現，可以推斷的是，普及型宗法宗族思想觀念的集體主義和威權管理發揮了較強的作用。因為在威權管理之下的民眾，由於本身就具有服從的習慣，實際上是比較容易快速、完整地執行企業指令、提高生產效率的。」[26]

台灣前中華經濟研究院院長陳添枝認為：「大陸提供了非常廉價的勞動力，而且是非常有效率的勞動力，也是台灣人最會管理的勞動力，這是其他國家都沒有辦法管得那麼好的企業勞動力。」[27]這一方面說明，中國大陸能夠提供大量的優質產業工人是台資製造業提升競爭力的重要因素；而從另一方面也說明，台資企業對大陸勞動力之所以管理得那

25《富士康：世界工廠體系下中國工人的困境》，潘毅，《經濟導刊》2014 年 06 期。

26《宗法宗族思想觀念與中國私營企業管理》，王平著，312 頁。

27《中國評論》月刊 2003 年 2 月號 思想者論壇，71 頁。

麼好，就是因為大陸和台灣的宗法宗族及其觀念主要受宋以後普及型宗法宗族理論與制度、思想觀念與運作模式影響，同源且同流；而同屬儒家文化圈的日資企業在中國大陸卻出現比較明顯的「文化衝突」，是因為日本的家族及其觀念受唐以前古典型影響，同源而不同流。其中還有一個方面表明，純粹美資的企業由於相對缺少人文關懷，在中國也有一定的文化衝突，達不到台資企業對「大陸非常有效率的勞動力」的管理水準。因為根據美國俄亥俄州立大學的「二維構面理論」，一般來說，「高定規和低關懷」的領導方式是最差的。[28] 以此對照大陸南方省份的大量台資企業，亦可以反證大陸與台灣在宋以後普及型宗法宗族觀念方面的同質性。

筆者曾經在 2021 年 10 月 11 日嘉德秋季拍賣預展的古玉櫃檯偶遇一位曾經為香港的一家製造業上市公司直接管理過中國、菲律賓和泰國員工的女士，她認為大陸員工最好，工廠遷移到菲律賓主要是因為低稅，而不少員工則是從大陸聘去的。相對而言，菲律賓員工紀律性不強，泰國也是，不夠認真，給錢也不願加班。她雖然沒有直接管理過越南員工，但是其所在公司在越南也有工廠，她對越南員工的評價僅次於大陸員工。她說越南員工比菲律賓和泰國的員工認真，但是也往往發了工資就去先消費、開派對，甚至請假不被批准也照玩不誤。而中國員工只要給加班費，就願意服從管理加班趕工，有利於公司增加接單準時交貨。顯然，雖然目前印度、越南、菲律賓、泰國的工資成本和土地成本低於中國，但是想要當地工人達到中國工人的組織性、紀律性、服從性、忍耐性，以及對威權管理的適應性，當屬不易。

宗法宗族觀念影響下的「聽話」近乎「無意識行為」。曾經有觀點

---

28 《哈佛管理全集》，羅銳韌主編，企業管理出版社，1998 年 12 月第 2 版第 2 次印刷，47 頁。

認為，中國以「服從」為關鍵表現的的價值觀念，是由於在計劃經濟體制下整體社會資源統一調配、人才資源統一管理，以社會的需要代替了個人的選擇。同時認為：如果說這種以「服從」為關鍵表現的價值觀念在計劃經濟時代還有一些存在的基礎，但是在市場經濟條件下的就很難行得通了。以筆者看來，這個觀點講的只是制度約束導致的行為表像，但是中國以「服從」為關鍵表現的價值觀念，其文化根源並不是僅僅來自於當時的社會管治制度，而是與隱藏在管治制度背後的宗法宗族觀念這個文化基因有關。

如前所述，中國員工確實相對比較「聽話」，這種「聽話」或者說是「服從」，一般並不是僅僅來源於由當時的職務所決定的上下級關係所產生的強制力，而是由於受宋以後普及型宗法宗族觀念長期影響而形成的對權威「自然而然」地接受的思維和行為慣性。而這種思維和行為慣性，使得企業指令即使帶有一定的不合理成分，也較少受到抵抗。

「普及型宗法觀念對中國民眾的影響不僅是深刻的，也是廣泛的，其對既有等級的嚴格規範、對尊卑的高度強調、對服從的極力肯定，使大量中國人不僅在獲得一定範圍的中心位置之後會極力強化自己作為『宗主』的地位，也使得那些沒有機會或者較少機會獲得中心位置的人群，會傾向於承認自己的較低位置，從而對來自特定群體之中心的威權給予比較順暢的心理和行為的服從。」[29] 正如哈耶克所言：「這些通過學習得到的規則，個人逐漸習慣於服從，甚至像遺傳本能那樣成了一種無意識行為，他們日益取代了那些本能，然而我們無法對決定着行為的這兩種因素作出明確的區分，因為它們以複雜的方式相互發生作用。在幼兒期就學會的行為方式，已經變成我們人格的一部分，在我們開始

29《宗法宗族思想觀念與中國私營企業管理》，王平著，313 頁

學習時便支配着我們。甚至人體都會出現某些結構上的變化，因為它們有助於人類更充分地利用文化發展所提供的機會」。[30]

我們從哈耶克的論斷中可以得知，宋以後普及型宗法宗族觀念同樣是在很多中國人的幼兒時代就通過長輩的言傳身教，在他們的心中留下了深深的烙印，使他們學會了一些方式，有些觀念更成為人格的一部分，成為一種文化基因。當然，這也就比較容易導致「聽話」或者「服從」成為一種「無意識行為」。

三　宗法宗族觀念對「中國創新」內生強力驅動

不同的文化背景對員工來說，往往會影響其工作態度。相關研究認為，更注重能力主義的美式企業管理理念，有些方面在日本受到比較強烈的抵制，反而在中國台灣的企業管理中比較順暢地被接受。對於這種差別，筆者認為這與日本企業的大家族管理模式中，受唐以前古典型宗法宗族觀念影響較大，強調既有差序、論資排輩、重視上下和睦，強調「親親尊尊」有很大關聯；而中國自宋代以後，普及型宗法宗族理論與制度、思想觀念與運作模式大幅強化了肯定能力、鼓勵競爭的成分，支持突破既有秩序與開宗立派，強化了威權成分，相對而言更加容易接受美式管理的能力主義。

如果說「中國製造」的興盛離不開富有組織性、紀律性、服從性、忍耐性的大批優秀產業工人，「中國創新」則離不開對能力的高度肯定與對競爭的積極鼓勵。中國如今能夠在很多創新領域直追世界前沿，與普及型宗法宗族觀念中肯定能力、鼓勵競爭的因素有很大關聯；這

30《致命的自負》，哈耶克著，馮克利等譯，中國社會科學出版社，2000 年 9 月第 1 版。

種文化基因不僅強化了打破現狀的欲望、刺激創新的追求，亦使得中國人更傾向於通過努力突破既有序列，甚至自行開宗立派。

宋以後普及型宗法宗族觀念與「呼喚能人的時代」。中國大陸的改革開放是一個逐步開啓行政束縛與觀念枷鎖的歷程，屬於一個鼓勵人們「向上流動」的時代、一個鼓勵競爭的時代、一個呼喚能人的時代。宋以後普及型宗法宗族觀念中肯定能力、鼓勵競爭的文化基因，無疑對這個歷程是高度適應的。

前面說過，宋以後普及型宗法宗族理論與制度、思想觀念與運作模式的確立，不僅為宋代宗法宗族適應地主經濟的發展與科舉取士創造了理論指導與制度規範，對後世來說，更重要的是激發了基層民眾「向上流動」的欲望。「這樣宋人便不再教條地以血緣脈絡來認宗子了，張載主張由有官職的族人來承擔『宗子』之責。程頤兄弟則說得更明確，提出『奪宗法』，主張讓官位高的族人代替原來的宗子。他們說：『立宗必有奪宗法。如卑幼為大臣，以今之法，自合立廟不可使從宗子以祭』。由此可見，『宗子』之標準發生了變化」。[31] 就是說，宋代宗法宗族理論與制度、思想觀念與運作模式的推動者因應科舉制度的完善和變化了的地主經濟，在肯定族人通過個體努力獲得皇權接納並獲得政經利益分配的基礎上，開始強調可以甚至應該由官位高的族人擔任宗子；宗子的繼承權不再僅僅限於血緣的正統，而傾向於他們在宗族之中政經實力的強弱。也正是「因為宋儒雖然極力強調『滅人欲』，但是在實際的宗法宗族規範的制定與倡導時，又特別強調必須改變已往嚴格的嫡長子宗子繼承制度，這本身就為那些當時參與社會競爭的優勝者、特別是那些通過研經入仕者創造了打亂原有宗法倫理規範與宗族位階秩序、

31《宗法中國》，劉廣明著，77 頁。

獲得宗族領導地位的機會，也即『人欲如水，導之有方』。而這種倡導，無疑具有肯定私慾、鼓勵競爭的潛在因素。……需要強調的是，這是傳統宗法理論與制度的極其重大的變革，對後世中國民眾的競爭心態、利己心態、個人主義、能力主義的發展具有極其重要的意義。」[32]

歷史地看，宋代宗法制度與觀念的變革產生了非凡的成就，這種變革肯定能力、鼓勵競爭，對宋代以後相當一段時間的科技創新與經濟發展都產生了非凡的效果：中國古代的四大發明是造紙術、印刷術、火藥和指南針，其中宋代就佔了印刷術、火藥、指南針等三項。筆者認為，當封鎖創新的觀念被改變，創新的能量可能以意想不到的強度迸發出來。宋代宗法宗族理論與制度、思想觀念與運作模式的重大變革產生了如同戰國時期那種「百花齊放」的效果，大大刺激了宋代中國科技的發明與創造。而中國大陸的改革開放特別是鄧小平 1992 年南巡講話之後，大幅弱化了長期以來的行政束縛與觀念枷鎖，解除了中國民眾創造性思維的桎梏，中國社會重新呼喚「能人的時代」，強力刺激了中國民眾的創新慾望，使得中國的創新能力得到空前迅猛的提高。

激發打破現狀的欲望，強化開宗立派的追求。中國大陸自 1978 年開始改革開放，用了大約二十年的時間重夯初始工業化基礎並順利走過第一次工業革命發展階段，與逐步放鬆行政束縛與觀念枷鎖，肯定能力、鼓勵競爭，特別是包容私欲、支持逐利有着很大關係。可以說，中國在近四十年的工業化進程中所取得的經濟繁榮、國力昌盛，與儒學的「重義」基本無關，一些學者所研究的儒學「現代化」也很難解釋其與經濟行為的相關性；但是經濟繁榮與國力昌盛的成果，與普及型宗法宗族觀念中肯定能力、鼓勵競爭、包容私欲、支持逐利有着直接的

32《宗法宗族思想觀念與中國私營企業管理》，王平著，126 頁。

關聯。而隨之產生的，就是打破現狀的欲望得到激發，開宗立派的追求獲得強化。

2003 年筆者出版《宗法宗族思想觀念與中國私營企業管理》一書的時候，中國大陸的製造業才剛剛展示力量。「以筆者的觀點，由於普及型宗法宗族思想觀念本身具有鼓勵競爭、肯定既成事實、肯定能力主義、重視教育的傾向，因此具有適應後工業化時代重視個性張揚且非常重視創新的文化因數，故而有望在合理的引導與整合之下，能夠基本滿足後工業化社會對人力資源、社會觀念等方面的要求。……個性張揚的枷鎖將被除去，創新精神就會在中國人群體中充分醞釀，為中國人群體適應後工業化社會的要求營造條件。……擺脫群體束縛、源於個性張揚的創新並不只是一種理想化的推測，因為這種創新的能量已經在中國顯現。」[33] 儘管筆者預料到了「肯定能力、鼓勵競爭」這個源自宗法宗族觀念的文化基因對「中國創新」的重要性，並在該書中指出「創新的能量已經在中國顯現」，但是當時缺乏足夠的現實成就支撐對於「創新」的展望。而如今，從中國申請專利的數量已經連續三年世界第一，現在可以肯定地說，宋以後普及型宗法宗族觀念中凸顯的肯定能力、鼓勵競爭的文化基因，能夠強化打破現狀的欲望、刺激創新的追求，這對於「中國創新」的長期發展非常重要。

舉例而言，中國 A 股上市公司光威複材，其創始人是一位只有初中學歷的村支書陳光威。光威集團最初只是一個瀕臨破產的鄉鎮企業 —— 威海石化科研器材廠，1987 年陳光威接手後開始生產碳纖維釣魚竿，並把這個產品做到佔全球 70% 的份額。他「以漁具產業為龍頭，將產業鏈向上游延伸，建設了國內首條寬幅碳纖維預浸料生產線，開啟

33《宗法宗族思想觀念與中國私營企業管理》，王平著，306 頁。

中國碳纖維材料製造和應用的先河。2002 年，陳光威成立光威拓展公司，上馬碳纖維研發專案。2004 年，T300 級產品研發成功；2008 年碳纖維關鍵裝備實現國產化；2009 年設立國家工程實驗室；2012 年主持起草了碳纖維和碳纖維預浸料的國家標準。然後在 2013 年，日本對中國高模量的碳纖維進行封鎖，光威這個備胎很快就頂上來了。」而「氮化鎵就是通訊設備裏最難的高功率射頻放大器等晶片用到的基礎材料。無論一般晶片用的電子級單晶矽，還是電子級砷化鎵、氮化鎵等材料，其純度要求都是非常高的」，但是山東科恒的農民企業家石恒業董事長最初只是因為「美國科銳公司」告訴他氮化鎵非常重要，未來市場很大就決定投資了，且「當時真不知道氮化鎵是甚麼！」[34] 這類農民企業家雖然沒有對工業化國家的「知識理性崇拜」，但是他們既有打破現狀的雄心，亦有對學習、對知識的高度尊重，這無疑是傳統觀念與現代科技的良好結合。而正是無數這種起身鄉鎮的私營企業或鄉鎮企業的領導者，其改變現狀的強烈願望與突破現狀的無畏進取，當然包括對傑出人才之能力的高度肯定，給中國的創新註入了強大的活力。

世界上可能很少國家的民眾對「開宗立派」能夠像中國人這樣如此看重，而在以往皇權堅持儒學正統的情況下，明顯帶有「私欲」與「逐利」成分的「打破現狀」與「開宗立派」，也會受到較多的束縛。但是當儒學現代化的步伐不夠堅實，新的道德倫理暫時缺位之時，宗法宗族觀念中「肯定能力、鼓勵競爭」的文化基因反而能夠更加直接地激發民眾「打破現狀」的勇氣，並敢於通過「開宗立派」獲得更為廣闊的發展空間。

肯定能力鼓勵競爭為「中國創新」內生強力驅動。以專利申請量在 2019 年、2020 年、2021 年連續三年佔據世界第一為標誌，預示着中

---

34 《一個村支書就把中國的碳纖維給解決了，不要跟我說晶片有多難》，汪濤，來源：純科學。

國大陸的工業化發展在進入第二次工業革命階段之後，「中國創新」的能量被大範圍激發，正朝着更高更強邁進。而其中，宗法宗族觀念中肯定能力、鼓勵競爭的重要文化基因，可以說是對「中國創新」形成了內生的強力驅動。

「每一個國家一旦引爆第二次工業革命，都立刻進入一個新技術大爆發時代，不管他們以前是如何模仿和引進英國先進紡織和鐵路技術的，因為重工業的產業鏈特別漫長，零部件和生產環節非常多且複雜，產品多樣化特別高，創新機會也就特別多，對本土國情又特別依賴，而且全部重工業體系如果完全依靠進口會十分昂貴，因此一定會刺激創新發明。……這是為甚麼法國、德國、美國、日本、還有目前的中國，都是到了第二次工業革命階段才開始逐步擺脫對外國技術的依賴並大量湧現出自己的創新發明的。」[35]

應該說，宗法宗族觀念中肯定能力、鼓勵競爭的文化基因，一旦遇上合適的環境，包括市場競爭、國家推動、外部卡壓，都可能催生某些方面的創新需求。還必須強調的是，肯定能力、刺激競爭、鼓勵開宗立派等特質作為文化基因，會影響社會各個層面的民眾，不僅涉及個人的研發行為與競爭意識，也會通過受上述宗法宗族觀念影響的分處不同社會位置的個人，影響政府以及各行各業的決策行為。迅速完成了重夯工業基礎的初始工業化、順利完成第一次工業革命階段並進入二次工業革命發展階段的中國大陸，目前正處在新技術的大爆發時代。產業發展需要創新，民眾對於創新的追求熱情也因為市場的高回報而空前高漲，從中國申請專利量超越美國，以及華為在 5G 技術領先全球來看，這種爆發還在延續與強化。

---

35 《那些工業化失敗的國家缺了甚麼？》，文一，清華大學，2017 年 9 月 19 日發佈。

中國大陸不僅已經擁有全球最先進且規模最大的高速鐵路這樣的基礎建設，且已建成全球規模最大、技術領先的網路基礎設施。雖然美國動用政治影響力以及行政、司法力量，試圖通過停止給華為供應晶片的方式阻遏中國大陸在新技術方面的進步，但是這種努力可能只有一時之效。因為華為既然能夠設計出頂級芯片，以中國的學習與創新能力，製造工藝的突破只是一個時間的問題；以另闢蹊徑的方式實現彎道超車，也存在很大可能。甚至也可以說，如果不是光刻機這種小眾產品（年產二、三十台）的卡脖子行為確實威脅到了中國的工業現代化的發展，中國可能還不急於在這個領域進行進口替代。一旦擁有強大國家治理能力的政府下定決心在這個領域尋求突破，整合資源所形成的創造力，應該是相當可觀的。

在中國已經擁有大量人才與技術儲備的現實條件下，美國如果想用「技術斷供」的方式繼續保持技術優勢，其實並不是一個明智的選擇。也有西方專家根據中國以往的表現得出一個結論，就是中國往往能夠在被壓迫最緊的領域實現突破，這當然與人才有關，同時也與國家能夠集中力量解決關鍵瓶頸問題有關。因為中國的科技創新，很多領域都是在外國封鎖的狀況下通過國家聚合資源、依靠自力更生實現突破的。當年的「兩彈一星」亦是如此，如果不是強敵環伺，中國就不可能在蘇聯專家全面撤走的不利條件下迅速產生一批兩彈一星的專家，更不會在氫彈技術方面出現令其他核國家豔羨的「于敏構型」。

四　推崇教育為中國製造與創新培育海量優質人力資源

宗法宗族觀念的一個重要特質就是高度推崇教育，這種特質已經滲入中華民族的血液成為一種文化基因。中國大陸改革開放四十多年來工業化發展就能夠取得如此巨大的成就，與中國民眾與政府高度重

視教育，不僅能夠為「中國製造」提供海量素質良好的產業工人，也能夠提供「中國創新」所需的大量高端人力資源有極大關聯，

推崇教育的文化基因對培育專業人才發揮巨大作用。自中國大陸恢復高考並在十一屆三中全會把實現社會主義的農業現代化、工業現代化、國防現代化、科學技術現代化作為新時期的主要任務之後，中國大陸民眾對教育的熱情被極大地激發出來。一個呼喚「能人的時代」真正來臨是不能缺少專業人才的，從最早由國家從極其緊缺的外匯中撥款、選送公派留學生到美英德日等發達國家留學，到逐步開放自費留學，中國大陸的留學大軍近四十年來不絕於途。從 1984 年大約只有一千人自費留學，到現在超過 60 萬人自費到國外留學，不僅印證着中國大陸經濟實力的提高，也從另一個角度展示着中國民眾對教育的高度重視。

中國大陸的工業化發展特別是中國製造與創新能夠在短短的四十年獲得如此巨大的成就，離不開大陸數以億計的產業工人，以及總數過億的各類接受過大中專教育的專才，也離不開眾多留學有成的歸國學子，以及身在海外、心繫故土的華僑、華人的共同努力。筆者最初工作的單位中，當時就有不少四、五十歲的業務骨幹被公派到美國學習；而很多恢復高考後畢業的理工科大學生，則想方設法辦理自費留學；筆者更有非常奇葩的同學，能夠以全國重點大學中文系的畢業生身份，到美國後重修專業成為 DNA 專家。「很多留學歸國者成為這個時代的棟樑，經濟、科技、社會、教育、學術，每個領域都離不開他們的巨大貢獻，中國前科技部部長萬鋼就是其中之一。1991 年，萬鋼獲得德國克勞斯塔爾工業大學博士學位，在奧迪公司工作 10 年。2000 年 12 月，萬鋼回到同濟大學，從普通教授做起，到 2004 年成為校長。2007 年，萬鋼就任科技部部長，直至 2018 年卸任，轉而擔任中國科學技術協會主席。人是科技創新最關鍵的因素，許多留學精英更是頂尖的學術帶頭人。國際著名的結構生物學家施一公、高能物理王貽芳、人工智慧

甘中學、新藥研製丁列明……他們的回歸為國家各個領域的發展作出了顯著貢獻。數據顯示，中國科學院院士中的 81%、中國工程院院士中的 51%、國家重點項目學科帶頭人中的 72%，均有留學經歷。2017年中國留學人口突破 60 萬，並且，在美國、英國、澳洲、加拿大、德國、日本、韓國和新西蘭的中國留學生數量均排名第一。……根據教育部發佈的數據，1978 年到 2017 年底，我國留學回國人數穩步提升，高層次人才迴流趨勢明顯。其間各類出國留學人員中，有共計 313.20萬名留學生在完成學業後選擇回國發展，佔已完成學業留學生人數的83.73%。而 2000 年時，回國的比率只有 17%。」[36]

中國大陸在恢復高考後的短短四十年間，之所以能夠迅速培養出中國工業化發展包括製造與創新所必須的大量擁有專業知識的人才，可以說，宋以後普及型宗法宗族觀念中高度重視教育的文化基因，發揮了巨大作用。

推崇教育滿足了工業化發展對人力資源的要求。中國曾經是一個文盲比例甚高的國家，1978 年底中國人口接近 10 億，文盲人數則將近2.4 億。也就是說，在中國大陸開啓大規模初始工業化進程的時候，文盲率達 25%，而當時的青壯年群體中亦有大比例的近似文盲。這也是長期以來儒學影響群體小、宗法宗族觀念影響大的重要原因。

以當時的整體教育水準和人才儲備，直接步入對科技創新要求很高的第二次工業革命階段，無疑是很不現實的。

所幸的是，鄧小平第三次復出之後，以偉人的高瞻遠矚，先於小崗村 18 戶村民立下「包產到戶」的生死契約，就確定恢復因文革而中斷多年的高考。這個偉大的決定，為中國工業化發展從低級迅速向高

36《中國留學生 —— 走向世界，改變中國》，中國文化研究院，2019 年 6 月 20 日。

226

級邁進，夯實了極其重要的人力資源基礎。

在改革開放初期的初始工業化階段，勞動密集型產業佔據較大比例，在專業技術層面對人力資源的要求相對較低，很多工種只需要高中以下甚至小學水準就能夠滿足勞動密集型企業所需。初始工業化階段的企業往往依賴低成本優勢，包括工資成本低、土地成本低、環保成本低，雖然在技術上也有競爭，但是由於初始工業化階段「百廢待興」，市場迅速擴容所產生的機會相對較多，加上當時資訊嚴重不對稱，低知識結構的勞動力資源經過一定程度的專業指導，能夠基本滿足工業化初始階段的需求。

而當生產力水準發展至第一次工業革命階段，大約是 1988 年之後到 2001 年期間，對專業技術的要求就迅速提高，幸運的是這個時候中國已經培養了一定數量的大專院校畢業生並充實到社會各個層面包括企業，還有大量的培訓機構如技校也為全社會的產業擴張提供了大量擁有較多專業技能的產業工人。大約從 1996 年開始，國家不再包攬大專院校畢業生的分配，而企業包括私營企業的社會地位越來越高，重點大學培養的高素質專業人才不再像恢復高考最初的幾屆畢業生那樣比較排斥進入企業，這就為中國大陸在第一次工業革命階段對技術的需求，提供了人力資源保障。

中國大陸大專院校的擴招包括研究生擴招、本科擴招、高職擴招從 1999 年開始，時間上基本對應了中國大陸被譽為世界工廠並步入第二次工業革命的階段。2002 年之後不僅大量的院校畢業生進入人力資源市場，也有一些海外留學並富有成就者回到中國投身創業。這樣，既有大擴招增加的專業人士進入市場，又有從海外帶進技術的一批人才加入，為中國大陸進入第二次工業革命後強勁的創新需求提供了豐沛的人力資源。筆者 2001 年 11 月在東京稻田大學舉行的「中華經濟協作系統」第七次國際研討會上，聽到日本學者強調中國大陸即將進入「工

業化爆炸階段」。筆者包括當時與會的內地和港台學者，對「工業化爆炸階段」基本上還都沒有清晰的認知。事後分析，已經成功地走完當時的工業化進程而成為亞洲第一個工業化國家，並順利跨越「中等收入陷阱」的日本，其學者因為對第二次工業革命所需要的基本要素和可能爆發的巨大能量特別是對創新發展的能量，具有深切的親身體會，因此對中國大陸即將進入第二次工業革命發展階段也就是他們所說的「工業化爆炸階段」，比亞洲其他地方的學者有着更為清晰的預判；而日本當時對於「中國威脅論」炒作最盛，也可以從另一個角度反映出日本學界對中國工業化發展前景的一種準確的超前判斷。

　　超大規模人才培養是「中國創新」興盛的關鍵。雖然「中國創新」近年才明顯展示興盛的氣勢與趨勢，但是人才儲備則從 1977 年中國大陸恢復高考就已經大規模開始了。

　　1977 年中國大陸恢復普通高校本專科招生，當年考生約 570 萬人，錄取 272971 人。[37] 2020 年，高考招生人數達 967.5 萬人，實際錄取率首次突破了 90%，絕大多數高考生擁有了接受高等教育的機會。[38] 從 1978 年至 2018 年，出國留學累計人數 570.67 萬人，其中 360.37 萬人在完成學業後選擇回國發展，佔比 63.14%。[39]

　　「教育部資料顯示，恢復高考 40 多年來，我國普通本專科招生數累計 1.4 億，高等教育毛入學率由 1977 年的 2.6% 增長到 2020 年的 54.4%，我國已建成世界上最大規模的高等教育體系，培養了逾億名高

37 《我國高校招生制度的改革：過程與走向》，朱國仁，國家行政學院辦公廳。

38 2021 高招調查報告，中國教育在綫。

39 《2019 高招調查報告》，中國教育在綫。

素質專門人才。」[40]

2022 年中國高考報名人數 1193 萬人，比 2021 年增加 115 萬人，連續四年破千萬，創歷史新高。2022 屆中國高校畢業生規模首次突破 1000 萬人，預計為 1076 萬。可以說，超大規模的人才培養，不僅對中國大陸重新夯實初始工業化基礎和穩步走過第一次工業革命階段非常重要，更是「中國創新」得以興盛與延續活力的關鍵。

從田野到殿堂，高精尖人才從底層向頂層的流動與宗法宗族觀念亦有關聯。中國大陸工業化發展包括中國製造與創新的巨大成功，與 1977 年恢復高考，使大批普通民眾能夠通過高考這一「現代科舉」，獲得接受專業教育的機會並掌握專業知識有很大關聯。而其中，很多高精尖人才來自宗法宗族觀念比較濃重的農村。

1981 年到 1990 年前畢業的大中專學生，經歷了中國大陸改革開放的全過程，其中有不少傑出之士乃是當今中國的社會中堅，在產官學各領域都有領軍人物，他們對中國的工業化發展包括製造與創新的影響是比較大的。特別值得關注的是，這個年齡段的大中專學生，有不少在少兒時期經歷文革以及「批林批孔」，在當時的政治氛圍下，他們不可能真正研習儒家學說，即使對儒家有點印象也是負面為主；但是在當時絕大多數人長期處於「安居不遷」的戶籍制度下，宗親、姻親近距離聯結，宗法宗族觀念確實從小耳濡目染乃至身體力行。而他們長期受包括父母在內的長輩教導，認真讀書、勇於競爭且具有較強的紀律性與服從性，乃是這個年齡段的精英們能夠擠過高考的獨木橋，成為改革開放包括中國工業化發展之中堅力量的關鍵。

需要強調的是，1962–1972 年中國生育高峰期增加的人口約

40《恢復高考，知識改變中國（崢嶸歲月）》，2021 年 02 月 26 日，來源：人民網。

三億，他們中的很多人的職業生涯自 1978 年貫穿整個改革開放至今，其中產生了直接受益於恢復高考的重要群體。這個年齡層的專業人士中有很大比例來自農村及中小城鎮，受宗法宗族觀念的影響相對較強。而恢復高考最初的高校生源中，農村生源比例很高，有的院校佔到了 60% 以上，中國大陸現在有很多富有成就並在高等學府或專業機構擔任重要職務的高級知識分子、專家乃至博士生導師，當年甚至是在田間勞作時得知自己已被著名學府錄取，並從此走上大學講堂和國際學術殿堂的。

筆者 2020 年在杭州與兩位朋友聚會，席間得知他們當年都是在田間勞作時，聽到生產隊大喇叭的廣播，才知道自己已經被大學錄取的。其中一個人經多年努力，已經是一家國字頭的證券公司的高層；而另一位擁有兩個博士學位，擔任中國排名前五的著名大學的商學院院長。其中院長還講了一個非常生動的例子：他那天和父親及兄弟正在田間勞作，感覺肚子痛的受不了，正想着怎麼跟老爸說想回家休息一下，隊裏的大喇叭大聲廣播：他被某某大學錄取了。説來神奇，頓時，他的肚子就一點也不痛了（估計當時的肚子痛，就是因為知道即將公佈他是否能夠通過高考這個獨木橋，但是前途未卜造成了高度緊張）。

還有一個譽滿天下的鄭姓學者，筆者曾經跟着他的親戚，到他小時候生活的半山農居。得知他當年就是從那裏帶着簡單的行李，從山居一路步行到幾十里之外的縣城火車站，去北京上大學的，而兄妹 8 個人中只有他一個人考上了大學。

上述三位精英都是伴隨中國大陸的改革開放並親身參與其中的一代人，他們的父母未必讀過多少書，在那個特殊的文革年代他們從小也不可能真正接觸儒家思想，但是他們往往對各種家規耳濡目染，不僅在父母長輩的教導之下對組織性、紀律性、服從性從小學習與實踐，在父母和師長的教導下對認真學習也是高度認同。而這些傳承與認同，

多數是受宗法宗族觀念的影響。

巨大的人口基數，相對而言更容易優選出精英群體。特別是在中國這個自宋代以來就由於科舉取士制度而促成宗法宗族及其族眾高度重視教育的國度，巨大的人口基數與高度重視教育結合，加上領導者與社會制度、政策的有效引領與支持，湧現部分傑出之士乃是一種必然的結果。科技創新的競爭，歸根到底是人才的競爭，只有努力培養人才，才能在工業化的道路上達致昌盛。

五　宗法宗族觀念有利於強化「國家治理能力」

1989 年以《歷史的終結》聞名世界的日裔美國學者佛朗西斯‧福山，2014 年將「國家治理能力」作為重要變量提出，此舉往往被解讀為是對其原來將「自由民主和資本主義」定於一尊的觀點進行修正，。

中國大陸的國家治理能力在華盛頓共識衰減的大背景下，受到越來越高的重視。在 2020–2022 年新冠疫情橫掃全球的情況下，東亞幾個受中國文化影響的國家和經濟體如日本、韓國以及中國台灣的表現，普遍在世界抗疫的平均水準之上。特別是中國大陸，面對突如其來、前所未見的新冠病毒，不僅能夠全國動員迅速控制疫情，且快速研製出多種疫苗；不僅能夠滿足中國大陸及港澳地區的需求，還在疫苗緊缺的情況下給備受疫情蹂躪的 2020–2022 的世界提供了最多的疫苗，以及向全世界提供了海量的防疫物資，且作為世界巨型經濟體能夠在全球經濟普遍受到疫情猛烈衝擊的情況下保持正增長。

這種強大的「國家治理能力」，不僅得益於傑出的領導能力與治理方式，亦得益於廣大民眾因為具有共同的文化基因，能夠與這種領導能力和治理方式相適應。對於這種強大的國家治理能力，從西方國家的很多觀點都認為無法模仿來看，無疑是文化差異造成的。如果不是以

西方模式作為治理方式的唯一標準，而是以重視生命的客觀成就進行評判，中國大陸無疑在面對此次疫情中，表現冠絕全球。

西方國家在國家治理能力上近些年暴露出不少問題，其中一些發達的工業化國家甚至為了保持自己的產業競爭優勢，竟然把企業的所有制當作壓制中國產品競爭力的「武器」。

「所有制中立」反襯國家治理能力的重要性。 2018 年 10 月 5 日，二十國集團工商峰會（B20）在阿根廷首都布宜諾斯艾利斯舉行，會議提出了「國有企業扭曲競爭」的議題，這實際上是指責中國的國企扭曲了全球市場的競爭。

而中國提倡「所有制中立」，反對因企業所有制的不同而設置不同的規則，反對有的國家在國際規則制定中給予國有企業歧視性待遇。

有專家認為：「所有制中立」這個概念跟「競爭中性」含義基本一樣，只是講得更具體，指明不同所有制的企業在市場中都以平等中立的身份參與競爭，任何企業都不能以所有制為由來獲得市場中的特殊地位，從而導致不公平競爭。「競爭中性」和「所有制中立」的提出有着非常具體的內容，是指不同所有制的企業在市場中擁有同等的地位，遵循同樣的規則，所有企業競爭都是中立的，並無優劣高低之分。「所有制中立」這個概念並不涉及經濟制度，也沒有特別的政治意義。中國政府提出「競爭中性」和「所有制中立」是為了國有企業在全球競爭中不受歧視而得到公平的待遇。中國政府提出「競爭中性「和「所有制中立」畢竟是一種政策，而非系統的理論論證。如果不講清楚「競爭中性「和「所有制中立」與中國經濟制度的關係，則會造成理論上的混亂，最終會影響到現實經濟的發展。[41]

41《回應華生，競爭中性與社會主義市場經濟》，寒竹。

在改革開放的初期，中國大陸的國企往往被當作「低效落後」的代名詞，普遍被視為缺乏市場競爭力，那個時期的國企如果強調「所有制中立」，很可能遭到世界的恥笑。弔詭的是，如今中國大陸一些經濟官員針對中國大陸國企「被標籤化」而提出的「所有制中立」的觀點，卻是為了消解發達的西方工業化國家對曾經是「低效落後」代名詞的中國大陸國企的攻擊與排擠——它們抨擊中國大陸國企在國家的支持下擁有更強的市場競爭力，「國有企業扭曲競爭」對那些「純市場經濟體制下的企業」不夠公平。

　　在筆者看來，這種概念之爭其實是沒有太大意義的，歐美競爭對手的先入為主或者說預設的目標導向，使得中國大陸國企的市場化努力因為某些西方國家的政治目的而被刻意地忽視了。問題的關鍵，在於那些政府的福利包袱沉重、民眾的競爭意欲較低、經濟增長率相對較低的發達國家，是否願意繼續全球化下的公平市場競爭。就制度模式而言，只有相對的好，沒有絕對的優。各種所有制都是在實踐中不斷完善，以求在競爭中佔據優勢。如果說依靠所有制就可以強化競爭力，那麼所有的貧窮落後國家只要進行所有制改造就萬事大吉了。而僅僅依靠改制就能天下無敵，顯然是天方夜譚。明晰此理，就知道所謂的「所有制中立」只不過是希望某些西方國家放棄對中國大陸國有企業的無理要求。但是在筆者看來，這種「柔性解析」能否獲得那些刻意阻礙中國發展、力圖遏制中華民族偉大復興的競爭對手的「理解」進而「接受」，其實是高度存疑的，甚至是與虎謀皮。

　　對於任何一個參與國際競爭的經濟體來說，充分發揮自身優勢，是一種必然選擇。如果採用市場經濟體系的國家自認具有「歷史終結」的能力，就根本不需要在「所有制」方面有任何糾結。更為直接地說，倘若「華盛頓共識」具有無以倫比的優越性，就不應該要求採納「北京共識」的經濟體更改自己的發展模式。要求對手自我限制甚至改變發展

模式，本身就是違反公平原則的。

位居世界第一和第二大經濟體的中美，目前正處在「極限相持」階段，美國傾其所能打壓中國，就旁觀者來說感到無理，對中國民眾來說感到憤怒，但是對美國來說無論如何都是「合理」的，這也是信奉「叢林法則」的西方文明所必然採取的競爭方式。明晰了發展模式與競爭關係的利益關聯，那麼在「極限相持」階段，就不應該對「所有制中立」抱有太大的希望。

實際上對大陸國企採取刁難與限制的國家，攻擊的根本目標不是「所有制」，而是經由國家治理能力強化的競爭力，以及由此形成的綜合國力與示範效應。著名的華為公司並非國企，但是美國針對華為的政治打壓甚至已經達到了流氓國家的水準：通過加拿大將華為掌舵人的女兒無理扣押進行要挾。美加針對華為的所作所為，無非是華為公司領先的 5G 技術對美國在尖端科技方面的競爭力產生了重大威脅，企業的所有制絕非問題的關鍵。

我們不必對「所有制中立」獲得競爭對手的理解抱有太大希望，但是卻應該研究，是甚麼原因導致這些國企在中國大陸選擇「中國特色的市場經濟」之後，在國際市場能夠形成強大競爭優勢？而此中，國家治理能力產生了多大的影響？

福山的轉變，《歷史的終結》與新視角。法蘭西斯・福山 1989 年初發表《歷史的終結》（The End of History）引發了學界從那時至今的辯論。他當時在文中斷言，民主制將「成為全世界最終的政府形式」，將「自由民主和資本主義」定於一尊。

2014 年福山的著作《政治秩序及其衰落》對之前的結論做出修正，在「法治」「民主問責」之外增加第三變量「國家治理能力」。雖然他自己沒有明確所指，但是多數觀點認為這個變量的起因是中國崛起和中東混亂，還有觀點認為其中也有民主國家治理能力相形見絀引發的思考。

2017 年 4 月,福山在《聯合報》專訪中表明,民粹主義將主導許多國家的選舉,強人政治會讓很多歐美或日本民眾羨慕,中俄模式 —— 尤其是中國模式 —— 會有吸引力。

2020 年 4 月,福山在《觀點報》專訪中基本承認新自由主義已經死亡,未來世界上多數人會認知到「政府力量必須加強」的現實:中國模式在這次疫情下是成功的,這種體制很擅長應對緊急情況;同時多數東亞國家都做得不錯,這與漫長的儒家中央集權歷史有不可分的關係,因此他還是堅持世界上其他國家無法複製中國模式。他認為,國家的內在能力、對社會的信任程度和領導素質是三個關鍵要素。

而哈佛大學甘迺迪政府學院阿什民主治理與創新中心 2020 年 7 月發表最新研究《理解中國共產黨韌性:中國民意長期調查》。調查由 2003 年至 2016 年期間,進行 8 次調查,以面對面方式訪問了超過三萬名城鄉居民,就中央政府、省、鄉鎮政府以及環境保護等的滿意程度進行調查。調查顯示,自 2003 年開展以來,中國民眾對中央和地方政府的滿意度幾乎全面提升,除 2008 年北京奧運,民眾對中央政府滿意度突然提升至調查最高的 95.9% 之外,到 2016 年,民眾對中央政府的滿意度高達 93.1,是自 2003 年開始進行調查以來的第二高。[42]

民粹使得一些傳統大國越來越缺乏格局,相信福山正是因為看到了這一點才強調國家治理能力。我們需要認真研究為甚麼中國能夠擁有很強的「國家治理能力」,以及為甚麼中國民眾對中央政府的滿意程度居高不下?除了領導者本身具備的胸懷、眼光與韜略之外,還需要廣大民眾作為被領導者的充分理解與願意配合。而這種理解與配合,無疑與文化特質或者說文化基因有關。

42《美國哈佛大學民調:中國民眾對政府滿意度持續上升》,團結香港基金,2020-07-26。

中國的國家治理能力與宗法宗族觀念有密切關聯。傅高義在《日本第一》的初版序言中特別強調「日本各種制度的好處，有許多是從日本獨具一格的文化土壤中產生的，與美國風馬牛不相及，不是簡簡單單地就可以學到手的。」[43] 同樣，中國的國家治理能力也是建基於中國獨特的文化土壤，與宗法宗族觀念有密切關聯。

擁有良好的「國家治理能力」，是所有國家領導人的追求。從前述經濟層面引發「所有制中立」爭議的企業競爭力，到制度層面的「華盛頓共識」與「北京共識」之爭，乃至到意識形態層面的哈佛大學《理解中國共產黨韌性：中國民意長期調查》，都能夠看出世界對中國的制度選擇的高度關注。而上述問題的核心，都有「國家治理能力」的具體表現及外延。

那麼，為甚麼在蘇聯解體後西方歡呼「歷史的終結」的大環境下，中國大陸在堅持與西方的制度選擇大不相同的情況下，還能夠穩步走過初始工業化、第一次工業革命階段並進入「工業化爆炸」的第二次工業革命階段？且因為工業化發展包括中國製造與創新的巨大成就，以及出眾的「國家治理能力」所引發的發展路徑比較，被國際上認同為「北京共識」？

筆者認為，中國作為農耕時代長期領先全球的國度，歷史悠久的管治方式必定有其過人之處，且必然在民眾之中留下相應的文化基因。而國家治理體系和治理能力，不僅仰賴領導者的雄才大略與遠見卓識，也必須建基於國民存有的內在意識，或者說必須有傳統文化基因的配合，否則也難以發揮高效。中國雖然有五十六個民族，但其中漢族人口佔 91.96% 的絕對多數，而其餘人口較多、在中國歷史上富有影響的民

43 《美國哈佛大學民調：中國民眾對政府滿意度持續上升》，團結香港基金，2020-07-26。

族如滿族、回族、蒙古族等，基本上也都是富有宗族文化傳統的民族。就是說，中華民族的構成主體，都有宗族觀念的文化基因；中國的國家治理能力之所以表現出眾，與這種特殊的文化基因關聯密切。

首先是管治系統。中國大陸目前的管治系統與西方國家並不相同，而是富有中國文化傳統，隱含很多中國人的基因印記。不同於西方國家最主要地建基於城邦文化之上，中國從三千年前的周朝，就通過分封制度構建了從權力塔尖層層向下傳遞權力、類似「投網結構」的國家管理架構。這種國家管理架構，在當時的正常狀態下無疑是超級穩固的。周朝這個典型的宗法國家能夠在那個交通不便、資訊不暢的古代存在800年，「家國同構」所展現的國家治理能力，無疑是強固而高效的；加上後來儒家集大成者孔子對周禮的高度推崇，更是對塑造後世民眾對權力塔尖 —— 網綱的認同、服從並形成文化基因，具有深遠的影響。面對2020年初極度兇險的新冠疫情，各地皆放棄一時一地的考慮，能夠從國家層面理解危機，堅決地執行來自權力網綱的果斷指令，各地民眾對這種應急管理模式穩定配合，與長期浸潤其中並形成的對權力網綱的高度認同，有很大關聯。

其次，指揮系統。姑且不論封建王朝本身的對錯，在長達三千年的歷史發展中，這種「綱舉目張」、如臂使指的指揮管理模式所展示的結果，無疑在農耕社會是非常有效的，這使得權力網綱的指令能夠很快地到達靠近基層社會的層面。而這種指揮系統對中國民眾來說，乃是習以為常的事情，指令源與接收端能夠順暢聯結，中間較少損耗。2020年中國大陸面對突如其來的新冠病毒危機，抵抗疫情的方式方法與西方國家大不相同，深受宗法宗族觀念影響的中國民眾，其組織性、紀律性、服從性相對與西方國家明顯較高，這些文化特質為保證中國式抗疫獲得成功提供了重要的民意配合。而日本、韓國等東亞國家和中國台灣的抗疫水準能夠長期保持在平均水準之上，與民眾具備較高的組

織性、紀律性、服從性有重要關聯；而香港和新加坡受西方殖民地文化影響較大、部分人士傾向於選擇西方「與病毒共存」模式，無疑都被後續而來的疫情重創。很多人對美英等西醫科技發達的西方國家被疫情反復踐躪而吃驚，但是這些秉持國家城邦文化基因，很難採用中國大陸那種抗擊疫情的模式。

再次，分工與協作系統。從三千年前的周朝，中國就有系統龐大且完備的社會分工——以「以九職任萬民」。這種龐大而完備的分工方式，也必然需要相應的協作與之配合。作為中國民眾日常生活的長期積澱，分工與協作已經成為一種習慣或者說文化基因。在新冠病毒肆虐初期，很多企業能夠不計虧損迅速轉產疫情需要的產品，積極參與全國一盤棋的抗疫活動，與這些企業的主導者能夠順暢地接受整體社會所需的分工與協作，也有很大關聯。

第四是官吏選拔。從秦漢以降特別是宋代之後直到清帝退位，總體上對官吏的選拔都是遴選「賢與能」參與國家治理；隋唐開始並在宋代完善的科舉取士，更是為底層精英的上升提供了重要通道。以「學而優則仕」網羅社會精英參與國家治理，使得中國在農耕社會能夠長期保持當時世界的領先優勢。同時，這些官吏特別是高級官吏，在上升到一定位置之後，「家國天下」的情懷往往得以激發，對國家和民眾的責任往往能夠升華，超越宗法宗族的生存追求，將儒家的理想主義付諸實踐。中國抵抗新冠疫情的過程中，大量國家幹部和中共黨員身先士卒、靖難蹈險，就是這種「家國情懷」的生動體現。

宗法宗族觀念蘊含民主集中制有助提升國家治理能力。中國由中國共產黨領導，長期堅持的是民主集中制，這種方式備受西方批評與指責，因為它不同於西方深受城邦文明影響而成的「形式民主」。其實，「民主集中制」這種方式的雛形早就孕育、運行並長期存在於宗法宗族的日常運營之中，具有強固的傳統文化基因。

宗法宗族文化走過三千多年，不僅對具體的自然人具有深刻影響，對建基其上的組織及其管理方式，也必然有着深刻影響。例如，宗法宗族的法規是帶有一定的民主性質的：「一般來講，各宗族都會通過宗族大會制定宗族法規，宗法族規是由宗族內部成員共同協商一致達成的，對宗族內部的全體成員產生約束力，是解決宗族內部糾紛的重要依據。」[44]「宗族機構的產生，一般採取公推眾舉的方式，在清朝，族長產生後還要到官府備案。族長、房頭及莊正各有一定的任期，可連選連任，但不得私相授受。」[45] 而我們從清代很多地方通過「遴選」或「推舉」產生族長，並在族長產生之後賦予充分權力並高度尊重的運作模式中，就可以清晰地看到這種「民主集中制」的雛形或者說文化基因。

也正是因為這種「民主集中制」的雛形是絕大多數中國人從小習以為常的一種生活要素，無論普通族眾還是被遴選者，在宗族管理者被確定之後，都對權力的「集中」高度適應，較少排斥的問題。而這種方式如果移植到西方社會可能會水土不服，因為西方以城邦為基礎形成的公民社會有其自己的文化基因。如果從這個角度看，我們就比較容易理解中國民眾為何能夠適應「民主集中制」這種方式：通過「遴選」或「推舉」產生管理者，並相對容易接受威權程度較高的管理模式。

上述有利於國家治理能力的因素，都與宗法宗族觀念有或多或少的內在文化基因關聯。就是說，中國民眾對中國共產黨和政府的信任度、滿意度高，當然有賴於領導人的出眾才能、綜合國力的不斷上升和民眾整體的幸福感提升，但是我們還應該關注，作為有着三千多年宗法宗族及其觀念歷史積澱的中國，地方服從中央（權力網目服從權力網

44《我國清代的宗族調解制度》，北京法院，2020-12-13。

45《我國歷史上宗族組織的政權化傾向》，葉娟麗，學術論壇 2000 年 04 期。

綱）的意識深入人心，民眾對大一統體制在心理上高度認同，內心傾向於相信通過「遴選」與「推舉」產生權力中心的可行性與有效性。在此基礎上，如果基本國策選擇正確、領導人富有遠見卓識與領導才能，就比較容易讓國家處於一個良好的運營狀態；而這種運營狀態如果切實提升了民眾的幸福感包括安全感，就會進一步提升權力網綱的威望；而權力網綱在高信任度的支持下可以更加有效地強化國家治理能力。

綜合而言，中國大陸今天選擇的政體並非是對其他國家包括前蘇聯的政體進行簡單模仿，而是擁有強固的傳統文化的基因傳承，因此，在道路選擇正確、家國利益同向的基礎上，更容易上下合力，形成強大的國家治理能力。中國大陸在上世紀六七十年代，集中人力物力財力使「兩彈一星」獲得成功，已經展現了中國式政體在國家治理能力方面的優點。而此次面對來勢洶洶、空前兇險的新冠疫情，中國大陸臨危不亂，除了領導者的決斷之外，民眾所表現出來集體主義精神，對權力網綱的高度信任與配合，以及在抗疫過程中所展示的分工、協作和組織性、紀律性、服從性，包括對長達千日的嚴格抗疫的長期忍耐力，都展現了宗法宗族觀念的有益成分，也是國家治理能力能夠高效發揮的重要文化基因。

六　製造、創新、教育與管治能力相互補強共創輝煌

一種特質文化如果能夠存續超過三千年，且在已經明顯失去國家政權支持的狀態下，一旦遇到合適的環境就能有所復蘇並展現生機與能量，必定有其「存在」即「合理」的強大生命力。從宗法宗族觀念方面尋求中國工業化發展包括中國製造與創新的文化基因，也是對其生命力的尊重。

必須強調的是，「中國製造」與「中國創新」的興盛並非是各自獨

立的關係，乃是相輔相成、相互補強的關係，且離不開與宗法宗族觀念中崇尚教育的文化基因密切相關的海量優質人力資源，與出色的國家治理能力。因為「中國製造」需要通過不斷的學習、引進、模仿，並在此基礎上進行創新，才能不斷向高端製造業發展；而高端製造業的發展，又使得「中國創新」的很多構想或探索，能夠轉化為現實。此中，沒有尊崇教育帶來的海量優質人力資源，這種提升與轉化就難以實現；而沒有優質高效的國家治理能力，上述成就也難以達成。

就是說，「中國製造」「中國創新」「崇尚教育」與「國家治理能力」，四大因素在相互補強、相輔相成中協同發展，共同促成了中國工業化發展的成就，共同襄助了復興路途上的輝煌，終將形成一種《孟子·盡心篇》所言：「若決江河，沛然莫之能禦」的態勢。

小結

本章分析與總結了宗法宗族觀念對中國大陸工業化發展之初始工業化和第一次、第二次工業革命發展階段的重要意義，包括組織性、紀律性、服從性、忍耐性、團結性、忠誠性、約束力等文化特質對「中國製造」的有利之處，以及肯定能力、鼓勵競爭的因素對「中國創新」的重要價值，還有宗法宗族觀念中高度重視教育使得中國大陸能夠在短短四十年的時間裏培養了海量的優質人力資源，對中國大陸工業化發展的重要作用；亦有受推舉與遴選、賦權慣例影響的民主集中制所強化的國家治理能力，對中國大陸工業化發展的有力推動。中國大陸能夠在改革開放四十年來的工業化發展包括中國製造與創新方面取得如此巨大的成就，宗法宗族觀念作為關鍵的文化基因，值得高度肯定。

第七章

宗法宗族觀念對
中國工業化發展功不可沒

引言

實現工業現代化是很多國家和地區的夢想，但是迄今為止真正實現並保持高水準工業現代化的除了英國，只有西歐的德法以及美國日本等少數國家。為甚麼俄羅斯以及東歐的一些軍工、科技實力比較雄厚的國家，在引進資本主義市場經濟後未能實現真正意義的工業現代化？為甚麼政治和金融制度相對更加符合當年的市場化要求的一些拉美國家未能實現真正意義的工業現代化？為甚麼人口基數龐大、政治制度更符合西方要求、也曾擁有璀璨古代文明的印度未能實現真正意義的工業現代化？

越來越多的觀點認同，上述那些未能順利實現工業化的國家和地區，關鍵原因是有一個共同的重大缺失，那就是沒有夯實初始工業化的地基。地基不夠堅實，也就導致必須建基其上的工業化發展不夠穩固。問題在於，為甚麼中國大陸能夠在短短的四十年內，從重夯基礎的初始工業化階段順利進入工業化爆炸階段？或者說為甚麼中國僅僅用了二十多年就迅速走過初始工業化和第一次工業革命階段，並迅速邁進對創新發展需求大增的第二次工業革命階段？

一　中國大陸重夯工業化基礎階段具有較大政經風險

中國大陸是在文革後「國民經濟瀕臨崩潰邊緣」的狀態下開始改革開放的，但是高層的認知與決策並不能夠在一天之內轉變全社會的思想觀念，重夯工業化基礎的初始工業化階段在最初的時候面對的並非是一個重商主義的政府，很多規章制度對於經濟發展特別是私營經濟而言，具有很高的政經風險。

中國大陸的工業化道路帶有特殊的歷史地基。 中國大陸重夯基礎的大規模初始工業化發展是從 1978 年啟動改革開放之後開始的，大量私營經濟、鄉鎮企業的迅速興起，為這種大規模的初始工業化發展營建了廣泛的基礎。「從歷史的視角看，這種『中國式』的農村工業化實質上與英國工業革命前夕發生在 17–18 世紀的歐洲大陸，尤其是英國的『原始工業化』浪潮一脈相承，具有相同的機制和規律。」[1]

催生新中國的中國革命，走的並不是傳統意義的以城市產業工人為主體的「無產階級革命」，而是「以農村包圍城市」逐步攻城掠地佔領中心城市的「中國特色的革命」；同樣，中國大陸的「市場經濟」走的也不是完全依據西方定義的市場化道路，而是「中國特色的社會主義市場經濟道路」。很明顯，中國大陸的工業化道路建基於特殊的歷史地基之上，更為關鍵的是，中國重夯基礎的初始工業化階段，帶有特殊時期的政治與經濟風險。

探索這個特殊的歷史地基無疑是富有意義的：以私營經濟、鄉鎮企業為重要參與者的初始工業化發展，為中國大陸後續的工業化進程兼顧重夯基礎、鋪設網絡、擴張需求的功能。改革開放初期，中國大

---

1 《偉大的中國工業革命》，文一，31 頁。

陸的政府並非一個重商主義的政府，在那個違背國家政策將會面對巨大政治與經濟風險的初始工業化階段，由於中國大陸很多的私營企業、鄉鎮企業都有家庭或宗族的背景，宗法宗族觀念無疑對這些企業的發展影響巨大；其中最為關鍵的，是在相當程度上起到了共擔政經風險、聚財協力共生的重要作用。宗法宗族聚心合力、共抗風險的特殊功能，可以說對重新夯實之前冒進跨越的初始工業化基礎，使中國大陸能夠僅僅用大約十年的時間完成初始工業化進程，發揮了重大作用。

改革開放初期私營經濟面對的政治風險巨大。中國大陸的初始工業化與農村經濟體制改革有很大關聯，而無論當時的「包產到戶」還是其後的私營經濟、鄉鎮企業，都可以說起步艱難，面對的政治風險非常嚴峻。「摸着石頭過河」的另一層意思，就是隨時會掉進「坑」裏被追究法律責任。改革開放後的第四個年頭（1982 年）浙江溫州的「八大王」事件震動全國：[2] 其中「舊貨大王」王邁仟被捕，判處有期徒刑七年；「礦燈大王」程步青被捕，縣裏召開公審大會，判處有期徒刑四年；「目錄大王」葉建華被捕，判處有期徒刑三年；「五金大王」胡金林出逃，全國通緝，次年春節被捕；「螺絲大王」劉大源出逃，全國通緝；「翻砂大王」吳師廉被捕；「線圈大王」鄭祥青被捕；「膠木大王」陳銀松出逃，後被捕。其中唯一潛逃近一年而未入獄的只有「螺絲大王」劉大源，其他七人都遭受牢獄之災。這表明，在 1978 年 12 月召開的十一屆三中全會決定把全黨工作的重點和全國人民的注意力轉移到社會主義現代化建設上來的三年多之後，私營經濟面對的政治風險還是如此巨大。而如果不是後來的政策修正，這些人的私有財產必定被充公，經濟上的風險

2　1982 年初，在個體私營經濟的發源地溫州，以「投機倒把罪」給八位搶先出現在市場經濟潮頭上的風雲人物列為重要打擊對象，其中七人被判刑，此事被稱為「八大王事件」。

也是極大。

有「中國（大陸）第一商販」之稱的「傻子瓜子」創始人年廣久，經商經歷堪稱中國大陸私營經濟的「活化石」。馬克思在《資本論》中有個著名論斷：「僱工到了 8 個就不是普通的個體經濟，而是資本主義經濟，是剝削。」而在 1983 年底的一次大型工商會議上，有人提出年廣九僱用的工人數量已經超過國家規定，很快就有輿論說年廣九就是當代的資本家、剝削分子。如果不是 1984 年 10 月鄧小平就年廣九僱工數量問題表態，年廣九應該難免牢獄之災。

中國大陸的初始工業化雖然有鄉鎮企業的巨大貢獻，但是如果沒有大規模的私營經濟擴張，很容易後繼乏力。而當時對個人的經濟行為是嚴格控制的，1987 年 9 月，國務院還頒佈了《投機倒把行政處罰暫行條例》；1997 年才在《刑法》修訂案將經濟犯罪中的「投機倒把罪」刪除；而直到 2008 年 1 月 15 日公佈《國務院關於廢止部分行政法規的決定》，《投機倒把行政處罰暫行條例》才正式廢止。

這也可以從另一個角度說明，中國大陸在改革開放之初重夯基礎的初始工業化階段，由於當時的政府並不屬於重商主義的政府，私營經濟的創業者所包括一些鄉鎮企業的經營者所面對的政治與經濟風險，要遠比英國當年步入原始工業化階段時所面對的政治與經濟環境嚴峻甚至險惡。

私營經濟屬漸進式放寬，過程中政治風險在所難免。中國大陸在文革之後實際上是在「國民經濟瀕臨崩潰邊緣」的狀況下相對被動地進行改革開放的，這個重大變革在初期不斷牽涉到政治路綫鬥爭的問題，至少這種變革帶有明顯的政治變革的痕跡。鄧小平於一九七八年十二月在對中國大陸產生了巨大影響的十一屆三中全會上強調解放思想是當時的重大政治問題，提出要「改革同生產力發展不相適應的生產關係和上層建築」，而後來的經濟體制改革也確實可以說都是在對那些「不

適應生產力發展的」生產關係和上層建築進行變革。但是這種變革不可避免地與當時中國大陸的政治現實發生衝突，因此也就不可避免地出現一定程度的反覆。雖然為了解決大量待業社會人口的就業問題，中國大陸有關部門早在一九七九年就提出，可以根據當地市場的具體需要，在徵得有關業務主管部門的同意之後，批准一些有正式戶口的城市閒散勞動力從事修理、服務和手工業等個體勞動，也就是允許人們「自謀職業」，但是當時的計劃經濟體制特別是政府管理，很難馬上因應形勢的需求而作出快速轉變。

一九八一年中共十一屆六中全會通過了《中國共產黨中央委員會關於建國以來黨的若干歷史問題的決議》，認為「在一九五五年夏季以後，農業合作社以及對手工業和個體商業的改造要求過急，工作過粗，形式也過於簡單劃一，以致在長時期遺留了一些問題」。無疑，這個決議是對過往某些政策與行為的政治否定，這為進一步發展個體經濟、私營經濟以及鄉鎮企業有所鬆綁。一九八二年的中共十二大在政治報告中表示，「在農村和城市，都要鼓勵勞動者個體經濟在國家規定的範圍內和工商行政管理下適當發展，作為公有制經濟的必要的、有益的補充。」而在同年的五屆全國人大第五次會議上通過的憲法中則定明「在法律規定範圍內的城鄉勞動者個體經濟，是社會主義公有制的經濟的補充」。我們從中可以看出，當時無論從黨的角度還是從國家的角度，都已經承認並肯定了個體經濟的存在價值。但是也很明顯，規定的解釋空間過大，不同的政策執行者對政策的理解與解釋比如何謂「適當發展」以及何謂「必要、有益的補充」，完全可能出現相當大的實際差別。

一九八四年中共十二屆三中全會通過了《中共中央關於經濟體制改革的決定》，其中涉及個體經濟的觀點有「我國現在的個體經濟是與社會主義公有制相聯繫的，不同於與資本主義相聯繫的個體經濟，它對於發展社會生產、方便人民生活、擴大勞動就業具有不可替代的作用，

是社會主義經濟必要的有益的補充，是從屬於社會主義經濟的。當前要注意為城市和鄉鎮集體經濟和個體經濟的發展掃除障礙、創造條件，並給予法律保護」。很明顯，處於轉變期的政策長期不明朗，就使得那些自由職業的謀求者在很長的時間裏都是「妾身未明」，還多次因為左傾思想的強硬堅持而受到政治壓迫乃至行政、法律的不公平衝擊，有些地方甚至對這些創業者處以刑責，如上節提到的「八大王事件」。「在嚴格的理論意義上，一九七八年以後的改革並沒有理論的指導，『摸着石頭過河』。這一改革的行進路徑注定要求中國人必須在整個改革過程中找到理論支持和依賴。在八十年代初期，對『真理標準』的討論以及一九八九年以後的『不爭論主義』，實際上都是一種行動哲學。……在中國改革開放十五年之後，中國的領導人終於發現的是，一種社會經濟制度是與社會秩序之間的聯繫，而不是與一種理論的聯繫」。[3]

　　直到一九八六年初，中國政府才正式在文件中提出，在政策上既要堅持共同富裕的方向，又應該承認發展中存在差別。要允許一部分人、一部分地區先富起來。在認識上必須把社會主義發展中先富或後富的差別，與私有制條件下的兩極分化區別開來。個體經濟是社會主義經濟的必要補充，在農村允許它存在並有所發展，就可能出現生產資料佔有的某些差別。只要採取適宜的政策並進行必要的調節，就可以使這種差別保持在社會所允許的限度，而不會構成對社會主義基礎的威脅。實際上，在一九八六年的時候，人們對「私營企業」還沒有一個統一的稱呼，更不要說私營企業主後來更願意使用的「民營企業」了；各地對這種經濟單位的稱呼可以說是五花八門，比如個體大戶、僱工企業、專業大戶、新經濟聯合體等等。

3　《關鍵時刻 —— 當代中國極待解決的二十七個問題》，許明主編，今日中國出版社，1997 年 4 月第 1 版第 1 次印刷。

應該說，一直到了一九八七年，私營經濟才算是得到了一定的政治保障。該年十月召開的中國共產黨第十三次全國代表大會，對私營經濟進行了更為正面的肯定：社會主義初級階段的所有制結構應該以公有制為主體。目前的全民所有制以外的其他經濟成分，不是發展得太多了，而是還很不夠。對於城鄉合作經濟、個體經濟和私營經濟，都要繼續鼓勵他們發展。……在不同的領域、不同的地區，各種所有制經濟所佔的比重應當允許有所不同。私營經濟是存在僱傭勞動關係的經濟成分，但是在社會主義條件下，它必然同佔優勢的公有制經濟相聯繫，並受公有制經濟的巨大影響。實踐證明，私營經濟的一定程度的發展，有利於促進生產、活躍市場、擴大就業，更好地滿足人民多方面的生活需求，是公有經濟必要的和有益的補充。必須儘快制定有關私營經濟政策和法律，保護它們的合法利益，加強對它們的引導、監督和管理。

　　「一九八八年，中國第七屆全國人民代表大會第一次全體會議通過的《中華人民共和國憲法修正案》，就對私營經濟給出了相對明確的法律保障：國家允許私營經濟在法律規定的範圍內存在和發展，私營經濟是社會主義公有制經濟的補充。國家保護私營經濟的合法權利和利益，對私營經濟實行引導、監督和管理。……從這個角度看，從一九七八年包產到戶復甦到一九八八年全國人大在憲法修正案中確認允許私營經濟『存在和發展』，共用了大約十年的時間；換句話說，在此期間出現的個體經濟或者說私營經濟，都是處於一種沒有明確的法律保障的狀態之下，政治風險不言而喻。地方政府在中央的態度不明朗或者說觀望、左派人物為了捍衛政治傳統又不斷掀起批判資本主義浪潮的情況下，只好通過含糊其辭的方式允許私營經濟存在，探索中國新型經濟體制的政策和策略；而政策的寬鬆度，則往往取決於當地黨政領導個人的思想開放度以及好惡，因此政策的搖擺度是非常之大的。這一方

面導致私營企業主擔心隨時被當作資本主義的尾巴割去，而不敢加速發展甚至有意藏富；另一方面也由於中國的行政與法律體系長期以來不能相互獨立，導致地方政府官員因為掌握着政策的解釋權和政策執行的寬鬆度，而在對私營企業主進行管理的時候，還很容易導致索賄受賄，走向腐敗。」[4]

當年一種特殊的「紅帽子」現象也值得關注：中國共產黨第十六次全國代表大會代表、江蘇遠東集團黨委書記蔣錫培本身是私營企業家，這位創業於一九九零年並且是創業之後才加入中國共產黨的私營企業家，當年是採用戴「紅帽子」[5]的方式開展經營，方法是掛靠在其他國營或者集體企業之下，繳納部分費用，以方便企業的運作。這種奇特的產權關係之所以存在，主要原因是為了規避當時的政治風險，但是在後來也引發不少困擾。

從上述重要文獻出台的時間順序與內容可知，1978 年開始改革開放到 1988 年，對於私有經濟的限制屬於漸進式放寬，這種漸進式放寬對於具體的私營經濟從業者或者私營企業主來說，政治與經濟風險在所難免；而這個十年，恰恰是中國大陸重走夯實初始工業化基礎之路的重要階段。

由於私營經濟在一九八八年之前的中國大陸並不具備明確的合法地位，要求成員忠心、保密和能夠共同承擔政經風險，就成為興辦和營運私營經濟的重要甚至是必要的條件。而在這種必要條件之下，宗親無疑是最為合適的關鍵人選。後來，政府為了減輕農村隱性失業人口

---

4 《宗法宗族思想觀念與中國私營企業管理》，王平著，152 頁。

5 紅帽子企業是指由私人資本設立，但是又以公有制企業（包括國有和集體企業）的名義進行註冊登記的企業，或掛靠在公有制企業之下的企業，即名為公有制企業實為私有制企業，是中國大陸一個特殊歷史時期的變通產物。

的大規模流動，也就是所謂「盲流」對城市管治造成的壓力，要求農民「離土不離鄉，做工不進城」，就進一步促成了私營經濟以及鄉鎮企業宗親集中的現象。

私營企業主的政治風險十六大後才真正解除。如前所述，私營經濟從業者或者私營企業主所面對的政治風險隨着中國大陸改革開放的進一步發展以及私營經濟對社會貢獻的不斷加大而持續降低，當年出現的有關吸納民營企業家加入中共組織的支持聲音和反對聲音，亦表明中國大陸的私營企業家已經逐步擺脫長期的負面形象而漸漸步入社會主流。時至今日，私營企業家具有黨員身份已經不是新聞，私營企業內部有黨組織運作已經是一種常態。但是在 2002 年之前，私營企業主的政治定位還是一個頗有爭議的話題。

2002 年時任總書記江澤民代表中共中央所作的十六大政治工作報告表示：「在社會變革中出現的民營企業、科技企業的創業人員和技術人員、受聘於外資企業的管理技術人員、個體戶、私營企業主、仲介組織的從業人員、自由職業人員等社會階層，都是中國特色社會主義事業的建設者。對為祖國富強貢獻力量的社會各階層人們都要團結，對他們的創業精神都要鼓勵，對他們的合法權益都要保護，對他們中的優秀分子都要表彰，努力形成全體人民各盡其能、各得其所而又合諧相處的局面」。

在承包企業之前就已經是中國共產黨黨員，並將所承包企業私有化、一度被《福布斯》排名為中國富豪第三十七位的江蘇沙鋼集團董事長沈文榮表示，民營企業家入黨是一件很好的事情。像蔣錫培、沈文榮這樣的擔任十六大代表的私營企業家，雖然當時在中國大陸還是比較罕見的，但是他們不僅代表了執政黨對非國有經濟包括私營企業主的政治認同，更透露了國家對於認同、保護私有財產的政治預期。

在私營企業發展方面積極帶頭、增長迅速的浙江省，私營企業主

稱中共十六大給他們喫了「定心丸」。因為在十六大召開之前，著名影星劉曉慶因為經濟問題被捕入獄，輿論掀起一個追查富人收入來源的小高潮，一時間令很多私營企業主人心惶惶。但是十六大政治工作報告對私營企業的肯定，使數量龐大的私營企業主免除了主要的顧慮。浙江正泰集團董事長南存輝就表示：「開會前外界對十六大還有這樣那樣的猜測，江澤民同志的報告讓我們喫了『定心丸』。……報告不僅對企業主政治地位給予明確，而且還宣佈對其合法權益也要保護，這使我們徹底消除了後顧之憂。」杭州三替綜合服務公司總經理陶曉鶯也感覺「一塊石頭落了地」。「三替」公司於一九九二剛成立的頭幾年，由於社會上對私營企業的政治定位還有很多不同的說法，陶曉鶯對自己的公司性質也存在着種種顧慮，就連公司被評為市、區的十佳私營企業的獎牌也是遮遮掩掩地放在角落。陶曉鶯說：「現在不一樣了，國家對私營企業的支持力度和對國有企業是一樣的，十六大報告中說在社會變革中出現的私營企業主等社會階層，都是中國社會主義事業的建設者。我們可以自豪地對外宣稱，我們是一家私營企業。」[6]

　　中共十六大報告特別就前面所說的針對「富人」的輿論表示了觀點或者說定性：「必須尊重勞動、尊重知識、尊重人才、尊重創造，這要作為黨和國家的一項重大方針在全社會認真貫徹。要尊重和保護一切有益於人民和社會的勞動。……一切合法的勞動收入，都應該得到保護。不能簡單地把有沒有財產、有多少財產當作判斷人們政治上先進和落後的標準，而主要應該看他們的思想政治狀況和現實表現。要形成與社會主義初級階段基本經濟制度相適應的思想觀念和創業機制，營造鼓勵人們幹事業、支持人們幹成事業的社會氛圍，放手讓一切勞

---

6 《浙江私營企業：十六大讓我們吃了「定心丸」》，崔礪、金方列，「新華網」二零零二年十一月九日電。

動、知識、技術、管理和資本的活力競相迸發，讓一切創造社會財富的源泉充分湧流，以造福於人民」。在這種定性之下，私營企業的政治生存環境得到了大幅改善，私營企業主的政治風險十六大後真正解除。

而在十六大上根據三個代表理論所提出的《中國共產黨章程（修正案）》，較之以往的內容發生了重大變化。以往中國共產黨只是中國工人階級的先鋒隊，此次的表述則為中國共產黨是中國工人階級的先鋒隊，同時是中國人民和中華民族的先鋒隊，是中國特色社會主義事業的領導核心，代表中國先進生產力的發展要求，代表中國先進文化的前進方向，代表中國最廣大人民的根本利益。特別引人注目的是，修改後的中共黨章規定，年滿十八歲的中國工人、農民、軍人、知識分子和其他社會階層的先進分子，承認黨的綱領和章程，願意參加黨的一個組織並在其中工作、執行黨的決議和按時繳納黨費的，都可以申請加入中國共產黨。

2004 年 3 月十屆全國人大二次會議通過的第四《憲法修正案》明確規定：「公民的合法的私有財產不受侵犯」、「國家依照法律規定保護公民的私有財產權和繼承權」。從憲法的層面對私有財產進行保護，徹底解決了非國有經濟及其從業者的經濟安全問題。

應該說，當長期限制非國有經濟的政治與經濟風險真正消除的時候，中國大陸的工業化進程，已經走完了初始工業化和基本走完了第一次工業革命階段。如同筆者 2001 年 11 月在東京早稻田大學參加會議時反復聽到日本專家所講的「中國即將進入工業化爆炸階段」，隨着中國大陸在 2001 年 12 月 11 日正式成為世貿組織成員，第二次工業革命的恢弘大幕在中國大陸已經全面拉開，中國大陸的經濟實力開始以令人難以置信的速度向上攀升，經濟總量 2005 年超過法國，2006 年超過英國、2007 年超過德國，2010 年超過日本，成為世界第二大經濟體。如今正在追趕位居第一的美國。

2021 年 12 月 09 日《人民日報》刊登了曲青山的文章《改革開放是黨的一次偉大覺醒（深入學習貫徹黨的十九屆六中全會精神）》，文章強調「改革開放中的許多新生事物都是人民群眾創造的。改革開放中許許多多的東西，都是由群眾在實踐中提出來的，是群眾發明的。……波瀾壯闊的改革開放歷史進程，是從農村到城市、從沿海到內地、從局部到整體漸次展開和推進的。在這個歷史進程中，人民群眾始終是改革開放的實踐者、推動者、參與者。改革開放中出現的每一個新突破、新事物、新成就，都凝結着人民群眾的智慧、心血和汗水。」這就說明，當年的很多突破，包括改革開放之初在非重商主義政府管治之下冒着巨大的政治與經濟風險發展私營經濟，都是由深受傳統文化包括宗法宗族觀念影響的基層民眾推動的，中國大陸的初始工業化能夠迅速推展並重新夯實工業化基礎，無疑受益於宗法宗族觀念這個影響廣泛而深遠的文化基因。

二 宗法宗族觀念有助抵抗改革開放初期的政經風險

1978 年改革開放後開始的重夯基礎的初始工業化階段，在基本特徵上與英國工業革命前的原始工業化亦有一定的相似之處。但是一個巨大的差異是，由於改革開放初期是文革剛剛結束的時期，「以階級鬥爭為綱」的餘緒尚存，當時的政治環境對個體與私營經濟、鄉鎮企業等非國有經濟並不友好，包括歧視甚至敵視；而與宗法宗族觀念相關的互信、互助乃至相互保護，對當時很多初創非國有經濟抵禦政治風險及經濟風險，具有明顯的幫助作用，這對中國大陸全面重夯工業化基礎，以大約十年的時間就迅速實現初始工業化階段的跨越貢獻頗大。

秘密實行「包產到戶」，宗親共擔政治風險。中國大陸在改革開放初始階段的「私營經濟」意識擡頭，安徽鳳陽小崗村的「包產到戶」可

以作為重要標誌。

　　新中國成立後的小崗村只有 24 戶人家，與大嚴村、小嚴村三個自然村合成「大嚴村」，所以小崗村的嚴姓人家也較多。1978 年 11 月 24 日小崗村的嚴宏昌帶領生產隊的 18 戶農民召開秘密會議，首倡「分田到戶」，但實質上可以將之視為「私營經濟」意識正式擡頭的發端。雖然這個方式後來被總結為「大包乾」的聯產承包責任制。當時這些村民聚在一起，以簽名按手印的方式共同立約寫下保證書「我們分田到戶，每戶戶主簽字蓋章，如以後能幹，每戶保證全年上交公糧，不在（再）向國家伸手要錢要糧，如不成，我們幹部作（坐）牢剎（殺）頭也干（甘）心，大家也保證把我們的小孩養活到十八歲。」這份保證書的內容，特別是點明或者會「坐牢殺頭」，足以證明當時追求私營經濟所面臨的巨大政治風險。

　　值得關注的是，18 位帶頭參與「大包乾」的農民是：嚴立富、嚴立華、嚴立坤、嚴金昌、嚴家芝、嚴學昌、嚴立學、嚴俊昌、嚴美昌、嚴宏昌、嚴付昌、嚴家其、嚴國品、關延珠、關友生、關友章、關友江、韓國雲，其中有 13 位戶主都姓嚴。很明顯，從中國傳統村落的形成看，這是一群擁有共同祖先的嚴氏後裔。能夠在那種充滿政治風險的外部環境下，參與者堅決地表示「如不成，我們幹部作（坐）牢剎（殺）頭也干（甘）心，大家也保證把我們的小孩養活到十八歲。」這種相互托孤的方式，充分說明宗法宗族觀念對凝聚族人力量並以命運共同體的意識，實現宗親之間的團結、互助、互保與發展具有重大作用。

　　小崗村以嚴姓宗親為主，通過「生死契約」的方式創造的「新生事物」，社會意義遠遠大於 18 位村民的直接受益。最為關鍵的是，他們的作為「發明者、實踐者、推動者、參與者」實現的「新突破」，將「私營經濟」這個當時極其沉重的政治關閘撬開了一道縫隙，讓競爭生存的陽光透入，讓追求利益的翅膀舒張；如同樹根鑽入堅固的城牆，頑強的生

長終將裂解沉重的擠壓，撐出一片充滿生機的天空。

宗親團結與合作，相互形成安全保障。私營經濟、鄉鎮企業在改革開放初期大量興起於中國大陸農村，而且很多是採取家庭、家族及親友率先合作的方式。造成家庭、家族及親友率先合作的一個重要的原因是，初始階段私營經濟的非「合法」性或者說由於沒有明確的法律保障，私營經濟以及鄉鎮企業往往摸着石頭過河，因此創業者之間的高度互信並形成相互的安全保障非常重要。

就發展的眼光來看，雖然勞動密集型的私營企業目前在利潤等方面的確已經無法與資金密集型企業和技術密集型企業相比，但是畢竟絕大多數資金密集型企業和技術密集型企業是在中國大陸社會普遍認同了私營經濟之後，才得以快速發展的，而最先吃「螃蟹」的並不是那些擁有大量資金和較高技術的後起之秀。從這個意義來講，農村改革為中國大陸私營經濟的萌生、發育和成長，提供了最初的土壤和養份，也承擔了最多的政經風險特別是政治風險；「沒有私營經濟在農村的緩慢發育並得到城市的呼應，中國的私營經濟是不可能得到如今的局面的」。[7] 前面提到小崗村 18 戶農民中有 13 位是嚴姓村民，其中的帶頭人是時任小崗村生產副隊長的嚴宏昌和時任小崗村生產隊長的嚴俊昌，另外關姓有 4 人，韓姓 1 人。很明顯，宗親之間的相對容易形成的高度信任，在此次冒着「坐牢殺頭」的巨大風險按下手印立下「生死文書」的決定中，應該是發揮了重要作用。

另外，私營經濟之所以率先在農村興起，除了政府因為當時的經濟「瀕臨崩潰的邊緣」而急於穩定佔中國大陸絕大部分人口的農村社會，以便儘快平息二元社會中長期處於劣勢的農民的情緒之外，與中國

---

7 《中國私營企業發展報告》(1978–1998)，張厚義、明立志主編，社會科學出版社 1999 年 1 月第 1 版。本書相關《中國私營企業發展報告》引文皆與此同版。

歷來對農村的管治力度相對於城市較為寬鬆、政策的偏轉度也一直較城市為大有關。一般來說，只要對當地經濟和民眾生活有益、有利於當地幹部穩定管治之需求的舉動，會一定程度上會受到當地幹部的默許與變相的保護。這也是為甚麼當年希望集團的創始人劉永行、劉永好等不能在城市順利開展他們的事業，而在農村得到了發展並最終走向城市、走向北京，並成為中國大陸私營企業的一個具有代表性的大型集團公司的重要原因。

一九八零年因形勢所迫，原本高度堅持的社會主義的公有制稍稍放鬆，中國大陸提出「在全國統籌規劃和指導下，實行勞動部門介紹就業，自願組織起來就業和自謀職業就業相結合的方針」。一九八一年國務院發出「廣擴就業門路，搞活經濟，解決城鎮就業問題的若干規定」。其後的幾年裏，中國大陸的鄉村城鎮出現了大批的私營企業、集體企業、合作企業，亦出現了大量的個體工商戶，這在後來發展成為中國大陸非國有經濟中非常重要的組成部分，具有極其廣泛的社會基礎。在這個「自願組織」的過程中，宗親之間的團結與合作，對相互形成安全保障的作用非常明顯。

從政治屬性上，2002 年十六大政治工作報告表示：「在社會變革中出現的民營企業科技企業的創業人員和技術人員、受聘於外資企業的管理技術人員、個體戶、私營企業主、仲介組織的從業人員、自由職業人員等社會階層，都是中國特色社會主義事業的建設者」。應該說，直到這個定性出現，非國有經濟的政治風險才算真正解除。而在此之前，從 1978 年到 2002 年大約 24 的時間裏，非國有經濟的政治定位都是帶有一定風險的；而宗族的血親關係能夠同守秘密、籌資創業、共擔政經風險，無疑受到了宗法宗族觀念這個文化基因的有力支撐。

宗親聯手有利籌集創業資金與分擔經濟風險。無論是單純的私營企業還是掛靠在公營單位身上的私營企業乃至承包企業，改革開放初

期都基本上屬於較少資本金的勞動密集型企業；即使是後來的私營科技企業，在初期也大多受到資本金的限制。而這就導致私營企業創辦者勢必從願意合作並且願意共同「冒險」的人群中尋找創業夥伴，這樣往往就導致宗親和姻親在私營企業中佔有重要地位。

創建私營企業即使是低端製造業，沒有錢是不行的。也就是說要想組建私營企業，第一步是自己必須提供原始資本。按照有關學者的總結，「私營企業開辦之初，初始資本的主要來源為：（1）企業主私有資本，包括企業主創辦企業之前的勞動、經營收入的積累、承繼家業、親友贈款三項；（2）親友借貸，包括私人借貸；（3）合夥集資，包括僱工入廠帶資；（4）銀行貸款和信用貸款，包括國有企業和集體企業借款。……根據多項調查數據的比較分析，私營企業創業資本中，企業內部資本大於外部資本；內部資本中，企業主自有資本佔主要部分，為企業初始資本的三分之一或者五分之三。」[8]無疑，當時企業主興辦私營企業，資金主要是自籌的，而不是通過銀行借貸等相對現代的資本運作方式獲得啟動資金。這種投資環境下的宗親聯手，無疑有利於創業資金的籌集與分擔風險。

而根據調查，「在一九七九至一九八八年間，原始資金平均為三十三點二萬元，一九八九至一九九一年間為三十一點四萬元，一九九二年之後為五十萬元，門檻顯著變高；或者說一九九二年以後再創辦私營企業已經不再是『小打小鬧』，開始時就要具備一定的規模。從行業來看說，採掘業、製造業的進入『門檻』有所降低，而養殖業、商業、餐飲業的原始資金快速增多；一九九二年後較多出現了房地產

---

8 《中國當代私營經濟》，毛三元著，武漢出版社，1998 年第 1 版第 1 次印刷。

業，所需資金是最多的」。[9]

　　雖然前面所說的一九七九年至一九八八年私營企業的市場門檻是33點2萬元，相對於現在的發達國家、發達地區的工資收入來說似乎不是一個很大的數目，但是如果我們對照當時中國大陸普通民眾的基本收入以及相關幣值，就可以理解這個門檻已經高到絕大多數人無法逾越。從基本收入看，當時全大陸已經是幾十年沒有全面上調工資，甚至有五十年代末轉業到地方的副連級幹部，因為原來的工資基數比較高，大約是月薪72元人民幣，到了地方時就屬於比較高的工資了，工作幾十年都沒有上升。而一般中專畢業的技術員，基本工資只有30多元。到一九八五年時，在北京這個中國的政治經濟文化中心，該年畢業的重點大學本科畢業生的月工資也只有58元左右；除去生活費等每月必須的開銷，每個月若能積攢20元人民幣，就屬於比較節省的了。以20元的每月積攢基數，何時才能達到33點2萬元的私營企業門檻呢？要1383年！

　　早期的私營企業主並非大量直接從原本屬於收入較高且穩定的國家幹部及國營企業員工中產生，關鍵就在於這一部分人雖然平均收入相比其他社會群體特別是普通農民高，但是能夠積攢的資金也非常有限。再加上當時國家幹部及國營企業員工對於個體戶、私營企業主在心理上的優越感，一九八八年以前還是較少從國家幹部及國營企業員工中產生私營企業主的。

　　可以說，因為政治保障的缺位、政策的不明朗，或者說是政治、法律上的限制，使得私營經濟包括鄉鎮企業通過正規融資管道獲得銀行貸款等企業啟動資金的機會很小，早期的私人企業幾乎是不可能通

9　《中國私營企業發展報告》，張厚義、明立志主編。

過銀行獲得大筆貸款的。直到 1984 年 1 月，中國人民銀行才給予城市個體工商戶，與集體工、商、運輸、服務業貸款利率相同的待遇。

由於很多人都缺少創業的資本金，這就需要通過籌集的方式來尋求開辦私營企業的啟動資金，家庭、宗族成員和關係密切的朋友就成為集資的主要對象。「宗族強度越強，成員間利益、聲譽關聯就越緊密，大家擁有相似的道德規範，不只是進行簡單的合作，而是表現出極強的忠誠和信任；不僅能夠分享重要資訊，還能最大程度地理解彼此的決策，相互體諒、寬容，甚至做出貢獻或犧牲。隨着宗族強度的增加，宗族內部的監督成本會降低，執行效率將提升，宗族內資源擁有者更願意也更容易提供資源給宗族內創業者。農村創業企業通常處於農業生產領域，企業盈利狀況受市場、自然條件、生產週期等的影響，存在較大不確定性，因而較難獲得外部擔保機構的支持。在資訊不對稱以及逆向選擇的制約下，凝聚力強的宗族網路能較好地彌補融資約束等創新不利條件。也就是說，強宗族成員間的穩定信任關係有助於他們擁有更多緘默性知識、一致的價值觀、相似的理解和認知，宗族成員也更能為族內創業企業提供所需的創新資源，從而促進企業創新水準的提高。」[10] 雖然當時多數的私營企業創辦者對於股份制較少有明確的追求和規範，但是通過投資比例來分紅的協議是比較容易形成的，在私營企業中也是普遍存在的。而在中國大陸當時對非國有經濟的很多「摸着石頭過河」的行為採取既不否認但是也沒有明確公開承認的態度，在那個特殊的歷史階段就很難有規範性的文件對「眾籌」的資金通過法律形式加以明確保護，就使得相互之間依靠「信任」來確認投入與分配；再加上投入和所得都需要一定程度的「保密」，因此宗親天然的信任感自然

---

10 《宗族網路與企業創新—農村創業者先前經驗的協同與平衡》，董靜、趙策、蘇小娜，上海財經大學商學院。

被當作一個非常重要的因素。

　　社會觀念歧視，「違規超前創業」最易獲得宗親理解與支持。 中國大陸經過長時間的公有制改造特別是經歷文革，在儒家重農輕商的傳統觀念基礎上，進一步將追逐私利塑造成為一種罪惡；「投機倒把」不僅曾經是中國大陸嚴厲禁止的行為，也造成社會對「牟利」行為的高度歧視。中國大陸的城鎮個體勞動者從新中國建立初期的九百萬人，到一九六六年的近二百萬人，再到一九七八年底僅僅剩下十五萬人。改革開放後私營經濟開始復蘇，但直至九十年代初，社會對他們的貶抑、歧視還是相當嚴重的，我們從當年社會冠之於他們頭上的「倒爺」、「練攤兒的」、「板爺」等等帶有鄙夷色彩的名稱，就可以發現他們處於當時社會的較低層次。

　　中共中央在八十年代初的一次全國勞動就業工作會議中強調，有關部門對個體經濟要積極予以支持，不得刁難、歧視；一切遵紀守法的個體勞動者，都應當受到社會的尊重。我們可以認為，非常重要的中共中央工作會議對尊重個體經濟的問題加以強調，可見當時社會輿論對個體經濟、私營企業的歧見已經嚴重影響了這個群體的生存與發展。一名北京倒賣麵包的「板爺」在 1987 年初曾經對筆者說：「你別看我掙錢比你多，但是我吃的苦、受的罪比你們大得多。你們夏天乘涼冬天取暖，我可是無論三伏天、大雪天、大風天，都要蹬三輪從海澱運麵包到大柵欄。我年齡比你還小一歲，你看我顯得多老？誰看得起我們這幫子板爺？」

　　應該說明的是，改革開放之初投身於當時社會普遍輕視的「小商小販」行列的早期私營工商業者，有不少屬於那種比較難以獲得正常的社會關愛，甚至是因為某種原因包括政治壓迫與歧視、刑事犯罪而被主流社會所排斥在外的人群。這個群體「超前」地從事一些違反當時政策法規的事情，往往都有一定的「原罪」，對這類社會群體最容易形成接

納、認同與保護力量的無疑是宗親。或者說，在政治風險巨大的情況下，只有宗親關係最敢於支持早期私營工商業者對當時的社會規範進行衝撞。

學者曹錦清表示：「鄉村地主之子代，或孫代，在集體化時期，政治上受到全面的壓制。在農村改革開放浪潮中，這些絕了『政治爬升』之望的『地主子孫』在工商領域率先致富者往往而有。其中致富者與他們的那個『階級出身』的人數比起來，有一個相當高的比例。……這或許是這一『階級』的子孫對改變自己曾十分低下的社會地位，有着更強烈的衝動。改革開放雖向一切人提供了人身自由與經濟機會，但他們更早，也更強烈地利用這一機會。」[11]

「彭玉生指出，在一個正式產權制度缺失的框架中，宗族組織作為中國農村地區一種獨特的社會網路類型，為農村地區非公有經濟的發展提供了有效的保護。宗族所具有的團結和信任機制保護了私營企業免受幹部的掠奪，從而提高了在血緣群體中的私營企業的生存能力和成功幾率。通過 366 個村莊的資料，他揭示出宗族對私營企業的發展有巨大的積極影響：有宗族的村莊存在更多的私營企業，在其他條件相同的情況下，沒有宗族的支持，在 90 年代早期私營企業的總體數量可能會減少一半。遵循同樣的邏輯，彭玉生認為，如果非正式組織與正式組織的規範發生衝突，非正式組織所具有的社會網路規範力會增加正式制度的執行成本，從而降低其有效性。在當代中國，宗族就是一種具有上述規範約束力的組織。使用國家計劃生育的示例，他證明：那些具有宗族組織的村莊中，村民能夠有效地反抗、規避或排斥計劃生育，其嬰兒出生率要高；而那些沒有宗族組織的村莊，其村民更可能完

11《黃河邊的中國》，曹錦清著。

全屈從於國家權威，其嬰兒出生率會明顯降低。」[12]

　　當然，隨着非國有經濟在中國大陸經濟體系中的地位日益重要、對 GDP 和初始工業化、第一次工業革命階段的貢獻日益增大，從執政黨到全社會，都對私營經濟的作用給予了肯定。一九九四年，中國大陸舉行了首屆全國十佳「民營企業」評選。其中，希望集團有限公司總裁劉永好、福建恆安集團有限公司總裁許連捷、山西安泰國際企業（集團）股份有限公司董事長兼總經理李安民、東方企業集團公司董事長張宏偉、四通集團公司總裁段永基、天津堯舜集團公司總經理禹作堯、廣東汕頭昂泰企業（集團）有限公司董事長兼總裁黃學敏、大連韓偉企業集團董事長韓偉、萬向集團公司董事局主席魯冠球等人當選首屆十佳。這種選舉並非僅僅是一個簡單的財富擁有者的排名，關鍵在於中國共產黨立足中國大陸的具體條件、社會現實，在經歷前三十年的探索之後，實現了「偉大覺醒」，根據「摸着石頭過河」的經驗逐步調整政策，通過社會榮譽對私營企業主也就是曾經定義的資本家，給予一定程度的政治認同。如 1986 年的中共十二大六次會議決議中明確「還要在公有制為主體的前提下發展多種經濟成分，在共同富裕的目標下鼓勵一部分人先富裕起來。」並在 1987 年的十三大報告中確認「我國正處在社會主義初級階段」。隨着政治枷鎖的逐步解除，中國大陸非國有經濟的發展堪稱如火如荼，中國大陸重夯基礎的初始工業化的規模迅速擴大。

　　這裏應該強調的是，限於當時的教育水準和政治環境，無論個體工商業者，還是私營企業、鄉鎮企業等涉及初始工業化的非國有經濟的創業者與管理者，其中真正對儒家的精義能夠深入暸解的，不可能佔很大比例。其實，即使是九十年代之後很多受過高等教育的專才進入企業，

12　轉引自《華南的村治與宗族 —— 一個功能主義的分析路徑》，孫秀林，原載《社會學研究》2011 年第 1 期。

無論私營還是公營，真正對儒家思想有深入瞭解的的企業領導者也是相當有限的。因為他們在接受教育並成長的過程中，儒家思想不僅不是一種必須修習遵行的倫理知識，反而是長期處於被批判、被排斥的位置。在當時的社會氛圍下，企業領導者從小受到的來自父母與長輩的訓導反而較多，其中很多為人處世的規範與原則都與宗法宗族觀念相關聯。

三　宗法宗族觀念襄助中國大陸初始工業化迅速完成

中國大陸的私營經濟從業者、鄉鎮企業在初始工業化發展階段能夠借助的力量不多，且在當時難以獲得與其財富相對應的社會地位。從總體看，宗法宗族觀念中固有的命運共同體意識、宗親團結互助，以及組織性、紀律性、服從性與肯定能力、鼓勵競爭等文化基因，對助推非國有經濟大規模介入「初始工業化」階段具有重要意義，對中國大陸重新夯築初始工業化基礎大有裨益。

宗法宗族的命運共同體意識有利迅速形成發展合力。越來越多的人認同這樣的觀點，就是所有成功實現了工業化的國家都是一步一個腳印地通過夯實初始工業化的基礎，進入第一次工業革命的發展階段；並通過夯實第一次工業革命的基礎，進入對創新需求大增的第二次工業革命及其後的所謂工業 3.0、4.0 發展階段，以二戰中太平洋戰場的「蛙跳戰術」忽略或直接跨越任何一個發展階段都是難以實現真正意義的工業現代化的。不少原本已經擁有較高工業化水準及技術儲備的國家，如前俄羅斯、烏克蘭以及一些東歐國家，還有在當時的發展條件處於中國大陸之上的某些拉美國家，其工業現代化的努力迄今為止應該說都未能真正成功。如同最初在一個農業國家進行無產階級革命，直接攻打大城市會因為缺乏足夠堅實的根基而導致失敗一樣，忽略或逾越任何一個發展階段也無法真正完成工業現代化的有效進程。

那麼，為什麼中國大陸在小崗村簽下「包產到戶」的「生死契約」、為私有經濟撬開一絲縫隙之後，能夠極其迅速地以大約十年的時間走完英國用了兩三百年的初始工業化階段？此中必有特殊的原因。

筆者認為，除了建國初期前蘇聯援建等已有的技術儲備發揮作用，和整體上處於崩潰邊緣的經濟體系需要恢復之外，能夠在當時充滿政治風險的條件下迅速形成合力，促進私營經濟、鄉鎮企業大規模加入重夯初始工業化基礎的營建，宗法宗族觀念中固有的命運共同體意識、宗親團結互助，以及組織性、紀律性、服從性與肯定能力、鼓勵競爭等文化基因，無疑是發揮了非常重要的作用。

只有當初始工業化的基礎夯實之後，才能踏入更高一級的第一次工業革命階段；而在此基礎上，之前已經擁有的部分重工業化技術儲備，包括與完整的國防工業體系相關的技術儲備就能順利接引，使中國大陸加速完成第一次工業革命進程，並迅即步入第二次工業革命的階段。

「聽話的員工（族眾）」對初始工業化非常重要。初始工業化階段，很多私營企業、鄉鎮企業都是充分利用當地廉價的人工成本和土地成本參與市場競爭。因此富有組織性、紀律性、服從性或者說「聽話的員工（族眾）」就成為這些企業參與競爭的「優質資源」。

新中國成立後，中國大陸農村基層組織的領導往往集黨、政、經濟乃至治安大權於一身，對當地的人與事具有十分強勢的直接管轄權，這在改革開放之前是非常普遍的，現在也並不鮮見。而農村基層組織的管理，早年因為整體教育水準的相對低下、法治觀念的相對薄弱，行政管理普遍帶有家長制的特徵，宗法宗族觀念的影響更加明顯。

早期投入重夯初始工業化基礎的私營經濟及鄉鎮企業，人力資源顯然主要來自當地農民或城鎮的基層民眾。中國最聽話的群體是農民，但是當生存問題威脅到生命的時候，最難以駕馭的也還是農民。因為

以往的農民大多數沒有機會接受系統教育，現代意義的法律、法規並沒有在其生活規範中佔據重要位置，往往只是按照傳統觀念如宗法宗族觀念的教化來「指導」自己的行為。當農民得以溫飽的時候，越軌的行為甚少；且因為在觀念上對自身較低的社會地位的默認，使他們很少主動從社會乃至法律的角度為自己爭取權益。但是當其生存受到嚴重威脅，或者說生命不能得到基本保證的時候，其自衛的本能就很容易克服社會地位導致的自卑，較之受教育群體更加容易突破法律的約束，而做出突破環境的舉動。

「聯產承包」類的農村經濟制度改革與城市無業人口可以「自願組織起來就業和自謀職業」，無疑刺激了中國大陸民眾對私有財產的普遍追求。在這種「自願組織」的過程中，宗親對初創企業來說，不僅具有共抗政經風險的重要價值，且因族眾平時受到宗法宗族觀念的教化，相對容易接受私營企業、鄉鎮企業的個性化包括威權化明顯的管理風格，往往成為企業吸納員工的優先選擇。因為宗法宗族觀念對族眾的「組織性、紀律性、服從性」有日常「耳濡目染」式的「培訓」，當這些「聽話的族眾」進入企業之後，也相對比較容易接受企業制度下的管理成為「聽話的員工」，能夠降低摩擦的幾率，充分發揮低勞工成本的優勢，這對於技術層次相對較低的初始工業化階段非常重要。

農民「率先吃螃蟹」對城鎮非國有經濟具有示範效應。以小崗村「生死契約」為發端的農村經濟體制改革，對中國大陸非國有經濟的發展具有重大的示範效應。沒有農民在農村經濟體制改革中「率先吃螃蟹」，至少城市對於個體勞動的廣泛認同不會那麼快速而有效。

因為農村實行包產到戶，在中國大陸率先確立了具有實際意義的多勞多得原則；而私營經濟從被默許到逐步的合法化，使得手工作坊、小型私營組合等率先在農村得以興盛。

私營企業、鄉鎮企業在逐漸得到社會的政治默認和道德肯定之後，

遂成燎原之勢。「到一九九六年，中國的鄉鎮企業已經有 2336 萬家，職工人數 13508 萬人；三資企業在一九九七年十一月底進行運作的達到 24 萬家，外企職工 2000 萬人，投資總額 824.18 億美元；私營企業 81.9 萬戶，職工 1171.2 萬人，註冊資金 3752.4 億元。」[13] 而到 2020 年，中國大陸的民營企業數量超過四千萬。據全國工商聯發佈《2020 中國民營企業 500 強調研分析報告》，2019 年，民營企業 500 強的營業收入總額 30.17 萬億元，資產總額 36.96 萬億元。共有 19 家民營企業 500 強入圍 2020 年《財富》雜誌世界 500 強榜單。[14]

可以說，受小崗村的一群以宗親為主的「農民勇士」為了生存而「率先吃螃蟹」的刺激，基層社會突破當時禁錮經濟發展的觀念枷鎖的勇氣，被極大地鼓舞起來，大量私營經濟、鄉鎮企業在那個時候乘勢而起；其中的佼佼者，不僅參與了中國大陸初始工業化的重新夯築，更伴隨工業化進程的持續發展，躋身「工業化爆炸階段」，成為中國大陸第二次工業革命進程中的重要成員。

來自農村的私營企業主比實際統計數量要大。改革開放的總設計師鄧小平曾言「現階段私營企業主中，百分之二十二點八是農民，百分之五十二來自國有、集體企業單位」。[15] 而計劃經濟時代形成的集體企業，廣泛分佈於中國大陸的農村與城鎮，且農村大量的集體企業較早實行承包制並最終絕大部分變成了私營企業；如果將來自農村的變相的集體企業之私營企業主劃撥到農民一類，則農民在私營企業主中所佔的比例就會大大增加。若再加上當年的「假集體」、「紅帽子」，也就是

13《中國私營企業發展報告》，張厚義、明立志主編。

14《2020 中國民營企業 500 強調研分析報告》，2020-09-10，來源：新華社。

15《鄧小平文選》第三卷，中央文獻出版社。

名義上是集體企業或者掛靠國營企業但實際上是私營企業的份額，農民擁有私營企業的數量和比例還將大幅上升。

而最早投身私營經濟的農民，其中的很多人在獲得一定的資本之後便通過各種方式進入了城鎮，在戶籍管理因應市場經濟發展的需求而相應有所鬆動之下，其中的很多人通過各種方式轉變為非農業人口；且礙於城鄉差別和觀念歧視，成功進城的企業主往往羞於承認自己的「農民身份」，因此由農民主導的私營企業在一定程度上，是多過具體統計的。「無論城鄉，來自農民的私營企業主比例都相當高（尤其在農村私營企業中要佔一半以上）」。[16]

由於中國大陸私營經濟、鄉鎮企業有很大比例起源於農村或者中小城鎮，而宗法宗族觀念最容易在這種生產要素比較固定、戶籍制度導致人口流動性不大的環境中傳承；且由於大量農民直接進入了私營經濟以及鄉鎮企業（其中很大部分後來成為民營企業），故宗法宗族觀念在這些企業中必然會具有相應的影響。或者說，來自農村的私營經濟和鄉鎮企業領導者在中國大陸非國有經濟中所佔的比重越大，宗法宗族觀念得以發揮作用的基礎就越大，產生的影響也就越大。而這個群體，對中國大陸重夯初始工業化基礎貢獻良多。

宗法宗族觀念對私企、鄉鎮企業人事結構影響巨大。當大量起自農村的私營企業、鄉鎮企業逐漸由個體經營者、手工作坊、小型加工廠等發展壯大起來，因為政治環境和資本限制的關係聚集在一起的宗親（包括血親與姻親），往往就順勢成為企業的中堅人物以及主要的擁有者。

學者毛三元認為，無論城市還是農村，中國傳統社會的家族觀念

16《中國當代私營經濟》，毛三元著，武漢出版社，1998 年第 1 版第 1 次印刷。81 頁。

仍在程度不等地起作用：「私營企業內部管理帶有濃厚的家族色彩。以血緣、地緣、人緣為基礎的共同利益是私營企業凝聚的紐帶和創業的動力，這在開辦之初十分重要，在企業發展中也不容忽視。」……「現實中，私營獨資企業常常以家庭獨資企業或家族獨資企業出現。家庭獨資企業的出資人是家庭全體人員。一般情況下，家庭獨資企業的產權擁有人以其全部家庭財產對企業的負債承擔責任。家族獨資企業的資本來自家族成員。一般情況下，家族獨資企業由家庭獨資企業擴散繁衍而成，其產權特徵比較複雜。有些家族型獨資企業也進行資本股份化，明晰家族成員之間的責權利，協調各方面的關係。家族型獨資企業股份化行為常常只是家族成員之間的一種私下契約，並不嚴格符合有關的法律規定，不是股份公司。」[17]

中國大陸的私營企業普遍採取家庭或者家族擁有的形式。《中國私營企業發展報告》所做的一項涉及近兩千家企業的調查，得出了很多頗有說服力的數據。比如從資產方面來看，51.8％的企業為企業主一人獨資所有；在全部被調查的企業中，企業主本人投資佔投資總額的82.7％；而在所有投資者中，又有16.8％是業主的親戚。這種產權結構，是構成家族或家庭企業的關鍵。

由於資本結構的原因，從決策權和管理權來看，有調查顯示97.2％的私營企業主，同時又是企業最主要的管理者。

根據調查，在997位已婚私營企業主之中，有187位的配偶在本企業工作，比例為18.8％。他們有22.5％參與企業管理，11.8％負責供銷，5.3％擔任技術工作。有327位私營企業主有已成年子女，其中共有121個子女在本企業工作，25.6％參與管理，37.9％負責供銷，

17《中國當代私營經濟》，毛三元著，武漢出版社，1998年第1版第1次印刷，155頁。

9.9％擔任技術工作。此外，企業管理人員中還有 23％是業主的其他親戚，技術人員中有 9.8％是業主的親屬。[18]

　　一個值得注意的現像是，中國傳統的宗法文化中具有「家國同構」或者說「家國不分」的特點，而且喜歡將人際關係納入血緣或者近似血緣的範疇，以強化向心力也就是「泛血親化」。這種泛血親化的宗法文化特質對中國社會影響甚廣，也必然對中國大陸的私營企業的開辦與管理產生很大的影響。因為在私營企業開辦的初期，一般風險較大，不太可能很快就有很好的效益，很難使參與者馬上得到很好的經濟回報；所以利用親情關係、近似的血緣關係實現的「泛血親化」或者說是準「家族化」，能夠強固初創企業的凝聚力，強化當前需要「共苦」（包括共同承擔政經風險）以便未來「同甘」的信心，化解、減輕勞資矛盾，增強入圍者對企業主的忠誠，這是特殊的歷史條件、特殊的發展階段的必須。比較典型的狀態是，私營企業主的親戚往往都佔據着該企業最為要害的部門，除了企業主本身具有無可質疑的決策權、管理權之外，財會、採購等部門多數由親戚主管，以便企業主能夠掌控全域。同時，企業主往往還會對原本並非家族成員但是得到高度信任的朋友、鄉親包括過去的同學、戰友、同事等，通過心理和形式的「強化」使他們逐步在心態上「移植」進入家族體系，通過增強親情或者說私誼來強化非家族成員對企業主的忠誠，並通過宗法宗族觀念進一步誘發甚至強制入圍者對企業主及其企業的奉獻。

　　就是說，在大量私營經濟、鄉鎮企業包括很多由從農村進入大中型城市的非國有經濟參與中國大陸工業化發展的過程中，宗法宗族觀念對這些企業的權力結構的影響是不可忽視的。

18《中國私營企業發展報告》，張厚義、明立志主編。156－157。

私營企業權力結構與管理類似宗族權力的延伸。有學者認為,「宗族與別的社會組織不同的,首先是血緣的要素即組成各個家庭的男性成員,有着一個共同的老祖宗的血緣因素,都是共同祖先『一本』衍化而來,相互之間是族人關係。其次還有地緣關係這也是不可缺少的。如果有宗親關係但分散各地,也很難形成宗族組織。在古代,個人流動很難,有血緣關係的族人常居住在一起,甚至一個村落生活的人,都是一個祖先的後裔,這種情況就是常說的『聚族而居』了。另外,說到某個家族,它又常同某個特定地區聯繫在一起,如太原王氏、隴西李氏、彭城劉氏等,就是說到這個家族的地望。有了血緣關係和地緣關係,只能說有了組織宗族的可能和前提;要形成一個團體,還需要有人出面做組織工作,將眾人聚攏起來,為此要有組織原則,要成立領導機構,有管理者,所以宗族形成要需要第三個因素,即有領導者和組織機構。」[19]

　　如果從這個角度來看私營企業與改革開放之初的鄉鎮企業,一定程度上說,由於當代中國大陸民眾長期的安居不遷、宗親在一地的大量繁衍、姻親的近距離扭結,再加上企業主作為當地「能人」與「成功者」的號召力,形成以企業財產權為依託的「類宗族」勢力,應該說是具有合理性的。例如,陝西省戶縣大王鄉表村農民陳長式,一九四六年生人,高小畢業,鄉親們稱他是個「除了不會生娃,啥都會」的能人。他從運輸開始,擴展到煉鋼,後來竟然發展到投資兩千三百多萬元(不包括貸款部分)建造發電廠和鋁廠。他的奇特之處,在精於計算。「該廠沒有會計,原料進廠、產品出廠、工資發放,都由他親自經手、現金交易。整體設計、安裝施工、檢查驗收,都由他親自動手、現場指揮。他不會抽煙,少吃葷腥,連兵馬俑都沒有去過(『看那泥人有啥

19《中國宗族》,馮爾康、閻愛民著。

用？』）」……「他說：『廠裏工作簡單得很，鄉黨最難對付！我臉大（有錢有面子的意思），村裏啥事都找我，做媒人，勸架，分家；誰家娃急病，我的車子給送醫院，還要帶上治病的費用。』」[20] 我們從陳長式的身上，就很容易看到私營企業主在企業管理上很容易呈現的個性特徵，如高度集中的決策掌控、垂直管理等等。而我們在這裏需要講的是，以陳長式在當地的影響力，和他本人傾向使用的管理方式，就很容易將自己形塑成為企業內部類似宗族領袖的「宗主」。

「家國同構」是宗法國家的典型特徵，而「達則兼濟天下，退則獨善其身」本身就意味着勢力範圍的擴大與縮小。從另一個角度說，將家庭、宗族的組成與管理方式擴大到自己私人擁有的企業之中，只不過是家庭權力的「合理延伸」，形成「家企同構」而已；這種現象如果從宗法宗族觀念的角度來思考，並無不妥。

這樣通過「家族化」的心理改造過程，能夠使企業的參與者逐漸產生依賴和被依賴的關係，使員工把感情注入原本僅僅是出賣勞動力的家族企業，從而強化了家族對企業的控制能力，也在相當程度上為宗法宗族觀念在私營企業內的存續與發展提供了現實基礎。

需要說明的是，雖然我們此處主要是講農民創辦和經營私營企業以及鄉鎮企業時容易受到宗法宗族觀念的影響，但是由於中國大陸的大量城鎮居民包括部分的大城市居民，真正離開農村的時間，從歷史的角度來看並不很長；例如北京在 1948 年大約 200 萬人，到 2021 年 6 月常住人口超過 2189 萬人，70 年增加了 10 倍。增加的人口中，很大比例來自農村，包括新中國成立以來特別是恢復高考之後大量進入北京的大專院校畢業生。而從文化積澱的角度看，這個群體也很難短期

20《中國私營企業發展報告》，張厚義、明立志主編。

內將觀念「脫胎換骨」，傳統的宗法宗族觀念的言傳身教對於下一代還是具有非常重要的影響。因此，儘管城市社區不像鄉村社會那樣容易在同一區域聚集大量的宗族人口，但是傳統文化對觀念的影響並不一定隨着居住地的遷移而馬上消失，他們的思維和行為會在一定程度上呈現觀念共同體的特徵。他們其中的很多人在創辦、經營私營企業的時候，心態與農民相比並非絕對會有質的區別。

就是說，宗法宗族觀念對中國大陸初始工業化階段的私營企業與鄉鎮企業發展，無論在聚衆創業、分擔風險、人事架構、管理特徵等方面都存在有力影響。而這種影響在相應的發展階段，有利於襄助中國大陸迅速走過初始工業化階段，並為進入第一次工業革命階段夯實基礎。

四　非國有經濟對「中國製造」與「中國創新」貢獻巨大

中國大陸的工業化成就主要是通過「中國製造」與「中國創新」表現出來的，而帶有更多宗法宗族文化基因的非國有經濟，在中國大陸工業化不斷晉級的過程中，已經有相當數量從幼苗成長為參天大樹，躋身「中國製造」與「中國創新」舞台並成為重要角色。

非國有經濟乃是「中國製造」的重要力量。中國大陸經濟持續地高速增長了四十多年，創造了大型經濟體持續高速增長的世界紀錄，而其中非國有經濟貢獻良多。特別是私營經濟，乃是中國大陸各種經濟成分中增長最快的，已經成為中國大陸經濟持續增長的重要動力。

「世界工廠」是本世紀初國際上給予中國大陸的一項桂冠。日本早稻田大學亞太所的一位教授於二零零一年十一月在東京舉行的中華經濟協作系統國際研討會的發言給筆者留下深刻印象，當時中國大陸經濟的持續高速發展已經超越日本曾經持續高速增長約二十二年所創造

的世界紀錄，接近四小龍當年持續高速增長約二十六年的世界紀錄。而且，該學者認為依照中國大陸經濟當時的發展態勢，完全有理由繼續高速增長十年以上，將是世界各大經濟體迄今為止持續高速增長時間最長的並將創造新的高速增長世界記錄。著名國際政治與國際法學者、紐約大學終身資深教授熊玠曾經對筆者說，日本當時之所以高調牽頭鼓吹「中國威脅論」，可能是因為日本親歷過一個「工業化爆炸階段」，所以對預感到中國大陸即將進入「工業化爆炸階段」感到不安。而當時雖然有學者認為中國大陸經濟出現了「世紀拐點」，但是中國兩岸四地的學界對這個「工業化爆炸階段」基本上還沒有明確的意識。

早在 2002 年前後，中國大陸的鋼鐵、水泥、化纖、棉花、布、鞋、水果、水稻、油料以及電視機、空調器等，產量都已經是世界第一。無論在北美還是歐洲，中國大陸製造的輕工業產品充斥着貨架，在讓西方國家的民眾享用着物美價廉的中國大陸產品的同時，也為中國大陸的經濟發展積攢了位居世界第二的外匯儲備。僅以發達國家日常生活已經無法分離的家電產業為例，中國大陸當時已是全球家電製造中心和重要的採購基地，僅二零零二年上半年，中國大陸各類家電產品累計出口達四十四點四一億美元。全球年產電冰箱七仟萬台，而中國大陸當時的電冰箱年產一仟四百萬台，佔全球百分之二十的份額；其中青島海爾的電冰箱產量，在二零零一年已經位居世界第一。中國大陸家用電器行業高速發展，當時已經形成了海爾、海信、春蘭、格力、格蘭仕等一批具有世界競爭力的知名品牌；而空調器、DVD 影碟機等家電產品，大量返銷原本以這類產品獨步世界的日本。在參與國際市場的激烈競爭中，私營企業扮演了重要的角色。素有「小產品大市場」的小家電產品在二零零二年持續高速增長，不僅在家電出口的增幅高達百分之五十以上，且增長幅度遠遠超過其他家電產品，其中「小產品」多數由私營企業生產。在激烈的市場競爭中脫穎而出的中國大陸家電

中小企業，在具備相當的出口能力和強烈的出口願望同時，也為中國大陸製造業直接參與國際競爭積累了經驗、自信及實力。

例如浙江慈溪作為中國大陸家電製造中心城市之一，2001 年時全市約一百二十萬人，有五萬家私營企業，平均二十人就有一個私營企業老闆。其中家電製造企業已經達到仟餘家，二零零一年實現產值一百四十億元，佔全市工業總量的百分之二十一，外貿出口超過十六億元。慈溪市當時尤其在小家電方面表現非常出色，如以「凱波」「卓力」「華裕」為代表的電熨斗企業，年生產電熨斗一仟八百萬台，產品大部分出口，佔歐洲市場的百分之七十；私營企業生產的打火機大量出口，出現在全球的各個角落，在全球打火機行業佔有重要份額；以「方太」為代表的抽油煙機企業，年生產能力達到一百八十萬台，佔中國大陸市場的百分之三十；以「卓力」「奇迪」為代表的飲水器企業，年生產能力一仟二百萬台，佔中國大陸市場的份額達到百分之七十五；以「惠康」為代表的空調製造企業，年生產能力已經超過二百萬台。生產上述家電產品的廠家，有很大部分屬於私營企業。

無可否認，中國大陸私營企業的迅猛發展是中國大陸 GDP 在改革開放的前二十年長期保持百分之七以上高速增長的重要動力源，這個動力源的重要構成應該說是初始工業化和第一次工業革命階段的製造業，相關製造業企業在積極參與中國大陸經濟快速發展的同時迅速強化了自己，積蓄與蘊含的能量日漸驚人。

就高端製造業而言，德國和日本的工業產品曾經如同「神一般的存在」，是中國大陸製造業長期追趕的目標，也往往是中國大陸製造業產品被批評或被貶低時的主要參照。如今在這個領域，「中國製造」也逐漸呈現良好勢頭。舉例而言，據德國《世界報》2021 年 7 月 7 日消息，德國機械設備製造業聯合會（VDMA）最新研究指出，2020 年，中國大陸首次超越德國，成為全球機械設備出口冠軍。……根據 VDMA 報

告資料，2020 年全球機械貿易總額約為 1.05 萬億歐元，由於疫情，這一總銷量比一年前減少了近 10%。其中，中國大陸的機械設備出口額約為 1650 億歐元，對應全球約 15.8% 的市場份額。德國的機械設備出口額約為 1620 億歐元，對應的市場份額為 15.5%。[21] 這種超越，對中國大陸的製造業來說是值得欣慰的；而這種超越，民營企業無疑也充當了重要角色。

非國有經濟在「中國創新」中佔據重要位置。私營企業、鄉鎮企業對中國大陸快速跨越初始工業化和第一次工業革命階段貢獻巨大，但是並沒有停留在勞動密集、低端產品的階段。隨着資本積累的豐厚、技術積累的加強、外部世界的開拓、市場競爭的磨練、戰略眼光的提升，中國大陸的非國有經濟在第二次工業革命階段澎湃洶湧的「創新」大潮中，堪稱成績亮麗。

據報導：「中國企業評價協會發佈了『2020 中國新經濟企業 500 強榜單』及分析報告。榜單顯示，新經濟企業 500 強以民營企業為主，上榜數量達到 426 家，國有企業為 74 家。榜單前 10 強中，民營企業佔據了 8 席，前 50 強佔據了 40 席，這說明民營企業已成為新經濟發展主力軍。……《2020 中國新經濟企業 500 強發展報告》顯示，在入榜企業中，先進製造業企業達到了 256 家，佔比最高，達到 51.2%，其中不乏華為、格力等涉及產品製造、工廠建設以及大型設備組裝的知名企業。[22]

前面曾經舉例，中國 A 股上市公司光威複材的創始人陳光威只是一位初中學歷的村支書，1987 年陳光威開始接手這個公司的前身時，主要是生產碳纖維釣魚桿，但是據信該公司提供了中國航太等軍用領

---

21 《觀察者網訊》，2021 年 7 月 8 日。

22 《民營企業成新經濟主力軍　重點行業和城市優勢明顯》，2020 年 12 月 02 日，中國經濟網。

域 70% 的高端碳纖維。而「氮化鎵就是通訊設備裏最難的高功率射頻放大器等晶片用到的基礎材料。無論一般晶片用的電子級單晶矽，還是電子級砷化鎵、氮化鎵等材料，其純度要求都是非常高的」，但是山東科恒的農民企業家石恒業董事長最初只是因為「美國科銳公司」告訴他氮化鎵非常重要，未來市場很大就決定投資了，且「當時真不知道氮化鎵是甚麼！」[23]

很明顯，無論是華為這樣的一步一個腳印縱橫世界的高科技民營企業，還是光威複材、山東科恒這樣的名氣不是很大但是擁有「獨門絕技」的民營企業，都是因為擁有富有創新精神的領導者，他們學習外國先進科技但是不迷信外國，敢於超越，才能給中國創新潑上濃墨重彩。我們從「2020 中國新經濟企業 500 強榜單」中的 500 強以民營企業為主，上榜數量達到 426 家；榜單前 10 強中，民營企業佔據 8 席，前 50 強佔據 40 席，就能看出民營企業在合適的環境中所具備的創新能力。這也從另一個角度說明，宗法宗族觀念中肯定能力、鼓勵競爭、追求開宗立派的文化特質，對「中國創新」具有非常重要的作用。

五　中國大陸工業化迅速晉級聚合了多種有利因素

本書雖然聚焦於分析宗法宗族觀念作為文化基因對中國工業化發展的影響，但是必須明確的是，中國工業化發展的巨大成就，絕非僅僅有了合適的文化基因就可以自然而然地實現。中國大陸的工業化發展之所以能夠以讓世界瞠目的速度前行，其實是聚合了多種有利因素。除了中國共產黨在 1978 年的十一屆三中全會決定將黨和國家的工作

23《一個村支書就把中國的碳纖維給解決了，不要跟我說晶片有多難》，汪濤，來源：純科學。

重心轉移到經濟建設上來，以「偉大覺醒」作出改革開放的偉大決策，並在 1987 年的中共十三大規定了黨在社會主義初級階段的基本路線之外，新中國前三十年的重工業建設、軍工企業建設與人才培養，絕對是功不可沒。可以說，沒有新中國前三十年的技術儲備與人才培養，中國大陸重夯初始工業化基礎和完成第一次工業革命進程，不可能如此平順與迅捷。

需要說明的是，本書的舉例以非國有經濟為主，是因為相對而言，非國有經濟特別是私營企業、鄉鎮企業更容易顯現宗法宗族觀念作為文化基因的影響。但是由於大規模的工業化是新中國建政之後才開始的，大量的國有企業成員來自農村，宗法宗族觀念這個文化基因，自然在國有企業中亦有表現。

前蘇聯援建新中國的「156 項工程」澤被廣泛。中國大陸的重工業化基礎與上個世紀五十年代前蘇聯援建新中國的「156 項工程」是分不開的。據統計：當時蘇聯援建項目涉及「軍事工業企業 44 個，其中航空工業 12 個、電子工業 10 個、兵器工業 16 個、航太工業 2 個、船舶工業 4 個；冶金工業企業 20 個，其中鋼鐵工業 7 個、有色金屬工業 13 個；化學工業企業 7 個；機械加工企業 24 個；能源工業企業 52 個，其中煤碳工業和電力工業 25 個、石油工業 2 個；輕工業和醫藥工業 3 個。」[24] 如果沒有這些項目，依靠新中國自己的摸索，無疑是需要花費更長的時間與更多的投入。

而當時「從蘇聯引進的成套設備項目中，重工業佔 97％，主要是基礎工業和國防工業項目。從投資構成看，能源工業佔 34.3％，冶金工業佔 22％，機械工業佔 15.7％，化學工業佔 7.9％，國防工業佔 12％左

24《一文詳解蘇聯援建奠定新中國工業基礎的「156 項工程」內情》，2021 年 09 月 01 日，歷史。

右。『一五』計劃實際完成中，能源工業佔 28.6％，冶金工業佔 22％，機械工業佔 18.5％，化學工業佔 7.8％，國防工業佔 14％。圍繞這個建設中心，還部署了限額以上的 694 個建設單位，……這些項目的建成投產，形成了中國第一批大型現代化企業，大大增強了中國重工業和國防工業的能力，填補了一批生產技術領域的空白，初步建立了中國工業化的基礎。」……「『156 項工程』在引進成套設備為主的同時，還輔之以單項設備引進、軟件技術引進、人才引進和管理模式引進。

蘇聯在向中國提供成套設備的同時，還提供了技術資料，並派遣專家到中國進行指導，把技術傳授給中國，幫助中國培養人才。」[25] 應該說，中國大陸如今能夠擁有 39 個工業大類、191 個中類、525 個小類，成為擁有聯合國產業分類中全部工業門類的國家，與前蘇聯的大規模援建是分不開的。

筆者 2006 年 3 月曾經在全國「兩會」期間專訪青島海信董事長周厚健。他當時表示，海信空調引進日本技術，不僅要求技術同步，且並非僅僅進行簡單模仿，而是對空調所有的功能原理包括零部件所用的各種材料都進行仔細的研究。據有關專家表示，東南亞國家引進空調生產綫製造的成品在效能上可能只有日本同款產品的 95％，但是中國大陸當時引進的同款產品在功效上基本可以達到 100％，甚至有所超越。而這類研究，與中國大陸擁有完整的國防工業體系和齊全的工業門類，有着很大關聯。

之所以要把前蘇聯的大規模援建項目列出，就是為了說明，中國大陸的工業化發展雖然在改革開放後迅速重新整固夯實初始工業化基礎並順勢迅速走過第一次工業革命階段，但是如果沒有前蘇聯援建的

---

25 《一文詳解蘇聯援建奠定新中國工業基礎的「156 項工程」內情》，2021 年 09 月 01 日，歷史。

項目以及蘇聯撤走專家之後中國科技工作者自力更生地潛心發展，並以「兩彈一星」、核潛艇等尖端項目為新中國積累了大量的科技儲備，不僅走過初始工業化和第一次工業革命階段不可能如此迅速，進入第二次工業革命階段後也不可能如此之快地實現創新領域的大面積突破。改革開放時已有的工業化基礎，不僅為中國大陸提供了重夯初始工業化基礎和迅速走過第一次工業革命階段所需的部分科技儲備，使這兩個發展階段原本應該面對的科技壓力大幅減輕，也為進入第二次工業革命階段提供了部分科技儲備。而在這些科技的學習、應用、研究與發展的過程中，為中國培養了大批科技人員，他們對中國大陸能夠迅速走過初始工業化和第一次工業革命的進程，以短短的二十年走過英美幾十年甚至數百年才走完的路，堪稱功不可沒。例如，當年很多人都對「軍轉民」企業非常熟悉，而這類企業往往擁有較為雄厚的科技基礎，他們的產品往往在技術層面佔有優勢。在他們從軍工企業轉為生產民用產品之後，往往可以輸出技術，令相關領域的整體科技水準迅速上升。

中國大陸或者也正是因為前蘇聯的大規模援建，所以沒有特別明晰的初始工業化與第一、第二次工業革命的階段劃分。中國大陸初始工業化和第一次工業革命之所以走得迅速，無疑借助了上述已有的工業基礎。當道路選擇的問題走上正確合理的方向之後，原有的一些基礎就被迅速整合為正向的合力，加速了初始工業化和第一次工業革命的進程。當然，關鍵是路線選擇、文化基因對已有的有利因素如科技儲備的整合能力，而不僅僅是科技儲備本身。

大量國企員工來自農村　亦受宗法宗族觀念影響。中國大陸私營企業主除了直接產生於鄉村的私營企業和鄉鎮企業之外，另一個重要來源是國營企業的幹部工人。

一九四九年中共建政之後，為了國家安全和中華民族追求已久的現代化，開啟了一波大規模工業化運動。而對一個工業化基礎非常薄弱

的農業大國來說，大規模工業化的其中一個必然過程和結果，就是將大量基本沒有受過甚麼教育的農民迅速轉化為產業工人。中國大陸七十年代以前的勞動密集型國營企業的工人，特別是那些工作條件比較艱苦、對知識和技術的要求相對較低的勞動密集型企業，例如各類礦山、林墾、建築業，絕大多數工人是從農民直接轉化為低知識結構的工人的。這個群體雖然短時間內實現了身份轉換，但他們與農村的聯繫卻是難以馬上切斷的，早已融入他們的思維與行為模式之中的宗法宗族觀念，不會因為身份的一夜轉變而立刻消失，而是自然而然地由他們身體力行地帶入國營企業。

就這一類從農民轉變為非農業人口的群體來說，即使是從大躍進的一九五八年算起，參與大規模工業化過程的工人甚至包括技術人員，只要不是通過調動或者考學另遷，絕大多數已經在當地繁衍了兩代人，其中不少人的工作年齡超過四十年，基本上都是三代同地。大量員工屬於相近的來源區域、穩定的工作關係、長期的同一單位，這三種情況都從客觀上為宗親、姻親在一地或者一個企業的規模擴大、勢力加強創造了條件，從而為宗法宗族觀念從農村到國營企業的轉移提供了自然的社會條件，也為宗法宗族觀念在一地或者一個企業的存續提供了基礎。

筆者的一位國企朋友曾經管理近萬人的企業，他的父親來自該大型國企附近的農村，母親則長期居住在附近農村。他帶領一批「不是兄弟勝似兄弟」的「泛血親化」追隨者從基層做到企業高層。他本身就堅信「一個人，一個企業」，其管理風格中帶有明顯的威權特徵。

中國大陸在改革開放後為了適應市場經濟的需求而進行國企改革時，1993 年至 2003 的 10 年間，曾經約有三千萬國企工人下崗。其中的部分人通過自謀職業成為私營企業的創始人，並參與到中國大陸的工業化進程之中。這個群體的思維與行為模式因為受到宗法宗族觀念

的慣性影響，也會在一定程度上帶入其管理的私營企業。

轉業軍人與宗法宗族觀念頗有關聯。中國大陸的地方行政部門、國營企業都有大量的轉業軍人，特別是在一些具有半軍事化管理特徵的大型礦山企業、林墾農墾企業，宗法宗族觀念特別是威權與服從在這類企業相對而言更加容易通行。這與新中國當時學習蘇聯採取計劃經濟體制，以及大量轉業軍人進入中國大陸的地方政府及國營企業有關。還有成建制的「軍轉民」，如八十年代的鐵道兵部隊幾十萬官兵集體轉業，成員間的關係直接從軍隊的上下級變成國營企業的上下級。

在新中國建政之後特別是抗美援朝之後，國家進入建設發展期。其後新中國經歷了 11 次大裁軍，軍隊員額從最高時的 627 萬減少到約 200 萬。其中 1950 年決定裁軍約 150 萬人，1952 年決定裁軍約 200 萬人，1987 年在時任中央軍委主席鄧小平的領導下再次進行了百萬大裁軍。大量軍隊幹部轉業到地方或企業參與管理與建設，大量士兵則轉業進入靠近原籍的單位如工礦企業，或者回到原籍務農。

軍隊的兵源傳統上與宗法宗族觀念比較強固的農村社會具有密切聯繫；可以說當時無論幹部還是士兵，絕大多數都是農民出身。以中國工農紅軍為例，當年江西興國縣總共二十多萬人，就有七萬人參加長征，其中很多人具有宗親關係。這些人中後來有上百位成為解放軍的將軍，他們絕大多數是農民出身。

由於中國共產黨採取農村包圍城市的戰略，成功地將馬克思、列寧倡導的無產階級革命，用中國農民這樣的「微產階級」革命來替代，並以「農村包圍城市」的獨創形式完成了富有中國特色的社會革命。正是由於新中國建政初期中共幹部中農民出身者比例很高，他們受傳統宗法宗族觀念的影響相對較深，將宗法宗族觀念帶入工作方式之中是很自然的事情，並不會因為自己變成了國家幹部就馬上完全割裂與原來生存的文化土壤的聯繫。

即使時至今日，每年也有大量的原本生長在農村的轉業軍人進入各級地方政府及國企。中國大陸為了鼓勵從軍，對從軍人員的就業長期都有一定的政策傾斜。雖然這種政策傾斜對城市居民的吸引不大，但是對於農村青年來說曾經具有相當的吸引力：因為參軍不僅可以開闊眼界，還有機會轉業到國營企業乃至政府機關，而且也有可能學到相關專業技術，至少在轉業時較之同齡的農村青年有了更多的選擇機會。而由於國家將地方政府及國營企業接收轉業軍人當作一項長期政策，日積月累，有鄉村生活經歷的轉業軍人在各級地方政府及很多國營企業都佔有不小的比例。而他們，也一般不會因為軍隊生活而大幅減弱宗法宗族觀念對他們的思維和行為的影響。因為無論哪一個國家的軍隊，都是必須講究組織性、紀律性、服從性，重視威權與等級的；做不到「軍令如山」，這支軍隊的戰鬥力可能就值得懷疑。

正是因為這些特殊的原因，使得中國大陸不少地方政府幹部及國營企業的領導者，早期很多是轉業軍人和地方武裝人員，本身就習慣於軍隊威權式的管理。他們受系統教育的比例不高，但特殊的打天下背景使他們以當年的功勞，維繫長時間的領導地位，且長期在同一個企業直到退休。這種狀況雖然在上個世紀九十年代因為恢復高考後接受高等教育的群體崛起，新中國成立之後大批進入地方政府與企業的轉業幹部陸續退休而得到比較快速的改變，但是原來的領導者經過幾十年在同一地區或同一企業的經營，很多人通過血親和姻親編織了十分強固的權力網絡，這在地處偏遠的鄉鎮一級政府，以及結構如同一個小社會的大型國營工礦企業中表現得更為明顯，宗法宗族觀念因而也在其中容易得到傳承。

鄉村考出的大量當代知識分子曾受宗法宗族觀念影響。這裏必須給非內地讀者解釋的是，中國大陸的知識分子雖然也大量任職於各類國營企業，但是他們在政治上直到 1978 年 3 月鄧小平指明「知識分子

是工人階級的一部分」之前，乃是一個被「孤立」的階層；而到 1988 年 9 月 5 日鄧小平會見捷克斯洛伐克總統古斯塔夫·胡薩克時說：「科學技術是第一生產力」，這才真正使知識分子的政治地位得到空前的提高。

這個階層從新中國建立初期一直到七十年代末，長期受到政治上的排擠與甚至歧視，只是當作「被團結」的對象。不要說在工人階級領導一切的年代，就是在承認「知識分子是工人階級的一部分」之後，還是比較容易受到人為的排斥與干擾，當時對「外行領導內行」的批評就是這種現象的反映。只是在 1992 年召開的十四大提出「建立社會主義市場經濟體制，形成公有制為主體、多種所有制經濟共同發展的所有制結構和按勞分配為主體、其它分配方式為補充的分配制度」之後，在市場經濟競爭的殘酷和創造力稀缺的事實面前，才使得知識分子真正成為中國大陸工業化發展的中堅。

中國大陸大規模培養知識分子是從 1977 年恢復高考開始的。宗法宗族觀念中高度推崇教育的文化基因被迅速激活，民眾參與高考的熱情空前高漲，大量學子從農村鄉鎮進入各類大專院校。建國「70 年來，教育為國家培養了 2.7 億接受過高等教育和職業教育的各類人才。數據顯示，2018 年，我國新增勞動力中接受過高等教育的比例達 48.2%，平均受教育年限 13.6 年。教育為國家現代化建設提供了源源不斷的人才和智力支撐。」……「2020 年，全國共有普通高等學校 2738 所……各種形式的高等教育在學總規模 4183 萬人，規模居世界第一。」[26]

前面說過，筆者的兩個學者朋友當年都是在田間勞作時，聽到生產隊大喇叭的廣播，才知道自己已經被大學錄取的。還有一位譽滿天下的學者，筆者曾經跟着他的親戚到他小時候生活的山居，得知他當年就

26《高等教育這百年》，中國教育網，2021-06-30。

是從那裏帶着簡單的行李，一路步行到幾十里之外的縣城火車站，去北京最頂級的大學讀書的。深圳一位被譽為「眼睛一眨就是一個壞主意」的精英是筆者摯友，當年兄弟姐妹九個人，連飯都吃不飽，如今亦是不僅學有專長，而且相識滿天下、不做蓬蒿人。大量學有所成的專才來自鄉村，特別是恢復高考初期考入大學的精英群體，如今乃是各行各業的中堅力量。其中很多人從小生活在鄉村，在當時的政治氛圍下修習儒學的機會微乎其微，但是家庭與親友帶有宗法宗族觀念意涵的教誨，則通過日常生活潛移默化於他們的觀念之中。這種文化基因在精英群體的傳承，無疑也會對中國大陸的工業化發展發揮相應的影響。

六　宗法宗族觀念對當前工業化階段有相對文化基因優勢

各國各民族在文化基因方面的優劣都是相對的，且在不同的工業化發展階段對製造與創新的影響也有所不同，可能具有階段性。無論日本在製造業方面對美國的趕超，還是中國在製造方面對日本的趕超及創新方面對美國的趕超，都是如此。

客觀地看，中國在目前的世界經濟發展格局中，也佔有「天時地利人和」：從天時看，發展並不平衡的世界目前處於一個既需要規模化、標準化的製造業，又需要滿足越來越多的個性化需求、對創新發展高度依賴的生產力發展階段，宋以後普及型宗法宗族觀念兼具「組織性、紀律性、團結性、服從性、忍耐性、威權性」，和「肯定能力、鼓勵競爭、推崇教育、支持開宗立派、突破既定格局」的文化基因，既可以在較大程度上滿足規模化、標準化製造業的要求，也能夠在相當程度上滿足後工業化社會越來越多的創新需求。

從地利看，中國大陸經過四十多年的高速發展，在亞洲的政經領導地位已經穩固。2022 年 1 月 1 日，區域全面經濟夥伴關係協定

（RCEP）生效實施，全球最大自由貿易區正式啟動。由中國大陸、日本、韓國、澳洲、新西蘭 5 國以及東盟 10 國等 15 個成員國組成的 RCEP，無論人口數量、經濟體量還是貿易總額，均佔全球總量的約 30%。中國大陸與這些國家特別是東亞三國及東盟，長期存在比較密切的經濟技術交往。且中國大陸輸出產品與技術的成本，相對於老牌工業化國家或地區明顯較低而容易被接納。就對外投資、技術輸出而言，中國大陸明顯具有一定的地利優勢。

而從人和看，宗法宗族觀念中包含的高度重視教育的文化基因，襄助中國培植、儲備了從低端到高端製造與創新發展的海量人力資源，民眾對未來發展富有信心；而國家積極規劃發展路徑，舉國體制的能量巨大；且在 2020 至 2022 年應對暴擊世界的新冠病毒危機方面，展示了當今世界無與倫比的組織與動員能力。中國共產黨作為執政黨，正如美國哈佛大學甘迺迪政府學院阿什民主治理與創新中心 2020 年 7 月發佈的《理解中共韌性：中國民意長期調查》，顯示 2016 年中國人民對中共政府的滿意度高達 93.1%，創出了 2003 年該調查進行以來的新高。這無疑表明，執政黨凝聚了空前的共識與支持，政治上高度穩固。而三千年前的周朝就已經存在的大規模的分工與協作，經由內化宗法宗族觀念積澱而成的文化基因與「工業社會的基本社會體制和社會治理體制」頗為契合。

筆者在 2002 年的論文中就表示：「中國人既有相當程度的忠誠、服從與集體主義精神，又能夠在很大程度上肯定個人主義、接受能力主義。」「可能是最適合目前世界生產力發展的歷史階段的文化特質」。[27] 如今二十年過去，中國大陸的工業化發展包括中國製造與中國創新都取

27《宗法宗族思想觀念與中國私營企業管理》，王平著，2002-09。

得了巨大的成就，而當今世界依舊處在「既需要規模化、標準化製造，也追求不斷創新」的發展階段，這個判斷依舊是合理的。當然，與二十年前相比，創新在中國大陸的工業化發展中佔據的地位，無疑是大大提高了。

回顧中國大陸的工業化進程，宗法宗族觀念中「組織性、紀律性、服從性、忍耐性、忠誠性、團結性、約束力、分工與協作、集體主義」等文化基因對初始工業化及第一次工業革命階段，在抵禦政治與經濟風險、發展標準化與規模化製造業方面貢獻巨大；而「肯定能力、鼓勵競爭、推崇教育、支持開宗立派、突破既定格局」作為文化基因，對滿足「工業化爆炸階段」或者說對「創新」具有龐大需求的第二次工業革命階段來說，無疑具有高度的適應性。伴隨改革開放進程包括初始工業化及第一次工業革命這兩個階段的快速跨越，宗法宗族觀念中重視教育的文化基因充分展示了其現代意義與重要價值，為中國大陸在進入「工業化爆炸階段」或者說第二次工業革命階段，儲備了巨量的專業人才或者說優質的人力資源；而宗法宗族通過推舉與遴選產生領導者、並賦予領導者較高權力的「民主集中式」的組織管理方式，作為文化基因為強化國家管治能力提供了合適的文化土壤。可以說，宗法宗族及其觀念作為中華文明的重要組成部分，也是天佑中華，使得這種三千年之前就已經存在的特質文化，能夠在中華民族偉大復興的過程中發揮重要作用。

小結

中國大陸改革開放初期受特殊的社會環境特別是政治的、意識形態的歷史條件限制，重夯初始工業化基礎的最初幾年其實是比英國當年走上原始工業化道路多了巨大的政治風險。而宗法宗族觀念重視宗

親這個「命運共同體」的相互關係，能夠提高信任度，有利於聚合力量共同承擔政經風險，為中國大陸的非國有經濟如私營企業、鄉鎮企業迅速發展、重新夯實初始工業化基礎，提供了非常有益的思維與行為支撐。宗法宗族觀念在適應「中國製造」方面所具備的組織性、紀律性、服從性、忍耐性、忠誠性、團結性、約束力、分工與協作、集體主義，以及適應「中國創新」方面所具備的肯定能力、鼓勵競爭、推崇教育、突破既定格局、支持開宗立派，以及能夠強化國家管治能力的基於遴選、推舉與威權相結合的「民主集中制」等文化基因，為中國大陸迅速走過第一次工業革命階段、順利進入第二次工業革命這個「工業化爆炸階段」，提供了非常有利的文化基因。因此可以說，宗法宗族觀念這個中國特有的文化基因，對中國的工業化發展包括中國製造與中國創新的興盛，功不可沒。當然，中國大陸的工業化進程是由多種有利因素匯聚而產生的「極化效應」，宗法宗族觀念祇是產生這種「極化效應」的重要文化基因。

第八章

宗法宗族觀念緣何傳承影響至今

引言

中國走向共和已經超過一百年，新中國建立也已經超過七十年，為甚麼宗法宗族觀念還能影響現在的中國人群體？應該說，文化傳統是經過長期積澱而成，往往由一個龐大的社會群體所選擇、集納、傳承；這種文化積澱不僅有着高度的穩定性和群體認受性，還能夠在存續的過程中對當時社會進行適應性調整與發展。宗法宗族存續超過三千年，其觀念歷經三千多年的積澱、集萃與傳承，已經成為流淌在民眾血液之中的文化基因，具有頑強的生命力。對中國這種高度重視血緣親緣，且宗法宗族曾經長期作為基層社會重要運行機制的國度，宗法宗族觀念至今尚有不可忽視的影響。

一　宗法宗族及其觀念乃是中國社會的現實存在

「封建殘餘」是對帝制時期落後習俗的統稱，這個明顯的貶義稱謂，也代表着明顯的貶抑傾向。三千年前就以典型的宗法國家形態出現的周朝，將宗法宗族及其觀念推向了高峰。那麼，在中國最後一個皇帝退位已經超過百年的今天，宗法宗族及其觀念還存在於現實之中嗎？

宗族勢力在中國至今依舊是現實存在。我們可以先看一則發表於 2021 年的文章：「近期，全國多地正在進行村（社區）『兩委』換屆。為防範和整治『村霸』等黑惡勢力、宗族勢力滲透基層政權，爭當村（社區）幹部或扶植代理人，干擾影響換屆選舉，各地紀委監委認真貫徹落實《關於嚴肅換屆紀律加強換屆風氣監督的通知》要求，強化監督嚴抓選風選紀，確保村（社區）組織換屆平穩有序。

　　……

　　福建省霞浦縣紀委監委加強與政法、公安等機關的配合，對干擾、操縱、破壞村級組織換屆選舉的『村霸』、宗族勢力問題線索進行摸排研判，堅持『打傘破網』，為村級組織換屆營造良好環境。……針對在村（社區）『兩委』換屆選舉中宗族問題，江蘇省泰州市姜堰區紀委監委前移監督關口，組建督導組深入一線摸排，對換屆候選人和宗族重點人員逐一談心談話，排查風險隱患，並對問題突出的村（社區），反復宣講換屆紀律，將相關矛盾化解到位。該區還聯合公安機關，建立雙向移送機制，對借助宗族勢力在換屆選舉等工作中涉嫌通過故意虛構、捏造、誹謗等手段誣告陷害他人的，從嚴查處。目前，該區已對失實檢舉控告澄清 11 起 12 人，查處誣告陷害黨員幹部案件 2 起。」[1]

　　從報導可見，地處中國東南的福建省霞浦縣和屬於中原的江蘇省泰州市，在 2021 年的基層換屆選舉中，不約而同地提出需要嚴防「宗族勢力干擾換屆選舉」，這說明中國基層社會特別是農村鄉鎮乃至城鎮化之後形成的一些社區，都有宗族勢力發揮作用；因此，宗法宗族觀念依舊存在於中國民眾之中，也就毋庸置疑，只不過中國各地的表現程度有所不同。相對而言，越是生活於交通不便的山區、人員流動較小、

---

1 《嚴防黑惡勢力宗族勢力干擾換屆選舉　監督保障選好村社領頭人》，中國共產黨新聞網，2021 年 02 月 19 日，來源，中國紀檢監察報。

生存條件較差的地方，民眾的宗法宗族觀念則相對較強；因為所對抗的生存環境越惡劣，個體對宗族這種組織的依賴性或需求度就越高。

宗法宗族及其觀念在改革開放後有所復熾。新中國建政之後，通過土地改革、設立基層組織等措施大幅改變了傳統鄉村的權力結構，但是「農民的種種抵觸行為也從客觀上宣告，不論政府宣傳的社會事實多麼具有正當性、道義性和符合農民長遠的發展需求（事實上，有的政策恰以犧牲農民的利益為前提），農民及其村落自有其生存的理念和邏輯。國家雖然全面嵌入鄉村，但並沒有必然地侵蝕和終結革命前的社會關係和行為習慣。相反，由於限制農民流動，國家對市場的控制，村落更呈現出自給自足的景象，農民在應付各種生活事件時，所依賴的資源仍然是血親、姻親以及鄰里。」[2]

實際上，宗法宗族作為影響中國超過三千年的社會運行機制，雖然在新中國建政特別是文革之後被視為「封建殘餘」，但是並未從根本上消除其存續的土壤。在中國大陸自 1978 年實行改革開放並重夯初始工業化基礎，和步入第一次工業革命階段之時，由於一部分人獲得了更強的經濟實力，但是在社會地位特別是政治定位方面難以滿足其榮耀的客觀現實下，為了提升自己的影響力，比較傾向於通過「光宗耀祖」這種中國人普遍認同的方式，以宗族血親、姻親作為延伸影響力的脈絡或途徑，進而獲取更大範圍、更高層次的認同，甚至通過這種脈絡或途徑獲取單純依靠經濟實力無法獲得的社會地位、政治權力如基層選舉。而普通族眾，在接受宗族勢力統領的過程中如果獲利大於受損，自然也不會因為其被標註為「封建意識」而加以激烈的反抗。

當時相對富裕的海外華僑華人群體，對宗法宗族及其觀念在中國

---

2 《中國村落的歷史變遷及其當下命運》，李飛、杜雲素，《中國農業大學學報（社會科學版）》，2016-09。

大陸的復熾也有影響：「傳統的宗族文化，宗族意識和宗族情感中蘊含着中國農民對『本體性』的需求，即對人類的認同感和歸屬感，形成心理上的滿足，這種宗族心理使得族人即使遠離家鄉，也與宗族鄉情心心相印。改革開放以來的尋根熱，一方面慰藉了自己遠走他鄉的漂落感，重溫了血緣親情，另一方面也可以了卻感情負債；另外各地為了經濟建設的需要，對這種宗族鄉情起推波助瀾的作用」。[3] 而海外包括台港澳至今尚存的大量宗親會，則展示與傳承着「命運共同體」的團結互助精神，為宗法宗族及其觀念的存續提供實體參照。

二　清王朝強化宗法宗族管治功能助其觀念影響延續至今

宋代宗法宗族理論與制度、思想觀念與運作模式發生重大變革之後，宗法宗族到清朝又被賦予了較之元明顯著增強的基層社會管治權力。同為遊牧民族入主中原，蒙元對佔據絕對多數的漢族採取歧視政策，而滿清則吸取蒙元的教訓，主動與漢族社會精英聯手。在滿清皇權的支持下，宗法宗族的管治權力得到了明顯的強化，成為帶有部分國家政權性質的組織。這種得到皇權支持的基層社會管治權力的強化，對中國將宗法制度和宗法宗族形態完整地保留到上個世紀中葉，包括其觀念影響延續至今，具有非常重要的作用。

滿清皇權利用宗法宗族「少數管理多數」。為了統治以文明程度較高的漢民族為主體的龐大人口及廣大區域，滿清皇權以國家政權與地方宗法宗族勢力相結合，相對容易地達致了管治基層社會民眾的實效。康雍乾三朝能夠迅速將清朝推向鼎盛，這種「嫁接」的管治方式無疑是

3　《中國農村宗族勢力為甚麼能夠復活》，余紅，《南昌大學學報》，1996。

非常有效的。

清朝「鼓勵民間進行宗族建設，即承認她的合法性。雍正帝的《聖諭廣訓》就『篤宗族以昭雍睦』作出解說：『立家廟以薦蒸嘗，設家塾以課子弟，置義田以贍貧乏，修族譜以聯疏遠。』號召民間建祠堂、設族學、置義田、修家譜，這四項實物建設構成宗族的實體，有了它們和祖墳，就標誌血緣宗親組成了宗族團體，不再是生物性的血緣家族，而是社會組織的祠堂。雍正帝提倡的這四項建設恰是民間宗族所追求和實踐的目標，民間宗族與朝廷如此合拍，形成互動關係。」[4]

這種相對間接的管治方式與滿清皇權是由一個外來的少數民族滿族擁有有關。滿清鐵騎雖然依靠武力征服了中原，但是滿族的總人口是有限的，其中能夠「下馬治國」的人才的更是稀少。人口不多且優勢在於馬上征戰的滿族，在管理一個擁有龐大人口的漢族以及其他少數民族時，如果大量派出滿人到各地進行管理，不僅缺乏具備管治能力的官員，且分散力量也難以應付可能的反抗。但是如果採取懷柔政策，通過賦予宗法宗族一定的國家權力，提升宗法宗族的社會地位，則很容易獲得宗法宗族領導層的支持與配合。可以說，滿清皇權利用宗法宗族，迅速而有效地實現了「少數管理多數」的目標。

清朝大幅強化宗法宗族對基層社會的法定治理功能。如何有效地管治數量遠遠多於滿族的被征服人口，是滿清皇權必須認真考慮的問題。據雍正四年的《大清律例—刑律—盜賊》：「地方有堡子村莊，聚族有百人以上，保甲不能遍差，選族中有望者立為族正，若有匪類，令其舉報。倘循情容忍，照保甲一體治罪」。雍正五年的《大清會典事例》：「嗣後凡遇凶惡不法之人，經官懲治，怙惡不悛，為合族之所共惡者，

---

4 《清代宗族的社會屬性～～反思 20 世紀的宗族批判論》，馮爾康，《安徽史學》2012 年第 2 期。

准族人鳴之於官，或將伊流徒遠方，以除宗族之害；或以家法處治，至於身死，免其抵罪。」[5]

這樣，宗法宗族這種有着超過三千年歷史的以血緣為紐帶的社會組織，在清代再度被皇權賦予了部分政治乃至司法的類國家政權的權力，使中國宋以後普及型宗法宗族理論與制度、思想觀念與運作模式獲得了一個非常重要的擴展機遇。而「宗族組織作為古代鄉村社會的控制主體，從其形成之初就始終將自身的合法性作為一個重要的問題來解決。其合法性源於國家政權的認可。宗族組織控制主體一旦喪失了合法性基礎，即與國家政權相分離，就會面臨合法性危機，遭到國家政權的沉重打擊。在中國傳統社會，社會的基本經濟要素是個體小農經濟，利用族權將分散的個體農民組織起來進行控制，比起單純依靠地方政權的控制力量更為奏效。與個體家庭相比，宗族組織在促進傳統農業經濟的發展，適應複雜多變的社會政治環境方面，具有更多的優勢。利用族權進行統治成為中國封建政治的一個重要特點。」[6]

關注古代政治的學者早就注意到宗法宗族對於社會穩定的影響與作用，儘管對實行唐以前古典型還是宋以後普及型宗法宗族理論與制度、思想觀念與運作模式有不同觀點，對宗法宗族的社會功用也有不同的評價，但是在肯定宗法宗族對穩定社會基層統治的功用方面，則是比較一致的。

很明顯，以少數民族身份和相對落後的文明入主中原的滿清皇權，聰明地借助宗法宗族這個有着超過三千年歷史的社會運行機制，甚至給各地宗族賦予了某種國家基層政權的功能 —— 這樣一方面通過給予

5　《中國宗法宗族制和族田義莊》，李文治、江太新著。

6　《我國歷史上宗族組織的政權化傾向》，葉娟麗，學術論壇

宗族精英更多的權利從而大幅消解了反抗的意願，另一方面也通過宗族網絡將皇權的管治力度延伸到末梢。滿清皇權通過對宗族勢力的吸納，在維護社會穩定、降低反清情緒方面，迅速而有效地強化了對關內基層民眾的教化與管治。

或者說這是一個雙贏的局面：滿清皇權與宗法宗族力量進行了更深層度的融合，能夠更加有力地引導宗法宗族向有利於滿清皇權管治社會的方向轉變；而宗法宗族本身，對於皇權的強力支持是難以拒絕的；甚至對宗法宗族制度的維護者或者對宗族內部的既得利益者來說，正是求之不得的。

滿清皇權的大力支持使宗法宗族觀念得到強化與延期存續。在滿清皇權的支持下，宗法宗族的管治權力或者說在基層社會的政治權力得到彰顯。湖南的《練族》規定：「凡有盜匪破案之後，大會族房及犯者之父兄，縛犯入祠，數其罪而沉之河」[7]在這裏，宗法宗族實際上行使的是原本屬於國家的司法權力。而直到近代中國的一些鄉村，族長或家族長者依舊是國家政權之外可以公斷是非的一種類國家權力的掌控者。在新中國建立之前，中國一些地方農村的族長甚至還有權力決定族人的生死。「族長對族人有獎懲之權，並可受理族中民事訴訟，而且是一道必經的程式和必辦的手續。」「不等族長判決，族人就不可上告官府，這是極為霸道的權威。」「對封建皇朝來說，族長成了未獲委任狀的皇家基層官吏」。[8]

應該說，宗法宗族在維持皇權統治的需求下，於滿清時代又被推到了一個新的高峰。沒有滿清皇權的大力扶持，在私有經濟衝擊下實

---

7 《中國宗法宗族制和族田義莊》，李文治、江太新著。

8 《中國宗族》，馮爾康、閻愛民著。

行宋以後普及型宗法宗族理論與制度、思想觀念與運作模式的宗族，也是難有那麼完整而嚴密的組織、強力而有效的約束的。

當然，清王朝的退位使得宗法宗族的管治權基本失去了制度的合法性，其後續影響主要是依靠長期存在並已經浸入民族血液成為文化基因的宗法宗族觀念維繫。而在當代，清代宗法宗族所擁有的政治與法律權力亦不為新中國的政治制度所允許，宗法宗族不再以一種帶有基層政權性質的社會組織的面目出現，基本上轉入「地下」以家教的方式傳承觀念並對中國民眾的思維和行為模式產生影響。而由於宗族的作用在中世紀的西方就已煙消雲散了，當代研究中國的經濟發展、工業化進程以及管理特質的西方學者，對宗法宗族的實體已經難以接觸、難以體驗，因此對宗法宗族觀念發揮的影響，也就難以理解、難以分析。

三　新中國戶籍制度意外強化了宗法宗族及其觀念的存續

一九四九年中華人民共和國成立之後，最初對人口的流動管理是較為寬鬆的。但是寬鬆的人口流動狀況對於一個剛剛建政即面對強敵壓境不得不進行抗美援朝戰爭、國民黨勢力尚盤踞一隅且意圖反攻、西方勢力不斷鼓動並實質支持某些反對力量的新政權來說，無疑給社會的有效管治造成了較大的難度。而且，在中國共產黨自身發展的過程中，採取的是農村包圍城市的戰略，本身也有很多宗族力量的參與，這樣宗法宗族觀念就不能不對後來的社會管治方式產生影響。更何況，中國歷史悠久的戶籍制度，已經經過實踐反復證明對穩定社會是極為有效的手段，因此對民眾採取嚴格的戶籍控制就很自然地被新政權援引為穩定社會的工具；這既與中國傳統的社會管治方式相合，也適應安全為上的戰時體制。而在抗日戰爭、國共內戰與抗美援朝等大規模戰爭結束之後，中國大陸進行經濟的恢復性建設，在當時的條件下，也

需要穩定的人力資源管控。

　　戶口登記條例使大量民眾長期生活在固定地域。宗法宗族是以具體的血緣個體或核心家庭為基礎的，如果沒有一定規模的宗親和姻親存在，並在一個相近距離的地域形成一定的人口數量，且在一定的時期保持穩定的關係，就難以將宗法宗族的聚合力量顯示出來，宗法宗族觀念也就容易失去傳承及發揮影響的基本條件。而宗法宗族觀念之所以能夠在新中國成立之後在廣袤的中國大陸繼續存在並至今發揮一定的影響，是與新中國的戶籍制度、人口政策密不可分的。

　　新中國建政初期在土地重新分配的基礎上，推動了互助組等形態的組織，後來又在 1958 年開始組織人民公社。與人民公社的成立時間一樣，一九五八年全國人大常委會頒佈了《中國人民共和國戶口登記條例》，其後中國大陸的城鄉人口就不能自由流動和遷徙。這個從屬於法律的戶籍「條例」，將中國大陸絕大多數人口長期固定在一個有限的區域。城鄉二元結構使佔當時人口絕大多數的農民緊緊依附土地，這就為宗法宗族及其觀念的生存與延續，創造了非常有利的條件。這使高度重視血緣關係的宗法宗族及其觀念獲得了適合的生存土壤，宗法宗族觀念之所以能夠在中國大陸比較長期地存留並發揮影響至今，可以說與這個「戶口登記條例」有着非常直接的關聯。

　　「宗法國家穩定存在的三大要素」暗合戶口登記條例。根據學者劉廣明的總結，宗法國家穩定存在主要依賴三大要素：一，政治上的統一；二，土地的國有化；三，勞動人口的安居不遷。[9] 從一九五八年一直到改革開放之初，中國大陸的狀況是基本合乎這三大要素的。從管治的角度來說，特別是對於一個經過幾十年頻繁戰亂、經濟發展處於

---

9 《宗法中國》，劉廣明著，三聯書店。

危險狀態下的農業國家來說，實行這種人口管治以保障社會穩定及加快恢復生產，在當時當然有其合理性；但是客觀而言，這也給中國大陸的宗法宗族及其觀念的生存與延續提供了肥沃的土壤。而嚴格的戶籍管治就宗法宗族觀念存續的條件來說，甚至相較於一九四九年之前還產生了一定程度的強化。在某些地方，宗法宗族的聚合力量甚至可以通過黨組織以及基層行政架構的形式隱約而頑強地表現出來，宗法宗族觀念的存續與影響也就是毋庸置疑的了。

我們可以看出，其實前面劉廣明先生所總結的宗法國家穩定存在所主要依賴的三大要素之間，具有相輔相成的關係，對於宗法宗族觀念的傳承與擴延也具有同樣的效果。因為只有政治上高度統一，在制度、政策方面才會趨向一致，不會因為不同的利益群體對不同利益的追求而出現對政治基礎的嚴重衝擊，這樣也就使得宗法宗族及其觀念不必經常面對社會變動的衝擊。

而土地的國有化，表明個人不能真正擁有土地，只有有限的使用權；更重要的是，在相應的戶籍制度下、特別是當人口眾多而土地稀少的時候，即使有些農民決意衝擊戶籍制度前往他鄉，除非事先有所安排或者在他鄉具有一定的特殊關係，否則即使人到了他鄉，也無法在當地獲得賴以生存的土地。中國長期以來一直是個農業國家，農民佔據人口的比重很大，可耕地長期屬於稀有資源；而以可耕地為基本生活資料的農民，想要大規模、大區域地通過在另外的地方獲得土地來實現流動，還是非常困難的，除非是在政府的支持下前往非常偏僻、人煙稀少的荒漠地區開墾土地。即使是今天，對超大型城市如「北上廣深」來說，非戶籍擁有者在這類城市的生活還是會受到多種社會服務資源的限制。

勞動人口的安居不遷，實際上是與前面的兩個條件緊密相聯的，甚至是以前兩個條件作為前提的。對於農業國家的主體 —— 農民來

說，在土地不能買賣、使用權也不能隨便向外鄉人出讓的高度統一的社會現實和具體政策之下，行為個體即使是在一個地方絕非「安居」而且是十分想「遷」，也會因為無法在其他地方獲得維持生存所必須的基本生產資料 —— 土地，而無奈地打消遷移的念頭。

顯然，新中國成立之後一直到今天，宗法國家穩定存在的三大要素中，前兩項「政治上的統一」與「土地的國有化」是穩定存在的，第三項也只是在一定的範圍內有所變動。直到 2021 年也只有河南和山東對中心城市之外的縣市全面取消落戶限制。

四　宗親關係遍佈中國鄉村城鎮

中國長期是一個農業國家，經歷了一個比世界其他國家都要長久很多的皇權統治時期。在農耕社會的條件下，以家庭、宗族為單位的社會結構特徵，在中國農村社會表現得更加明顯。新中國建政初期為了管治的便利與恢復經濟的需要而實行的戶口登記條例現今仍然沒有完全取消，加上土地完全國有、政治高度統一，就為宗族在一地的穩定繁衍與擴展創造了一定的條件。

宗親網絡在中國鄉村普遍存在。改革開放初期的中國大陸農村雖然在實行家庭承包責任制之後，將很多三代同堂的較大家庭轉變為以核心家庭為基本構成，但是這種分解乃是近距離分解，家族、宗族的基本結構並未因此完全改變。從整體社會狀況來看，由於農村人口流動長期受到極其嚴格的限制，血親和姻親的地理距離往往都比較近；對普通農民來說，甚至一百公里之外的親戚已經屬於地理距離比較遠的了，這就導致大量鄉村人口之血親和姻親的近距離繁衍、交織並形成宗親網絡。

在當今中國，無論北方還是南方，很多村落都是用姓氏命名的，

比如北方農村經常可以聽到高家莊、李家河、趙莊等地名；有不少大型村莊有幾百人、上千人同姓，在他們之間上溯出相當密切的血緣關係是很普遍的事情。中國大陸以王家、李家、劉家、張家命名的村莊都各超過千個。「一脈相傳的血緣關係是農村社會關係中的重要聯繫紐帶。在鄉村社會其他認同條件發育不足的情況下，血緣關係是獲得認同的最重要的、也是成本最低的資源。宗族、房頭在鄉村自然而然形成一種勢力。一定程度上而言，民主愈充分，這種勢力的力量愈加顯現。在發展農村社會民主的過程中，如果缺乏有效的管理與協調，操作不當，極易被扭曲，一些村霸地痞等鄉村惡勢力便會乘虛而入。」[10]

物質現代化不可能馬上消除傳統文化影響。或者是因為後發經濟和好大喜功、鍾情攀比的原因，在中國大陸沿海發達地區和中心城市，目前在「物質現代化」的層面，有不少方面已經超越了發達國家的硬體標準。但是值得重視的是，民眾的思想觀念雖然會受到「物質現代化」的重大影響，但是這種影響的內化特別是「基因化」無疑也需要一定的時間，也不可能很快在整體上完全改換中國民眾的傳統文化心態。

有學者經過對地處中原心臟的河南縣鎮村莊的實地調查，認為「誠然，相當一部分先進的物質器具與技術已成為文明經濟物質生活的有機組成部分，我們的政治法律等制度設施也是很現代化的，在其上漂浮着的舶來觀念，不僅有『現代』的還有『後現代』的呢！然而，請你放下手頭的最新譯著，走出繁華都市的書齋，到廣大的中西部鄉村去看一看，聽一聽，你就能發現一個被滿腦袋的舶來觀念所淹沒了的『古老陳舊的生產方式及其過時的社會關係和政治關係』，不是『苟延殘喘』，而

10《「草根民主」改變中國》，向鋒、鄭曙東，《中國評論》月刊 2002 年 7 月號。

是『深厚廣大，源遠流長』」。[11]「就中國的農業、農村、農民社會及與地方政府關係而言，歷史的繼承性遠遠超出他們的表面變化。這是每個急於現代化的人們必須加以正視的基本現實。正是在這塊構成我們當代社會基礎的鄉村社會內，我們看到古老的生產方式及其同樣古老的社會關係與政治關係，他們經歷了近半個世紀的上層意識形態與政治制度的激烈變化而依然保持它的巨大的歷史慣性。變化是有的，但是很少觸及本質。」[12]

中國社會歷來重視宗親關係。傳統的中國社會相對而言對個人與個人之間的非親屬關係不是非常重視，但是比較重視相互之間的宗親關係，這也是中國歷代都容易出現宗族政治勢力的重要原因：宗族成員將宗法宗族觀念帶入政權序列，又通過政權力量包括經濟力量強化宗族勢力。

中國歷史上，幾乎每個朝代都有政經影響力巨大的家族，特別是大型宗族盛行的唐代以前；一個家族先後多人出任國家重要職位的現象並不鮮見，其中漢末袁氏家族曾經擁有「四世三公」的稱譽，還有漢唐顯官輩出的裴氏、鄭氏、崔氏。而這種由一個家族的成員長期出任政權序列高位之現象，也從另一方面強化了其所在宗族的力量，並對該宗族取得社會的廣泛認同產生了推動作用，也就出現了所謂「名門望族」。

中國傳統社會注重宗親關係另外一個例證是，當普通朋友的關係已經達到非常重要且密切的程度時，中國人往往通過「泛血親化」的方式，如結拜兄弟、認乾親等方式，來強調相互之間的密切關係。《三

11《黃河邊上的中國》，曹錦清著。

12《黃河邊上的中國》，曹錦清著。

國演義》中的劉關張桃園三結義之所以流傳千古，很大程度上就是反映了中國人對異性兄弟這種「以友為親」的非血親轉「血族」的觀念認同。

也有觀點認為，「中國家族制企業有其社會結構和文化價值觀上的根源。中國數千年的傳統社會結構對於現代中國人的社會生活仍有着深刻的影響，中國的封建社會完全不同於西方……西方資本主義社會萌芽於領地和自由邦，領地和自由邦的傳統演變成今日的社區，而現代資本主義公司制度正是在社區環境中發育起來的。而中國的村莊是擴大的家族或幾個家族的聯合，沒有發育出社區這一層結構。中國傳統文化適應與固化這一社會結構，忠孝是中國禮制的基石，『忠』是個人對國家應盡的義務，『孝』是個人對家庭所承擔的責任，但是缺乏國家與家庭之間的公共社會空間，……當代中國曾經實行農村的公社和城市的單位制度，其實有可能逐步培養出社會感情，但實質上公社和單位只是國家的延伸，沒有誕生出現代商品經濟基礎上的『社會』形態。……我們對國家是忠實的，對家庭是無私的，對個人生活是自制、自律的，但對社會公共生活，則往往表現出自私和冷漠。」[13] 以筆者看來，這個觀點的重要性在於中國人受傳統文化的影響深重，「中國的村莊是擴大的家族或幾個家族的聯合」，宗親關係在很多鄉村甚至決定着社會關係與權力結構。

宗親政治在中國很多地方依舊具有影響。從社會結構的層次來說，中國人多數是按照與自己親緣的遠近或利害關係的輕重來確認相互關係，而宗親姻親關係對中國社會結構的影響最為直接與巨大。所謂宗親姻親關係就是根據血緣和婚姻而形成的社會關係。這種關係不同於西

13《中國私營企業發展報告》，張厚義、明立志主編。

方社會團體中那樣諸多分子處於同一個平面上，著名學者費孝通將之描述為「差序結構」：「如同水的波紋一般，一圈圈推出去，愈推愈遠，也愈推愈薄。」[14] 實際上就是中國社會中，以自己為中心，同周圍的人所發生的親疏、貴賤、長幼、遠近等等環形差別。筆者認為「投網結構」似乎更容易描述這種關係，就是社會人都是作為一個中心高點，向下及向外進行綱目延伸，整個社會如同一個個小型圓錐層層搭建的大型圓錐體。從傳統社會來說，這種「投網結構」的最內圈與最高層，往往就是直系血親。

即使在今天的中國大陸農村，很多地方的大家族還是具有比較重要的影響。在不少鄉間村落，特別是那些人口流動相對較少的地區，如果能夠理清幾個最大或最有影響的家族的血親和姻親及其關係，往往就可以比較準確地瞭解當地的社會關係脈絡。在很多農村地區，基層組織如黨支部、村委會等，往往與宗親姻親有着難以剖離的關係。如果擔任黨支部和村委會的負責人，本身缺少該村落宗親姻親力量的支持，往往會受到掣肘；而如果身後有宗親姻親力量的支撐，比如屬於該村落中佔絕對優勢的大姓宗族，本身又比較公正有能力，負責人的權力就會得到較好的運用。

正是由於在現當代中國大陸農村，這種由幾個家族形成的社會關係網絡常常可以在一個地方發揮重要的影響，因此可以說宗親政治或者鄉黨政治在中國大陸農村依舊具有重要的影響。儘管因為社會的發展特別是資訊的發達與現代觀念的流傳，已經使這種鄉黨政治受到了很大衝擊，但是還是可以通過宗親、姻親等等，看到相關的社會關係脈絡。這種社會關係在中國大陸迅速重夯初始工業化基礎和迅速走過第

14《鄉土社會》，費孝通著。

一次工業革命階段的過程中，如果運用得法，是可以產生促進作用的。

五　人口大量繁衍有利宗法宗族及其觀念存續

作為人口世界第一的大國，中國龐大的人口長期以來被視為中國農耕時代的一個巨大的社會問題，歷史上較少談及「人口紅利」的問題。中國大陸在 2021 年 5 月 31 日公佈了新的放開三胎的政策，也從一個方面凸顯了國家就人口問題對經濟發展、社會穩定的重要性的再認識。

歷史地看，人口的大量繁衍，無疑會壯大以血緣為紐帶的宗法宗族，其觀念的存續也會因此而受益。

人口繁衍能力超強有利宗法宗族規模與脈絡擴張。中國作為人均土地較少且自然條件較差的農業國家，精耕細作是必須的，勞動力則是精耕細作的重要保障，屬於最基本的生產要素之一；加上「不孝有三、無後為大」的古訓，中國人特別是農民對於多子多福是深信不疑的。美國的亞瑟·亨·史密斯說：「在中國，戰爭所造成的破壞並不像西方那樣能得到很快的修復，這是由於中國人極不願意離開自己的故鄉，投奔他鄉。在中國各地，無論是城市還是農村，最引人注目的是一群群的孩子，中國人繁殖能力之強，現有人口數量遠遠超過其他任何國家，這已是不爭的事實。問題不僅僅在於人口的數量，更在於增長的速度。……中國人結婚很早；傳宗接代是中國人普遍接受的佔統治地位的觀念，其次才是愛惜錢財」[15] 這位外國人的觀察是準確的，筆者的一個小學女同學，竟然有十一個同母同父的哥哥，是當年那個小縣城沒人敢惹的傳

15《中國人的性格》，亞瑟·亨·史密斯著，學苑出版社，2001 年 5 月第 2 次印刷。

奇家庭。

　　當然，新中國的人口之所以在建國後出現爆炸性增長，與一段時間內的政策鼓勵也有很大關聯。1949 年 9 月 16 日新中國的締造者毛澤東在《歷史唯心觀的破產》中寫道：「中國人口眾多是一件極大的好事。再增加多少倍人口也完全有辦法，這辦法就是生產……世間一切事物中，人是第一個可寶貴的。在共產黨領導下，只要有了人，甚麼人間奇蹟也可以造出來。」特別是當時的中國大陸在經歷軍閥混戰、抗日戰爭、解放戰爭和抗美援朝戰爭等長期戰亂之後，青壯年的損失無疑是比較嚴重的；而對於長期缺乏土地與機械的農耕國家來説，迅速提高生育率對於通過精耕細作促進生產、提供勞力發展經濟是非常重要的戰略佈局。當中國大陸經濟逐漸走出「三年自然災害」之後，中國大陸在六十年代出現了生育高峰：1962 年達到了 2451.3 萬人，是 1961 年的兩倍多；而 1963 年出生了 2934 萬人，出生率高達 43.6‰，這兩個指標都創下了新中國成立以來的新高。整個 60 年代，平均每年出生人口大約為 2500 萬人。這就意味着，中國大陸在十年的時間裏增加了近三億人口。值得強調的是，這個十年出生的人口，參與了中國大陸改革開放的全過程，也經歷了中國大陸初始工業化、第一次工業革命階段和進入第二次工業革命階段的全過程。他們中的很多人接受了一定程度的義務教育，具備了成為產業工人的基本條件；而其中的一些精英，在 1977 年恢復高考之後獲得了接受高等教育的機會，成為中國大陸迅速跨越第一次工業革命進程和進入第二次工業革命階段的中堅。而上述群體的很大比例，與中國傳統社會特別是農村社會的聯繫相當密切，宗法宗族觀念在他們的生活中自然留存。

　　在中國大陸很多地方的農村，同一姓氏數百人、上千人屬於同一個鄉鎮的情況並不少見，他們的血親往往主要散落在附近的鄉村；而他們的姻親往往也不會走得太遠，只不過需要明確出五服、避免血族

合親。中國大陸著名思想者解思忠說：「在我們那個數千人的村子裏，一輩子最遠沒有走出方圓幾十里、最大就是去過縣城的，大有人在。『文化大革命』開始後，在『大串聯』的影響下，我們村有許多年輕人還結伴到百十里遠的運城看了一次火車。」[16] 在這樣的非常封閉的環境下形成的大型宗族的宗親與姻親，如果在幾十年的發展過程中不斷相互提攜，往往可以在當地建立非常廣泛的社會脈絡，對當地的政經關係包括權力結構往往會產生很強的影響。

再有，中國大陸改革開放後的農村改革是以向農民家庭經濟的復歸為基點的，農民們經過人民公社的貧困之後，對比聯產承包的成效，很容易在家庭努力的過程中通過宗親、姻親的互助迅速獲得不同以往的結果，這樣就增加了人們對宗親力量的認同，也就為宗法宗族觀念的強化創造了條件。

政治統一的新中國成立之後人口一度呈現驚人增長，只用了大約三十年的時間就實現了人口翻倍，達到十億的驚人規模，其中中國大陸農村的人口增長率可以說是極高。在農村人口大量繁衍情況下，土地國有、人民安居不遷的政策限制，血親和姻親在中國大陸農村呈短距離、小範圍扭結與伸展，可以說為宗法宗族觀念的存續創造了非常肥沃的土壤。這樣，廣袤的農村不僅給私營企業、鄉鎮企業等非國有經濟提供大量受到宗法宗族觀念影響的人力資源，也成為向當時的大型勞動力密集型工礦企業、城鎮和其他社會組織，大量輸送受到宗法宗族觀念影響的人力資源的重要源頭。

泛血親化在中國歷史悠久至今尚存。除了注重人口繁衍之外，泛血親化是宗族擴大勢力的重要方式，也是中國人注重宗族勢力擴展的

16《觀念的枷鎖》，解思忠著，上海人民出版社，1998 年 12 月第 1 版。

重要表現。中國自古就有通過賜姓、收養、結拜這種泛血親化的途徑強化宗族力量的傳統，而這種利用泛血親化的形式強化政治與軍事力量的事例不勝枚舉。比如唐朝末年，左神策指揮使孫德昭對唐昭宗復位有大功，遷節度使同平章事，賜姓名李繼昭；同時有功的周承誨賜名李繼誨、董彥弼賜名李彥弼，皆遷節度使同平章事。[17] 唐朝末年李國昌之子李克用因對李唐王朝有功而晉封晉王，他曾經不計地域「擇軍中驍勇者，多養為子，名回鶻之子曰李存信，振武孫重進曰存進，許州王賢曰存賢，安敬思曰存孝，皆冒姓李氏」。養子李「嗣源本胡人，名邈佶烈，無姓。」[18] 而這些養子對李克用的軍隊發揮超卓的戰鬥力，具有非常重要的作用。有些領軍者的養子數量很大：「初，唐末宦官典兵者多養軍中壯士為子以自強，由是諸將亦效之。而蜀主尤多，唯宗懿等九人及宗特、宗平真其子；宗裕、宗鐬、宗壽皆其族人；宗翰姓孟，蜀主之姊子；宗範姓張，其母周氏為蜀主妾；自餘假子百二十人皆功臣，雖冒姓連名而不禁婚姻。」[19] 膾炙人口的「劉關張桃源三結義」、「水滸一百單八將」都是人們肯定泛血親化的重要範例，「不求同年同日生，但求同年同日死」乃是中國人對泛血親化利益共用、災難同擔的價值肯定與理想追求。

泛血親化在當代大陸依舊存在，有的還相當典型：河南省虞城縣利民鎮，曾經是中國一百個小城鎮試點之一。一九八七年副鎮長何長利與十一人結成異姓兄弟，經過其後不斷地穿插結拜，到一九九四年已經發展到六十四人。主要成員有鎮黨委分管政法的副書記、鎮武裝部

17《資治通鑑》，司馬光著，唐紀七十八。

18《資治通鑑》，司馬光著，後梁紀二。

19《資治通鑑》，司馬光著，後梁紀二。

副部長、鎮司法所長、鎮派出所治安員、鎮電管所所長、鎮企業辦負責人。掌握當地黨政、司法、經濟、公共事業大權的六十多人通過結拜形成類似血親宗族的泛血親化團夥，就如同一個宗族勢力掌控了當地的政經命脈。[20] 一些黑惡團夥，則利用泛血親化迅速擴大規模，及維繫嚴密的控制。

泛血親化是中國宗法宗族擴大勢力的一種特殊形式，也是中國人注重宗族力量和宗法宗族觀念的具體表現，至今人們的生活中還經常會出現「乾媽」、「乾爹」這樣的泛血親化關係。楊心恆教授說：「傳統中國不重視個人與個人之間的非親屬關係，只重視家庭與家庭之間的親屬關係；如非親屬的個人之間的關係達到十分親密和重要的程度，就必須把它納入親屬關係的軌道，以親屬的名分進行交往，大家才能理解，才知道怎麼做，所以才有結拜兄弟。」[21] 而泛血親化是維繫、強化這種社會關係、政治關係的重要途徑。從泛血親化的事例以及有關宗法活動的復熾，我們也可以看出宗法宗族觀念對當今中國相當部分民眾的深刻影響。

六　宗族尚有存續，宗法宗族觀念不會馬上消失

中國至今在很多地方都有宗族的存續，這個載體的存在，也預示着宗法宗族觀念這種存續超過三千年的文化基因，也不會在短期內馬上消失。

20《基層惡勢力》，《南方週末》1995 年 1 月 13 日，轉引自《現代化的陷阱》，何清漣著，今日中國出版社，1998 年 1 月第 1 版。本書相關《現代化的陷阱》引文皆與此同版。

21《中國社會結構轉型》，袁方等著，中國社會出版社，1998 年第 1 版。

宗法宗族目前尚在大量村鎮存續。據學者曹錦清的農村調查實錄：「李氏族人每年春節舉行共同的祭祖儀式，自解放以來至今未絕。現年六十二歲的村支書說，全村二百三十五戶人家，除一戶閻姓外（該戶主於六十年代末隨其母親『嫁』入本村），都是同一祖先的後代子孫。據李氏族譜記載，中行村的李氏第一代祖於明朝永樂二年（一四零四年）從山西洪洞遷來此地，至今將近六百年，歷二十六代。全族有總譜，全族分成三支（三房），各支有分譜，共有四個族譜。每年年夜三十，即在李氏祠堂懸掛總譜，香案上供有白饃、豬肉、羊肉、雞，果品與酒，紅燭高照，鞭炮齊鳴，全族男女老幼分批叩首祭拜。大年初一初二再舉行兩次，然後將總譜撤下、摺疊，交給專人保管，以待下年再用。然後，三支各自祭祀各支的祖先（即第二代宗祖），時間是十五天。人民公社時期，全族共祭儀式暫時停止，但保留各支的分別祭祀活動。改革開放後，恢復共祭與各支分祭兩種儀式。（老支書說祭祀活動的）『意義還是有的，每年春節，全族人共祭自己的祖先，讓他們明白一個道理，我們都是同一祖先的子孫。這樣，平時各家之間的小矛盾、小衝突就會減少許多，有甚麼困難，也可以相互幫助，增進一族人的團結』。」[22] 而 1996 年 5 月 16 日《湖南日報》披露了《省政府發出通告：制止農村封建迷信，加強精神文明建設》，要求在全省範圍內狠剎修族譜、建宗祠、聯宗祭祖等歪風；同年，海南省海口市對農村祠堂予以清理；江西萬年縣打擊宗族勢力的活動，收審、處理 40 餘名宗族勢力骨幹分子。[23]

上述調查所反映的狀況是 1996、1997 年也就是距今 20 多年的宗

22《黃河邊上的中國》，曹錦清著。

23《江西農村宗族情況考察》，肖唐鏢等，《社會學研究》1997 年第 4 期，第 87 頁。

族狀況，宗法宗族觀念積澱數千年，自然不會在這麼短的時間裏戛然而止。本章第一節引用的 2021 年的文章，則説明宗族勢力對地方政治的影響。

中國大陸以王家、李家、劉家、張家命名的村莊都超過千個，這種以姓氏命名的村莊一般都是以人數最多的宗族為基礎。不僅北方大量存在這種以當地大姓命名的村寨，南方的宗族留存更加完備。筆者小時候跟隨轉業到煤礦工作的父親在週末休假的時候，經常到周圍鄉村的河汊撒網捕魚、捉蟹，所在小鎮轄下 62 個行政村，其中就有馬家寨、田家院、喬家莊、張家寨、任家街、石家門、馬梁（馬家莊、梁家莊）、張家村、高莊、滿家村、梧桐峪（梧桐峪、孫家峪、李家峪）、孔家莊、胡家莊、潘家莊、翟家莊（翟家莊、新莊）、朱家窪、沈家莊（沈家莊、大石橋）、大王家莊、韓家嶺、南馬家寨、楊家莊（楊家莊、王家莊）、東范家莊、西范家莊、南王家莊、門家莊等大約 26 個以該村大姓命名的村莊，這些基本上都與宗族有關，宗族特徵明顯的行政村佔該鎮比例超過 40%。中國北方的很多鄉鎮都有類似的情形，而這往往代表着某個姓氏在這個地方的宗族勢力。就是説，宗法宗族在中國大陸的村鎮大量存續是一種不爭的事實。

宗法宗族及其觀念對基層政權具有較強的影響力。有學者認為，改革開放十多年後「宗法活動已經滲透到中國農村生活的各個方面，許多地區農民的行為已經逐漸納入宗法組織的控制之下。」[24]

1997 年底筆者曾經到天津附近採訪鄉村民主選舉。當地官員給筆者分析了當時在基層推廣民主選舉中的無奈，那就是在很多自然村進行投票，當選的都是宗族勢力相對佔優的代表。有地方幹部說，當時嘗

24《現代化的陷阱—當代中國的經濟社會問題》，何清漣著，292 頁。

試推動的基層選舉，很多時候不僅不能體現真正的民主，還使得宗族勢力通過掌控選舉獲得合法權力，對真正的民主反而產生傷害。

很多事例表明，宗法宗族在中國的延續，是具有非常旺盛的生命力的，無論中原大地的村寨，還是閩粵浙贛客家人口集聚的南方，都有一些脈絡清晰的宗族留存。福建永定的客家圍屋，更是聚族而居的典型。

既然宗法宗族是現實的存在，宗法宗族觀念的存續就更是自然而然的，差別僅僅在於強弱。

「一種制度形態既經確立，它自身結構方面的特點便會對其發展和演變產生直接的影響，而這種影響作為一種長期過程的產物，就形成了所謂的歷史傳統，這種歷史傳統同樣也會反過來制約和影響社會經濟形態的運動。……文化傳統是一個巨大而深厚的存量，它是實實在在的邊際變革，也可以說，文化傳統不是剝蝕的舊牆，不會輕易地在社會變革中消失。……我國農村的宗法制度，作為一種傳承、積澱和整合了數千年的制度形態，由內部文化發展規律和經濟上的合理性所賦予它的巨大生命力，使曾經在這塊土地上發生的破壞性變革相形之下顯得如此渺小。事實上，它是一種『容納變遷的制度結構』，能夠『孕育出一些方法和機制，用以處理不斷變化着的問題和隨之而來的協調、調節和整合的複雜問題』（艾森斯坦德，1966：43），即是一種能不斷地容納各種內在於現代化過程之中的社會變遷的制度結構。進一步地說，宗法制度固然是在傳統社會中度過了黃金年代，自然經濟為它提供了適宜的土壤，但它也能在商品經濟中生存，與現代化接軌。[25]

城市居民與宗法宗族及其觀念頗有關聯。中國大陸直到 1990 年代

25《當代中國農村宗族問題研究》，李成貴，原載《管理世界》1994 年第 5 期。

初，都屬於農業大國，至今農村戶籍在人口中還是佔有很大比例，有數億之眾。中國大陸重夯初始工業化基礎、進行第一次工業革命以及大規模的城鎮化，只是最近幾十年的事情。而且，大規模城鎮化和走過初始工業化、第一次工業革命階段，都從農村吸收了大量的人口和勞力，因此現代中國大陸的城市民眾中，很多與散落於各地的鄉村還是有着相當密切的血脈聯繫，中國大陸 2022 年的「春運」，在疫情期間各地政府號召就地過年的情況下，亦超過十億人次，其中很多都是城市與鄉村之間的人員流動。而吸引大量民眾返鄉探親的重要原因，就是中國人與宗法宗族觀念相關的家庭觀念。

新中國在建國初期興辦國營工礦企業等直接從農村招收了大量職工，一般不可能馬上斬斷與農村的血緣關係，也不可能馬上就徹底改變固有的宗法宗族觀念。即使是中國大陸在一九七七年全面恢復高考之後，大批經過專業學習而作為國家幹部進入大中城市的大學、大專及中專畢業生，其中也有相當一部分因為受到自小生活的鄉村社會環境與習俗的影響，而或多或少地將宗法宗族觀念帶入其畢業之後作為城市居民的生活；而早年高等院校錄取的學生中，生源的很大比例來自農村。因為在中國大陸在 2000 年之前還是農村人口佔有絕大多數，除了北京、上海這樣的城市，因為高等院校集中、特別是明顯帶有地方保護主義色彩而較多地招收當地居民之外，其他分佈於各省、自治區首府的全國重點大學及其以下的高等院校，招收的學生中來自中小城鎮以及農村的生源佔據較大比例。

1995 年前高考成功過關的農村學子，畢業後絕大多數會成為城市居民。也正是因為他們原來的生活環境是受宗法宗族觀念影響比較深重的傳統村落或者小城鎮，他們會自然而然地將宗法宗族觀念帶入城市生活。正如何清漣所言：「從前現代化時期延續下來、並已深深溶入民族靈魂中的文化價值觀沒有得到改變。兩千多年來，起源於血統、

身份的儀式、宗教、倫理以及法律等自成體系的社會價值觀早已成為民族精神，廣大農民的宗法思想更是根深蒂固，要改變這種源遠流長的文化價值觀，並不是幾場『運動』就能奏效的。」[26] 而這個時間段畢業的大中專學生，目前處在中國大陸政經領域的中堅位置，也是中國大陸走過初始工業化、第一次工業革命階段並進入第二次工業革命階段的重要力量。

同樣，宗法宗族觀念作為文化基因對民眾的影響，也不是一旦獲得城市居民身份就可以完全驅除的。在中國大陸，直系血親、宗親、姻親合計，在一個城市中能夠找出不少規模超出百人的相關群體：這些群體有的是普通農村人口的兄弟姐妹等宗親聯袂在新中國成立以前或者建國初期到城市務工，後來成為城市人口並大量繁衍，他們通過聯姻等方式能夠形成的宗親、姻親力量還是相當可觀的，宗族力量甚至在現代化的城市中有時依舊能夠顯示出一定的動員力量。城市居民中，由於很多人在當地世代居住，親友繁多，宗族還是具有一定的勢力和影響的。比如在潮陽城區，蕭氏的「四序堂」、鄭氏的「孔安堂」、姚氏大宗祠等三座祠堂，相繼重新開展祭祖活動。就是說，宗法宗族觀念在中國大陸的城市並沒有完全消失。

改革開放之後不僅「包產到戶」具有經營模式復歸的意涵，一些在一九四九年之後和文化大革命期間曾經被當作「四舊」批判的觀念亦乘勢復甦，不少在經濟領域、政治領域有所成就的城鄉居民，相信「修祖墳得陰助」，在全大陸範圍內都出現了大修祖墳的現象，江南的閩粵浙贛等省更盛；伴隨改革開放出現的港台同胞、海外僑胞回鄉投資與認祖歸宗，也帶動了修祠堂、續家譜的風潮。雖然這些修祠續譜活動沒

26《現代化的陷阱》，何清漣著，289 頁。

有得到官方的公開支持，但是港台同胞與海外僑胞的認祖歸宗卻得到地方政府的默許甚至在吸引外資的利益驅動下願意幫助。我們從中可以發現，一旦獲得合適的生存土壤，宗法宗族觀念的復甦能力還是非常強大的。

就是說，宗法宗族觀念這種長期存在於鄉村民眾之中的文化基因，因為近當代城市人口的迅速膨脹與農村人口密切相關，在一些已經進城落戶的城市居民中也會在合適的氛圍下表現出來；不僅一些事業有成的企業主會想到撰修族譜，連一些政府領導幹部，也往往被家族列入其中以增添宗族之榮耀。其中最主要的，是思維方式和行為方式摻雜着宗法宗族觀念的因素。

受宗族觀念影響的群體大量參與中國大陸工業化發展。從 1978 年開始改革開放到 1998 年，大約 20 年的時間屬於中國大陸重新夯實初始工業化基礎並完成第一次工業革命進程的階段。在那個時段，不僅大量農村人口湧入珠三角等外資投入巨大的地區轉變為產業工人，第一次工業革命的產業擴張也吸納大量接受過專業教育的人力資源成為「世界工廠」的參與者，涉及的群體無疑擁有一個龐大的數量：因為那個時段，也正是大量農村及中小城鎮學生通過高考進入高校並在其後的工業化發展中逐步成長為社會中堅的時期。當時依舊頗有影響的宗法宗族及其觀念留存，包括改革開放後有所強化的宗族活動，無論對來自農村以及中小城鎮的高校學子，還是來自農村的產業工人來說，其從小接觸的宗法宗族觀念不可避免地對他們的思維與行為造成影響。而上述兩個規模巨大的群體，一般不可能對儒學深入研究，但是他們從小耳濡目染的宗法宗族觀念，早就融入他們的血液成為文化基因，必然會對他們的認知形成潛移默化的影響，並在工作中通過他們的思維與行為表現出來。

我們如果撤除因為宗法宗族及其觀念產生於「封建帝制時代」而全

盤否定的心態，從宗法宗族觀念本身的特點入手，就可以發現，宗法宗族觀念內涵的文化基因，對工業化社會來說是非常有利的。周朝龐大而縝密的「分工與協作」系統，與作為工業化社會基本特徵的「分工與協作」在內涵上高度吻合，這是非常令人驚奇與慶幸的。而宗法宗族觀念中的組織性、紀律性、服從性、忍耐性、忠誠性、團結性、約束力、分工與協作、集體主義等諸多文化特質，使得中國員工在文化基因上具有適應標準化、規模化製造業的良好條件。而宋以後普及型宗法宗族觀念中凸顯的肯定能力、鼓勵競爭的文化基因，不僅強化了打破現狀的欲望、刺激了創新發展的追求，亦使得中國人更傾向於通過努力突破既有序列，甚至自行開宗立派，為創新發展提供了非常重要的內生基因動力。而大量受宋以後普及型宗法宗族觀念影響的人力資源參與中國大陸的政經活動並進入關鍵位置，對工業化發展包括中國製造與創新，無疑是具有積極影響的。

七　改革開放後中國大陸宗法宗族觀念有所強化

有不少學者在中國大陸實行改革開放之後的一段時間注意到一個社會現象，就是宗法宗族勢力抬頭，宗法宗族觀念有所強化。

改革開放後宗法宗族及其觀念相對復萌。 新中國進行了大規模的土地再分配，但是土地的國有化加上始於 1958 年的《戶口登記條例》鎖定戶籍，宗法宗族及其觀念存在的土壤並未消除。而改革開放後的一段時間裏，經濟成功者在政治地位認同滯後的情況下尋求社會地位的提升，相對富裕的海外華僑華人的回鄉祭祖修祠，都促使宗法宗族及其觀念復萌。

其中一個非常明顯的現象就是宗族祭祀大量恢復，續修族譜成風，喪葬過程中的迷信活動以及相關儀式大量增加，宗法宗族觀念得到恢

復和加強。幾個不同學者的研究結論，可以證明宗法宗族觀念在改革開放後的強化。

「鑒於作為一種自成體系的、具有完整文化內核歷史悠久的社會秩序，家族、宗族的生命力具有這樣頑強的韌性和歷史穿透性，以及在社會變遷過程中爭取生存的應變力。」「儘管經過多次的政治運動，以改造人們傳統的思想觀念，但宗族傳統仍在農村的生活習俗和農民的思想觀念上有着深刻的印記。到七十年代末，隨着國家政策的變化，政治管治開始放寬之後，內地農村的宗族家族出現蓬勃復興的趨勢，尤其在南方經濟比較發達的地區，宗族的復興和對外開放相聯繫，修族譜、建祠堂，復興和重建宗族成為吸引海外華僑華人還鄉祭祖及投資的重要管道，因此還得到地方政府的支持和認同。從整體上來說，儘管中央政府對農村宗族復興仍有戒備，官方傳媒對家族宗族現象亦時時有所批評，但並沒有再像五十年前那樣把宗族作為封建殘餘再三給予打擊和摧毀。」[27]

「中國宗族文化傳統極深。族權被毛澤東稱作是束縛我國農民的四大繩索之一。⋯⋯80年代中後期，《村民委員會組織法（試行）》得以制定。這為農村發展帶來了巨大的活力，卻也帶來宗族活動的復萌。⋯⋯宗族的復萌最初表現為傳統習俗、禮節的復興；在宗族現象較為嚴重的地區則發展到成立宗族組織，頒佈所謂的『族規』。前一種形式較為普遍，如重續族譜，維修、擴建、重建宗祠，家族聯誼，祭祖等。後一種情況雖較為少見，但影響極為惡劣。它使農村基層組織無法正常開展工作，甚至還同地方政府嚴重對抗。⋯⋯隨着現代化的不斷深入，宗族的復萌雖受到各種因素的制約，但在某些落後地區，宗族現象對其村

27《宗族作為政治共同體在現代社會存在的空間》，陸緋雲，2002年04月05日《世紀中國》。

民自治構成了嚴重威脅，絕不可等閒視之。」[28]

　　宗族勢力在基層政權層面有所擴張。在人民公社解體之後，「農村社區公共權力和基層組織出現某種程度的『真空』，宗族、迷信、惡勢力紛紛抬頭，地方治安混亂，集體利益缺乏保障，公共設施破敗落後，民間糾紛此起彼伏。」[29]

　　亦有學者表示：「70 年代末期以來，我國農村各種社會關係進入了一個重新調整和重新組合的階段，由此所形成的一種相對寬鬆的外部環境，給農村宗族在沉寂多年之後重新登上歷史舞台再度扮演農村社會自我運行中的重要角色，提供了有利的條件。同時，更為重要的是，農村改革成功地重構了微觀經營主體，均田制下的土地關係，容量狹小的家庭構成，以及生產力水準缺少質的提高，都促使農村對重興宗族提出了強烈的要求。這樣，在內外條件的融結點上，宗族開始活躍起來，特別是在南方農村，宗族關係在一些地區已成為一種重要的經濟文化形態。」[30]「20 世紀 80 農村改革以後，隨着家庭聯產承包制的實行及家庭經濟功能重新顯現，一些地方的家族又重新聚結，活動日益頻繁，社會和政治上的影響也日益擴大，家族問題再次引起人們的高度關注。」「現在的家族本身已經從一種權利共同體轉變為一種文化共同體。」[31]

　　還有文章對宗法宗族復興的廣泛性、組織的嚴密性與多樣性進行了總結：「在 1980 年代，農村體制改革後，以家庭為單位元的生產方式，帶來宗族力量逐步復興。宗族勢力作為以血緣關係為紐帶，跨歷史

28 《農村宗族勢力的復興和擴張》，范佐來，學說連線，2003 年 3 月 20 日。

29 《草根民主，改變中國》，向鋒、鄭曙東，《中國評論》2002 年 7 月號。

30 《當代中國農村宗族問題研究》，李成貴，《管理世界》1994 年第 5 期。

31 家族的變遷與村治的轉型 —— 關於家族在我國鄉村治理中的作用的一項宏觀考察》，項繼權，《中國農村研究》2001 年卷，華中師範大學中國農村問題研究中心。

時空、跨地區界限、跨社會階層、跨行業組織的廣泛力量，在祭祀祖先、排輩立傳、振奮族威、維護本族利益等各個方面，頻繁活動，在農村具有普遍存在的廣泛性。……目前，農村宗族勢力仍然有蔓延和擴張的趨勢，少數宗族主持宗族活動的人員文化程度較高，多為地方有影響的『能人』，甚至逐漸成為有實力與農村基層組織相抗衡的社會組織。大部分宗族選出了族長、房長、戶長等宗族大小頭目，分管各項事宜，訂有嚴密族規，規定了宗族人員的權利和義務，制定了詳細的宗族活動計劃，並定期舉行各類活動，形成了一定的組織網路。如邵陽市新寧縣一渡水鎮李姓宗族，選出輩分較高的『澤』字輩做族長，各分房的長輩做房長、戶長，在修譜過程中，建立了老、中、青編委班子，設立了財經、聯絡、印刷等管理小組，並對族內以後的活動做了安排。……近年來，此風愈演愈烈，由此鬧出許多械鬥事件，據統計，2000 年至 2005 年邵陽市新寧共發生此類案件 46 起。」[32]

曹錦清教授還在河南《黨建月刊》的創刊號上發現一篇由河南息縣組織部長撰寫的題為《警惕宗族、行幫勢力對農村基層政權的挑戰》的文章：「有些宗族勢力長期把握村務政務，甚至出現以『族規代替法規』，以『教權代替政權』的現象。有的稱王稱霸，橫行鄉里；有的與政府對抗，拒繳訂購糧，抵制計劃生育政策；有的不承認黨委鄉政府任命的幹部，使得黨的政治主張得不到執行。有一鄉幹部到所轄村宣佈支部班子成員，該村家族頭目率領二十多人，圍堵鄉幹部，公開說鄉裏宣佈的領導班子無效。有的還培植親信，排斥異己，搞宗族組閣，使一些村出現清一色的『家族幹部』、『家族黨員』。這些問題，對黨的基層政

32《正確引導宗族力量　加快新農村建設進程》，陳優秀（邵陽市新甯縣委書記）
　　2007 年 07 月 20 日，來源：紅網。

權已構成嚴重威脅。」[33]

亦有學者說，至今在中國的一些鄉鎮，「社會關係網絡雖然錯綜複雜，但是進入一個農村社區，只要抓住一個或幾個大姓，把他們的親屬親戚關係釐清，也就抓住了親疏遠近有序的社會關係的主線。」[34]

從上述例證可以看出，宗法宗族觀念雖然古老，但是並非遠離，且在改革開放後的一段時間裏有所強化。這就意味着，基層社會民眾作為中國大陸重夯初始工業化基礎和展開第一次工業革命階段的重要參與者，所受宗法宗族觀念的影響是一種現實存在。

八　宗法宗族觀念：弱化是趨勢，當下尚存續

一種具有長期歷史影響的傳統文化，其出現、發展、定型與衰亡，都有漫長的過程，宗法宗族及其觀念也不例外。很明顯，宗法宗族由於失去了國家權力的認同，其觀念逐漸弱化亦是一種難以改變的趨勢。

宗法宗族觀念的弱化是總體趨勢。中國歷史源遠流長，中華文明發展具有很明顯的連貫性，特別是具有極強的穩定性與同化能力，這已經在中原文化對北魏、滿清的同化歷史中得到明證。而一種具有悠久、重大的歷史作用的傳統文化，雖然會衰亡，但是比較快速消失的一般只是其原型、或某一時期的特定形態，其精神內涵或者觀念，卻往往會通過另類方式表現出來，得到一種變動的傳承，至少其消失的速度遠遠滯後於原型的消失速度。中國的宗法宗族及其觀念，同樣是在歷史發展的過程中被不斷改造，並通過不斷的改造適應不斷的社會發展才得以

33《黃河邊上的中國》，曹錦清著。

34《中國社會結構轉型》，袁方等著，中國社會出版社，1998 年第 1 版。

長期存留的。應該說，宗法制度的政治基礎如今已經消亡了，宗法宗族曾經被賦予的管治權力也已經失去了政權的認同與合法性，但是其觀念並沒有完全消失，筆者也相信其不會在短期內完全消失。但是，隨着中國市場經濟的發展，民眾的道德觀念已經而且必定還會持續發生轉變，傳統文化中無論是純粹意義上的儒學教化，還是宗法宗族觀念都會受到越來越強的衝擊與弱化。

宗法宗族及其觀念在以往的皇權社會經常通過宗族成員進入政權序列而將其精神帶入權力結構之中，進入政權序列的宗族成員又反過來強化宗法宗族勢力和宗法宗族觀念對族眾的影響，實現宗法宗族與皇權的互動。但是在今天，宗法宗族觀念已經失去了政權的支持，現代社會的觀念更新也使得宗法宗族及其觀念不可能在當今社會全面復興；就是說，宗法宗族及其觀念對政治體制的影響已經無法通過宗族成員進入政權序列而持續發揮作用和爭取對宗法宗族持續的反向加強作用，因為社會的進步已經剷除了其生存的政治土壤。但是觀念的生命力是強固的，如果條件適宜，一定程度上會導致宗法宗族觀念的復甦乃至強化。客觀地看，伴隨非國有經濟在國家經濟結構中的地位上升，和經濟成就在社會地位方面的評價上升，宗法宗族觀念在一定時期的強化也是可以想像和可以理解的，甚至某種意義上說是合乎情理的，且這個方面的事例數量頗多。但是無論如何，宗法宗族觀念的弱化是總體趨勢。

宗法宗族及其觀念在農村的弱化也是必然的。經過二十世紀的大規模戰亂和政權更迭，特別是宗法制度所依賴的政治基礎的徹底轉換且宗法宗族失去政權依託，使得中國大陸已經難以再有百年昌盛的大型宗族。即使是傳繼千年的孔子家族，也早已談不上興盛，對現實生活的實際政經權力分配更是談不上有甚麼影響。中國大陸鄉村的家族形態雖然還是比較廣泛地存在，但是自實行人民公社之後，大家族形態就開始以比較快的速度分解；特別是經過四十多年的改革開放，在家庭

聯產承包責任制的實用功能與私有財產的衝擊下，宗族總體上處於弱化之中。比如，以往人們普遍將四世同堂當作一種福祉豐厚的象徵，但是如今這種同居共財的大家庭不僅在住房昂貴的大型城市已是鳳毛麟角，在土地和住宅相對廉宜的農村也日益稀缺，由父母和未婚子女組成的核心家庭乃是當今中國社會包括城市和農村社會佔絕對主流的家庭形態。

目前宗法宗族觀念得以在中國大陸農村繼續發揮影響力的重要支撐因素，除了農民不可能在近期完全擺脫傳統文化的影響之外，一是原有的行政權力與經濟權力結合轉化或強化了部分宗族權力，二是通過經濟權力聚合宗族權力。而行政權力與經濟權力結合對宗法宗族的復甦，具有比較明顯的作用，但是對社會也帶來一些負面影響。

至於那些在改革開放之後獲得政經成就並修撰族譜的人士，往往也只是通過誇耀祖先來抬高自己，或者通過自己的「光宗耀祖」以彰顯自己的榮耀。由於宗法制度本身已經失去了生存的政治基礎與法律依據，宗法宗族觀念雖然能夠在一定程度上影響人們的思維與行為模式，但是其中的領導者想要通過宗法宗族這樣的組織實現遠大的政治抱負，則並不現實。

由於缺乏國家政治權力的認同，宗法宗族的凝聚力即便在某個特殊的階段有所加強，但是已經不可能大幅上揚，更不要說恢復清代那樣的基層政權性質的管治功能。而交通的便利、通訊的改善、訊息的增加、人口的流動、戶籍的鬆動，使中國民眾的平均婚姻距離遠遠超過二十世紀九十年代也就是 30 年前，這也就變相削弱了宗法宗族在一地的勢力聚合。市場經濟的興盛、城鎮戶籍制度的改革，為農村剩餘勞動力的大規模分散式遷移創造了條件；而這種農業人口的大規模分散式遷徙，對原居鄉村的宗法宗族勢力無疑帶有持續弱化的重大作用。

人口的大規模流動必然弱化宗法宗族及其觀念。中國大陸推動的市場經濟浪潮以及改革開放形成的經濟發展和制度調適，給部分農業人口擺脫土地的束縛、向城市以及新建的小城鎮遷移創造了條件，使得中國農民有史以來第一次可以大規模地離開作為最基本生產資料的土地，而使用新的基本生產資料支撐自己的生活。

　　特別是當中國於二零零一年十月開始對農民進入中小城鎮定居的戶籍限制進行大面積鬆綁之後，大規模農村人口的遷移，無疑對宗法宗族及其觀念加快了削弱作用。「聚族而居的庶民家族和特定地域的土地的結合所組成的農業公社，不僅是宗法國家的財源，同時也是宗法統治體制中的最基層單位，一旦勞動人口進入流動狀態，必定是王族財源的斷流，宗法統治基礎的崩塌。換句話說，勞動人口不再附庸於特定的土地，宗法國家就無法對統治對象進行控制了。……宗法國家的產生和中國古代物質生產力的低下相關，但是，宗法國家一旦形成，它就形成自身的特質與自身的內在矛盾，而這種矛盾的存在和發展基本上左右着宗法國家的命運，物質生產水準的高低只對其起催化或抑制的作用。」[35]

　　我們從當今中國大陸的變革，可以發現這種近似的狀況 —— 那就是制度變革為農民擺脫土地的束縛提供了合法性，而經濟發展為制度變革的深化與延伸產生了催化的作用，並為農民離開土地奠定了必要的物質基礎。這樣，當代農民的宗法宗族觀念所依附的社會基礎必然在這種狀況下受到不斷的削弱。在中國共產黨建黨一百周年的慶典上，習近平總書記宣告：中國已經「歷史性地解決了絕對貧困問題，正在意氣風發向着全面建成社會主義現代化強國的第二個百年奮鬥目標邁

---

35 劉廣明著，《宗法中國》。

進。」在經濟、科技成就的支撐和奮鬥目標的引領下，農業人口對土地的依賴會進一步降低，人口的流動會更加自由；相信隨着中國大陸戶籍制度的進一步改革，宗法宗族及其觀念會持續弱化。

大規模城鎮化會導致宗法宗族觀念的弱化：宗法宗族觀念之所以能夠在中國近當代得到傳承，並在宗法宗族失去政權支持之後還能夠將觀念存續至今，與中國長期屬於農業社會、城市化程度不高有很大關聯。因為城市化並非僅僅代表人口向城市的大量轉移、人群從生產效率較低的農業領域向生產效率較高的非農業領域轉移，更重要的是農村人口在向城市轉移、定居的過程中會逐步接受更多的現代知識和現代思想；而這種知識和思想的更新，必然會促進新觀念的生成，對經由歷代皇權支持留存下來、如今已經失去政權支持，或者說已經不可能在主體上適應新的生產力和變化了的生產關係的宗法宗族觀念來說，無疑會有強力衝擊。

因為，當今城市人口所從事的主要是服務業和與科技相關度較高的產業，他們對知識的要求、對平等機會的追求、對私有財產的重視、對人格平等的強調，與傳統的宗法宗族觀念往往有着理念上的衝突。中國大陸自一九七八年 [36] 確定改革開放以來，雖然是「摸着石頭過河」，但逐步推動的是遠比之前 30 年更加快速、更大規模的工業現代化。而改革開放前 20 年的初始工業化和第一次工業革命的快速推進，由於戶籍管制等諸多方面的限制，中國大陸城鎮化的速度在當時大大滯後於經濟發展的進程。

當然，中國大陸政府對城鎮化滯後的問題相當重視，並對實行了幾十年的戶籍管理制度逐步放開。二零零零年十月，中共十五屆五中

---

36 中共十一屆三中全會於 1978 年 12 月舉行並決定將全黨的工作重心轉移到經濟建設上來。

全會通過的國民經濟與社會發展「十五計劃」，明確提出要「積極穩妥地推進城鎮化」，並表示「提高城鎮化水準、轉移農村人口，可以為經濟發展提供廣闊的市場和持久的動力，是優化城鄉經濟結構，促進國民經濟良性循環和社會協調發展的重大措施」，「隨着農業生產力水準的提高和工業化進程的加快，我國推進城市化條件已漸成熟，要不失時機地實施城鎮化戰略。」

大規模的城鎮化必然會促使農村人口大量離開原來生活的地域，無疑會造成鄉村原有宗族力量的流散；而這些人口在脫離傳統村落的人際脈絡之後，宗法宗族觀念的生存土壤也會弱化。

戶籍制度改革加速了宗法宗族觀念的弱化進程。為了滿足現代社會發展的需求，中國大陸決定從二零零一年十月一日開始，在全大陸將近兩萬個小城鎮推行戶籍改革，舉凡在縣級市以下城鎮區有合法固定住所、穩定的職業或生活來源的人士，以及與他們共同生活的直系親屬，都可以辦理城鎮戶籍。從那時開始，雖然大城市的戶籍還是受到比較嚴格的管制，但是橫亙在城鄉之間導致中國大陸的二元社會結構、造成城鄉族群分化的戶籍長堤，已經出現了巨大的裂隙，被城市化徹底衝垮只是時間的問題了。

一個很重要的現像是，儘管這種戶籍改革在國家政策層面當時只是針對縣級市以下的城鎮，但是在市場經濟的利益驅動下，各地政府早已對經濟發展的中堅 —— 人才敞開了大門；即使是「北上廣深」這樣的戶籍管制嚴密、戶籍「價值」極高的超大型心臟城市，現在擁有高學位就意味着可以相對容易地敲開這些超大型城市的戶籍大門。

據知，落戶城鎮的農民，在入學、就業、選舉、參軍等公民的權力和義務方面，與原有城鎮人口享有同等待遇。這就意味着改革開放之後出現的「盲流」 —— 沒有確定的目標但是流動於城市與鄉村之間、希望在城市中尋求生存機會的農村過剩勞動人口，有機會在滿足一定

條件如擁有固定職業和住房的情況下，名正言順地成為城鎮居民，而未來他們就很可能成為中產階級的一員。

對以民眾的安居不遷作為重要維繫與傳承因素的宗法宗族及其觀念來說，戶籍制度的改革所帶來的衝擊無疑是巨大的；因為城鎮化就意味着將會不斷有人特別是其中的能人離開鄉村定居不同的城鎮，這對以血親、姻親為紐帶，以大量族人聚居相近地域為基礎且需要有能力人士參與日常管理的宗族來說，無疑是一種持續不斷且難以抗拒的蠶食。

當然，由於宗族目前在很多地方還有相當的勢力，特別是在地方中小城鎮，很多宗親、姻親對當地以及附近農村的政經關係，具有強力影響。因此，在大規模推動城鎮化的初期，很可能在短時期內造成宗族勢力向就近的中小城鎮滲透與移植，並迅速形成較強的社區勢力。學者曹錦清表示：「農村的改革開放（分田單幹，鄉村企業，市場經濟，勞動力的全國性流動）是促進了村民固有的傳統祖先意識、宗族意識與人情往來的增強呢，還是加速了傳統文化的弱化？如今看來，向前的『弱化過程』與向後的強化過程同時發生。血緣或準血緣關係及建立其上的習慣行為方式怎麼會向兩個不同方向同時運動呢？是否是一種舊瓶裝新酒現象呢？」[37]

以筆者的觀點，這種反向的強化是暫時性的，只是特定的歷史時期、特定的經濟發展模式轉化階段，市場力、經濟力與傳統的宗法宗族觀念相互衝撞交匯所造成的一個階段性現象，在現代資訊傳播快捷、新型觀念推展迅速的當今社會，得不到政權加持的宗法宗族觀念畢竟不能保持長期的擴張態勢，而是總體上處於弱化的趨勢。

37《黃河邊上的中國》，曹錦清著。

應該說，在農村戶籍大規模轉為城鎮戶籍的法律障礙已經解除的情況下，城鎮化將成為中國大陸實現工業化的重要動力。因為城鎮化將引導大量農民脫離土地的束縛，從第一產業轉向第二、第三產業。一般來說，城鎮居民的平均消費力基本上都超過農村，當大批農民進入城鎮並通過投身第二、第三產業而形成較高的消費能力之後，就為中國大陸內需市場的擴容創造了基本條件，這對於中國大陸經濟維持可持續發展，包括在第二次工業革命階段奮勇精進，具有非常重要的意義。

對於在中國人群體中延續數千年的宗法宗族觀念來說，快速城鎮化絕對不是一個好消息。因為城鎮化並非僅僅是農業人口向城鎮的簡單數量轉移，而是伴隨着城市文明對鄉村文明的蠶食與取代，或者說現代文明向鄉村社會的擴散、滲透與延伸。顯然，這會讓世世代代被土地束縛的農業人口發現實現自身價值的更多途徑，也就會極大地鼓勵農業人口離開鄉土，投奔那些可以為他們帶來更高生活水準、可以使他們享受更多現代文明的城鎮。而這種人口的比較自由的大規模遷徙，對應着宗族力量的肢解。

這個潮流是難以阻擋的，因為經濟發展與社會進步，對當代社會來說，集中體現在農村人口的城鎮化與工業現代化的高度統一。按照世界銀行《2020 年代的中國》所言「當前中國正經歷兩個轉變，即從指令性經濟向市場經濟轉變，和從農村、農業社會向城市、工業社會的轉變。」這種轉變進行得越徹底，宗法宗族觀念的弱化程度就越強。

據國家統計局的數據顯示，2021 年大陸城鎮常住人口約為 9 億 1,425 萬人，城鎮化率為 64.7%。未來城鎮化水準應該還會有所提高，因此可以說，宗法宗族及其觀念，總體趨向弱化是不變的趨勢。

計劃生育對宗法宗族及其觀念損傷巨大。還需要特別提及的是，中國大陸自 1980 年起在全大陸範圍內普遍提倡「一對夫婦只生一個孩子」，2015 年 10 月十八屆五中全會宣佈全面二胎。計劃生育 25 年，期

間執行相當嚴格的一胎化政策，這對於宗法宗族及其觀念的存續，損傷巨大。

社會的政治結構、生活方式的內在統合以及精神世界的主導觀念乃是確定某種文化形態是否穩定的最主要因素，而一種生命力持久的文化形態往往會跟隨這些因素的變化來進行調整，無法適應變化了的社會的文化形態必然會被逐步弱化以致淘汰。應該承認，上述三個主要的因素對宗法宗族及其觀念來說，都在很大程度上具有了不可調和的衝突，宗法宗族及其觀念的生存空間已經相對較小而且還在不斷的壓縮之中。

中國大陸目前已經意識到少子化給國家經濟與社會發展帶來的危害，據新華社報導，2021 年 5 月 31 日，中共中央政治局召開會議，聽取「十四五」時期積極應對人口老齡化重大政策舉措彙報，審議《關於優化生育政策促進人口長期均衡發展的決定》。會議要求，要進一步優化生育政策，實施一對夫妻可以生育三個子女政策及配套支持措施。但是一胎化政策對家庭成員的漏斗型縮減，很難在短期調整為錐體型擴張。

核心家庭之血親的大幅減少，必定導致宗族規模的迅速縮減；而宗族規模的縮減，必定會影響宗親姻親的規模與影響力。一胎化損傷的不僅是宗族的規模，也會因為核心家庭的後代高度集中於一個孩子，從而導致下一代因寵溺而放棄規則，會影響下一代的紀律性、服從性與競爭欲望。可以說，長期的一胎化政策，給宗法宗族及其觀念的存續營造了前所未有的困境。

土地所有權對維繫宗法宗族觀念還有重要作用。雖然說宗法宗族觀念在中國大陸的弱化是不變的趨勢，但是並不意味着其影響馬上就會消失。尤其在中國大陸的農村，還會存續一段時間。

因為中國大陸在改革開放之後雖然實行土地聯產承包，包括後來

的土地流轉，且市場經濟的發展為農村剩餘勞力的自由流動創造了機會，但這種自由流動與新中國建政之前的那種人員流動並不相同；主要是因為一九四九年以前那種人口流動，至少其中有一部分人口的流動原因是土地兼併造成的，失去土地的農民流向他方完全是沒有任何退路的背井離鄉。但是一九七八年之後逐步在中國大陸推行的土地承包包括土地流轉，只是使用權的部分轉移，所有權並沒有任何變更；具體農民名下的責任田，雖然可以轉租，但是並非轉賣，農民處於「進可攻退可守」的狀態。他們出外是為了追求更高的收入和更高的生活目標，成功則會維持在外地流動或定居，失敗則可以回鄉耕種以保證溫飽；還有部分農村勞力，則會在農忙時返回種田、農閒時出外打工掙取更多收入。就是說，這個群體並沒有真正離開土地。

中共中央辦公廳、國務院辦公廳 2014 年印發了《關於引導農村土地經營權有序流轉發展農業適度規模經營的意見》，《意見》要求大力發展土地流轉和適度規模經營。這裏的土地流轉其實是指擁有土地承包經營權的農戶將土地經營權（使用權）轉讓給其他農戶或經濟組織，即保留承包權，轉讓使用權，這並不是新中國建政之前的土地買賣，所以承包者與土地的聯繫並未完全阻斷。應該說，現在向外流動的農村勞動力，至少有相當大的部分依舊與原來的生活環境、或者說與原來的村落文化環境包括宗法宗族及其觀念保持關聯，因此對於傳統文化與現代文化的吐故納新，就不可能非常迅速，更不可能馬上與以往超過三千年積澱而成的宗法宗族觀念一刀兩斷。

自改革開放以來，中國大陸農村的發展變化極大，中國共產黨在誕生一百周年的時候已經歷史性地解決了中國大陸的絕對貧困問題，中國大陸政府也在積極推動戶籍改革，雖然城鄉二元結構並沒有完全消除但是已經明顯鬆動。「如果一個國家的農業滯留在自然經濟的發展模式中，那麼傳統社會陳舊落後的經濟關係、政治關係和思想文化關

係就不可能真正徹底地解體。……從現代社會的智力基礎看，現代化過程本身亦表現為生產活動以及整個社會生活的科學技術化。」[38] 應該說，中國大陸農村的自然經濟狀態正朝着現代化邁進，但是完全改觀尚需時日；從這個角度講，宗法宗族及其觀念同樣也會在相應的時期內繼續存在，並發揮一定的影響。

小結

本章分析了宗法宗族觀念作為中國特有的一種社會運行機制在現代中國、當代中國大陸的存續，指明宗法宗族觀念並未因為結束帝制時代而馬上消失；而 1958 年之後，由於中國大陸實行嚴格的戶籍管制導致民眾長期安居不遷，使宗族在一地的繁衍與擴張成為現實；宗法宗族及其觀念雖然已經得不到國家政權的認同，但是並未失去傳承的重要基礎；甚至在改革開放之後的一段時期因為宗法宗族及其觀念的生存土壤有所改善，在相應的時間裏尚有蔓延復熾之勢。從目前的各種現實條件看，宗法宗族觀念不會在短時間完全消失，但是長遠看呈現持續弱化的態勢。

---

38 《當代中國社會轉型論》，陳晏清主編，山西教育出版社，1998 年 8 月第 1 版第 1 次印刷。

第九章

《日本第一》的啓示：相似與相異

引言

　　日本工業化的成功與經濟實力的大幅增長，以及亞洲四小龍的亮麗表現，使很多西方學者將研究的目光投向這些國家或地區所形成的「雁形陣」特別是其領頭雁——日本。但是有些學者的相關研究發現，雖然上述國家和地區都屬於儒家文化圈，但是相關表現在一些細節上並不完全相同。例如注重能力主義的美式企業管理方式，有些方面在日本受到比較強烈的抵制，反而在中國台灣的企業管理中比較順暢地被接受。為甚麼會在「同受儒家影響」的日本企業與台灣企業管理中出現這種不同的結果？筆者認為，這並不主要是由儒家思想主導的差別：日本企業的大家族管理模式與中國唐以前古典型宗法宗族的制度、觀念與運行模式近似之處較多，具有比較突出的組織性、紀律性、服從性、忠誠性、集體主義等特質，強調論資排輩、安守職分、重視關懷；而中國宋以後普及型宗法宗族理論與制度、思想觀念與運作模式，保留了一定程度的組織性、紀律性、服從性、忠誠性、集體主義等特質，相對而言強化了肯定能力、鼓勵競爭、推崇教育、推重「威權」的特質且影響中國民眾至今，因此中國兩岸四地對美式管理的能力主義、重視個人貢獻相對比較容易接受。而通過與《日本第一》中相關日本企業

文化特質的對照，可以進一步解析中國獨有的宗法宗族觀念在中國工業化發展包括中國製造與創新的進程中，作為重要文化基因所發揮的作用。

一　傅高義先生名著《日本第一》的啓示

一般來説，發達國家或地區的工業現代化都經歷了製造和創新的充分發展才擁有了今天的「發達」。如果選擇成功地通過多門類的規模化、標準化製造影響全球，並且在創新發展方面亦影響了當今世界的典型經濟體，就文化特質對工業化發展的影響進行比較，將範圍限定在近當代的美國、日本和中國等三個巨型經濟體之間，應該是最具代表性的，會讓文化差異對工業化發展包括製造與創新的影響，對照起來更加簡明扼要。

從特質文化對工業化發展的影響角度進行解析，傅高義的《日本第一》無疑是剖析「日本製造」與「日本創新」優勢成因的經典。上個世紀七十年代日本之所以能夠在家電、電子、汽車等比較倚重規模化、標準化生產的製造業方面超越美國成為「第一」，傅高義認為與日本的特質文化有着很大的關係。他在初版序言中特別強調「日本各種制度的好處，有許多是從日本獨具一格的文化土壤中產生的，與美國風馬牛不相及，不是簡簡單單地就可以學到手的。」[1] 筆者認為，傅高義就日本文化對組織包括企業管理文化的影響，及其產生的效果如與日本製造與創新之間的關係，已經做了非常深入細緻的觀察與分析；而如果能夠針對日本家族文化對日本製造與創新包括企業管理的影響進行相關的梳理，

---

1 《日本第一》，傅高義著，上海譯文出版社，2021 年 1 月第 10 次印刷，初版序言第 8 頁。本書相關《日本第一》引文皆與此同版。

有些方面可以得到更為精準的解析。當然,傅高義強調「日本第一」,不是指日本經濟是全世界最大最強的,而是要告訴美國人,日本是如何發展的。《日本第一》涉及了日本制度的諸多方面,但是對本章來說,只是集中選用相關部分的內容如「大企業:認同感與績效」進行比較,希望對中國的工業化發展包括中國製造與創新能夠進行合理的對照與剖析。

在這裏我們以傅高義的相關判斷為切入點,將影響日本製造與創新的部分「特質文化」,與中國唐以前古典型和宋以後普及型宗法宗族理論與制度、思想觀念與運作模式進行對比分析,進一步研究宗法宗族觀念對中國工業化發展包括中國製造與創新的影響。

傅高義列舉的關鍵因素與疑問:

如果我們摘要來看,傅高義總結當時的日本企業的工業生產效率包括製造業能夠超越美國的幾個關鍵因素是:

1.「**終身雇傭制**」。傅高義表示,「只要肯幹,即使處於最末位,也決不至於被攆出去,這就是與哈佛大學商學院的學生或美國政府官員的不同之點。」

2.「**論資排輩**」。傅高義表示,「到了日本企業趕過歐美企業的六十年代後半期,日本的企業家開始認識到論資排輩制要比西歐式的經營方法來得優越,從此以後,他們開始努力去樹立自己獨創的經營哲學。」

3.「**強烈的集體主義精神**」。傅高義表示,「集團的全體成員都具有這樣一種心理:為了維護團結,從各自的立場出發,一定要盡自己最大的力量。換言之,正如哈佛大學商業院的喬治・洛奇教授所說的那樣,它多半是由於重視共同體的作用的緣故。」「無論在城鎮、村莊、城市社區,還有工廠裏,其負責人都對他的集團竭盡忠誠,努力工作,以不辜負該集體的成員的期望。孩子們從小就受到為了社會而協作是

多麼重要的教育。」

4.「**高度的忠誠**」。傅高義表示，「大企業內部的忠誠度極其複雜地層層相疊，呈現出迷宮一般的狀態。員工對企業內部形成起來的各種集團，如一個課室，一個工廠，一家分店，或一起工作的集體，都分別抱有忠誠心。」「即使在今天，日本人也會傾向於主要對一個大集體保持忠誠度，在其中他可以展現性格的各方面，從私人交際到正式商務來往。每個成員都強烈感到互相間有一種義務，因為一直保持着這種意識，要加入或脫離這個集體都是不容易的。」

5.「**良好的上下級關係**」。傅高義表示「日本企業的前輩給後輩以種種照顧的情景，在歐美人看來，簡直就像母親對子女一般的照顧」……「在升級的標準中最重要的一條，是要善於協調。」

6.「**公平分配，差別不大**」。傅高義表示，「日本企業負責人，比美國企業負責人的工資和持有股票都較少，生活也樸素得多。」「對日本人來說，他們看重規則，更重視結果。為了進行最妥善的分配，規則也是可改變的。而且，比賽完後，全體參加者都會享受到成果。」「日本人收入的差距是不大的。一九七〇年度，上層百分之二十與下層百分之二十之比是四點三比一，這與美國的七點一比一相比，是非常少的。比較一下大學在校學生家長的收入，也可看出這一點。日本最難考的東京大學的在校生中，百分之三十五是上層家庭出身，百分之十四是下層家庭出身，這與美國名牌大學學生家長收入懸殊的情況相比，是非常低的。從這件事也可說日本的財富分配是比較公平的。」

7.「**安守職分，分工協作**」。傅高義表示，「日本的工廠，工人們沒有受到監視也幹得很起勁，對上司也幾乎沒有反感，而且似乎在由衷地期望企業的發展。」「同業公會的領導人在從事公會的工作時，是把整個公會當作自己的企業一樣對待的。正因如此，處於競爭關係的企業領導人之間能推心置腹地互相交談。對日本人來說，倒是對美國那

一套做法感到奇怪，他們會想，如果因《禁止壟斷法》而禁止企業內部的協作，那企業怎麼能繼續發展呢？」「中小企業數目多、種類雜，彼此利益多有不同，而且，企業本身的獨立性不強，對大企業的依賴程度高。」「政府有明顯的優待大企業的傾向，但是，對中小企業，也根據公平分配的原則，採取了一些措施。政府獎勵工業的迅速現代化，對靠自己的力量不能添置新設備的小企業，則勸說它們合併起來，還贊成許多小企業為促進現代化而被編入大企業的系列之下。」

8. **精益求精**。「日本的法律，不是對性能給予專利，而是對製造方法給予專利。因此一個企業在取得了外國的專利之後，研製出具有與專利同樣性能的新產品，最後就不再依賴外國的技術了」「在日本，複合企業不多，幾乎所有的企業，如銀行、商社、百貨店、重工業、家用電器、石油、纖維等，都是專門經營一項事業。企業的專業化，一是有官廳的行政指導；二是為加強競爭能力，促進掌握必要的業務知識和長期發展技術而形成的。」

9. **領導人具有較強的主導能力**。「日本的集團，比起美國的來，作為集團的約束力要強大得多。正因如此，集團中的每個成員，大多不持有自己的獨立見解，而是追隨集團，與集團的代表見解力求一致，並將它作為自己的見解。……由領導人定好具體的框框，然後它的成員在此框框內來考慮問題。其中甚至有的人避免批評該部門的領導人，根本不提個人意見。」

傅高義在此基礎上不無疑問地總結道：「企業所取得的優異的成就，究竟是從這樣溫情脈脈的氣氛中的哪一點上湧現出來的呢？」

他也不是很肯定地得出一個結論：「日本的工人對企業具有忠誠度，對工作感到很大自豪，大概這就是生產出價廉物美產品的根源。」

二　唐以前宗法宗族觀念與模式對照日企特質有頗多契合

西方近代工業的生產與管理模式進入日本之後，也經歷了引進與消化的過程。「在日本的情況下，這種為封建時期手工業培養起來的家族主義，在從西方移植過來的、具有嶄新的技術與組織形態的近代工業當中，卻發揚光大起來」。在筆者看來，這顯然是日本「家族主義」的特質文化經由企業成就呈現的結果，並非封建時期手工業培養了「家族主義」。日本經濟組織及企業文化中對應的關係更類似中國唐以前古典型宗法宗族理論與制度、思想觀念與運作模式，重視集體、紀律與服從，這種特質高度適應規模化、標準化工業產品的生產；推崇忠誠、上慈下孝、公平分配，則使得機構成員更容易保持團結；而安守職分與重視分工協作，有利於追求精益求精、聚合優點以強化產品的整體競爭力。這些與日本家族主義相關的特質文化，不僅有利於生產過程的分工與協作，也有利於造就最終產品的競爭優勢。

一些研究東亞經濟發展包括企業管理的歐美專家是從享譽世界的儒學入手，解析東亞經濟長期高速發展的原因，包括企業管理中與西方國家特別是美式企業管理的不同。但是根據前述傅高義在《日本第一》中對相關問題的觀察與分析，如果比照中國唐以前古典型宗法宗族理論與制度、思想觀念與運作模式，會得到更為合理的認識與解釋。

在這裏，我們可以首先將傅高義對於日本企業管理文化之特點所描述的九個主要方面，與中國的唐以前古典型宗法宗族理論與制度、思想觀念與運作模式進行對比，然後再歸納出結論。

1.「**終身雇傭制**」。宗法宗族及其觀念在中國的歷史源遠流長，是「以血緣關係為基礎、以父系家長制為內核。」[2] 在這種以血緣關係為基

---

2 《中國宗法宗族制和族田義莊》，李文治、江太新著。

礎的組織中，作為宗族成員的一個基本要件就是相互依存、長期聚合，或者說是「終身相互依存」。這種宗法宗族的生存模式帶入到組織或企業文化之中，就比較容易遵行「終身雇傭制」。

2.「論資排輩」。宗法以「以大宗小宗為準則，以孝悌和尊祖敬宗為核心，按尊卑長幼關係制定封建倫理原則。」[3]「大宗能率小宗；小宗能率群弟，通於有無，所以紀理族人者也。」[4]上述原則確定了等級差序，這種等級差序在唐以前古典型大宗族形態中體現得更為明顯，魏晉時期的門閥制度則是典型表現。這種等級差序與尊卑長幼的關係，反應到機構包括企業架構之中，「論資排輩」就成為一種必然的狀態。從有利的角度看，在合適的文化土壤中，有利於指揮調度、令行禁止。從不利的角度看，則縮限了底層向上流動的機會，並抑制社會發展的動力。

3.「強烈的集體主義精神」。「族」字本身，就帶有軍事組織的意涵（甲金文「族」從「㫃」從「矢」，象徵用來聚眾的旗（㫃）和用以殺敵的箭（矢），本義是以氏族為基礎的軍旅組織；古代的氏族同時是軍事組織，「族」字的構形保留了古代軍事文化。[5]「宗族制的再一個作用是維護族眾的利益，這主要體現在族眾團結一起防禦外族的欺凌。在這裏，宗族組織起了維護族眾的作用。在有些地區，也正是這個緣故，宗族組織對族眾具有強烈吸引力。但是，宗族之間常常因利害關係發生矛盾乃至械鬥，這也是中國歷史上常見的現象。」[6]在生產力低下的農耕社會或者說冷兵器時代，族眾的多寡在很大程度上決定了部族生存能力

3　《中國宗法宗族制和族田義莊》，李文治、江太新著。

4　白虎通德論卷八 —— 宗族。

5　漢語多功能字庫。

6　論宗族制度與中國傳統法律文化》，鄭定、馬建興，《法學家》，2002 年 02 期 19 頁。

的強弱，搶奪有限的生存資源在很大程度上依賴人多勢眾、團結一致。在這種非常現實的生存條件下，集體主義其實是個體生存的重要基礎。「從來中國社會組織，輕個人而重家族，先家族而後國家。」[7] 就是說，「強烈的集體主義精神」對宗法宗族的生存與發展是必不可少的。相對而言，「唐以前古典型大宗族」由於特權性質的政經利益較大，宗族能夠給予族眾的利益較大，族眾主動追隨的成分比較多，自發的集體主義精神相對較強；而「宋以後普及型小宗族」由於特權性質的政經利益較小，利益誘導或權力約束的成分比較多，自發的集體主義精神相對有所減弱。

　　4.「高度的忠誠」。對於忠誠，無論日本文化還是中國文化都極為推崇。中國歷代皇權都倡導「忠孝」：「孔子曰：『事親孝，故忠可移於君，是以求忠臣必於孝子之門。』」[8] 宋以後普及型宗法宗族不僅在規模上一般遠遠不及唐代之前，更關鍵的是失去了唐以前大型宗族被皇權看重且依靠出身即可以擁有更多參與國家治理機會的政經特權。宋代宗法變革為了收宗族使人不忘本而強調「祖先崇拜」，對「孝」的堅持比較堅定，故君王更希望臣子「移孝作忠」。日本家族文化中對於「忠」的堅持高於中國，對「孝」的追求則不及中國。這種觀念反應到日式企業文化之中，就形成了日本企業成員對企業及其事業相對更高的忠誠。

　　5.「良好的上下級關係」。「聖者所以必有宗，何也？所以長和睦也。」「《尚書》曰：『以親九族』。」唐以前古典型宗法宗族因為族眾眾多，有不少達數千人甚至更多，因此如何維繫良好的族眾關係，就成為宗法宗族能否興盛的一個關鍵因素。《舊唐書 —— 卷一百八十八列傳

7　《中國文化要義》，梁漱溟著。

8　《後漢書‧韋彪傳》

第一百三十八》記載：「鄆州壽張人張公藝，九代同居。……麟德中，高宗有事泰山，路過鄆州，親幸其宅，問其義由。其人請紙筆，但書百餘『忍』字。高宗為之流涕，賜以縑帛。」還有記載說：「公藝自幼有成德之望，正德修身，禮讓齊家，立廣堂，制典則，設條教以戒子侄，是以父慈子孝，兄友弟和，夫正婦順，姑婉媳聽。」就是說，唐以前維繫古典型宗法宗族的穩定運作，在理論教化層次上相對更加突出孔孟儒學或者說古典儒學的「親親尊尊」，就是將「親親」放在「尊尊」的前面，由「親親」達致「尊尊」。而在具體的實踐層次，在行為上禮讓齊家、在情緒上仁厚隱忍乃是必不可少的重要因素。反映到企業管理之中，就是需要「保持良好的上下級關係」。筆者在 1988 年隨隊採訪中、日、尼三國雙向跨越世界最高峰珠穆朗瑪峰聯合登山隊時，在長達四個月的時間裏與日本登山隊員特別是精通中文、當時在日本著名大企業丸紅公司任職的日本南側登山隊翻譯官森本志天先生交流甚多。在大本營閒聊的時候聽他反復講過，日本大企業的社長往往就像一個「父親」。森本先生當時說的企業掌舵人像個「父親」，給我留下了非常深刻的印象：因為這與中國的企業領導形象，具有比較明顯的差異。而歷來不少研究者也將日本的大企業比喻為一個「大家族」，稱企業領導者就如同一個大家長。應該說，日本企業文化重視「良好的上下級關係，與唐以前古典型宗法宗族重視關懷、忍讓、協調，將維繫良好的尊卑關係放在非常重要的位置，頗為相像。當然，日本隊表現出來的論資排輩、組織性、紀律性，也給筆者留下了深刻印象。

6.「公平分配，差別不大」。「日本企業負責人，比美國企業負責人的工資和持有股票都較少。」同居共財是唐以前古典型宗法宗族普遍的存在形態或者說是普遍的運營與維繫模式。我們這裏還是以張公藝為例：「唐張公藝，九世同居。高宗問其睦族之道，公藝請紙筆以對，乃書忍字百餘以進。其意以為宗族所以不睦，由尊長衣食或有不均，

卑幼禮節或有不備，更相責望，遂為乖爭。苟能相與忍之，則家道雍睦矣。」[9] 很明顯，如果想要「家道雍睦」，就要避免「尊長衣食或有不均，卑幼禮節或有不備。」以公平防備「乖爭」，表明唐以前古典型宗法宗族的內部財物分配，與日本企業內部以「公平分配，差別不大」保持團結和睦的相互關係，頗有相似之處。對照美國企業薪金的狀況，日本這種防止分配不公導致矛盾的優點就更加明顯：「日本企業董事的薪資大約是一般員工平均薪資 6 至 10 倍；在大企業中，主管級人員的薪資和紅利合在一起是一般員工的 2.5 倍，自 70 年代以來幾乎沒甚麼變化。與此相對的是，2000 年美國的首席執行官（CEO）年度所得為一般員工平均薪資的 531 倍。」[10] 而受宋以後普及型宗法宗族觀念影響更深的中國包括港臺地區，在薪資上則更傾向於向美國企業看齊，很多私企乃至國企領導者的薪資，都遠遠高於普通員工。

7.「安守職分」，分工協作。唐以前古典型宗法宗族往往有很大的規模，族眾驚人。例如三國時李典的族人部下有三千多戶，他曾經遷徙部下族人一萬三千多口到鄴縣。對於如此規模的族眾來說，如果不能組織族眾進行有效的分工與協作，或者族眾不能「安守職分」，就很難保障生產資料特別是人力資源的有效使用，也就難以保障整個宗族的平穩運作。應該說，大型宗族內部涉及人數眾多的分工與協作，是保障宗族生存與發展的必然方式，如同男子耕作女子蠶桑一樣，當族眾發展到一定規模，以家庭甚至以個人為單位進行精細分工與協作無疑有利於提高效率與品質，也就是提高生產力與競爭力。當然，也只有人力資源達到一定的規模，如唐以前的大型宗法宗族，才有可能進行相對固定

9　古代八德 ~~ 公藝百忍。

10　《破解家族企業傳承與治理之謎》，王濤，華夏基石洞察，引自虎嗅網 2020 年 2 月 21 日。

的精細分工，且通過協作互助以保障精細分工參與者的基本生存條件。這種狀態，與日本大企業周圍往往圍繞眾多相對穩定的中小關聯企業的結構非常相像：大企業作為主體要求相關小企業能夠「安守職分」，企業內部也要求員工能夠「安守職分」，以便進行有效而穩定的分工與協作。

8. **精益求精**。「我國古代手工業的技術發展，基本上是建立在個人技藝的嫻熟的基礎上。一些秘方絕技，也大多是在長時期的實踐中，通過經驗的積累，熟能生巧，逐步摸索，並在此過程中接受父兄的長期言傳身教和薰陶。古代手工業生產技術往往由某個家族中的某些成員通過世代相傳。世代相傳有利於知識的不斷積累，所達到的技藝水準，是其他未受家傳的外人所望塵莫及的，但家族的保守也同時阻礙了技術的推廣和借鑒。」[11] 而對唐以前大型宗族內部的分工與協作來說，相對固定的精細分工與世代相傳不僅有利於特殊技能不斷提高，也有利於技術擁有者通過精益求精保持其在分工中的優勢地位，進而維護其在組織架構中的生存條件。這種大型宗族內部的精細分工對日本企業的運作頗有影響：對日本國內的分工與協作來講，大企業可以要求提供零部件的小企業「安守職分」以保障大企業本身的穩定運行，另一方面小企業則通過精益求精保持大企業對其專精產品的倚重，也就是通過不斷強化自己「被需求」的能力提高其在分工中的優勢地位以保持與大企業的牢固聯繫。而從參與國際競爭的角度看，按照「日本的法律，不是對性能給予專利，而是對製造方法給予專利。因此一個企業在取得了外國的專利之後，研製出具有與專利同樣性能的新產品，最後就不再依賴外國的技術了。」在筆者看來，對製造方法給予專利，實際上就

---

11 《中國古代傢俱工匠發展研究初探》，姜琪、吳智慧，2015-12-14，來源：《藝術傢俱》雜誌。

是為通過精益求精在原有基礎上進行改良包括利用更好的製造工藝，進而實現品質與性能上的超越預留了空間。這非常符合日本「安守職分」、擅長精益求精的國民性，也與唐以前大型宗族內部相對穩固的精細分工具有某種內在關聯。雖然不是另闢蹊徑地實現彎道超車，但是可以通過堅實的技術積累，能夠在同類產品的競爭中逐步擠佔更大的市場份額，這也符合日本企業長期重視的銷售策略。

9. 領導人具有較強的主導能力。無論唐以前古典型還是宋以後普及型的宗法宗族，都高度尊重宗子或族長的身份、地位與權力，因此宗族領導者對於宗族運行一般都會具備很強的主導能力。日本曾經大規模引進唐朝的典章制度，而唐代宗法宗族相對而言受古典儒學影響較大，「親親」在「尊尊」之前；與此相關，日式企業文化較之中國大陸以及中國台灣、香港的企業文化相對溫和，但是領導者的權威在日本依舊是備受尊崇的。正如傅高義所言：「在美國，一提到『共識』，是由每一個成員思考問題，根據自己的判斷得出的結論，如果趨於一致時，才稱之為『共識』。而在日本，所謂『共識』，恐怕是指一人首倡，眾人附和這一過程所產生的一致。」

綜上而言，日本企業文化與員工特質，很明顯與中國唐以前古典型宗法宗族及其觀念有某種內在關聯。而這種企業文化與員工特質使得日本的企業在組織性、紀律性、服從性、集體主義、團隊協作、企業忠誠、工作自律、精細分工等方面明顯超越美國企業。從某種意義上說，正是上述優點使日本企業的分工與協作較少摩擦、更加順暢，因此也使得日本企業在規模化、標準化工業產品的生產方面明顯具有更高的效率；精益求精則使得日本產品的品質具有更好的保障，整體上使得日本產品具有更強的競爭力。或者，這「大概這就是生產出價廉物美產品的根源。」

那麼，為甚麼說唐以前古典型宗法宗族理論與制度、思想觀念與

運作模式能夠深刻影響日本？

三　唐以前宗法宗族文化緣何深刻影響日本

日本雖然是一個相對封閉的島國，但對外學習的歷史不僅是悠久的，而且學習的欲望強烈且韌性十足。「日本在飛鳥、奈良、平安時代，從經濟基礎到上層建築，以及社會風俗習慣全面吸收了唐朝文化，從而實行了大化革新。西元八一八年，嵯峨天皇更是下詔說：『朝會之禮，常服之制，拜跪之等，不論男女，一準唐儀』。」[12]「十九世紀後半期、明治時代初期，明治政府為了建設一個現代化的國家，派了一些調查團出國，研究各國的政治和社會，從中採納認為最好的憲法、軍隊、工業、科學、技術、農業。日本現政府繼承明治的傳統，在戰後也派遣各種領域的調查團出國。」（「日本人向蘇聯學體操，向加拿大學冰球，向澳大利亞和美國學網球，向英國學足球和橄欖球，向奧地利學滑雪，向美國學籃球，乒乓球先是向美國學，後來又向中國學。日本人就是這樣從外國學過來的。」可以說，日本在歷史上就有向世界最高領域看齊的強烈願望，從當年大化革新，到後來明治維新，對先進文明的學習不僅全面，而且細緻深刻。

唐代豪門望族位高權重必然受到遣唐使關注。歷史地看，唐以前古典型宗法宗族理論與制度、思想觀念與運作模式對日本的家族觀念與運行模式之所以能夠產生深刻影響，關鍵在於日本當時曾經大規模移植唐朝成熟的典章制度。以當時的情況看，唐朝經歷貞觀之治，社會文明居於當時農耕社會的世界最高水準，無論政治、經濟、軍事還是

12《日本在這三個時期衣食住行和風俗習慣等全盤摹仿唐朝》，青史依舊，2017-04-10，歷史。

文化，都堪稱領世界風氣之先。而大化革新以前的日本，如果從社會文明程度的層面與唐朝相比，無疑是相當落後的。日本當時對唐帝國全方位的學習與典章制度的大規模、系統化移植，促成了對日本發展史具有重大意義的大化革新。可以說，當時交通不便、孤懸海外的島國日本，是依靠中國唐朝先進文明之乳汁的充分哺育，才迅速擺脫蒙昧進入封建社會的。

從西元 630 年舒明天皇派出第一批遣唐使開始，陸續有十九批、數千名日本遣唐使進入大唐學習各種知識並大規模、系統化地移植唐朝的典章制度，對日本社會各種規章制度所產生的影響堪稱是全方位的。在這種氛圍或者說歷史背景下，當時的豪門望族或者說古典型宗法家族，作為對李唐王朝的政治、經濟、軍事、文化等諸多方面都具有重大影響、以血緣為紐帶形成的社會組織，其令人矚目的政經勢力與社會影響，必然會進入人數眾多、學習欲望強烈，包括在唐朝通過科舉考試高中進士入仕為官的阿倍仲麻呂（漢名：晁衡）在內的日本遣唐使的視野。如裴氏家族在歷史上曾先後出過宰相 59 人，大將軍 59 人；僅在存續 289 年的唐朝就出了 17 位宰相，平均 17 年就有一位，其中包括直接促成李唐王朝「元和中興」、號稱可以與唐初的名相魏徵相提並論的賢相裴度。[13] 還有僅在唐朝就出了 15 位宰相的崔氏家族、自漢末至唐代六百多年的正史中有記載的歷史名人達 840 多人的盧氏家族、唐朝有 11 人成為宰相的鄭氏家族等。上述名門望族在李唐王朝無疑是位高權重、引人矚目的，他們超卓的地位以及對唐朝的政治、經濟、軍事、文化等諸多方面的作用與影響，對當時誠心學習唐朝先進文明的眾多日本遣唐使而言不可能看不到，也就不可能不重視、不研究這

13《中國國家地理雜誌》，馮蕙芷，2002 年 6 月號。

種大型宗法宗族的外部組織形態和內部運行機制；而這種大型宗法宗族的組織形態與運行機制，被日本遣唐使作為成功的範例引進日本，也就是順理成章的事了。

大化革新大量拷貝唐朝典章制度，《庚午年籍》與《氏族誌》有內在相關性。日本於西元 645 年開始大化革新，其中大量的革新內容源於唐朝典章制度，有些方面對於唐朝典制幾乎是完整地拷貝過去的。例如「對戶口年齡的規定。唐律規定：『以始生為黃，四歲為小，十六歲為中，二十一為丁，六十為老』。日本幾乎照搬：『凡男女三歲以下為黃，十六歲以下為小，二十以下為中，其男二十一為丁，六十一為老，六十六為耆』。……定戶。唐令規定：『凡天下人戶，量其資產，定為九等，每三年，縣司註定，州司復之』。日本戶令亦仿此條規定：『國司皆須親知貧富強弱，因對戶口，即作九等定簿』。」[14]

應該說，日本當年的大化革新對唐朝的制度設計與社會結構是全方位觀察、參照乃至模仿、移植的，因此唐朝鑒別名門望族以及如何對傳統的宗法宗族與新晉的豪強功臣進行社會地位的劃分，也就很自然地影響到日本家族社會地位的確認與劃分。日本在天智天皇九年（西元 670）年前後制定了《庚午年籍》，吸收以往鑒別貴族姓氏真偽的經驗，進一步嚴格劃分姓氏，強化身份制度，這與唐朝貞觀六年（西元 632 年）唐太宗下令重新修訂《氏族誌》有着很大的內在相關性。

中國的古典型宗法宗族在兩漢、魏晉南北朝、隋唐時期或者說唐代之前，具有相當特殊的社會地位，「無論是漢代之士族強宗，還是隋唐之門閥豪族，政治經濟特權使之成為一種特等公民，這種特等公民的身份來自於血統或軍功，其地位和享有的特殊權力使其在多方面類似

---

14 家族文化與傳統文化—中日比較研究》，李卓主編，本書相關《家族文化與傳統文化—中日比較研究》引文皆與此同版。

於三代的王族，特別是其對選仕制度的壟斷，使其家族世代顯貴，這必定有助於資產的積累。東漢章帝時，選舉已多為士族包辦，魏晉之時，高門幾乎壟斷了選仕，甚至不與庶族通婚，儼然一由高貴血統構成的特殊族類。」[15] 就連李唐王朝為了彰顯皇權的天命所歸，也需要證明帶有鮮卑族血統的李氏皇族的血統高貴，以便維持統治的有序穩定。貞觀六年，唐太宗下令重新修訂《氏族誌》，但是用時約六年修成（西元 638 年成書）的「第一版」《氏族誌》依舊將傳統的山東名士族崔民幹（崔幹）列為第一等，以至於惹得希望通過重新劃分名門大族以強調皇權至上的合法性、強化李唐王朝政權體系、要求天下民眾尊崇新建國家之政治序列的唐太宗李世民大為惱火，更親自出面干涉並明確要求大改：「今崔、盧之屬，惟矜遠葉衣冠，寧比當朝之貴？公卿已下，何暇多輸錢物，兼與他氣勢，向聲背實，以得為榮。我今定氏族者，誠欲崇樹今朝冠冕，何因崔幹猶為第一等，只看卿等不貴我官爵耶？不論數代已前，只取今日官品、人才作等級，宜一量定，用為永則。」遂以崔幹為第三等。[16] 是說，當時面對傳統觀念中的名門望族，連一代賢君唐太宗也只能「蠻橫」地利用皇權直接施壓才得以提高自己的血統地位。修改後的《氏族誌》，以李唐皇族為首，屬於山東名士族的崔幹降為第三等。還規定當時的勢力和影響巨大的「七姓十家」不准通婚，從一定意義上就是為了抑制傳統士族的宗族勢力對皇權、也就是皇帝本身所代表的「家國同構體」的威脅。儘管唐太宗曾經力圖改變和壓抑歷史留存的名門望族，但是並不容易，只是實現了傳統名門望族與新進唐代豪強的某種平衡。很多名門望族即使已經敗落，甚至到了兒女婚嫁時竟然向親家大

15《中國宗族》，馮爾康、閻愛民著。

16《貞觀政要‧卷七》。

開獅子口索要彩禮的地步，還依舊要擺出一副出身不凡的架勢；而且，很多有權有勢的庶族地主為了使自己的血統能夠變得「高貴」，不惜花費重金與傳統或曾經的名門望族聯姻。《新唐書・杜中立傳》「開成初，文宗欲以公主降士族，謂宰相曰：『民間脩婚姻，不計官品，而上閥閱，我家兩百年天子，顧不及崔、盧耶！』」。

在當時大化革新大量拷貝唐朝典章制度的國策下，遣唐使當然不會遺漏《氏族誌》對唐朝社會階層劃分的重要作用。對照天智天皇修訂《庚午年籍》，很明顯具有相當程度的內在關聯；可以說日本在姓氏身份制度上的改革，無疑受到了唐太宗重定貴族大姓等級的重大影響。

日本對名門家系高度重視頗似唐以前古典型宗族。兩漢豪強巨族、魏晉門閥士族與唐朝相距不遠，歷史記憶應該比較清晰。而唐太宗勒令新編《氏族誌》將李唐皇族放在首位，客觀上強化了當時社會對門第家系的重視。

比如在日本人心中「人無高貴家系，不能出人頭地；出人頭地者，必有高貴家系。」[17]對照日本這種對家系門第的重視，與魏晉詩人左思「世冑躡高位，英俊沉下僚」的感嘆何等相似。「在日本封建社會，家系門第觀念自始至終支配着人們的思想和行動。一個人的前途、價值不是取決於其本身的努力與才智，而是取決於門第和祖輩的『勳業』。……豐臣秀吉雖然足智多謀，基本完成統一大業，堪稱功績卓著之人，但他始終未敢奢望將軍之職，而只是屈居太政大臣。這恐怕與其出身卑賤（其父只是一個『足輕』）不無關係。在豐臣秀吉的政治和軍事生涯中，曾極力對自己的家系進行美化。隨着他的步步得勢，其家名也在不斷變化：最初姓木下，不久改姓羽柴（因敬慕武將丹羽長秀、柴田勝家，

17《家族制度與日本法》，井上和夫著，轉引自《家族文化與傳統文化—中日比較研究》，李卓主編。

各取二人名之一字為姓），後又稱平秀吉、藤原秀吉。任太政大臣後，又以天皇賜姓的形式稱豐臣朝臣。這一過程暴露出豐臣秀吉對自己出身的自卑，也說明他對高貴家系的崇尚。」[18]

有詩聖之稱的大詩人杜甫生活之窘困後世皆知，但是即使是「布衾多年冷似鐵」，也要誇耀自己出身的高貴：「神堯十八子，十七王其門。……中外貴殊賤，餘亦忝諸孫。」（《別李義》，暗示自己是李淵的後人，誇耀父系的高貴。）「舅氏多人物，無慚困翩垂。」（《贈崔十三評事公輔》，乃是誇他母系家人物多。）「而在日本歷史上，頗有些人為了平步青雲，往往偽造家系往自己臉上貼金。更有些人背棄祖先，購買名門家系以炫耀於人。」「於是在允恭天皇時，不得不下詔曰：『上古之治，人民得所，姓名勿錯，今朕踐祚，於茲四年矣，上下相爭，百姓不安，或勿失己姓，或故認高氏。』」「九世紀初期，『新近本系多違故實，或錯綜兩氏為一氏，或不知源流倒錯祖次，或迷失己祖過入他氏，或巧入他氏以為己祖』的情況非常嚴重，因此朝廷才編撰《新撰姓氏錄》，以辨別真偽。從此以後，日本的官修譜牒非常盛行。」對照中國，「儘管門閥士族為庶族地主所不恥，但是門閥士族所形成的『血統論』，對庶族地主影響極大。早在唐代，士庶鬥爭雖然激烈，庶族官僚常對士族在出身上的優越感憤憤不平，但相當多的庶族地主官僚則為自己出身寒門而感到羞恥，以至於被別人問起出身時，竟然喪魂失魄，『殆不能步，色如死灰』。」[19]而在中國唐時，「士族因其血統『高貴』得以世代做官，因而『詐冒資蔭』之事時有發生。尤其是儒生在參加科舉時，往往詐

18《家族文化與傳統文化——中日比較研究》，李卓主編。

19《宗法中國》，劉廣明。

冒姓氏。唐太宗曾為此敕令詐冒者自首，違者處以極刑。」[20]上述極其相似的心態，也說明當時兩國在家族門第方面的認知帶有明顯的相似性與相關性，日本對名門家系的高度重視應該說頗似唐以前大型宗法宗族。

直到如今，日本政壇的家族世襲依舊興盛，甚至有觀點表示，日本首相是「生」出來的，這與中國唐以前名門望族包括魏晉門閥士族擁有的特殊政治地位是頗為相似的。

日本最早的家訓《私教類聚》與中國六朝《顏氏家訓》頗有關聯。唐以前古典型宗法宗族理論與制度、思想觀念與運作模式，和唐朝對姓氏身份的重新劃分，可以說直接影響了當時日本家族的思想觀念、組織形態與運行機制，包括後來幕府時期的日本名門家系的構成及運作，以及豪門貴族在日本社會中的地位，其中家訓發揮了一定的作用。

「據考，日本最早的家訓是吉備真備所作的《私教聚類》，寫成於奈良時代。吉備真備官至朝廷的右大臣，曾經作為遣唐使不止一次到過中國，並在中國生活過二十多年，通曉儒學、天文、兵學等多門學問。吉備真備在創作《私教類聚》時，曾參考了中國六朝北齊時代顏推之寫的《顏氏家訓》。在中國的南北朝時代，豪族勢力膨脹，『家』被漸漸重視，《顏氏家訓》也正是這種社會現實的反映。當時的日本社會也具有相似的時代背景，貴族興起，製作家訓的傳統也逐漸開始，吉備真備就是在這種背景下創作了《私教類聚》。從那時起，日本人便繼承了中國人以家訓齊家的傳統。」[21]

在日本大量拷貝唐朝典章制度的歷史背景下，中國唐以前古典型

20《家族文化與傳統文化 —— 中日比較研究》，李卓主編。

21《家族文化與傳統文化 —— 中日比較研究》，李卓主編。

宗法宗族文化，與日本家族文化有較多近似之處是正常的。日本歷史學者林幹彌說過：「平安時代社會的風俗習慣，幾乎全是唐風。」[22]

當唐風在日本列島廣泛吹拂，類似《私教類聚》這種「以子孫為對象的道德教訓書」的家訓在全境普及，且有官居右大臣（相當於常務副總理）的高層積極推動，民眾在長期的學習、模仿與遵守中，就會形成習慣，並將之逐步幻化成自身的文化基因。我們也因此可以說，日本家族文化的發展與成型，與中國的宗法宗族文化，有着明顯的關聯性。

宗法宗族觀念影響日本家族觀念。在日本大量拷貝唐朝典章制度的時代背景下，日本後世的家族文化較多吸納中國唐以前古典型宗法宗族觀念的相關成分，乃是自然而然的事情。

例如，唐代及之前的古典型宗法宗族往往帶有一定的軍事組織的性質，更多吸納唐以前古典型宗法宗族理論與制度、思想觀念與運作模式的日本家族文化，在組織性、紀律性、服從性、忠誠度與集體主義等方面對民眾的觀念塑造，相對而言是高於受宋以後普及型宗法宗族觀念影響較深的中國民眾的。而從這個角度說，宋以後普及型宗法宗族文化，與日本家族文化具有「同源不同流」的關係，這可能是日本企業管理模式進入中國大陸時產生「文化衝突」的重要原因。

還有，傅高義在《日本第一》中特別強調日本對教育的重視，且表示「自古以來，日本的傳統觀念，就是『萬般皆下品，唯有知識高』。」這兩句話與中國人常說的「萬般皆下品，唯有讀書高」頗為相似。其實這個「自古以來」，與中國唐朝日益制度化的科舉制度應該有一定關聯，日本遣唐使中的佼佼者阿倍仲麻呂還通過科舉考試高中進士入仕為官。宋代之後中國文明的輸出能力降低，善於學習的日本民族雖然並無「遣

22《日本在這三個時期衣食住行和風俗習慣等全盤摹仿唐朝》，青史依舊，2017-04-10，歷史。

宋使」，但是對於重視知識這樣的有利民族發展的理念自然不會抗拒。

應該說，借鑑中國唐以前古典型宗法宗族理論與制度、思想觀念與運作模式，對日本後世的家族形態、對名門家系的尊崇包括重視知識，都具有重要意義。而在近現代日本企業管理中展現的模式與風格，與其家族文化頗有關聯。

四　日本長壽企業數量巨大與重視家名有很大關係

中國唐以前古典型宗法宗族的某些特徵不僅在日本大型企業的管理方式上有所展示，對長壽企業的影響也有值得研究之處。應該說，中國唐以前古典型宗法宗族及其觀念對名門家系的高度重視影響了日本的家族文化，日本百年長壽企業冠絕全球，應該是與日本社會與民眾高度重視家名頗有關聯。

日本與中國對家以及家長制的理解有所不同。中國的家長是必須由天然的血緣關係來確定的，所謂不孝有三無後為大，家長最關注的不是財產無人繼承，而是血脈會否中斷。中國宗法宗族的宗子一般必須由純正的直系血親來擔任，唐以前古典型宗法宗族則遵循嚴格的嫡長子繼承制度；宋代以後雖然「奪宗法」，對宗子和族長的選擇向「選賢與能」的方向傾斜，但是絕對不可能從血親、宗親之外選擇宗子與族長，而是在血親、宗親中根據社會地位和名望來確定宗子和族長。而中國的家長在家庭之中的地位更是不可能被替換，只要他還在世，家庭的決定權就基本是掌握在他的手中；家長去世之後，也只有血親才有繼承家長地位的資格；即使過繼，也要在兄弟的後代中選擇，至少要在宗親的後代中選擇。

但是日本的家族權力，並不是絕對要由血親來繼承；在中國被認為是家族的外人的女婿，在日本可以因為才能出眾而繼承他妻子的家

業，管理包括其妻子的一眾兄弟在內的整個家族。而這在中國是不可想像的。「日本人對家長品德和才能的注重，超過對作為生物學上的父親的注重。」[23] 而正是因為這種超越「血親」的「選賢與能」，使日本人能夠長期保持家業與家名的存續與發展。這種特殊的家族文化，應該是日本為甚麼長壽企業世界第一的重要原因。

日本與中國對待家業繼承的態度差異巨大。 中國宋以後普及型宗法宗族在組織結構上基本是由家庭這個血緣經濟共同體和宗族這個血緣聯合體共同組成的，這就注定宗法宗族內部成員在利益上既具有共同性，也有競爭性。而日本的家族似乎更多地是以經濟共同體的面目出現的，血緣的關係相對較弱。加上中國的財產繼承基本上是平均分配，家庭經濟體的各自利益處於非常重要的位置；而日本的分家只是將家族的分支、甚至是將不重要的「枝葉」消除，且絕對優先保持家族主體的財產不被削弱。這樣，就導致日本更容易通過世代積累而形成長壽企業；而中國的家族企業往往在企業主多子多福的觀念下，到一定階段就被眾多的後代自然分解。中國歷來所謂「富不過三代」，與這種財產繼承的平均分配有着很大的關係。

「以日本人的觀念，家產是不可隨意分割的，不僅不會像中國傳統家庭分家時那樣基本由子女平均分配，而且會儘量保存主體繼承者的絕對勢力，以便延續『家』的概念。家是被當作一個『經營集團』來看待的 —— 日本的家是以家業為中心、以家名為象徵的家族經濟共同體，所以，日本的家不單純是以婚姻和血緣關係為紐帶的具體家庭。家的延續，說到底，不僅是血緣的延續，更重要的是家業的延續。……日本人對『祖先』意義的理解已經超出了『他界』（陰間）的範圍，現實中的人

23《家族文化與傳統文化 —— 中日比較研究》，李卓主編，81 頁。

也有可能成為實實在在的祖先，也就是說，『當一個祖先』就是創立一份新的家業的同義語。『當一個祖先』的口號之所以為日本人接受就是因為它絲毫沒有虛幻的、理想主義的色彩，而是一個現實的、甚至可以說是功利主義的、經過奮鬥就可以達到的實實在在的目標。中國人通過祖先崇拜昭示祖先生命的永生，日本人由祖先崇拜維繫家業的代代延續。所以，在日本人中沒有『斷了香火』之類的說法，也不像中國人那樣把『無後』看得如塌了天般嚴重。日本人最擔心的是『絕家』，因而要千方百計避免之。所謂『絕家』，並非指自然意義的斷子絕孫，而主要是指人們失去了賴以生存的基礎，意味着一定社會關係的消亡。」[24]

應該說，日本家庭對家業的繼承方式，與唐以前古典型宗法宗族核心家族的繼承方式，也有一定的相通之處。就是都有明顯的關鍵繼承者，並由關鍵繼承者掌握最多的政治與經濟遺產，維繫宗族或家族的團結與持久競爭力。

日本很多大財團都曾有非血親繼承但延續家業與家名。歷來經營有方的家族核心人物，必定較之他人有出色之處，但是這並不能保證他的後代一定是能力超群的人物；特別是中國家族家業的繼承權在血緣關係上堅持明確的排他性，比如對特殊技能、特殊工藝「傳子不傳女」甚至「傳媳不傳女」，都對中國家族家業的集聚財富、累世相傳設置了難以繞開的羈絆甚至是陷阱。反觀日本，則因為高度注重「家名」與「家業」的傳續，對血緣的純正問題沒有頑固的堅持，而是更加注重選賢選能，養子、女婿只要才華出眾一樣可以繼承家業。這樣，日本家族在家族財產繼承方面向家業的主要繼承者高度傾斜，就為整個家族家業的競爭實力不因繼承問題而削弱，提供了必要的條件，導致日本的「百年老

24《家族文化與傳統文化 —— 中日比較研究》，李卓主編，121 頁。

店」遠遠多於中國。「如三井財閥從十七世紀創業起到戰敗解散財閥為止，維持三百多年而不衰敗，某種程度上就是得益於養子繼承家業；僅從一九零零年到一九四五年，在三井總領家、五本家、五連家共二十九位家長中，就有六人是養子，佔百分之二十一。……安田財閥的創始人、安田善次郎雖然有兒子，但是卻選擇了婿養子作為自己的繼承人；著名的伊勢丹百貨的創始人小菅丹治（原名野渡丹治）及其後繼者第二代小菅丹治（原名高橋儀平）都是婿養子。如果把具有同族關係的企業都包括在內，恐怕很難找到沒有養子和婿養子繼承的家族企業。」[25]

中國長期實行的一妻多妾制度且秉持多子多福的觀念，使得擁有一定家業的家族容易因為追求「枝葉繁盛」，而迅速將農耕時代原本就集聚緩慢的家業攤薄。而日本早在 1880 年之前就已經公開討論妻妾的地位問題。一夫一妻對人口的繁衍能力來說當然不及一夫多妻。在高度重視門第的傳統與傳宗接代能力下降的現實面前，婿養子制度對延續家名而言可能是非常有益的方式。

五　中國宗法宗族文化與日本家族文化「同源不同流」

自 1978 年實行改革開放，最早大規模進入中國大陸的外資企業，有相當的部分來自同屬東亞文化圈的日本。但是日資企業管理模式或者說日式企業管理模式在中國遇到的問題似乎並不比幾年後才大批進入中國的歐美企業少，也有不少日本企業管理者將之歸結為「文化衝突」並因此退出中國大陸。從某個角度看，這是十分令人關注的：為甚麼曾經大規模引進中國唐朝的典章制度、深受中國傳統文化影響的日

25《家族文化與傳統文化——中日比較研究》，李卓主編。

本，會在帶入日本企業管理模式的具體實踐方面，與聘自中國當地的企業員工包括相關中國企業之間出現這樣的「文化衝突」？

筆者認為，這是因為經歷唐朝末年及「五代十國」的長期戰亂，大型宗族模式難以為繼。而宋代由於地主經濟興起特別是科舉取士制度的完善，「唐以前古典型宗法宗族理論與制度、思想觀念與運作模式」實現了向「宋以後普及型宗法宗族理論與制度、思想觀念與運作模式」的巨大轉變。而由於宋代綜合國力的相對優勢遠不及大唐，因此中國宋以後的宗法宗族文化未能像唐代那樣影響日本家族文化。或者說，中國宗法宗族文化與日本家族文化由此及後出現明顯的「同源不同流」狀態，這是日本企業進入中國大陸時產生「文化衝突」的重要原因。

宋代宗法宗族觀念巨變但文化輸出能力下降。宋以後普及型宗法宗族理論與制度、思想觀念與運作模式對「唐以前古典型」的變革是巨大的。「這是傳統宗法理論與制度的極其重大的變革，對後世中國民眾的競爭心態、利己心態、個人主義、能力主義的發展具有極其重要的意義。在私有制為基礎的封建社會，這種轉變是必然的，無可非議的；而這種轉換，是宗法宗族思想觀念與宗法制度適應變化了的歷史條件、重獲生機的重大發展，這使得宗法制度及其思想觀念得以從兩漢魏晉隋唐時興盛的特權性的、缺乏長遠社會認同基礎的『豪門貴族』與『士族』宗法，也就是極其重視嫡長子繼承制度的大型宗法宗族思想觀念，轉換為平民參與的普及型宗法制度及其思想觀念。換句話說，在宗族這個古老的通過血緣凝聚族人力量的封建社會基礎結構中，已經出現了鼓勵打破秩序『競爭上崗』、肯定個性張揚的內在因素，並代表了宗法制度的未來運作趨勢。」[26]

26《宗法宗族思想觀念與中國私營企業管理》，王平著，58 頁。

必須承認，一個四分五裂的國家是難有文化影響力的。從西元878 年黃巢興兵，經五代十國到西元 960 年趙匡胤黃袍加身，80 年左右的全面戰亂狀態使得「中國」大大降低了對周邊國家包括日本的文化影響力。曾經派出大約 19 批「遣唐使」的日本，從來沒有派出過「遣宋使」，因此起源並成型於宋代的普及型宗法宗族理論與制度、思想觀念與運作模式，對中日家族的觀念、規範與運作模式的差異性，產生了非常重大的影響；「唐以前古典型宗法宗族理論與制度、思想觀念與運作模式」的「同源」從宋以後開始分流，各自伴隨着本國歷史的新生因素一路向前。

宋儒的遭遇預示宋代宗法宗族變革在日本難領風氣。宋以後普及型宗法宗族理論與制度、思想觀念與運作模式」與宋儒的興起是有着密切關聯的。雖然宋儒對中國影響巨大，但是對照宋儒在日本的傳播，可知宋以後普及型宗法宗族理論與制度、思想觀念與運作模式對日本家族文化的影響，無法達到唐代的程度。

二程、張載、朱熹等宋代大儒都對建立新的宗法倫理與規範多有建樹，但是程朱理學對日本的影響並沒有像其在中國那樣深刻，古典儒學或者說孔孟之儒在日本長期佔有重要地位。東漢至唐，基本上是古文經佔據優勢；日本從唐朝大規模引進的，無疑是以古文經為主。宋儒則一反古文經學的訓詁、傳註傳統，主張直接從經文中尋求義理；雖然對中國影響非常之大，但是當時衰弱的國力影響了宋儒對日本的文化傳遞。概略地說，雖然在中國的明朝末年也就是德川時代的初期，日本曾經一度將朱子學說奉為圭臬，但是「這種進行公開教化的程朱理學的確立，是與日本傳統儒學背道而馳的，因而它就遇到了來自已往儒學研究範圍的人尤其是具有朝廷背景的縉紳博士們的激烈抗拒。此時，如果日本新興儒學不能把足以對抗公家勢力的政治勢力作為支柱，

它的前途就不會是平坦的。」[27] 於是，日本很快就出現了對朱子學說的懷疑乃至否定。在「德川中期以後，朱子學受到了古學派和國學家的反擊。」「在寬文五六年（1665年－1666年）左右，山鹿素行和伊藤仁齋這兩位優秀人物，幾乎同時開始探索從宋學到古學的大轉換」。而「對於聖人的絕對信仰，對於賢人的批判態度，是整個古學派中所具有的共同性格」；在這裏，無疑「聖人」是指孔子、孟子，程、朱只是「賢人」。而在日本思想史頗有影響的荻生徂徠的觀點，對朱子學說在日本的流傳可以說是殺傷力巨大。他認為宋儒是「以今文視古文，以今言視古言，故其用心雖勤，卒未得古之道者。」[28]

我們從丸山真男對日本近世儒學的評價，可以佐證日本儒學與中國儒學「同源不同流」的問題：「德川封建社會的發展不單只是在儒學思想內部進行。日本朱子學派、陽明學派的產生，特別是排斥宋學、直接復歸原始儒學的古學派的興起等，近世儒學的這種發展過程，同中國宋代的朱子學、明代的陽明學、清代的考據學的產生過程，從現象上看，是頗為類似的。但是其思想的意義卻完全不同。日本近世儒學的發展是這樣一種過程，即通過儒學的內部發展，儒學思想自行分解，進而從自身之中萌生出完全異質的要素。」[29]

正是由於日本在近世「排斥宋學、接復歸原始儒學的古學派的興起」，使西方學者更容易認同日本在古典儒學或者說孔孟之儒方面的原始純正。而日本儒學從「宋學到古學的大轉換」，受益於大量的古典儒學典籍經由日本遣唐使在唐代引進，並在日本獲得了廣泛傳播與傳承，

27《日本政治思想史研究》，丸山真男著，王中江譯，8頁，三聯書店，2000年1月第1版。本書相關《日本政治思想史研究》引文皆與此同版。

28《日本政治思想史研究》，丸山真男著，王中江譯。

29《日本政治思想史》，丸山真男著，王中江譯，10頁。

使得日本學者在反對程朱理學的浸潤之後，還有足夠的資源重新整固對古典儒學特別是孔孟之儒的理論認識體系。

對本書來說，更為重要的是，這種古典儒學對程朱理學在日本傳播的抗拒，可能在一定程度上使與宋儒諸多名家關係密切，並在中國產生巨大影響的宋以後普及型宗法宗族理論與制度、思想觀念與運作模式，失去了在日本社會發揮重大影響的能力，無法像曾經的「全是唐風」那樣深刻影響日本民眾。這樣，不僅中日兩國對儒學的傳承與宣導在日本的復古運動中差異日大，也使中國影響至今的宋以後普及型宗法宗族理論與制度、思想觀念與運作模式和更加接近「中國唐以前古典型」的日本式家族理論與制度、思想觀念與運作模式差異日漸擴大，也明顯呈現出某種「同源不同流」的關聯狀態。

六　「同源不同流」對中日製造與創新產生不同影響

中國宗法宗族與日本家族自宋以後在觀念上呈現某種「同源不同流」的關聯，這種狀態對中日兩國的國民性，應該說產生了一定的影響；具體到本書，則是對兩國工業化發展包括製造與創新也有不同影響。簡單舉要，日本對唐以前大型宗法宗族內部精細分工、安守職分、精益求精、集體主義以及忠誠性、紀律性、服從性承繼更多，對精益求精的堅持超過中國，特別是在規模化、標準化製造業方面優勢突出；而中國在宋以後的宗法宗族觀念中承繼了部分組織性、紀律性、服從性及集體主義等有利規模化、標準化工業生產能力的文化基因，強化了肯定能力、鼓勵競爭的基因，對創新發展更為有利，但是同時對「安守職分、精益求精」有所減弱。

日本家族文化深度影響日本製造與創新。應該說，日本的國民性受到家族文化的深刻影響，而日本的家族文化亦深度影響了日本製造

與科技創新。

「明治維新以後，日本社會開始了驚人的現代化過程，然而這種現代化是不平衡的，畸形的。在現代化過程中，家族『作為一個古往今來的整體，在村莊和城鎮中佔有重要地位』（福武真，1980：23）。在家中，由於實行家長制而使家長權力很大，又由於長子繼承制而使家業門第得以承續。家族主義成為日本緊密團結的精神支柱，並培養了日本人的人生觀和生活哲學，受其影響，日本社會形成了縱列社會關係。這種『家族主義』縱列關係存在於農村、小工商業、大工廠、有組織的暴力集團。連日本的企業經營，也是以這種家族主義性質的集團主義為特徵的。因此，近代日本的社會結構就是被天皇制國家牢固聯結在一起的帶有『家族主義』色彩的縱列關聯式結構。」[30]

前面說過，宗法宗族本身就有軍事組織的意涵。也正因為早期大型宗族帶有一定的武裝力量的性質，更多吸納唐以前古典型宗法宗族理論與制度、思想觀念與運作模式的日本家族文化，在組織性、紀律性、服從性、忠誠度與集體主義方面對民眾心理的塑造，相對而言是高於受宋以後普及型宗法宗族理論與制度、思想觀念與運作模式影響較深的中國民眾的，在這些文化特質上更是遠超美國民眾。

同時也應該承認，中國唐以前古典型宗法宗族的分工模式與技藝追求，特別是對技藝的「精益求精」包括與之相關的「安守職分」在日本被更加完美地保存了下來且發揚光大，並積澱為一種令人讚嘆的民族性。

傅高義認為：「日本所有傳統制度是經過深思熟慮並在合理判斷之後建立起來的，這在西方各國是看不到的。美國的政治制度是根據

30《當代中國農村宗族問題研究》，李成貴，原載《管理世界》1994 年第 5 期。

二百年前的農業社會建立起來的，直到今天，從未進行根本改革或重新研究」[31] 聯繫我們前面所述的日本家族文化特徵，在「傳統工業化」的發展過程中，日本家族文化中的集體主義精神、忠誠度、注重協調、分工協作，使得日本的工業化生產能力較之美國企業，更有組織性和高效率。所以我們在 60–80 年代，更多地看到日本的規模化、標準化製造業的產品不斷擠壓美國企業的市場空間，從各種家電如錄音機、洗衣機、電視、電冰箱，到摩托車、汽車，日本製造都堪稱名滿天下，全世界的人們都願意使用精巧雅致、物美價廉的日本產品。在筆者看來，這是日本企業的一種特性，與日本民族在大家族文化影響下早就具備的文化特質如組織性、紀律性、服從性、集體主義，以及大型家族運營所必須的精細分工、安守職分，加上追求精益求精，有着密切關聯。

筆者認為，受中國唐以前宗法宗族文化影響的日本式家族文化，其實更加適合規模化、標準化製造業的能力提升。很明顯，日本員工的集體主義、組織性、紀律性、服從性、忍耐性、忠誠度相對而言較多地出於主動與自發，而中國大陸及港臺企業的員工更需要威權壓制以達致服從，被動成分相對較高。而「苦行僧式的勤勉與精益求精的匠人精神」也確實是日本在高端精密製造方面長期保持優勢的關鍵。筆者相信，受如果不是日本經濟發展到一個相當的高度以後，難以降低勞工成本和土地成本，在規模化、標準化產品的製造方面，應該依舊是獨步天下，難以超越。

我們必須承認民族性或者說民族特質文化在工業化過程中的作用。人們長久以來都對日本和德國的工業產品高度推崇，寧肯花費更

31《日本第一》，傅高義著，4 頁

高的價錢購買由這兩個國家生產的同類產品,其中的重要原因,就是認真、執着的民族特性使得這兩個國家能夠對工業產品保持高度嚴格的自我要求。

但是近年日本的產品的品質爆雷不斷,似乎正在動搖精益求精的傳統:「2014 年,日本『高田氣囊』竄改生產數據,隱瞞產品缺陷事件;2015 年,日本東洋橡膠竄改生產數據,隱瞞產品缺陷事件;2016 年,日本三菱汽車竄改油耗數據,隱瞞產品缺陷事件;幾天前,『神戶製鋼』竄改品質數據,隱瞞產品缺陷事件。」[32]

「精益求精」是日本製造與創新的法寶。日本經濟的興盛當然與科技創新分不開。但是從總體上看,日本之所以能夠在很多倚重規模化、標準化的工業生產能力方面上超越美國,除了集體主義精神強、忠誠度高、人際關係和諧、員工富有紀律性和服從性、安守職分之外,日本的製造業興盛與科技創新似乎更多地建基於「精益求精」這種文化特質之上,就是將已有的新概念、新科技通過「苦行僧式的勤勉與精益求精的匠人精神」深入挖掘,達致極致。

正如傅高義所言:「日本的多數企業,儘管將重點放在有發展前途的方面,但是他們一直認為在基礎研究與發明上進行大量投資是劃不來的。……日本企業將引進的技術研究得很成功,改造它使之可以應用於各方面,最後終於把它改造到再不受原來的專利拘束的程度。日本的法律,不是對性能給予專利,而是對製造方法給予專利。因此一個企業在取得了外國的專利之後,研製出具有與專利同樣性能的新產品,最後就不再依賴外國的技術了。」[33]

32《「神戶製鋼」造假 10 年!日本公司老闆告訴你:為何 Made in Japan 神話破滅》,老侯,台灣商周,2017.10.18。

33《日本第一》,傅高義著,110 頁。

在筆者看來，這是日本企業的一種特性，也是對日本民族所具備的精益求精之特質文化的充分發揮。但是從另一個角度來說，似乎也表明日本對於沒有明確目標的原創可能並不擅長，因此也不太熱衷；這對安心於公平分配的員工來說，也少了基礎創新的煩難。這種精研製造方法的偏好折射了服從精細分工、樂於安守職分、追求精益求精的特性，而這個特性與中國漢唐大型宗法宗族內部分工有某種類似：因為受當時的知識傳播的能力限制，各種工匠的專業知識基本依靠個體的長期積累，和師徒特別是父子之間的傳承。而為了保障自己的生存與競爭優勢，精益求精既是一種追求，也是一種必須。應該說，中國唐以前古典型宗法宗族的內部分工模式與技藝追求，客觀上應該隨着當時日本對唐代典章制度包括豪門宗族運行規範的全方位移植而進入日本；對技藝的精益求精以及對分工的安守職分等文化基因，在日本被更加完美地保存了下來且發揚光大。

日本民族有向世界最高領域看齊的強烈願望，自千年之前的遣唐使從大唐吸取先進的文明要素並通過大化革新推動日本迅速進步，到明治維新對西方的全面學習以及二戰後對西方的努力追趕，日本明顯偏好向最高看齊：「日本人向蘇聯學體操，向加拿大學冰球，向澳大利亞和美國學網球，向英國學足球和橄欖球，向奧地利學滑雪，向美國學籃球，乒乓球先是向美國學，後來又向中國學。日本人就是這樣從外國（將最好的東西）學過來的。」而這種直接向最高水準學習的偏好與堅持，應該是日本民眾基於通過精益求精能夠達至吸收與利用的一種文化基因自信。雖然這種從高點入手的學習方式很容易在一開始顯得笨拙甚至狼狽，但是持之以恆，與被學習、追趕之對象的交融更為深切，是典型的「師夷長技以制夷」。

例如，晶體管的奠基發明並不在日本，但是日本在那個時期卻能

夠引領微電子技術的生產,利用微電子技術稱霸世界。[34] 那麼,晶體管是美國科學家發明的,但是,為甚麼美國製造業當年卻未能「近水樓台先得月」,並沒有在對這項技術的利用上獲得日本製造業那樣的成就呢?應該說,在基礎理論研究確定方向之後,日本國民性中長於「精益求精」的文化特質發揮了重要作用。與此類似的故事還有,在記憶體不斷追求極致的發展過程中,美國曾經被日本逐步精研超越:記憶體沿着摩爾定律不斷發展,每隔 3 年都有容量翻 4 倍的 DRAM 產品被開發出來。1KB 時代的霸主是英特爾;到 4KB 和 16KB 時代,德州儀器和 MOSTEC 公司分別成為了最大的供應商,仍然由美國掌握。但是從 20 世紀 70 年代後半期開始日本 DRAM 企業快速成長起來,64K 時代的日立製作所、256 KB 時代的日本電氣(NEC),以及 1MB 時代的東芝成為最大供應商。80 年代初,日本在 DRAM 市場所佔的份額超過美國躍居世界首位。在日本廠商的強力競爭下,美國仙童、NS、TI、IBM、英特爾、摩托羅拉等廠商均從 DRAM 業務中退出。

另外,美國最先發現液晶顯示,卻沒能培育壯大,又是在基礎理論創新之後,在產品性能提升的精研過程中被日本企業超越。液晶技術出現於 19 世紀後期,但是一直沒有很好的應用場景。直到 1960 年代,當時彩色電視機的發明者、鼎鼎大名的美國無線電公司(Radio Corporation of America,簡稱 RCA)在尋找材料的過程中發現,液晶在施加電場的情況下會由透明變為乳白,可以用於顯示,並設想用液晶打造可以掛在牆上的平板電視。……由於當時液晶顯示技術還很不成熟,顯示速度太慢,顏色也太單調,距離能看的彩色平板電視還有很遠,時

---

34 晶體管的發明開創了微電子學時代,這是現代歷史中最偉大的發明之一。美國貝爾電話實驗室的 J. 巴丁、W.H. 布拉頓、W.B. 肖克萊等三人,因為這個偉大的貢獻共同獲得了 1956 年諾貝爾物理學獎。

間一長，RCA 公司對液晶平板顯示也失去了耐心。此時，RCA 看不到液晶技術在平板顯示應用的突破的前景，也不願意支持對平板顯示電視的開發。與此同時，RCA 又看不上計算器、鐘錶、各種儀錶顯示器等「小玩意兒」（而這些正是日本廠商將液晶顯示發揚光大的突破口）。最後，RCA 公司再沒有對液晶顯示有過真正的努力。……工業明顯分為兩個階段。在早期階段，能否找到應用領域是液晶顯示技術進步得以持續的關鍵，所以研發戰略（研發方向和應用領域選擇）是技術進步的關鍵；但在隨後的產業化競爭階段，在產品性能改進（如顯示幕尺寸擴大）和成本降低需要大規模投資的條件下，對產品性能改進和成本降低必然創造新需求的信念成為投資決心的關鍵，所以投資戰略成為技術進步的關鍵。[35]

客觀而言，日本原創的革命性、顛覆性的科技成果相對較少，但是將一個已經具備比較明確的發展前景的設計或理念推展、深入到極致，則是日本製造與創新的強項。雖然沒有另闢蹊徑地實現跨越式超前，但是可以通過堅實的技術改良與積累，能夠在同類產品的競爭中逐步擠佔更大的市場份額，也能夠在相關科技領域通過窮盡鑽研獲得別人難以達到的精深程度。

日本製造業產品對性能的提升、成本的降低、人性化程度的提高，甚至包括科技的應用與延伸，往往都與精益求精有關。我們從很多研究日本企業的資料中可以得知，很多日本大型製造業公司，在其供應鏈條上維繫着很多中小企業；這些中小企業往往只為負責成品組裝的大公司生產零部件，且這種合作是長期穩定的。這些中小企業就有些類似唐代以前大型宗法宗族的內部精細分工，只需要將自己分工負責的

35《美國、日本、中國台灣電子產業興衰如何？》，楊明輝，引自光大證券，發佈時間：2019 年 4 月 25 日。

零部件甚至一組螺絲，通過精益求精的努力做到極致，就可以保障自己在產業鏈條的生存與利潤；而對於統領整個產業鏈的大型企業來說，可以將人力、物力、財力集中投入到整裝產品的研發或市場的拓展；那些中小企業提供可靠的零部件供給，亦可以在總體上降低最終產品的成本，進而強化整個產業鏈或者說大型企業集團的競爭力。應該說，精益求精乃是日本工業化發展包括日本製造與創新的法寶。

論資排輩與安守職分不利創新突破。當一種方式方法達致極致的時候，往往會產生一些副作用。在筆者看來，論資排輩在特定的狀況下如對高度依賴標準化、規模化生產的企業而言，可能是比較好的經營管理方式。但是當其發展到一個極致，則可能產生嚴重的負面效果。

日本經濟新聞中文版 2020 年 11 月 26 日的文章表示，在中國開展研究的日本人持續增加。據日本外務省統計，在中國居留的日本研究人員等截至 2017 年 10 月達到約 8 千人。其實原因也很簡單，就是中國為這些日本專業人士提供了更加適合競爭的環境，而不僅僅是經濟上的報酬。

日本在工業化爆炸階段對創新的巨大需求，使得知識精英備受重視，終生制與豐裕的報酬為專家、學者潛心鑽研與精益求精提供了良好的生存環境。但是隨着日本經濟在被迫與美國簽訂廣場協議後的遲滯，論資排輩顯示出越來越強的負面影響：當經濟高速擴張時大量的創新需求使得後進的知識精英可以在新的領域進行拓展，因此他們不僅在報酬上得到滿足，在專業成就、社會地位等方面也會得到滿足。但是當經濟遲滯、創新需求縮減的時候，論資排輩就使得後來者很難得到良好的發展機遇，包括社會地位與研究條件。

經濟遲滯給科研帶來的衝擊也是巨大的。2004 年日本為了減少財政支出推出了《國立大學法人法》。這部法律使得原本就注重論資排輩的日本，更加傾向老人科技，年長資深者佔有更多的優質科研資源，老

齡化在科研領域非常明顯，論資排輩進一步固化成等級制度。

或者說，當年在製造領域得出的成功經驗，在創新領域則成為一種負面力量：年富力強的科研人員得不到應有的科研資源，才是對創新的最大威脅。到如今，無論從論文發表量、專利申請量還是引用次數排名前 10% 的論文所佔份額，中國都已經遠遠超越日本。

「在日本，論資排輩的社會潛規則無處不在地滲透到了每一個社會角落，連科研學術界也不例外。日本至今仍在實行的大學教師職稱制度，還是 1956 年的《大學設置基準》，那裏面充斥着各種履歷、年資，甚至還需要有研究所、試驗所、調查所等各個環節的履歷標準。……進入 21 世紀的頭 17 年，也就是 2000 年至 2016 年，日本平均每年都仍有 1 人獲得諾貝爾科學獎。……但是，即便是在這批登頂全球頂級科學獎的日本超級精英型、天才型科學家隊伍中，他們很多都需要年過半百才能獲得一個教授或研究院的職稱。……例如，2016 年諾貝爾生理學或醫學獎的大隅良典到了 51 歲，才有了一個『榮譽教授』的稱號，就這也還是本著『樹挪死人挪活』的理念，從東京大學教養學部跳槽到東京工業大學後才艱難獲得。……2014 年諾貝爾物理學獎獲得者，日本的赤崎勇在 52 歲時，才成為名古屋大學教授。……日本新世紀 17 位諾貝爾科學獎得主取得獲獎奠基性成果時的平均年齡為 40 歲，比晉升教授時的平均年齡小 3.35 歲。……但是在中國，這些日本科學家們，可以非常輕鬆地在 40 歲左右成為教授。……此外，這些日本科學家在中國，可以不必像在日本那樣從事事務性工作，只是專心致志地做科研工作。」[36]

本書在第三章說過，宋以後普及型宗法宗族觀念適應變化了的經濟基礎，「肯定能力、鼓勵競爭」，對唐以前古典型宗法宗族觀念高度

---

36 《戰略逆轉：日本科學家大規模倒流中國，武力從未實現日本興盛》，犀利呱／文，2021-01-05。

堅持的「論資排輩」產生了很大衝擊。反應到現今中日兩國的科研領域，就產生了不同的效果：「最初一批來到中國的日本科學家，本以為很多科研項目是嶄新的未加探索的領域。但是當他們開始着手論證時才驚訝地發現，這些他們以為是新領域的科研項目，早已被中國同行所破解。這種科學上強大而緊迫的競爭性，促使從日本來到中國的科學家，不斷地向着更加深奧的新領域探索，形成了一種良性競爭的態勢。而在日本，基於科研領域的論資排輩，甚至許多領域是專門留給擁有足夠資歷的老教授、老科學家的，中青年科學家甚至無法『染指』。」

客觀而言，「論資排輩」「安守職分」，與「肯定能力、鼓勵競爭」對中日各自國民性的長期塑造，已經成為兩國民眾積澱於血液之中的不同文化基因，相互之間想要超越對方的優勢領域，都不容易。

日本創新倚重精益求精，中國創新勝在另闢蹊徑。日本不僅在工業產品製造方面通過精益求精曾經橫掃世界市場，在其創新領域也與精益求精頗有關聯。

「總的來講，日本科學工作者因深受工匠精神的浸染，自行改造、甚至設計製造實驗裝置的意識比較強；而且，日本的工業技術基礎非常雄厚，改造、搭建實驗裝置也相對比較容易，故新世紀的日本科學工作者使用獨特的實驗裝置做出全新的科學發現的案例不斷湧現。中村修二、田中耕一是這樣，小柴昌俊、梶田隆章、赤崎勇、天野浩也是這樣，山中伸彌、鈴木章等人同樣也不例外。」[37] 很明顯，上述諾貝爾獎獲得者的成就，與日本高水準的製造業技藝有着密切關聯，也表明上述創新非常倚重精益求精。

而中國大陸如今能夠在很多創新領域直追世界前沿，與宋以後普

---

37 《日本科學家再次獲諾獎，日本科學為何「井噴」？》，周程、秦皖梅，發佈於 2019-10-09。

365

及型宗法宗族觀念中肯定能力、鼓勵競爭的因素有很大關聯，這種文化基因強化打破現狀的欲望、刺激創新發展的追求，使得中國人更傾向於通過多方嘗試突破既有序列，甚至自行開宗立派。從目前的發展看，不僅在既有領域不斷尋求突破，更喜歡經由「另闢蹊徑」追求「彎道超車」的快感：以技術發展為基礎，以市場需求為導向，中國大陸不僅在純技術領域進步神速，更是在模式創新上令人矚目。

應該承認，中國大陸的騰訊微信、阿里巴巴、淘寶、共用單車、抖音，還有微信支付、支付寶等，都有模式創新的特徵，且這些創新產生的市場能量令人驚奇。這種基於科技發展的模式創新，會成為提升中國工業化生產能力的重要基礎建設支撐。而這種模式創新，也已經為注重精益求精的日本所關注。

「日本 INFORICH 公司創始人、會長秋山廣宣 2016 年 6 月，得知了共用充電寶服務的存在。而這項看似簡單的業務，2015 年才剛剛誕生於中國內地。……2017 年 11 月，秋山廣宣收購了一家共用充電寶出租設備開發的香港初創企業，第一個將這項業務引入日本，並於 2018 年 4 月實現共用充電寶的商業化。秋山廣宣所採取的共用充電寶服務，從形式到內容，從流程到結算，機制與中國完全相同。此後，秋山廣宣將這一套取自中國的商業模式，全面推廣到了東亞和南亞。……在此之前的漫長歷史中，日本企業都是一直以美國或歐洲為模仿對象，但 INFORICH 公司，卻意外地以中國為模仿對象，並取得了輝煌的成功。事實上，在日本，如今送貨上門、共用單車等共用經濟、視頻發佈軟體等手機應用程式業務這些學習自中國的商業業態，已經是遍地開花並茁壯成長。」[38]

---

38 《日本創業者「拷貝中國」時代到來》，山田周平（日經中文網亞洲科技總編），
  2020 年 11 月 13 日。

不同的學者可能通過前述事例看到不同的原因，以筆者所見，這種科技研發與應用方面的差異，與受唐以前古典型宗法宗族觀念影響較大的日本家族觀念中強調論資排輩、安守職分、精益求精，而受宋以後普及型宗法宗族觀念影響更多的中國人觀念中強調肯定能力、鼓勵競爭，有較大的關聯。

其實，也有日本學者指出了這種文化基因差異導致的相關問題：「由文化、價值觀不同而引起的中國職員與日本管理人員的摩擦，達到 39％；有關語言問題引起的中國職員與日本管理人員的摩擦只有 29％。」[39]「正因為我們同是東方人，所以我們才不能忘記中國在文化和思想上是與我們不同的國家這一事實。我們也希望中國人加深對日本文化、思想、風俗、習慣的認識，日本方面也不能鬆懈為此而作出的努力。」[40]

極致的誤區：刀鋒理論與過猶不及。很多對日本文化有興趣的人都讀過《菊花與刀》，我們這裏引用一把好刀的原理，來分析追求極致可能產生的誤區。

人們都希望一把刀既鋒利無比，又能夠「百煉鋼化為繞指柔」。鋒利無比需要硬度達致極致，而「繞指柔」則是韌性達致極致。但問題是，硬度與韌性沒有辦法「極致兼顧」，越硬就越脆，越軟就越韌。對任何一方的極致追求，往往都是以另一方的要求下降為代價的。這樣就可能會出現「過猶不及」的問題。

日本是非常喜歡追求極致的民族，其對製造工藝精益求精的追求

39《東亞地區的經營管理》，原口俊道著，上海人民出版社，2000 年 2 月第 1 版第 1 次印刷。

40《中國的發展方向，猶存的社會主義大國》，中江要介著，天津編譯中心，1997 年 2 月第 1 版第 1 次印刷。

堪稱無出其右。但是，也正是因為在某些方面的極致追求，可能也給其他方面帶來了某種負面效應。其實已經有日本專家對於日本企業及員工過度強調某些方面的特質，可能產生的某些不利影響進行了相應的分析。例如「日本製造業的困境，在『創新網路』組織專務理事西口尚宏看來，折射出傳統日本企業的創新意識中存在『誤解』。苦行僧式的勤勉與精益求精的匠人精神一直是日本人對成功的基本定義。這也淋漓盡致地體現在對創新的傳統理解上：靠一己之力成年累月地埋頭苦幹，方能發明革新性的產品。然而很少有日本人意識到，這樣的『創新』一不小心也會導致悶頭幹活、固步自封。」

西口認為，「單純埋頭苦幹，這樣的時代已經終結。」創新不僅僅是日本人所理解的傳統意義上的技術革新，更是全球化競爭中對新市場價值的創造。「日本企業對創新的理解沒有與時俱進，僅僅停留在『技術起點』，而非『價值起點』。」[41]

同樣，「到了日本企業趕過歐美企業的六十年代後半期，日本的企業家開始認識到論資排輩制要比西歐式的經營方法來得優越，從此以後，他們開始努力去樹立自己獨創的經營哲學。」但是，「進入工業文明和向工業文明過渡期的社會情況有了很大不同。資訊和現代生產要素改變了傳統的社會關係體系。……人們要追逐利益，謀求發展，就必須拓展視野，打破固有的自閉性，捕捉外部機遇，搜集大量的資訊並加以理性辨析；同時，必須學習現代科技和管理方法，培育創新精神。這一切都與傳統的經驗至上的做法和傾向是格格不入的。在傳統的習俗和經濟制度中，長者的年齡是擁有權力的證明書，而在新式文明中，上

41《日本企業創新　節節敗退「江湖」》，來源：新民晚報轉載 2015-06-15。

了年齡則往往意味着保守、落伍甚至老朽。」[42] 從某種意義上說，正是因為日本在論資排輩這個深受大家族文化影響的企業文化方面曾經獲得過巨大成功，使得這個曾經的巨大優點，在當今日本社會被很多後來者詬病

對一把具體的刀來說，如果一味追求高硬度支撐的鋒利，容易變脆易折；但是一味追求韌性，就難以得到滿意的鋒利。因此，一把「好刀」，就要根據具體的用途，對硬度和韌性進行側重與取捨。這裏就要強調一個「度」的問題或者說一個最佳平衡點的問題。特質文化對不同國度的企業與員工之影響的比較，很多時候亦在於一個「度」的把握。比如說透過不同的文化背景表現出來的集體主義和個人主義，無論在中國、日本、美國以及歐洲的企業中都會存在，一般來說，日本企業員工的集體主義相對表現得更加強烈，而美國企業的個人主義相對表現得更加突出；中國則是集體主義強於美國而不及日本，個人主義強於日本但不及美國。

中國人比較推崇中庸。所謂「中庸」就是「中和恒常」的意思，也就是適度、合乎中道的方法。而最能表現孔子中庸思想的言論，莫過於「過猶不及」。《論語·先進》：「子貢問：『師與商也孰賢？』子曰：『師也過，商也不及。』曰：『然則師愈與？』子曰：『過猶不及』。」

就中國特質文化、日本特質文化、美國特質文化對各自工業化發展包括製造與創新的影響而言，也同樣存在「過猶不及」的問題：

高度追求個性張揚與自我價值，相對而言有利於創新；但是在對組織性、紀律性、服從性、忍耐性要求很高的規模化、標準化工業生產能力方面，就會形成短處。

42《當代中國農村宗族問題研究》，李成貴，原載《管理世界》1994年第5期。

而高度強調集體主義、忠誠度、論資排輩、收入差距不大、紀律性、服從性，雖然在提高規模化、標準化工業生產能力方面極具優勢，但是又會對個性產生比較大的束縛與壓抑，在創新方面形成短處。傅高義在《日本第一》書中就專門提及「過度服從」的問題。「大家族運作規範衍生的日本企業員工的高度集體主義，對於工業化大生產追求規模效益的時期是非常重要的，但是人們也已經意識到過度的企業群體意識也會導致員工對於企業的高度依賴，加上日本企業的終身僱傭傳統和按部就班的年資工資和年資職務，就很容易壓抑員工的個性發展，導致員工的惰性，最終會導致企業員工缺乏創新慾望、企業缺乏創新成果，並最終導致企業競爭力的下降。某種程度上說，由於過份重視團隊意識或者說集體意志，導致日本人力資源相對較難滿足重視個性張揚、非常依賴創新的後工業化社會。」[43]

　　我們不能斷言某一種特質文化在所有的生產力發展階段都能夠「最有利」於經濟發展，但是事實證明日本的大家族文化及其影響下的企業與員工，確實在規模化、標準化工業生產能力方面具有明顯的相對優勢，能夠超越紀律性與服從性較差、個人主義重於集體主義的美式企業及其文化影響下的員工；但是在滿足越來越多的個性化服務要求及創新方面，日本大家族文化及其影響下的企業與員工，則似乎受限較大。但是，美國作為一個組合型「民族」，歷來的優勝之處是海納百川、招攬全球精英，在包容差異中培植與凸顯創新能力；如果能夠避免極端民粹，繼續保持開放，科技創新的土壤就極其肥沃。說不定某一天，當智慧時代發展達到某個高度，很可能美式文化又能夠處在更加適合製造和創新需求的有利位置。而「一個特別值得進一步研究的問題

43《宗法宗族思想觀念與中國私營企業管理》，王平著，305 頁。

是，中國這樣一個受宗法宗族思想觀念深刻影響的國家，當其生產資料的成本上升到一定的程度之後，會不會重蹈日本的覆轍。」[44]

即使對於印度這樣的隨意性超強的國家，我們也應該看到其優勝之處。在這個對創新要求越來越強的世界，能夠「吹笛驅蛇」和善於舞動「通天繩」的印度人，創意能量是不能小覷的。問題是，以往工業化成功的路徑都是通過全球化行為、按部就班地走過大規模初始工業化、第一次工業革命階段，才能夠獲得足夠堅實的基礎邁進對創新產生巨大需求的第二次工業革命階段，但是當前的世界又出現了逆全球化的局面，而印度民眾超高的隨意性對從事初始工業化和第一次工業革命似乎不太有利。所以，印度能否在這個追求創新的時代，迅速跨越大規模初始工業化和第一次工業革命階段，順利進入第二次工業革命階段，值得觀察。

小結

本章集中分析了中日宗族／家族文化的關聯與差別，特別是「同源不同流」狀態下對各自國家的工業化發展包括製造與創新的影響。通過對照我們可以發現，傅高義大師在《日本第一》中總結的一些日本企業的優點，其實是與日本家族文化緊密相連的，而不是與儒學相關。日本家族文化通過對中國唐以前古典型宗法宗族理論與制度、思想觀念與運作模式的學習、移植與發展，保持了高度的組織性、紀律性、服從性、忠誠性以及富有集體主義精神、安守職分、追求精益求精的特質文化，這些特質文化對於日本的工業化生產能力包括製造與創新都產

44《宗法宗族思想觀念與中國私營企業管理》，王平著，306頁。

生了重要影響。但是由於中國在宋代及其後輸出文化的能力下降，宋以後普及型宗法宗族觀念中凸顯的肯定能力、鼓勵競爭的因素，相對較少滲入日本的家族文化，日本在製造方面充分得益於安守職分、精益求精的同時，也因為論資排輩且較多依賴精益求精的磨礪，而弱化了創新的靈性。

後記　坐困愁城　意外之喜

　　香港自鴉片戰爭後開埠以來，從未像今天這樣與內地之間封關超過 800 天，筆者與數以百萬計的港人一樣，對通關翹首以盼。但是沒有新冠病毒的限制行動，本書可能難以順利面世，這也算是坐困愁城的意外之喜，無奈之中的小小得意。

　　作為一個擁有超過三十五年採編經驗的資深媒體人，除了大學中文系學歷與古典文化的天然親近，還有企業管理專業對工業化及其管理問題的系統學習。作為記者，從採訪消息、集納綜述到撰寫社評，貫穿始終的職業訓練就是發現問題與尋求真相：從偶然訊息中捕捉問題，從繁雜問題中尋找關聯，從關聯中梳理邏輯，從邏輯中判斷真相。這種職業訓練經過長期的積澱，就成為一種職業習慣，類似於流淌在血液之中的特定基因；而常年採訪社會各界精英逐步積累的龐雜知識，則能夠利用這種特定基因，去捕捉、尋找、梳理、判斷常人未曾發現的問題。

　　席捲全球的新冠病毒讓世界對製造、創新與國家治理能力、國民文化特質有了一個更加清晰的認知與對照。中國以世界最大的人口，能夠在遭遇突如其來的、毫無前兆的兇險病毒之時，國家展現了超強的治理能力，民眾展現了高度的紀律性與服從性，全門類疫苗研製展現了雄厚的創新能力，大規模生產防疫物資展現了製造實力。中國大陸不僅迅速控制疫情，還為全世界的抗疫做出巨大貢獻，堪稱在疫情肆虐的地球領袖群倫。

　　放眼世界，疫情控制最好的無疑是東亞地區的中國大陸、中國台

灣、日本、韓國；雖然在後期因為經濟的壓力，日本與台灣選擇放鬆管控，感染率上升，但是之前得到民眾廣泛理解且配合的嚴格防疫，為爭取等待新冠疫苗及有效藥物的研發，贏得了寶貴的應對時間。而香港和新加坡由於受殖民文化影響，初期尚好，但是失去了厚重堅實的傳統文化支撐，弱點暴露無疑；新加坡最終選擇躺平，香港繼2003年非典死亡率世界第一之後，新冠病毒的死亡率再次蟬聯冠軍。歐洲表現最好的，則是以嚴謹和守紀著稱的德國。

疫情狂飆之中的每一個國家或地區，都希望通過強化治理儘快實現有效控制，問題在於，治理能力並非僅僅通過領導者的強勢就能夠實現，更需要其統領的民眾能夠認同與配合，這就需要外在的管治方式與內在的文化基因的相互統一。很明顯，上述抗疫出色地區民眾的一個共性，是明顯具有更高的紀律性與服從性，而當今世界最優質的製造業也集中在上述地區。全球各經濟體在疫情中的表現，也更加堅定了筆者對特質文化影響政經表現的判斷，特別是宗法宗族觀念對中國工業化發展包括中國製造與創新所產生的關鍵文化基因的作用。

疫情可以限制行動，但是不會限制思想；疫情大幅減少了社交活動的時間，但同時也大幅增加深度思考的時間。2020年9月利用送女兒讀大學在深圳隔離的兩週時間，在兩耳不聞窗外事的狀態下，迅速將本書的框架拉出，竟然沒有感覺隔離的枯燥，反而迅速強化了信心。

距離筆者2001年開始撰寫《宗法宗族思想觀念與中國私營企業管理》一書，已經超過二十年，那個時候中國大陸剛剛因為「製造」的成就開始被稱為「世界工廠」，雖然筆者當時即表示「由於普及型宗法宗族思想觀念本身具有鼓勵競爭、肯定既成事實、肯定能力主義、重視教育的傾向，因此具有適應後工業化時代重視個性張揚且非常重視創新的文化因數」，但是「中國創新」還沒有被世界放在眼裏。而在中國連續三年佔據全球專利申請第一位的今天，「中國創新」已經有了足

夠的事實支撐。

　　筆者雖然對中國對工業化發展包括中國製造與創新的興盛進行了二十多年的觀察與思考，但是真正要探索、發現與歸納其中的文化基因時，確實感到非常「孤寂」：要抽絲剝繭尋求令人信服的證據與解析並不容易，因為以往學界對宗法宗族及其觀念的研究，基本集中在社會學、歷史學領域，與工業化發展並不屬於相近的範疇，在現有的觀點中很難找到啟發性的解析；因此，需要持續不斷地沉浸思考，堪稱一種「孤寂的磨礪」。

　　幸運的是，當今世界成功實現了工業化的國家，都被研究者認為其獨有的特質文化發揮了重要作用。筆者亦相信中國成功的工業化道路，並非依靠誤打誤撞，而是具有堅實的文化支撐。當我們確認重義輕利、主要影響社會精英、強調理想與教化的儒學不能有效刺激市場經濟行為，那麼早於儒學流佈於世、對中國社會上下民眾皆具有巨大影響、側重生存與發展的宗法宗族觀念，就成為值得高度關注的文化基因：因為宗族的聚合從一開始就將生存與發展放在最關鍵位置，而作為存續三千多年的社會運行機制，宗法宗族及其觀念則必然具有堅實的存在價值和頑強的生命力。

　　中國大陸在工業化的道路上高歌猛進，並未像其他工業化國家或地區那樣採取西方式的政體，竟然成功擊破了「歷史的終結」所下結論；大批率先吃螃蟹的人「摸著石頭過河」，竟然逐步獲得了希望民族富強但是沒有現成的經驗可以借鑑的國家權力的容忍、認同直至支持；一個曾經被認為文化土壤不適合資本主義發展的農業大國，竟然能夠在短短的四十年裏走完西方工業化國家數百年的歷程，成功實現工業化發展包括中國製造與創新的興盛，這個過程本身就足以激發一個職業媒體人的高度興奮。中國偉大的工業化成就，突破了以往中國傳統文化不利經濟發展的認知，就需要尋求真相；而探求有助於中國

工業化包括中國製造與創新得以興盛的文化基因，也就成為必然。

也許，只有面對一個很少學者涉及的跨學科領域並試圖總結、歸納出新的論述的時候，才能真正體會「書到用時方恨少」的意涵。筆者二十年前撰寫的《宗法宗族思想觀念與中國私營企業管理》一書，如果在世界最大搜尋引擎上輸入「宗法宗族～企業管理」，就會在最前列跳出，乃是最早將宗法宗族觀念與企業管理結合起來進行研究的專著。對筆者來說，對結論的推斷不可能像司法鑑定那樣在事後保障每一個細節的完美無缺，更重要的是事實的可信、邏輯的合理與方向的預判。本書的很多觀點都是筆者自行總結與歸納的，難免不夠周延與精準。因此，本書的一個重要目的，是發現、發掘並判斷價值，未來則需要更為細緻的考證與更為嚴謹的論述。也請讀者將之視為筆者就宗法宗族觀念特別是宋以後普及型宗法宗族觀念對中國工業化成就的貢獻，拋出的第二塊塼，希望引出更多專家學者精細雕琢的美玉。

中國大陸的工業化發展出乎全世界的意料，不僅作為被追趕對象的西方發達國家沒有預料到，中國人本身對這個成就的獲得也有相當程度的驚異。當年美國也是在交通、通訊等基礎設施全面超越英國的基礎上，成為世界第一的；而今，中國在交通、通訊、物流與電子支付等支持工業化進步與提升的重要基礎設施方面已經超越美國，在人工智慧、超算、航太、生物科技等諸多方面已經接近美國，筆者相信綜合國力超越美國的一天將會來臨。

2003 年校對《宗法宗族思想觀念與中國私營企業管理》一書的藍紙之時，正趕上香港「非典」肆虐；而本書的撰寫與修改，則在相當程度上「得益於」新冠病毒對時空的阻隔。在 800 多天對香港抗疫的無奈與通關的期待之中，能將這本探索性的拙作成書，雖苦坐困愁城，更樂意外之喜。

能夠經歷 2003 年「非典」和至今肆虐已達三年的「新冠病毒」，

對一個媒體人來說也是一種難得的資歷，人類在面對重大威脅的時候更容易判斷各種不同文化的特質與價值。國家的綜合國力越來越強，不僅迅速研發了種類齊全的疫苗並免費提供給世界最大的人口，養護了中國人幾千年的中醫更是在席捲全球的疫情狂潮中顯示出驚人的功效。中國大陸如今堪稱既有良相，亦有良醫，對生命的高度尊重與關懷，使中華文明在面對新冠病毒的巨大威脅時，向全世界充分展示了優秀的傳統文化底蘊。

疫情終將過去，靜心等待團聚。好在預備了足夠的連花清瘟膠囊在家，似乎心中篤定。最為掛心的，是千里之外年邁的雙親，還有離港求學的一雙兒女。感謝妹妹妹夫代我在家盡孝，亦感謝姐姐姐夫等親人的關心與幫助。

香港危機未去，祈盼盡皆無恙。

2022 年 4 月 23 日於香港

鳴　謝

本書能夠寫成並出版，多年來得到很多朋友的熱誠幫助，在此要深表謝意。

感謝多年關照我的上司兼兄長郭偉峰先生，讓我在工作之餘有時間深入思考宗法宗族觀念與中國的工業化發展包括中國製造與創新、對教育的崇尚、國家治理能力等方面的關聯；感謝前嶺南大學副校長、前香港中文大學管理學講座教授饒美蛟老師對我的長期指導、鼓勵與提攜；感謝精研科層制度、相識遍天下的李德全博士在長期的交往中對我的幫助與啓發；感謝對宏觀經濟與國際政治深有研究的學者寒竹，前些年多次邀請筆者參加其在港澳舉辦的國際研討會，激發了筆者重新研究相關問題的興趣；感謝日本北九洲市立大學的王効平教授熱忱邀請筆者參加其主辦的國際研討會，在提交論文的要求下維繫了筆者研究問題的層級；感謝在傳統文化及企業管理方面富有經驗的老同學趙敏女士，亞太二十一學會榮譽會長（大紫荊勳賢、前香港籌委會委員）楊孫西博士，香港新華集團主席（大紫荊勳賢、全國政協常委、香港中華總商會會長）蔡冠深先生，香港出入口商會會長暨全國人大代表林龍安董事長，黃偉哲董事長，全國僑聯暨第十一屆全國工商聯盧文端副主席，全國政協委員暨香港山東社團總會朱新勝首任會長，全港各區工商聯盧錦欽會長、楊凱山會長及耿國華永遠名譽會長，中銀國際控股有限公司副董事長暨兩岸和平發展聯合總會林廣兆會長，東方科技集團黃志剛董事長，楊世航會長，山東華魯集團程學展總經理，香港中華出入口商會陳勁副會長兼秘書長，金杜律師事務

所合夥人謝曉東律師，香港各界文化促進會高璐副主席兼總幹事；感謝于克淩副總經理對出版本書的指導，還要感謝一些在相關領域富有見解的專家學者對我的幫助與啓發，如老隊友李群「指導員」、熊玠教授、范逸農醫生、王貴國教授、梁美芬議員、李羅力院長、蔣嶽祥院長、鄭永年院長、錢海章博士、王英津教授、洪雯議員、王春新博士、俱孟軍社長、林峰山會長、陳麗麗教授、張建博士、鄒平學教授、田飛龍博士、張建華總編輯、梁偉洪會長、蘇永安會長、閻偉寧會長、周峰董事長、姜舜源研究員、黃曉敏副總編、特首辦黃芷淵特別助理、方平教授、羅光萍副總編、索有為主任、馬超副總裁、楊賀其編輯；還有在日常生活中給我頗多關照的周建閩兄、羅祥喜兄、張文暉兄、湯達仁兄、鄭錦亭兄、王大力兄、曲濤兄，與鄭旭波、李樾、丁梓懿等好友。